U0127522

国学的读与做

性与天道之现代展开

潘志坚 江 洋 著

华夏出版社

HUAXIA PUBLISHING HOUSE

图书在版编目（CIP）数据

国学的读与做 / 潘志坚，江洋著 . -- 北京：华夏出版社有限公司，2022.10
ISBN 978-7-5222-0352-2

Ⅰ.①国… Ⅱ.①潘… ②江… Ⅲ.①国学—研究 Ⅳ.①Z126

中国版本图书馆 CIP 数据核字（2022）第 105868 号

国学的读与做

著　　者	潘志坚　江　洋
责任编辑	董秀娟
装帧设计	楠竹文化
责任印制	周　然

出版发行	华夏出版社有限公司
经　　销	新华书店
印　　装	三河市少明印务有限公司
版　　次	2022 年 10 月北京第 1 版
	2022 年 10 月北京第 1 次印刷
开　　本	720×1030　1/16
印　　张	24.5
字　　数	425 千字
定　　价	89.00 元

华夏出版社有限公司　地址：北京市东直门外香河园北里 4 号　邮编：100028
　　　　　　　　　　　网址：www.hxph.com.cn　电话：（010）64663331（转）
若发现本版图书有印装质量问题，请与我社营销中心联系调换。

引言

《论语·公冶长》云:"子贡曰:'夫子之文章,可得而闻也;夫子之言性与天道,不可得而闻也。'"孔子罕言性与天道,认为这些是玄妙深微的范畴,具有难以言说性,因此,孔子对其采取存而不述的态度,让学生通过对诗、书、礼、乐的学习,间接地去领会和体悟。

两千多年过去了,中华文化在今天要面向世界,面向人类整体,要向世界充分展现自身的思想魅力和当代价值,要与人类其他文明充分交流融会,这就必须要对不可直接言说的范畴进行某种现代性的言说,让人们真正理解它们。比起孔子的年代,今天我们能够在与西方文明的对照中反观自身,借助现代科学和哲学的思想工具对国学传统中难以言说的范畴进行某种展开和揭示,在当代语境中把中国先贤的未尽之意以更直接的方式阐释出来。

国学是以儒家思想为主干的中国传统文化和学术,它在漫长的历史时期中,深深影响了中国人的观念和信仰,塑造了中国人的民族性格,培养了中国人独有的精气神。"性与天道"是国学的灵魂,它所揭示的是人何以为人,以及世界何以为世界的问题。围绕"性与天道"展开的国学，既是一个以天人关系为中心议题的严密理论体系，也是一整套个人如何完善自我、面向世界进行人生实践的行动指南，因此它既可读，也可做。

国学的展开，既要展开国学的理论进路，厘清其义理基础；也要展开国学的实践道路，阐发其工夫方法。因此本书按照《大学》八条目——格物、致知、诚意、正心、修身、齐家、治国、平天下——的顺序，以国学的视角，把人面向世界充分展开，把性与天道面向现代社会充分展开。

目 录

1

第四章 🌫 正 心

第五章 🌫 修 身

序章

中华文明的核心是以儒学为主体的国学。在经济全球化、国际交往日益普遍的今天，如何对待自己民族的文化传统，是否还要做一个文化意义上的地道中国人，能否利用国学资源去解决种种现代性问题，这都需要人们进行深入思考。

近年来，很多学人利用现代、后现代哲学的学术成果，重新发现了国学的可理解性及其当代价值。国学并不神秘，它具有很强的现世性和实践性，是可读也可做的。中国古人具有独特的思维方式和行为模式，在了解国学的特点和思路之后，现代人完全可以和中国先贤们进行深入的对话和交流，去领会"性与天道"的奥妙。年轻人可以借鉴古人做工夫的方法，进行自我修养，获得有益的生命体验。国学关于齐家、治国、平天下的理论，是古人面对社会问题所提出的系统性解决方案，也可以为今人提供全面参考。打开国学智慧宝库的大门并不困难，仅需要一把思想上的钥匙，这就是本书所想要提供的东西。

国学溯源

中华文明是历经数千年传承、至今不绝的原生文明。国学源自中华民族形成之初，起始于先王往圣之学。它的源头来自先王往圣的言行实践，其宗旨是指导人以圣王为目标去做人。

英国哲学家罗素曾说"提出普遍性问题就是哲学和科学的开始"①，而中国人则以"究天人之际，通古今之变"②——这种对人生和世界的整体性思考作为学问的出发点。先王之学是关于世界的整体——天的学问，以天文为首要的、基础性的内容。中国古代有漫长而发达的天文传统，冯时说："至少在公元前第四千纪以前，中国早期天文学已经得到了充分的发展，古人对于星象的观测也已达到了相当的水平……在没有任何计时设备的古代，人们为适时从事农业生产和狩猎，适时举行祭祀和庆典，决定时间是首要的工作，而日、月、恒星等天体的运行变化则是人类赖以依据的惟一准确的标志。"③ 中国先民无论是测定方向还是确定时间，都是通过观天测表来实现的。天文不仅是历法的基础，而且为人建构了完整的世界图景，使人形成了对人生与世界的观念和信仰。

天文授时作为中国古代重要的公共事务，和王权紧密地结合在一起，成为王权的象征。《尚书·尧典》云："帝尧……乃命羲和，钦若昊天，历象日月星辰，敬授人时。"④《论语·尧曰》云："咨！尔舜。天之历数在尔躬，允执其中。四海困穷，天禄永终。"综观世界历史，人类先民之学大多起于巫术，承于宗教，唯华夏先民在远古时代即以王权胜巫权，以先王之学胜巫术鬼神之学。先王把天文历法与治民相结合，以观天、通天之术辖制其他各种通神启灵之术，压缩了巫术的生存空间，为理性思想的发育创造了条件。

先王往圣在观天的过程中逐步形成了"天道"观念，并以"道"为核心发展出了"性""德""命""义""仁"等范畴，形成了系统的国学理论。《周易·说卦》云："昔者圣人之作《易》也，幽赞于神明而生蓍，参天两地而倚数，观变于阴阳而立卦。发挥于刚柔而生爻，和顺于道德而理于义，穷理尽性，以至于命。"⑤ 马王堆汉墓帛书云："子曰：《易》，我后亓祝卜矣！我观亓德义耳

① ［英］伯特兰·罗素：《西方的智慧》上卷，文化艺术出版社，1997年，第14页。
② 《汉书》卷62《司马迁传》，中华书局，1962年，第2735页。
③ 冯时：《中国天文考古学》，中国社会科学出版社，2010年，第374页。
④ 《十三经注疏·尚书正义》，北京大学出版社，1999年，第28页。
⑤ 《十三经注疏·周易正义》，北京大学出版社，1999年，第323—325页。

也。……赞而不达于数，则亓为之巫；数而不达于德，则亓为之史。……吾求亓德而已，吾与史巫同涂而殊归者也。君子德行焉求福，故祭祀而寡也；仁义焉求吉，故卜筮而希也。"①先王往圣之学在原初是杂于巫史的，以通天、观天之术为源头，但先王往圣对神秘的天进行了理性思考，把对天的信仰升华为天道思想，最终以德行仁义之说挺立于巫术和宗教之外。由先王往圣之学发展而来的国学，是从天人关系整体上对世界以及人生进行思考和实践的学问。先王往圣肩负着民族的兴亡、家国的命运，其所言所传皆非个人独思之论、隐士好奇之语。《荀子·荣辱》云："况夫先王之道，仁义之统，《诗》《书》《礼》《乐》之分乎。彼固天下之大虑也，将为天下生民之属长虑顾后而保万世也，其沠（流）长矣，其温厚矣，其功盛姚远矣，非孰修为之君子莫之能知也。"②

历史地看，国学的一个重要出发点是如何做国家和民族的领导者，即如何做圣王。《荀子·解蔽》云："曷谓至足？曰：圣（王）也。圣也者，尽伦者也；王也者，尽制者也。两尽者，足以为天下极矣。故学者，以圣王为师，案以圣王之制为法。"③圣王一世通常只有一个，各级领导者则都可以称为君子，因而圣王之学在大多数时候体现为君子之学，都是塑造领导者的学说。领导者除了个人能力和管理技巧之外，还要有更为内在的特质和更根本的遵循，即仁和德。从整体的角度去看问题和处理问题的境界和方法，就是"一体之仁"；领导者行为最根本的遵循及其内在依据就是"德"，以对领导者的这些要求为基点，就发展出以内圣外王为基本架构的国学。

圣王之学、君子之学日渐社会化和平民化之后，逐步演变为普遍性的成人之学。它是一套关于为人处世的自我体验、自我修养的理论和实践方法，其目的是引导人、培养人、健全人，使人得到充分发展。孙奇逢云："古人读书，取科第犹第二事，全为明道理，做好人……日用循习，始终靡间，心志自是丌豁，文采自是焕发，沃根深而枝叶自茂。"④

圣王之学的另一个发展方向就是治国平天下之学。它的宗旨是要建立一个

---

① 廖名春：《帛书〈要〉释文》，《帛书〈周易〉论集》，上海古籍出版社，2008年，第389页。
② 《荀子集解》，中华书局，1988年，第68—69页。
③ 《荀子集解》，中华书局，1988年，第407页。
④ 孙奇逢：《孝友堂家训》，《孝友堂家规（及其他五种）》，中华书局，1985年，第3页。

体现人的尊严和价值的社会，破私立公，在全天下行仁义的大道。《礼记·礼运》云："大道之行也，天下为公，选贤与能，讲信修睦。故人不独亲其亲，不独子其子……是谓大同。"① 中国自古就有"公"的价值观，这是至今仍然发挥重要作用的历史文化传统。

先王往圣要处理的核心问题是人与世界的关系——天人关系问题。先王往圣把人和世界看成一个互动的整体，天人互构。人的成长过程是不断向世界展开的过程，是外物的对象性不断消解的过程，也是天人合一的过程。在这个过程中，人逐步成长为君子乃至圣人，世界也逐步变成一个人化的世界，即王道盛行的世界。

国学思维特点与实践性

国学具有独特的话语体系和义理结构，其思维方式具有突出的特点。现代中国人的思维习惯已经和古人不大相同，人们理解国学的一个重要障碍是不掌握国学的思维方式。

国学思维的特点，首先表现为整体性思维。国学超越了个体的狭小视角，从世界整体和社会群体的角度进行思考，秉持人与万物一体的观念。例如"道"的范畴就喻示着人与世界、物与其所在背景的不可分，"气"的范畴就喻示了物质和能量的不可分，"仁"的范畴直接表达万物一体的观念，等等。

其次，法象关联性思维。国学极少涉及绝对的抽象物，不脱离现实，不陷入虚妄。《周易·系辞下》云："古者包牺氏之王天下也，仰则观象于天，俯则观法于地，观鸟兽之文，与地之宜，近取诸身，远取诸物，于是始作八卦，以通神明之德，以类万物之情。"② 国学以人与万物的动态整体为本体，而不以任何绝对抽象物为本体，国学的理论化思想都与某些具体的法象相关联。

第三，合一性思维。国学强调天人合一、物我两忘，存在主客不分的意识空间，不完全是主客两分的对象化认知思维。

---

① 《十三经注疏·礼记正义》，北京大学出版社，1999 年，第 658—659 页。
② 《十三经注疏·周易正义》，北京大学出版社，1999 年，第 298 页。

第四，境域化思维。国学没有丢弃对时空的直觉领会方法，超越了用语言直接言说的认知领域。它的一些核心思想扎根于人在潜意识层面或直觉状态下对时空之境的原初领会，一些基本范畴，如"道""气""体"等等，都带有境域性和直觉性的特点。

第五，实践性思维。国学倡导身心一体、知行合一，把思维和认知蕴含在实践中，并用以指导实践。

整体性思维是国学最根本的特点，国学把人与世界看成一个整体，思考问题都要从这个最大的整体出发，这集中体现在"一"和"中"上面，即"天人合一"和"允执厥中"。"一"是从存在论层面认为人和世界具有互动的整体性，人本身内在地具有世界性，人的意识能综合反映世界的整体，故而人能够超越个体之私，而有道心之公。"中"是从方法论层面认为，既要无偏而致中和，处理问题要考虑全面，"叩其两端而竭焉"，以达到天地相配、阴阳相和的效果；也要根据时势变化，选择恰当的时机，与天时互动互参。国学并不是不讲矛盾对立，而是强调要从整体上驾驭矛盾，实现动态平衡。

这里仅举几例来具体说明国学思维方式的特点。

如何认识和理解"类词"，可以有两种路径：一是整体思维的路径，如把"人"这个类词理解为所有人的总集合；另一个是分析思维的路径，即假设"人"这个类词为某个抽象物，它不是任何一个真实的人，而是每一个人都具有的抽象实体。这两种思维方式各有所长，各具特色。中国人理解类词时往往是整体思维，不需要创造一个抽象实体出来，不需要承认绝对抽象的实在。它的好处是，在认可事物相似性的同时，尊重其差异性和特殊性，不搞绝对的普遍主义，允许"和而不同"。

西方传统哲学多关注抽象实体或抽象概念。张世英说："从苏格拉底、柏拉图开始，哲学家们……把抽象的概念如思维、存在、普遍性、特殊性、本质、现象、一、多、质、量、必然、自由等当作一种独立于人以外的东西来加以追求。哲学就是以进入抽象概念的王国为最终目标的学问，就是渴望进入抽象概念王国的学问，西方现当代哲学家把这种传统的哲学称为'概念哲学'。"①

---

① 张世英：《哲学导论》，北京师范大学出版社，2014年，第5页。

抽象概念常常是普遍和绝对的，也是不变的。西方传统形而上学通常以静态的视角去看事物，以"是"为核心建构学问，追问某某是什么，有何本质。谢文郁说："西方思想史上的系词论或存在论或形而上学的谈论方式是系词分析，即如何使用谓词来界定主词。……这种谈论方式也称为'分析性的'。西方人很早就开始了对系词的分析研究，认为这是理解问题的关键。"①

但在中国古人看来，存在者都是在变化之中，并无现成不变之物。事物皆有缘起，难言其究竟是什么。人求仁得仁，想努力成为什么样的人，就可能成为什么样的人。《论语·子罕》云："子在川上曰：'逝者如斯夫！不舍昼夜。'"王廷相云："子在川上，见水之逝，昼夜不息，乃发为叹，意岂独在水哉？天道人事物理，往而不返，流而不息，皆在其中，不过因水以发端耳。"② 中国人不首先问事物是什么，而是问事物如何变化，事物和事物之间有什么关系，有什么贯通的道理，以"道"为核心构建学问。"道"关注物的运动方式或变化方式，既可以理解为事物运行演变的轨迹，也可以理解为人通达事物的道路，还可以理解为其所指的关联性的背景世界，中国人是以其与关联世界的互动关系来看待事物的。

国学认为，世界和社会都是生成性的有机整体。有机体内，两个相依变量从发生的角度看，往往并不是一方决定了另一方，而是某个环境或条件导致了双方的共同发生，并相互关联，不能简单地定义为决定与被决定的关系，而是一阴一阳、相伴相生的复杂关系。改变世界的途径是找到生发的切入点（"几微"），诱导之，教化之，培育之，而不能生硬地去征服、强占和控制外界事物，不能直接制造和扩大人与人、人与天的对立。

这样的思维方式深刻影响了中国人的语言习惯、行为习惯和文化传统。要读懂国学，首先要注意思维方式上的差异，避免西方思维习惯的干扰。

当然，国学不仅仅是一套思维体系，它的特殊之处还在于它的实践性。先王往圣之学的一个鲜明特征就是要用亲身体验来教人，各家各派都是如此。程

---

① 谢文郁：《形而上学与西方思维》，广西人民出版社，2016年，第6页。
② 《雅述》上篇，《王廷相集》，中华书局，1989年，第852页。

颐云："君子之学，将以反躬而已矣。反躬在致知，致知在格物。"① 朱熹云："读书，不可只专就纸上求理义，须反来就自家身上推究。"② 陆九渊云："吾所明之理，乃天下之正理、实理、常理、公理，所谓'本诸身，证诸庶民，考诸三王而不谬，建诸天地而不悖，质诸鬼神而无疑，百世以俟圣人而不惑者也。'学者正要穷此理，明此理。"③

如果说科学可以看作外在事物的实证之学，那么国学就可以看作个体意识的实证之学，或者是人生实践的实证之学，这就是所谓"反躬""自家身上推究""本诸身"和"反之于身"的含义。这里讲的个体意识既可以是人的主观意识，也可以是主客未分状态下的原初意识或潜意识，这种意识是和人的身体不可分的，是和人的实践行为不可分的。

《论语·学而》云："学而时习之，不亦说乎？"国学不但要学，而且要习，还要时常地或抓住时机地进行习。国学不是一套抽象概念及其推演体系，而是一套指导人们思考、做事和做人的操作指引。国学打破了观念社会的桎梏，始终扎根在生活世界，能够指引本真的人生。朱熹云："大抵圣贤之言，多是略发个萌芽，更在后人推究，演而伸，触而长，然亦须得圣贤本意。"④ 以提升自身内在力量和精神境界为目标的国学实践就是国学的工夫，工夫论就是指导人自我觉醒、自我超越的实践方法。国学来自每个人的人生实践，同时也用之于每个人的人生实践。国学不仅要解决"知"的问题，更要解决"行"的问题。它要指导人生和社会的实际运作，要在实际运用中不断得到印证和发展。读国学，不仅要看它的理论逻辑是否正确，还要看它的实操是否具有可印证性和有效性。国学的理论再高深，道理再高明，如果没有人去实际运用，没有人去做国学工夫，国学也就死了。

《礼记·大学》把圣王的人生历程，按照格物、致知、诚意、正心、修身、齐家、治国、平天下的顺序依次展开，充分体现了国学的实践性。作为圣王之学的国学，其要旨在于教导人们通过实践，最大限度地向世界展开自身、在世

---

① 《河南程氏遗书》卷25，《二程集》，中华书局，2004年，第316页。
② 《朱子语类》卷11，中华书局，1986年，第181页。
③ 《与陶赞仲二》，《陆九渊集》卷15，中华书局，1980年，第194页。
④ 《朱子语类》卷62，中华书局，1986年，第1512页。

界中实现自身。一个现代人掌握了国学的思维方式，能做国学工夫，就面向中国历史和中华文化展开了自身，与中国及其历史文化建立了血脉联系，成为文化意义上的地道中国人。

国学之现代诠释

国学现代化能够真正实现的基础，是国学在今天仍有其合理的内核、有益的主张与独特的方法，能够解决其他思想或学说解决不了的现代性问题。国学始终是活泼泼的，其基础是人对生活世界的本真体验。它是一种直觉领会，是关心动情的，是与世界互动生成、反复印证的。国学穿梭于自觉和直觉两个层面之间，不是纯粹客观的、逻辑推理的理论体系。这既是国学的魅力所在，也为现代人理解国学造成了障碍。

传统国学，远离现代人的思维模式和话语体系，难以在全球化时代和互联网环境下传播和发展。受过高等教育和逻辑训练的人，在试图去向古代典籍进行文化寻根的时候，往往苦恼于搞不清一些基本范畴，找不到国学的理性基础和内在思路。因此，在现代语境中发展国学，切入点就是要重新解释国学的核心范畴，让现代人能看明白、想清楚其中的基本含义和思考进路。要揭掉蒙在国学头上的神秘面纱或花哨盖头，让国学的朴实面貌和内在力量重新真切地展现在世人面前。国学不能局限于自说自话，有必要用现代语言去深入阐明国学义理和修习方法，为现代人学习国学提供指引。恰如宋儒所云："古之学者，皆有传授。如圣人作经，本欲明道。今人若不先明义理，不可治经，盖不得传授之意云尔。"[①]

国学的道理不是干瘪僵死的，它扎根于人意识的深层，必须依靠现代哲学、心理学、意识研究所提供的新工具，深入到前人所未能达至的领域，才能针对现代人透彻地揭示出来。只有如此，才能为国学正名，为国学祛魅。随着现代科技的发展和西方后现代思潮对传统思想的解构，人们获得了以新视角阐

---

① 《河南程氏遗书》卷2，《二程集》，中华书局，2004年，第13页。

释国学的契机。国学的现代化目前已具备较好的现实基础：一是近几十年来考古学的发展为国学疏浚源头、理清脉络提供了新的线索；二是现代西方科学和哲学的新发展，特别是物理学场论、现象学以及其他后现代哲学的发展，为解读国学提供了新的思想工具，并为国学和现代思想进行会通开辟了更多的通道；三是大量古代典籍的点校释读和整理出版，以及互联网技术的发展与学术资源的共享，为今人系统阅读和领悟国学提供了必要的物质、技术条件。

为了让国学在现代社会展开，让现代人理解国学并在其自我修养、人生实践和社会事业中更好地运用国学，本书在以下几方面做了尝试：

一是将国学的基本范畴"道""性""天""德""仁""气""圣""体用""太极"等，进行了贯通性的分析，阐释了其历史由来和发展脉络，划清了它们与现成化抽象概念之间的边界，并尝试以之建立起现代人系统理解国学的基本构架。

二是充分借鉴西方现代、后现代哲学、科学思想成果来解读和诠释国学。本书借鉴了现代物理学的"场论"去诠释国学"道"和"体"等范畴，借鉴了西方现象学"生活世界"和"存在之领会"等理论去诠释国学的"性"和"良知"等范畴，借鉴了海德格尔的"世界性"和"'在之中'的存在方式"等理论去诠释国学的"天人合一"思想，等等。

三是通过对"格物""致知""诚意""正心""修身""齐家""治国""平天下"等八条目的系统解读，把国学的义理从内向外、从个人向世界全面展开，让今人全面理解古人是如何看待自身、家庭、社会、国家和世界的。

四是全面论述了国学的工夫论，介绍了古人自我修养的具体方法，揭示了国学的实践性，倡导把国学工夫融入现代生活方式中。

五是系统论述了国学的家庭观、社会观、政治观，为今人从事社会事业和进行国家治理提供中国式的智慧经验。

《大学》是四书之首，在国学中具有特殊地位。朱熹云："是书垂世立教之大典……其首尾该备，而纲领可寻，节目分明，而工夫有序，无非切于学者之日用。"① 本书以《大学》八条目的顺序展开论述，是对国学的深度展开和现代

---

① 《大学或问》，《四书或问》，《朱子全书》第6册，上海古籍出版社、安徽教育出版社，2010年，第515页。

诠释。

在本书中，笔者以场之构成论道，以本然之道论性，以物质能量统一场论气，以道气相得论德，以社会场之运行论政，以《大学》八条目之序阐国学义理之旨，以诚意、正心、修身之术启国学工夫之行。笔者志在贯通古今以建立一个现代人理解国学理论的基本框架，并开启国学体验习操之门，因而力戒拘泥于原典旧文，对历代先贤之说重在厘清其思考进路，彰显其可取之处，并不刻意求全责备于细枝末节。笔者衷心希望能以有所发挥之处，在夯实中华文化的理性基础、发掘国学理论的现代价值、完善国学工夫的实践方法等方面有所贡献。此外，本书有意写给想在国学中寻找智慧和力量的年轻人，以及想要在文化上寻根的世界华人，希望能够为他们打开理解和实践国学的入道之门。

本书的阐释难免有粗陋之处，更不用说大量言不尽意的地方，但国学的朴实道理一旦在读者面前铺陈开来，不同范畴之间的张力就会牵引人去思悟和领会，自身的生命体验就会和往圣先贤之道一起共鸣交响。希望本书不仅能开启一次思想之旅，更能使读者踏上身心性命的修行之路。

第一章

格物

国学是一套在和事物打交道的过程中，如何看待和发展自己，以及如何顺应和影响世界的学问。格物的含义是人与物的相近、相通、相融。人和物原初地共在于一个世界，人和物的关系既可以是对象化的对立关系，也可以是非对象化的一体关系。格物的实践既可以改变物，也可以改变人；既可以成就物，也可以成就人。格物就是从人与物的关系入手，以物之道为媒介，去提升人、造就人的学说。在格物的过程中，物的对象性逐步消解，最终人与物一体化了，实现了人与物的合一。

格与格物

《大学》之道的起手处是格物，高攀龙云："学必繇（由）格物而入。"① 先秦成篇的《大学》对格物讲得比较简约，只有"致知在格物""物格而后知至"这两处，没有进一步的解释，这就为后来的学者提供了很大的诠释空间。明代刘宗周云："格物之说，古今聚讼有七十二家，约之亦不过数说。'格'之为

---

① 高攀龙：《语》，《高子遗书》卷1，景印文渊阁四库全书第1292册，第331页。

义，有训'至'者，程子、朱子也；有训'改革'者，杨慈湖也；有训'正'者，王文成也；有训'格式'者，王心斋也；有训'感通'者，罗念庵也。其义皆有所本，而其说各有可通，然从'至'为近。"①

考察"格"字的由来，其本字为"各"。"各"的甲骨文字形从凵从夂，凵或作凵。②"夂"的字形为脚趾向下之足，示意足来到跟前；"凵"表示半地下的居室。"各"表示人到住处，义为至。③因此，格的本义即至，格物初义为"至物"，即使物来至。

如何使物来至呢？这就涉及"格"与天、帝的关系了。

格之"至"可以是上下之间、人神之间的来至。在传世古籍中，"格"往往与神灵的降临相关联，格的主语常常是天帝、人王或大巫。《尚书·尧典》云："帝尧……允恭克让，光被四表，格于上下。"④《尚书·多士》云："有夏不适逸，则惟帝降格。"⑤《尚书·君奭》云："时则有若伊尹，格于皇天。在太戊，时则有若伊陟、臣扈，格于上帝，巫咸乂王家。"⑥这些"格"都与天、帝等相关。叶舒宪说："在金文的用例中还容易看出，'各'往往是指王者（天子）的行为……表面上看，这些'各'解作'至'似乎都能讲得通。但是王举行神圣册命仪式的开端标记，就被平淡无奇的'至'（到了）所掩盖住了。笔者以为，王所'各'的对象，没有一个是世俗意义上的空间地点，全是举行降神仪礼所必须（需）的神圣空间。不论叫做'庙'、'穆庙'、'大室'，还是叫做'图室'，总之均为祭祀典礼举行的场所。'王各庙'不是一般意义上指来到神庙，而是特指王行使着主祭大法师的功能……这样的'各'，才使得下面要进行的赏赐册命带有神圣意义。"⑦

在上古的观念中，人神之间往来的媒介是物。司马迁云："盖黄帝考定星

① 《大学杂言》，《刘宗周全集》第2册，浙江古籍出版社，2012年，第618页。
② 徐中舒主编：《甲骨文字典》卷2，四川辞书出版社，1988年，第97页。
③ 曹定云：《殷墟卜辞"宦"为"窒"字考——兼论"宦""各""空"三字之区分》，《出土文献》第十辑，2017年第1期。
④ 《十三经注疏·尚书正义》，北京大学出版社，1999年，第25页。
⑤ 《十三经注疏·尚书正义》，北京大学出版社，1999年，第423页。
⑥ 《十三经注疏·尚书正义》，北京大学出版社，1999年，第441页。
⑦ 叶舒宪：《神圣言说（续篇）——从汉语文学发生看"神话历史"》，《百色学院学报》，2009年第4期。

历，建立五行，起消息，正闰余，于是有天地神祇物类之官，是谓五官。"①
《左传·昭公二十九年》云："夫物，物有其官，官修其方，朝夕思之。一日失职，则死及之，失官不食。官宿其业，其物乃至。若泯弃之，物乃坻伏，郁湮不育。"② 这里是在谈论致龙之事的语境下说"物"，"官宿其业，其物乃至"是说豢龙氏及其继承者要恪尽职守，修其方术，才能让龙来至。

《大学》说"格物"，而《周易》直接说"来物"。《周易·系辞上》云："知变化之道者，其知神之所为乎？……是以君子将有为也，将有行也，问焉而以言。其受命也如响，无有远近幽深，遂知来物。非天下之至精，其孰能与于此？"③ 焦循云："格之言来也，物者对乎己之称也。《易传》云：'遂知来物'，物何以来？以'知来'也。来何以知？神也。何为神？'寂然不动，感而遂通'也。何为'通'？反乎己以求之也。"④ "来物"是对物的招致，靠的是"神"的感通。

"格物"的本义是"使物至"，即对物的"招致"，而这种招致是通过人神之间的感通来实现的，因而"格"的衍生义是通或感通。万物相通是使物来至的前提。

"来物"强调所来的不是物的形体，而是物之"精"。《管子·内业》云："凡物之精，此则为生。下生五谷，上为列星。流于天地之间，谓之鬼神。藏于胸中，谓之圣人。"⑤ 子产云："人生始化曰魄，既生魄，阳曰魂。用物精多，则魂魄强。是以有精爽，至于神明。"⑥ "精"是一种精神性的东西，可以理解为人对物的某种领会，获得物之精也就增益了人自身的"魂魄"。《大戴礼记·曾子天圆》云："阳之精气曰神，阴之精气曰灵。神灵者，品物之本也，而礼乐仁义之祖也，而善否治乱所兴作也。"⑦

在巫史时代，对物的感通是借助于神灵进行的。神灵原本是外在于人的神秘之物，但儒家把神灵转化为人心的功能或人精神的感通能力。国学与巫史分

① 《史记》卷 26《历书》，中华书局，1959 年，第 1256 页。
② 《十三经注疏·春秋左传正义》，北京大学出版社，1999 年，第 1505 页。
③ 《十三经注疏·周易正义》，北京大学出版社，1999 年，第 283 页。
④ 《格物解一》，《雕菰集》卷 9，《焦循全集》第 12 册，广陵书社，2016 年，第 5795 页。
⑤ 《管子校注》卷 16，中华书局，2004 年，第 931 页。
⑥ 《十三经注疏·春秋左传正义》，北京大学出版社，1999 年，第 1248—1249 页。
⑦ 王聘珍：《大戴礼记解诂》，中华书局，1983 年，第 99 页。

家之后，对物的感通就不再需要借助外在的神灵了，而只需通过自身的感通能力即可。在《大学》中，"格物"之义是来物、即物、通物，也就是使物来到近前，应接此物，并与之相感通。感物之说是儒家的一贯思想。《礼记·乐记》云："人生而静，天之性也。感于物而动，性之欲也。物至知知，然后好恶形焉。"① 《周易·咸·彖》云："天地感而万物化生，圣人感人心而天下和平。观其所感，而天地万物之情可见矣。"②

从历史由来上看，格物并非对物的客观探究，而是人与物的相近、相感通，这是人对物有所知的前提。王夫之云："人之所自始者，其混沌而开辟也。而其现以为量、体以为性者，则唯阴阳之感。……故感者，终始之无穷，而要居其最始者也。"③ 格所蕴含的感知，不是对事物抽象本质的知，而是对物之情、物之道的知。《大学》格物之说，脱离了"来物"的原义，在超越了巫史时代"与神灵相感通"的含义之后，赋予了"格物"这样的含义：即物以通情，通情以达理，以人即物所生的好恶之情体现天命之性，并以之作为道的出发点和义的基础。《性自命出》云："喜怒哀悲之气，性也。及其见于外，则物取之也。性自命出，命自天降。道始于情，情生于性。始者近情，终者近义。知〔情者能〕出之，知义者能纳之。好恶，性也；所好所恶，物也。"④ 于述胜说："通过通情以达理，《大学》有效地实现了情与理的统一：离情而言理，则一切道德法则、治平律例必沦为抽象教条，无法拥有强劲的实践动力；任情而不通理，则一切道德、社会活动必沦为师心自用，无从形成普遍的道德准则。"⑤

历史上不少人以"通"或"感通"来训"格"。罗钦顺云："格字，古注或训为至……愚按，'通彻无间'，亦至字之义，然比之至字，其意味尤为明白而深长。试以训'格于上下'，曰'通彻上下而无间'，其孰曰不然？格物之格，正是'通彻无间'之意，盖工夫至到，则通彻无间，物即我，我即物，浑然一致，虽合字亦不必用矣。"⑥ 潘平格云："格者，通也，经所云

---

① 《十三经注疏·礼记正义》，北京大学出版社，1999年，第1083页。
② 《十三经注疏·周易正义》，北京大学出版社，1999年，第139—140页。
③ 《周易外传》卷3，《船山全书》第1册，岳麓书社，1988年，第903—904页。
④ 荆门市博物馆：《郭店楚墓竹简》，文物出版社，1998年，第179页。
⑤ 于述胜：《通情以达理——〈大学〉"格物致知"本义及其理论价值》，《教育研究》2020年第3期。
⑥ 罗钦顺：《困知记》卷上，中华书局，1990年，第4页。

'格于皇天'是也。格物，谓格通身、家、国、天下也。"① 虽然王阳明训格为正，但他的讲法里也有类似"感通"之处："以其发动之明觉而言，则谓之知；以其明觉之感应而言，则谓之物。故就物而言谓之格……"② 这里他也强调了对物的"感应"。

"格"字含义从人与神的相通转化为人与物的感通，在国学中具有非常重要的意义。正是由于人与物可以相通相感，才让中国人的万物一体观念得以成立。"格物"所要通达的不仅仅是对物的知，更是人对物的情以及由情所见之理。格物之感通既有对物的知，也有对人之自我的知，还有基于物我感应所生情、理的知。格物之知，体现了物我相通、情理相通。

格物与驭器

《大学》成书之后，历代先贤从不同角度对格物又做了很多阐释，成为国学发展史上引人注目的一个现象。对"格物"的解释与国学的发展阶段、学派分歧和理论转向等重大问题相关，是国学中牵一发而动全身的重要议题。

汉代经学的格物论是一种由情见理的学说，那个时代尚不能深入性理去剖析人与物的关系，而是要依靠性理的外在发现——好恶之情，去说明人与物的关系。北宋二程和南宋朱熹摆脱了由情见理的思维模式，把"格物"解释为"即物穷理"，发展出了精深的人、物关系理论。他们注意了物的外在性，"至"是对外在事物的通达；他们还比较侧重格物中"知"的一面，以物为穷理的对象，在认识论上和西方哲学具有相通性。后来明末方以智和王夫之等人把纯粹探究物理的"质测"之学纳入了格物的范围，格物之学逐渐与实学、科学产生了更多交集。明代王阳明的格物学说脱离了程朱的体系，把"格物"解释成为善去恶的"正事"或"正意"。他注意到格物与穷理的区别，认为格物中不仅有知，还有行，以物为所知所行之事。清代的颜元、阮元等人也都很强调格物

---

① 潘平格：《致知格物上》，《潘子求仁录辑要》卷 3，中华书局，2009 年，第 54 页。
② 《答罗整庵少宰书》，《传习录中》，《王阳明全集》卷 2，上海古籍出版社，1992 年，第 77 页。

的实践含义，阮元云："格物者，以格字兼包至止，以物字兼包诸事，圣贤之道，无非实践。……立事即格物也。先儒论格物者多矣，乃多以虚义参之，似非圣人立言之本意。"亦云："若以格物为心灵穷理，则犹是致知际内之言，非修身际内之事也。"①

回顾历史，格物诠释的演变，其实是一个在心与物、情与理之间，或分或合，往复摇摆，由简至丰，螺旋式发展的过程。格物之说自古以来，总的发展趋势是：在"物"逐步由虚渐实的过程中，"格物"的重心也逐渐由情至理，由知及行。

本书所诠释的格物论，是基于传统的万物一体观念而构建的人与物的相通共在论。人一入世，物已同时来至，人与物相通共在于一个世界中。人的意向就是物，人因物而显，因物而在，物与人互动互生，共同构成了一个动态的、完整的世界。人与物的相通相感互动，就是人与世界共在的生存方式。笔者对格物的发挥，是在其"通物"含义的基础上，以格物为人的基本生存方式，并把人在日常生活中对物的操持活动作为格物最主要的实现形式。人与物如何相通？对于现代人来说，只有通过对物的操持与实践才能实现。人与物的牢固关系建立在生活世界中的持续实践之上，对物的持续操持使人通达了物，实现了人物关系的一体化。

以对物的操持为格物的主要实现形式，并非完全无所本。《尔雅注疏》解释"格格，举也"云："皆举持物。"② 颜元云："窃闻未窥圣人之行者，宜证之圣人之言；未解圣人之言者，宜证诸圣人之行。但观圣门如何用功，便定格物之训矣。元谓当如史书'手格猛兽'之'格'、'手格杀之'之'格'，乃犯手捶打搓弄之义，即孔门六艺之教，是也。"③ 虽然笔者并不认同颜元把格直接训为"'手格猛兽'之'格'、'手格杀之'之'格'"，但笔者赞同把"犯手捶打搓弄"的实践之义赋予"格物"。

格物之物，若不作为事，仅作为物理意义上的实物，就是形而下之器，而

① 阮元：《大学格物说》，《揅经室集》，中华书局，1993 年，第 55、56 页。
② 《十三经注疏·尔雅注疏》，北京大学出版社，1999 年，第 97 页。
③ 《习斋记余·阅张氏王学质疑评》，《颜元集》，中华书局，1987 年，第 491 页。

器主要是指用具或工具。过去一些人往往把物的关注点放在最终对象物上面，而忽视了作为工具的物。在笔者看来，格物的主要形式就是操持工具的劳动，即驭器。格物驭器是人入世的主要活动形式，是人的基本生存方式。它既是人最常见的一种实践活动，也是人增益自身、自我发展的基本实现途径。

人与物相通的媒介在上古是神灵，在《大学》成书的时代是人之情，而在笔者这里则是物之道。物之道体现了物与物以及物与人之间的相通共在关系，物之道既说明了物，也构成了人。先秦曾有人认为"道始于情"，但经过国学的持续发展，道逐步内化在人的心中，情成为道的外在表现。上古巫史时代的格物是神圣的，"来物"所体现的是对神灵的招致；《大学》原文的格物是质朴的，"通物"所体现的是人的自然之情与始于情的道；笔者的格物论则是普遍的，"与物相通共在"所体现的是人与物的原初共在关系。

笔者的格物论虽然所站的角度与古人有所不同，但其内在精神与历代先哲的学说一脉相承，都体现了人与万物一体的观念，是国学格物论的一种现代形式，符合国学义理发展的内在逻辑。从人与物的关系上看格物，就是物我共在，物我俱融，浑然一致。对此，古人早就有所认识。罗钦顺云："二程……表章《大学》之书，发明格物之旨，欲令学者物我兼照，内外俱融，彼此交尽，正所以深救其失，而纳之于大中。"[1] 亦云："凡吾之有此身，与夫万物之为万物，孰非出于乾坤？其理固皆乾坤之理也。自我而观，物固物也，以理观之，我亦物也，浑然一致而已，夫何分于内外乎！所贵乎格物者，正欲即其分之殊，而有见乎理之一，无彼无此，无欠无余，而实有所统会。"[2]

在某种意义上，格物就是人与物之间交接、往复、互动的持续过程，这是一个知行合一的过程。这个过程会导致人与物双方面的改变，人对物充分展开了，物的对象性消解了，对人成为通透的了。为这个过程奠基的是人与物、人与世界的原初的共在关系。从这个原初处出发，首先要从感知和领会的角度提高人对物的通达和接纳程度，使之对人本身有增益，这就是致知；然后，在互动过程中要达至人与物整体关系的深度统一，克服主观干扰，做到

---

① 罗钦顺：《困知记》卷上，中华书局，1990年，第3页。
② 罗钦顺：《与王阳明书》，《困知记》附录，中华书局，1990年，第109页。

内外一致，这就是诚意；再次，在互动过程中要达至人与物整体关系的广度延展，克服一时一隅的局限，尽量与世界的整体实现一体，从而心得其全而不偏，这就是正心；最后，整个互动过程持续下来，可以达致对人自身的、长期性的、历史性的积极变化，让人在世界面前充分展开和自我实现，这就是修身。

从格物、致知，到诚意、正心，再到修身，既层层递进，又一理贯通。王阳明云："故格物者，格其心之物也，格其意之物也，格其知之物也；正心者，正其物之心也；诚意者，诚其物之意也；致知者，致其物之知也；此岂有内外彼此之分哉！理一而已。"① 王夫之强调八条目之间相互粘连，"格致相因"②，工夫次序并非单向。王夫之云："大抵《大学》经、传、章句所言，先后首末不可泥文失理，学者当体验知之。"③《大学》八条目之间的关系是相互嵌套、互为因果的复杂关系。本书的宗旨是要把内圣外王之道充分展开，因此既要梳理其贯通之理以述其同，又要尽量分拆各条目以别其异，还要在工夫实践上往复穿插以致其和。

人器合一

格物的实现形式是驭器，驭器以人器合一为最高境界。

人器合一的这个"一"，国学中可以称为"诚"。《中庸》第二十五章云："诚者，物之终始，不诚无物。"二程云："诚者合内外之道，不诚无物"④；亦云："不诚则逆于物而不顺也。"⑤ 国学之诚是人与物统一于一体。

人器合一的状态，就是器对于人处于如臂使指、得心应手之态。日常经验告诉人们，器对于人，就像手边的球拍或锤子，往往首先表现为好用不好用、

① 《答罗整庵少宰书》，《传习录中》，《王阳明全集》卷2，上海古籍出版社，1992年，第76—77页。
② 《读四书大全说》卷1，《船山全书》第6册，岳麓书社，1991年，第403页。
③ 《礼记章句·大学》，《船山全书》第4册，岳麓书社，1991年，第1485页。
④ 《河南程氏遗书》卷1，《二程集》，中华书局，2004年，第9页。
⑤ 《河南程氏遗书》卷11，《二程集》，中华书局，2004年，第129页。

顺手不顺手、上手不上手。上手状态也可称为上道状态。上道状态的器，是人身体的延伸，恰如人的臂指，与人具有亲熟关系。如臂指一样的工具，和人不是对立的，而是一体的。器的上道状态和不上道状态，对人来说，即是"物我一体"和"物我两立"这两种状态，也就是"诚"与"不诚"这两种状态。

要达到物我一体之诚，需要一个实践的过程，即从生到熟，进而熟能生巧的过程。在驭器未达到熟练水平之前，人持器的动作是小心翼翼、蓄意而为的。当人形成了与器的亲熟关系、拥有了驭器的技艺之后，人对器的驾驭操控成为自然流畅的下意识活动。此时，器的对象性消解了，它对于人是通透的，人的自我意识消散于器中。技艺具身化于人，人就自如地栖息在他的技艺之中，在施技过程中达到了人器合一的境界。解牛的庖丁和惟手熟尔的卖油翁就拥有高超的驭刀和驭杓的技艺。在人器合一的境界中，人与器融合无间，人可以自然从容地应对事物，他依靠既有的技艺和惯性去操作，就如自动化程序已把操作流程固化下来一样，人的应对行为也内在地被固化了，这意味着人自身也发生了变化。

《中庸》第二十章云："诚者，天之道也；诚之者，人之道也。诚者不勉而中，不思而得，从容中道，圣人也。诚之者，择善而固执之者也。博学之，审问之，慎思之，明辨之，笃行之。"人开始驭器，还不熟练时，就似"诚之者"，要通过各种努力——"博学之，审问之，慎思之，明辨之，笃行之"，并"择善而固执之"，以逐步练就驭器的技艺。而人达到了人器合一的状态，就似"诚者"，可以不假思索地自如驭器，进入"不勉而中，不思而得，从容中道"的境界。

当然，人器合一之"诚"，往往是一种无自觉意识的、直觉的、当下情境中的诚，它和《中庸》里说的圣人之"诚"还不完全一样。圣人之诚是一种有自觉意识的、持续的、历史性的诚。两种"诚"虽然不同，但也有内在的关联。

驭器的技艺之中蕴含着某种人对器的知。这种知作为一种直觉领会，体现在具身化的技艺中，主要表现为在实践上知道如何去操作，如何去施展技艺。这种领会是知行合一的，主要体现为对器的功用之知，它的背后又蕴含着对器与器、器与人的关联之知。

方以智云："知至则意亦无意，物格则知即无知；因触而通，格合外内，则心物泯矣。格，至也，方也，正也，通也，感也……物物而不物于物，格物物格，心物不二，即可谓之无物，无物即是无心。践形、复礼、博文，俱是打通内外，不作两橛。"① 格物驭器达到人器合一的状态，也就达到了"知至"和"物格"，此时无须蓄意行动就可以自如驭器，这就是一种"知即无知"的情形。这时，人与物是一体的，自然就会"打通内外"，呈现"心物泯矣""心物不二"的状态。

驭器之知是一种体知，是身心合一的知，是语言不能完全说明白的知。例如，如何打好乒乓球，游好泳？不是看看书就能做到的，要不断去练习，不断去亲身体会。这种身心合一的体会就是体知，它是一种具身化的知。

人器合一的状态下，人既对器有一种具身化的知，也同时对器产生了亲熟之情。这种情，就是"仁"的表现。

仁是人对与之亲熟一体之物的自然情感以及这种情感所体现的人与该物的一体关系。仁是国学中的一个重要范畴，在起初是就人与人之间的关系而言的，但逐步扩展后也包纳了人与物的关系，发展为万物一体之仁。在亲熟一体的状态下，人与物不是对立的，而是和谐统一的，人对物的情态呈现为仁。在仁所覆盖的一体化范围内，事物间是互相增益的，人对于物、物对于人都呈现为一种善。而脱离了仁所覆盖的一体化领域，事物间的关系变得不确定了，人对物的情态就呈现为畏，此时人与物处于对立关系。在主客两分的状态下，人不得不强化和高扬其主体性，向器物开展探寻、斗争、反抗和征服等一系列对立行为。此时，人对于物、物对于人就可能会呈现为一种恶。仁和畏，是人所具有的两种最基本的、最原初的情态。在国学看来，格物驭器，让器进入一体化的范围，在某种程度上可以说是行仁之始、为善之端。

人对物的知，以及对物的上手、上道，实现了对物的一种深入的把控，可以称为"尽其性"。尽其性，需要因材而施，故而《中庸》第十七章云："天之生物，必因其材而笃焉。故栽者培之，倾者覆之。"在人驭器并逐步达到人器合一过程中，人和物的相对关系发生了改变，人在提高对器的把握性和操控性的同时，也提升了人自身的技艺和状态，并由此既改变了人与器的相对关系，

① 方以智著，庞朴注释：《〈一贯问答〉注释（上）》，《儒林》第一辑，庞朴主编，山东大学出版社，2005年，第271页。

也改变了人与外在世界之间的关系。

《中庸》第二十二章云："唯天下至诚，为能尽其性；能尽其性，则能尽人之性；能尽人之性，则能尽物之性；能尽物之性，则可以赞天地之化育；可以赞天地之化育，则可以与天地参矣。"西方哲学强调"知"，是侧重于物；国学强调"性"，是侧重于人，更偏于内在。《中庸》第二十五章云："诚者自成也，而道自道也。诚者物之终始，不诚无物。是故君子诚之为贵。诚者非自成己而已也，所以成物也。成己，仁也；成物，知也。性之德也，合外内之道也，故时措之宜也。"在人器合一的过程中，人进入了"诚"的状态，不仅"成己"而且"成物"，不仅有了"知"，而且达到了"仁"。

人器合一的状态，不但手持工具的劳动者、挥拍的运动员有深切体会，诗人对此也有敏锐的感受。《诗格》云："夫置意作诗，即须凝心，目击其物，便以心击之，深穿其境。如登高山绝顶，下临万象，如在掌中。以此见象，心中了见，当此即用"；"目睹其物，即入于心。心通其物，物通即言"。① 在诗人眼中，人与物的关系最好是一种"心通"的一体化关系。这种一体化关系，在国学中非常重要，格物就是人对物的一体化，诚与仁就是在一体化过程中实现的。

器用与道体 ～～

人生活在器的世界中，器与器之间是一个相互关联的整体。对于一个森林中的动物而言，物的主要区分在于能否直接作为食物，外物和动物个体本身的关联是直接而简单的。而人可以把物改造为各种器具，并广泛使用，器与人的关联就越来越复杂了。

器作为工具逐渐形成了一个很大的关联体系，某一件器往往有辅助配套的其他器，有制作它所需要的材料，有其工作的直接对象和最终目的物等等。器作为工具多维度地链接了人的周围世界，甚至可以说器具构成了人的世界。

---

① 王昌龄：《诗格》，张伯伟撰：《全唐五代诗格汇考》，江苏古籍出版社，2002年，第162、170页。

器对于人来说，其功能作用最为重要，人对器的领会也以对其功用的领会为主导。通过器之用的关联，器与器之间、器与人之间，构成了一个复杂的立体网络。海德格尔说："用具就其作为用具的本性而言就出自对其他用具的依附关系"；"严格地说，从没有一件用具这样的东西'存在'。属于用具的存在的一向总是一个用具整体。只有在这个用具整体中那件用具才能够是它所是的东西"。① 人驭器的技艺中蕴含着对"用具整体"的领会和把握，而这个整体是由器之用的复杂网络关系勾连而成的。

器之用关联的整体构成了人对每一个具体的器有所领会的背景和前提，这个对万器关联整体的领会在国学中叫作"道"或"理一"。刘宗周云："道者，万器之总名，非与器为体也。"② 这里道被理解为器的整体，而不是器的实体。程颐云："天下之理一也，涂虽殊而其归则同，虑虽百而其致则一。虽物有万殊，事有万变，统之以一，则无能违也。"③ 没有对"理一"的领会，人就不会通达任何具体的器物。人对器物的通达，要以人与物的一体化为前提，要以"理一"为媒介。程颐云："物我一理，才明彼即晓此，合内外之道也。语其大，至天地之高厚；语其小，至一物之所以然……"④ 器之用的整体性关联实际不仅是对器的关联，还关联着人自身，是"合内外之道"。

儒家常常从物的角度去谈道。孔颖达注《礼记·曲礼上》云："道者通物之名，德者得理之称……此经道谓才艺，德谓善行，故郑注《周礼》云：'道多才艺，德能躬行，非是《老子》之道德也。'"⑤ 从物的角度看道，道展现了人操持物的"才艺"，并以之"通"达了物，让物在工具世界的整体背景中得以显现。王夫之云："道，体乎物之中以生天下之用者也。"⑥ 道通过物来体现，事物之功用是道的具体表现，而事物功用所勾连的整体——"以生天下之用者"——就是道本身。

器之用，随着人类社会的发展而不断扩展。现代社会，器之用演化为非常

---

① ［德］马丁·海德格尔：《存在与时间》，商务印书馆，2018年，第90页。
② 《学言中》，《语类》12，《刘宗周全集》第3册，浙江古籍出版社，2012年，第367页。
③ 《周易程氏传》卷3，《二程集》，中华书局，2004年，第858页。
④ 《河南程氏遗书》卷18，《二程集》，中华书局，2004年，第193页。
⑤ 《十三经注疏·礼记正义》，北京大学出版社，1999年，第15页。
⑥ 《周易外传》卷1，《船山全书》第1册，岳麓书社，1988年，第821页。

复杂的形态，背后也体现出人与物、人与人之间十分复杂的关系。器物之用，呈现了几个层次：一是物理、生理等层次的使用价值之用，体现了物与物、物与生命体的物质交换与能量传递关系；二是交换价值、资产价值层次之用，体现了人与人之间的经济关系；三是情感寄托、审美情趣层次之用，体现了人与人的情感、文化关系；四是社会地位象征符号层次之用，体现了人与人的社会、政治关系。

人与物的关系是以"用"为关联的共在关系。人在与物互动过程中，一方面习得了技艺从而改变了自身；另一方面也不断以"用"为导向，改造了物，建立了"人化物"的世界。张一兵说："海德格尔把对象性的实在世界也消解掉了，世界变成了'环顾'，功能性地围绕此在的需求建立起来的上手链接。后来鲍德里亚所讲的'物的体系'很深地受此影响，我们直观中的实体性对象是虚假的，这是人类中心主义建立起来的功能性需求的一个系列生产物的体系。"①

器物在人的领会中即是一系列关系的体现，领会之物的总和即是各种关系的总和，即是世界。世界之所以在领会中是一个整体，是因为其结构就是各种关系的连接。海德格尔说："那些关联在自身中勾缠联络而形成源始的整体，此在就在这种赋予含义中使自己先行对自己的在世有所领会。它们作为这种赋予含义恰是如其所是的存在。我们把这种含义的关联整体称为意蕴。它就是构成了世界的结构的东西。"②

国学中与"用"相对应的范畴是"体"，器之用关联的整体可以叫作器之"道体"。在体这个范畴还没有成熟之前，道和道体常常不分，道有时也直接有道体之义。在国学中，器之用指向了道与道体。对用具来说，用具的关联整体与其具体功用之间的关系，就是道体与器用的关系。用具的关联整体是某个特定功用得以实现的背景或依据，而特定功用是用具整体的一个具体表现。

---

① 张一兵、张琳：《自我与他者——南京大学博士生导师张一兵教授访谈》，《社会科学家》2016年第8期。

② ［德］马丁·海德格尔：《存在与时间》，商务印书馆，2018年，第113页。

"体"字繁体作"體"，《说文解字》云："体，总十二属也。""十二属"，按照段玉裁注，即为全身十二个部位。[①]可见，"体"最基本的意思便是身体各部位的总体，具有全体、整体之义，同时身体还最切近地体现了人的存在性。在汉语所揭示的意蕴中，体指向了某种具有存在性、整体性或结构性的东西。体的本义是指人的身体，但其哲学含义更大程度上源于天之体，喻示它具有终极意义或本源意义。体的哲学含义是由带有境域性、空间性或关联性的整体之义引申而来的，身体的整体延伸扩展为世界的整体，就造就了万物一体之体和道体之体。

　　道体，在国学中就是一种全体，一个世界。道体，对于物来说不是物的个体而是其关联物的整体，不是形而下的形体或实体而是形而上的关联意义体系。道体是物所关联的意义世界整体，而器用就是关联整体中的某一具体关联。道体之体所喻示的整体性或结构性是一种意义整体或意义结构。

　　中国人为何能以器用关联道体呢？一个重要的原因在于中国古人认为人与万物一体，这个融合了人与万物之体是一个意义关联的整体，是一个完整的世界。这体不是物之小体，而是万物之大体，是天之体，亦是道之体。二程云："故有道有理，天人一也，更不分别"；"言体天地之化，已剩一体字，只此便是天地之化，不可对此个别有天地"。[②]朱熹云："盖天地万物，本吾一体，吾之心正，则天地之心亦正矣，吾之气顺，则天地之气亦顺矣。故其效验至于如此。"[③]万物之间的关联，离不开人的参与，在人的参与下器用关联了世界万物，就构成一个整体——道体。

　　万物因人的存在和实践活动而关联在一起，由此形成了世界的整体性，"体"自然也就由人的身体而延伸为世界的整体。人因世界而在，关联世界也因人的存在而在，人心就是世界的倒影，人与世界互构互生。中国人对人的世界性有很深的领会，把"体"的隐含意蕴指向了世界和存在。在古人眼中，"体"揭示的不仅仅是作为存在者的物，还揭示了物的存在方式，即存在本身。

---

① 《说文解字注》，上海古籍出版社，1981年，第166页上。
② 《河南程氏遗书》卷2，《二程集》，中华书局，2004年，第20、18页。
③ 朱熹：《中庸章句》，《四书章句集注》，中华书局，1983年，第18页。

"体"暗示着万物一体的存在方式，意味着物与世界的共在关系。古人说体时往往是强调事物原初的存在或存在方式，说用时则往往是强调事物作为现成存在者的表现形式或功能作用，用只能在和其他事物的关系中才能得到揭示。在某种意义上，中国的体用关系可以理解为存在与存在者的关系。

孔颖达云："《系辞》云'形而上者谓之道'，道即无也；'形而下者谓之器'，器即有也。故以无言之，存乎道体；以有言之，存乎器用。"① 亦云："道是无体之名，形是有质之称。凡有从无而生，形由道而立，是先道而后形，是道在形之上，形在道之下。故自形外已上者谓之道也，自形内而下者谓之器也。形虽处道器两畔之际，形在器，不在道也。既有形质，可为器用，故云'形而下者谓之器'也。"② 古人观物，既从物的形体看物，观物之形，这就是"有"；也从物的外部关联性看物，观物之道，这就是"无"。物之道展现了物与外部世界的关联，是物之用的关联性世界，但物之道体本身却是"无"。道体没有具体的形体，从实体的角度看是空无。当然此空无又非绝对的空无，其中又包含物的关联关系，具有意义。

《老子》第二十一章云："道之为物，惟恍惟惚。惚兮恍兮，其中有象；恍兮惚兮，其中有物。窈兮冥兮，其中有精；其精甚真，其中有信。"道体不是实体，是关联性的意义整体，所以"恍惚"，具有模糊性；它体现了器用的关联，揭示了器的存在性，所以在模糊性的底色下其中又有"真""信"的色彩。

体把道的整体性和世界性彰显出来了，体是事物关联的整体，道就是整体性的关联，而用就是某一项具体的、特定的关联所体现的功用。王夫之云："故善言道者，由用以得体；不善言道者，妄立一体而消用以从之。"亦云："天下之用，皆其有者也。吾从其用而知其体之有，岂待疑哉！用有以为功效，体有以为性情，体用胥有而相胥以实，故盈天下而皆持循之道。"③ 国学为何强调体用一源、显微无间？是因为用的关联勾连在一起就构成了体，体的具体表现就是各种用。任何器用都不是孤立的，都蕴含在道体的整体之中。在格物过

---

① 《周易正义卷首》，《十三经注疏·周易正义》，北京大学出版社，1999年，第6页。
② 《十三经注疏·周易正义》，北京大学出版社，1999年，第292页。
③ 《周易外传》卷2，《船山全书》第1册，岳麓书社，1988年，第862、861页。

程中，对物的领会首先是对器用的领会，而对器用的领会最终都会指向道体，道与道体指引了古人对世界整体的思考。

器之用的关联，不是一种单线程的简单关联，而是一种场域化的关联因缘。器之用的关联有直接、间接之分，有远、近之分。"道"和"体"作为关联性整体，都具有空间性和境域性。一般性的道是万物关联的整体，某物之道是以该物为中心的万物关联的整体。这种关联整体构成了世界，而世界是无边界的，难以分割的，不同的世界相互嵌套在一起。某物的关联性世界通常都要以该物作为坐标原点，有着从中心到边缘、从主题到背景的空间结构。

休伯特·L. 德雷福斯说："为了实际地起作用，用具必须融入一个有意义的活动的背景之中。海德格尔称这一融入为因缘。"① 这种器之用的场域化关联在国学中就是器之道。《周易·系辞上》云："是故形而上者谓之道，形而下者谓之器。"② 中国人所理解的物由道、器两部分共同构成，器表现为物有形的实体，道表现为物无形的关联性背景。程颢云："形以上底虚，浑是道理；形以下底实，便是器。"③ 相较于器之道，工具的"意蕴"这个说法稍显单薄，而"器之道"的含义则更加立体和丰富，更有世界性和境域性，更易于为中国人理解和发挥。

器之道使人通达了器，格物使人和物相通并实现了统一。罗钦顺云："格物之格，正是'通彻无间'之意，盖工夫至到，则通彻无间，物即我，我即物，浑然一致，虽合字亦不必用矣。"④ 杨起元云："格亦有通彻之义。通而谓之格，犹治而谓之乱也。格物者，己与物通一无二也。如此，则无物矣。有则滞，滞则不通；无则虚，虚则通。物本自无，人见其有。格物者，除其妄有，而归其本无也。"⑤ 高攀龙云："才知反求诸身，是真能格物者也。"⑥ 格物要"反求诸身"并达至人与物的"浑然一致""通一无二"。通过对上道之器的分

①　[美]休伯特·L. 德雷福斯：《在世：评海德格尔的〈存在与时间〉第一篇》，浙江大学出版社，2018年，第111页。

②　《十三经注疏·周易正义》，北京大学出版社，1999年，第292页。

③　《朱子语类》卷75，中华书局，1986年，第1935页。

④　罗钦顺：《困知记》卷上，中华书局，1990年，第4页。

⑤　杨起元：《笔记》，《证学编》卷1，上海古籍出版社，2016年，第24页。

⑥　高攀龙：《语》，《高子遗书》卷1，景印文渊阁四库全书第1292册，第331页。

析，揭示了人与物之间原初的共在关系，也就可以更深入地领会器之道，为从总体上把握国学的脉络创造条件。人与器在本源上就是相通的，而相通的媒介就是器之道，器之道使人通达了器，形成了对器的领会。

天与道 ～～

"道"在国学中是一个关键性、核心性、基础性的范畴，学习国学的宗旨就是要明道。二程云："今之学者，歧而为三：能文者谓之文士，谈经者泥为讲师，惟知道者乃儒学也。"[①]

"道"的原初字形和造字本义目前还存在争议。《说文解字》云："道，所行道也。一达谓之道。"[②] 有人认为，道的本源是女性或雌兽的产道，有分娩之意。[③] 也有人认为，从字形上看，道由"首"加上"行"构成，而"首"代表的是象征北斗星神、太一或上帝的面纹形神徽，道的本义为天道，代表天帝的权威及宇宙的秩序法则。[④] 还有人认为，构成道的"首"是由"舟"变形而来，道是顺水行舟之道，因而通"导"，同时水一路归海的单向性符合"一达之道"的特征。[⑤] 道以道路为主要含义，是现代大多数人的共识，但通常意义的"道路"难以充分解释道的各种衍生义和哲学内涵。

考察中国远古文明发展史，可以清楚"道"的由来。哲学意义的"道"源于"天"，它不是指地面上的道路，而是"天道"，是日、月、星等天体或星神运行的轨道及其关联性时空。汉帛书《五行》云："道者天道也。"[⑥] 《庄子·天道》云："是故古之明大道者，先明天而道德次之，道德已明而仁义次之……"[⑦]

---

① 《河南程氏遗书》卷6，《二程集》，中华书局，2004年，第95页。
② 《说文解字注》，上海古籍出版社，1981年，第75页下。
③ 陈榴：《"道"字初义与老子哲学思想的渊源》，《社会科学辑刊》，2008年第6期。
④ 贾晋华：《道和德之宗教起源》，《中国文化研究》，2012年夏之卷。
⑤ 张世超：《从大保簋"懋"字说到"道""造"二字的起源》，《中国文字研究》第二十九辑，2019年第1期。
⑥ 国家文物局古文献研究室：《马王堆汉墓帛书（壹）》，文物出版社，1980年，第19页。
⑦ 《庄子集释》，中华书局，1961年，第471页。

《周易·观·象》云："观天之神道，而四时不忒。圣人以神道设教，而天下服矣。"[①] 可见，古人在哲学意义上所言的道不是指人行走的道路，而是指星体或星神在天上运行或巡行的道路或领域。

既然道是星体的行道，所以是"自然之道"；它极其有规律，所以是"恒道"或"常道"。星体的轨道是周而复返的，因此《老子》第四十章云"反者，道之动"；《老子》第十六章云："万物并作，吾以观复。夫物芸芸，各复归其根。"任继愈说："至于《老子》第二十五章……所说的'独立不改，周行而不殆'，显然是从'天道'的运行联系到'道'。'独立'（不以人的意志为转移）、'周行'（黄道赤道上星辰的运行）都表明他从星辰的运行讲到道的运行的。下文的'大曰逝，逝曰远，远曰反'，更和天上星辰运行有关系了。春秋时代所用的岁星纪年法，约十二年一度移'次'，天上其他星辰的出没的轨道，一般说来总是高远的，有时消逝，到了一定的时期又回到原来状态的。"[②] 的确，"周行""逝""远""返"等词的星体运行特征非常明显。

《周易·系辞上》云："仰以观于天文，俯以察于地理，是故知幽明之故。"[③] 朱熹云"道之显者谓之文"[④]。中国自古就设天官专职观天，先民观天上千年终于悟了道。天上的道，是"位"与"时"的结合体，即每一位置对应一个具体的时刻并共同构成一个时空域的"境"，而连续的"位""时"和"境"构成的轨道或时空域组合就是道。道不是其所指本身，而是其所指的外部运行轨道或所运行的关联区域。

道关注的不是其所指自身，而是其所指的存在方式，也就是说道关注的不是存在者，而是存在，道揭示的就是存在本身。道隐藏了其原本所指的往复运行的、作为主体的星体或星神，而突出了星体所运行于其间的、与之相对运动并紧密关联的时空场域。一定要追问其所是，那就只是虚空，因此道可以被理解为"虚""寂"或"无"。王弼云："道者，无之称也，无不通也，无不由也。

---

① 《十三经注疏·周易正义》，北京大学出版社，1999 年，第 97 页。
② 任继愈：《春秋时代天文学和老子的唯物主义思想》，《北京大学学报（哲学社会科学版）》，1959 年第 4 期。
③ 《十三经注疏·周易正义》，北京大学出版社，1999 年，第 266 页。
④ 朱熹：《论语集注》卷 5，《四书章句集注》，中华书局，1983 年，第 110 页。

况之曰道，寂然无体，不可为象。"① 在宋儒那里，"理"是道的一种呈现形式，也具有虚空的意蕴。朱熹云："可见底是器，不可见底是道。理是道，物是器。"② 亦云："若理，则只是个净洁空阔底世界，无形迹，他却不会造作；气则能酝酿凝聚生物也。"③

此虚空具有时空的含义，但不是绝对的时空，而是其所指的关联性时空。《庄子·大宗师》云："夫道，有情有信，无为无形……在太极之先而不为高，在六极之下而不为深；先天地生而不为久，长于上古而不为老。"④ 道作为"高、深、久、老"的时空，是"有情有信"的，具有关联性的意义。道可以理解为与其所指的生发、运行、变化相关联的背景世界。道也由此衍生了时空相合的世界性、发展的过程性、运行的规律性以及轨迹的指示性等方面的含义。道在今天的各项词义，就是围绕这几点展开的。

道作为剥离了主体的纯粹背景性时空，是对"天"的一种抽象。"道"有"行"的含义，在某种意义上，道就是天的运行状态。国学源自上古的观天、通天之术，先民从万物之神中确定了北极之神为"帝"，以之为众神之尊、万物之源。由商到周改朝换代之后，信仰对象逐步理性化，从有神格的"帝"演变成了"天"，并进一步抽象化成了"天道"。

道是对天的超越，道是高于万物和天地的。《老子》第四章云："道冲而用之或不盈……吾不知谁之子，象帝之先。"《老子》第二十五章云："有物混成，先天地生，寂兮寥兮，独立不改，周行而不殆，可以为天下母。吾不知其名，字之曰道，强为之名曰大。"《老子》为何要强调道"先天地生""象帝之先"呢？正是因为对"道"的信仰，是对"帝"和"天"信仰的某种否定和超越。

这个作为信仰对象的天道，并不是一个绝对的抽象物，它以天体运行的轨道及其关联时空域为具象，是对"天"的一种动态化、抽象化、理论化表达。"天道"剥离了日月星辰等"天"的具象，在增加了运动性、规律性等意蕴的同时，还保留了"天"背景性时空的境域性意蕴。从某种程度上说，天道观念

① 《论语释疑》，《王弼集校释》，中华书局，1980年，第624页。
② 《朱子语类》卷24，中华书局，1986年，第579页。
③ 《朱子语类》卷1，中华书局，1986年，第3页。
④ 《庄子集释》，中华书局，1961年，第246—247页。

已经摆脱了神秘主义的信仰，让人们步入了理性思考的时代。《老子》第六十章云："以道莅天下，其鬼不神。非其鬼不神，其神不伤人。"在老子看来，道超越了鬼神，否定了鬼神。天道观念是国学的核心理念，是国学形成的重要标志，是中国先民摆脱原始信仰开始哲学思考的起点。

天之道把境域性赋予了道，追问道的源起就会把道当作一种原初之境。《淮南子·原道训》云："夫道者，覆天载地，廓四方，柝八极，高不可际，深不可测，包裹天地，禀授无形。"① 这是对抽象掉具体事物的纯粹时空的描述。《淮南子·天文训》云："道始于虚霩，虚霩生宇宙，宇宙生气，气有涯垠。清阳者薄靡而为天，重浊者凝滞而为地。……天地之袭精为阴阳，阴阳之专精为四时，四时之散精为万物。"② "虚霩""太虚"等是"空间"这个词的古代表达方式，这段引文描述的宇宙天地诞生过程其实就是在抽象的时空场域里再还原其固有事物的过程，气是还未有具体形态的物质与能量统一体，物质与能量聚合到具体事物上之后，才形成了天地万物。

道的境域性源起于天，也可应用于物；道的所指既可以是天上的星，也可以延伸为地上的物。物以其"用"关联了其他一系列的他物，且每一"用"都关联着该"用"所需的时机与环境。物之用，可以比作物之行；物之用所需的时机与环境，可以比作物的"位"与"时"的序列，即是物之道。物之道，其实就是物所用之境的整体，就是物的关联性世界，它构成物的无形背景。孔颖达云："道是虚无之称，以虚无能开通于物，故称之曰道。……万物皆因之而通，由之而有。"③ 能开通于物的时空，可以解释为该物的关联性时空。

《荀子·解蔽》云："精于物者以物物，精于道者兼物物。故君子壹于道而以赞稽物。壹于道则正，以赞稽物则察，以正志行察论，则万物官矣。"④ 道的特点是"兼物物"，即反映物与物之间的关系；君子之所以能"壹于道"是因为道是一种物与物之间的关联，物通过背景世界关联为一个整体，道可以贯通

---

① 《淮南子集释》，中华书局，1998年，第2页。
② 《淮南子集释》，中华书局，1998年，第165—166页。
③ 《十三经注疏·周易正义》，北京大学出版社，1999年，第269页。
④ 《荀子集解》，中华书局，1988年，第399—400页。

这个世界，以至"万物官矣"。

道不是某种实体，它把物贯通在一起，反映了物与物之间的背景性、境域性关联关系，体现了一种物与物在同一个背景世界中共在的存在方式。杨简云："所谓道者，圣人特将以言夫人所共由、无所不通之妙，故假借道路之名以名之，非有实体之可执也。"① 刘宗周云："世之远人以为道者，以道为一物，必用吾力以求之，故愈求而愈远。其实揖让进退之间，作止语默之际，无非道体之流行。反之即是，又多乎哉？"②

西方人或受西方哲学影响的中国人往往把道作僵化的理解，以德国学者马克斯·韦伯为例，他认为："'道'本身是个正统的儒教概念。它意指宇宙的永恒秩序，同时也是宇宙的运行：在所有缺乏通贯性辩证结构的形而上学里，通常将两者认同为一的那种情形。就老子而言，道，与神秘主义者典型的追寻——追寻神——拉上关系。道就是那不可变更的要素，因而也就是绝对的价值；它指的是秩序与万事万物的实在根源，是所有存在的永恒原型总体的理念。简言之，它是神圣的总体与惟一。"③

国学用"道"来贯通和解释现实世界，道确实指向了"总体与惟一"，但无论如何，决不能以"绝对的价值""所有存在的永恒原型总体的理念"之类的完全抽象物、孤立物来理解中国的道。中国历来没有由神学引发出的绝对抽象物的概念，道确有规律性的意蕴，但以"客观规律""世界的总的道理""世界的本体"等西方概念来直接套在道上，都不得道的旨趣。

道与场：时空场与意识场 ～◯

作为关联性时空的"道"，可以理解为一种"场"。物通过场联接为一个整体，即便并不直接进行物理接触，也会相互发生作用。现代物理学把现实世界

---

① 《先圣大训》卷1，《杨简全集》第5册，浙江大学出版社，2015年，第1416页。
② 《会录》，《语类》14，《刘宗周全集》第3册，浙江古籍出版社，2012年，第469页。
③ ［德］马克斯·韦伯：《中国的宗教：儒教与道教》，上海三联书店，2020年，第254页。

第一章　格物

31

看成一个物质与能量统一场，所有的物都处于场中，它既受场的作用，也以自身影响着周边的场。按照爱因斯坦的广义相对论，甚至时空也可以相互作用，构成时空统一场。这遍布弥散于空间和时间中的场，例如磁场，在教科书中往往用一条条、一道道不相交的曲线来形象表示，它恰恰就像是一条条"道"。李约瑟说："这种作为大自然的秩序的'道'，使得万物发生并且支配万物的一切活动，而这种支配更多地不是靠强制力，而是靠一种空间和时间的自然曲率……"① 这种"道"所表现的"空间和时间的自然曲率"也非常容易让人联想起"场"的意象。

在现实世界中，宏观宇宙是由星体和黑洞等物质的引力场构成的，表现为一系列时空的弯曲形态，它可以看作道的外在形态，即外在的道构成了现实世界。由广大人群组成的社会，人与人之间的社会关系也是境域性场态关联的关系，可以看成一个运行中的社会场。同时，物通过人的活动相互发生了关联和作用，这也可以看作一种场，姑且命名为物的某种"道场"。

虽然场是现代物理学概念，古人并不清楚这个概念，但透过古人对大道的执着探求，和对天道流行的辗转阐述，人们不难想象和体验古人的未发之言、未尽之意。和场一样，道也是有活性的、运动的、变化的、流行的、生生不息的。道境域性关联的意蕴是与场相合的，这是能够以场言道的主要原因。从历史根源上看，道即是运转的天，一个宏观时空统一场或物质能量场。朱熹云："盖通天下只是一个天机活物，流行发用，无间容息。……夫岂别有一物拘于一时、限于一处而名之哉？即夫日用之间，浑然全体，如川流之不息、天运之不穷耳。"② 这个"浑然全体，如川流之不息、天运之不穷"的"天机活物"不是场，还是什么呢？

在古人的论述中，道本来就有整体性、贯通性的意蕴，这些都潜在地指向了场。

———————————

① ［英］李约瑟：《科学思想史》，《中国科学技术史》第二卷，科学出版社、上海古籍出版社，1990年，第39页。

② 《答张敬夫》，《晦庵先生朱文公文集》卷32，《朱子全书》第21册，上海古籍出版社、安徽教育出版社，2010年，第1393—1394页。

按照古人的讲法，首先道具有整体性的意义。《荀子·天论》云："万物为道一偏，一物为万物一偏……"① 道不是孤立的，而是体现了事物间的整体性关联关系。程颐云："天地人只一道也。才通其一，则余皆通。"② 道是"一"，是说道的整体性。王夫之云："道行于乾坤之全，而其用必以人为依。"③ 这里的"全"，也有整体的含义。

其次，整体之中，道还具有贯通性。道的贯通一体性表现为一体之仁，又具体化为忠恕之道。《论语·里仁》云："参乎！吾道一以贯之。"这里，"一以贯之"的不仅是孔子的忠恕之道，所有的"道"原本地都具有"一以贯之"的特征，甚至"忠恕"本就是"一贯"的代名词。朱熹云："忠恕本是学者事，曾子特借来形容夫子一贯道理。今且粗解之，忠便是一，恕便是贯。"④ 杨简云："孔子又曰：'吾道一以贯之。'未尝异动静、有无、古今、万一而为殊也。"⑤ 道的贯通性还有一种讲法就是"彻上彻下"。王蘋云："圣人之道无本末，无精粗，彻上彻下，只是一理。"⑥ 王阳明云："若论圣人大中至正之道，彻上彻下，只是一贯，更有甚上一截、下一截？"⑦

道为何可以相互贯通，并可以贯通人之内外？道的贯通性来自它的整体性和世界性，只有把道解释为世界之所以为世界的东西，才能合理地阐明道的特征。道所指向的不仅是存在者，道还指向了存在；道不仅揭示了物，还指示了物所在的世界。外在物质世界是由道构成的，人的内在世界也是由道构成的，道就是构成世界的东西，就是世界的存在方式。因此本书的世界观就是道之场观，以场的构成论道，以"道场"观世界，以"道场"诠释国学。道与道的作用方式，就是场与场的作用方式，是以境域化、整体性的渗透叠加方式相互作用。

现实世界中的各种境域性场态关联映射到人的意识中，就成为人所领会的

---

① 《荀子集解》，中华书局，1988 年，第 319 页。
② 《河南程氏遗书》卷 18，《二程集》，中华书局，2004 年，第 183 页。
③ 《周易外传》卷 1，《船山全书》第 1 册，岳麓书社，1988 年，第 850 页。
④ 《朱子语类》卷 27，中华书局，1986 年，第 671 页。
⑤ 《家记八·论诸子》，《慈湖先生遗书》卷 14，《杨简全集》第 8 册，浙江大学出版社，2015 年，第 2171 页。
⑥ 《宋元学案》卷 29，《黄宗羲全集》第 4 册，浙江古籍出版社，1985 年，第 313 页。
⑦ 《传习录上》，《王阳明全集》卷 1，上海古籍出版社，1992 年，第 18 页。

道，各种道叠加起来构成了人的内在世界，它就是一个道场。朱熹云："圣人之心，浑然一理，而泛应曲当，用各不同。"① 亦云："若曰'圣人之心于天下事物之理无所不该，虽有内外本末隐显之殊，而未尝不一以贯之也'，则言顺而理得矣。"② 理是道在心内显现的条理，是道的一种表现形式。心"浑然一理"，"无所不该"，这就构成了一个心内世界之场。杨简云："觉此心澄然虚明无体，广大无际，日用云为，无非变化，乃即日用平常实直之心，即大道……"③ 心之所以能构成一个完整的内在世界，一个重要的原因就是构成心之内容的道本来就具有境域性和世界性。

当把道作为心内世界的构成之后，一个自然的结论就是道也构成了意识，即意识以物和物之间的境域化、场域化关联为内容。如果说，道是境域化的，是场态的，那么意识也可以被认为是一种场态的存在。正如道不能一部分一部分地拼凑而成，意识场也不能一部分一部分地拼凑而成。意识场一旦形成，就必然是一个整体性和世界性的存在。

在意识中，事物间的关联是场域化的，一个事物和另一个事物之间，不是靠概念的界定和语言的描述来确定相互关系，而是通过不同事物在同一个背景环境中的相对位置以及相应的互动关系来确定。人们认识一个事物，必须要先把它放到世界的大背景中去认识，至少要在其周边的关联环境中明确它的相对位置。没有背景世界这个"一"，也就不会有万物这个"多"；没有整体世界这个"一般"，也就不会有某个具体事物这个"特殊"。人的意识场，就像一个超级图书馆，人所领会的任何一个事物，就像一本馆藏书一样，首先要在其中明确地放入一个位置，并和周围的书建立一种相对的顺序关系，才能使整个图书馆杂而不乱，随时可以把需要的书提取出来。

人的意识内容，不是由一个一个孤零零的事物简单拼凑而成，而是由这些事物间的场域化关联关系所构成，即由物之道所构成的。道暗示了事物存在于背景世界之中，事物的变化体现为它与世界的互动。事物的时与位、行与用，

---

① 朱熹：《论语集注》卷 2，《四书章句集注》，中华书局，1983 年，第 72 页。
② 《晦庵先生朱文公文集》卷 31，《朱子全书》第 21 册，上海古籍出版社、安徽教育出版社，2010 年，第 1364 页。
③ 《慈湖先生遗书》卷 4，《杨简全集》第 7 册，浙江大学出版社，2015 年，第 1893 页。

都是道所关注的。以场来论道，以道来诠释心内世界，就好理解为何古人总以虚寂来说心。心的虚寂，是由人意识的形成和运作机制造成的，心内世界只有事物间的境域化关联，并不常驻现成之物的具象。

道是中国人的伟大发现。早期人类难以理解"场"这样的范畴，因此产生了拟人化的灵或神灵的观念，而中国古人则从中发现了道，其实都是对场态存在方式的一种领会或诠释。中国人通过对道的领悟，理解了存在，理解了世界，也理解了人的意识。

道作为意识的构成内容，可以帮助理解很多的意识现象和哲学问题。例如，人的思想、认识和回忆往往是情境式的，而不是概念式的，甚至任何一个意念也都要有条件和背景。人们看演出或比赛，电视直播往往不是首选，首选是直接去感受现场气氛。相比于看书，很多人则可能更喜欢看电视、电影或动画片。看书时要留意上下文的语境，学习时往往推崇沉浸式的方法，思考时并不是把一个一个概念堆砌在一起，而是就某一种局势、某一种情况、某一个变化去作分析，想办法。人们的一个想法或意念，总是关联着另一个想法或意念，构成了连绵不绝的思想或意识之流。

美国心理学家威廉·詹姆斯提出了意识流学说。詹姆斯说："意识并不是衔接的东西，它是流的。形容意识的最自然的比喻是'河'或是'流'。此后我们说到意识的时候，让我们把它叫做思想流，或是意识流，或是主观生活之流。"他还说："思想的冲进那么急猛，所以我们差不多总是在还没有捉住过渡部分的时候已经到了终结了。或是，假如我们够敏捷，真把思想停止了，那么，这个思想就立刻变了，不是我们所要内省的思想了。盛在热手上的雪花并不是雪花了，只是一滴水；同样，我们要捉住正要飞到它的终结的关系之感的时候，我们并没有捉住它，所捉到的只是一个实体部分，通常只是我们正说的最后一个字，硬板板的，它的功用，趋势，和在句内的特别意义通通烟消火灭了。在这些地方，要想作内省分析，事实上等于捏住正在旋转的陀螺，想捉到它的运动，或是等于想快快开亮煤气灯，看黑暗的样子。"[①] 按照他的讲法，语言所把捉的只是意识流中的固化片段，处于中间状态的或者过渡阶段的意识是

---

① ［美］威廉·詹姆斯：《心理学原理》，北京大学出版社，2013年，第55、58页。

一闪即逝、难以把捉的，但恰恰这种难以把捉的部分是意识的主体和基础部分。语言和概念能够把捉的只是意识之流的片段，它只能指示现成的对象物。

其实，意识流仅仅是意识场的一种特殊运行方式或表现方式。构成意识基础的是具有境域性的器之道，而不是任何现成的抽象概念。正是基于这个原因，国学把道这个范畴作为学问的基础，而不是把国学建立在概念分析的基础上。道的境域性和流变性，更适宜让人们理解和把握意识之流。《荀子·解蔽》云"夫道者，体常而尽变"①。程颐云："天下之理，未有不动而能恒者也。动则终而复始，所以恒而不穷。……唯随时变易，乃常道也，故云利有攸往。"②

中国人以"道"作为思考的出发点，是由意识活动本身的特点和运作方式所决定的，也是由国学的原初性和古老性所决定的。由于语言或概念难以把捉意识活动之流，更难于把握意识之场，中国人就采取了悟道和论道的方式去把握和表达它。

从这个角度看，仅仅立足于语言分析的哲学，即以系词论或存在论或形而上学作为基础的哲学，在一定意义上是一种无根的哲学。它和人的意识活动的原初状态和场态运行方式是有差异的，它所把捉到的不是一个内涵丰富的现实世界或生活世界。当然，基于语言和概念，人类积累了大量的知识，搭建了宏伟的科学大厦。这是人类经过世代积累而取得的伟大成就，它深刻地改变了世界的面貌和人们的生活形态。但相对于当下活生生的现实世界来说，搭建在系词论或存在论或形而上学之上的抽象概念世界，是一个虚妄的、僵死的世界。在国学看来，这个虚拟的世界不能为人提供真正的价值依托，不能让人心安理得。

张世英说："时至今日，人们一听到我这里讲的'哲学是什么'这个题目，首先想到的答案很可能就是，哲学是在抽象概念里打圈圈的学问。自柏拉图到黑格尔，在西方哲学史上占统治地位的这种概念哲学尽管与西方科学的繁荣发达有密切联系，但他（它）又的确把哲学变成了苍白无力、抽象乏味的东西，把人生引向枯燥而无意义的境地。"③ 人的意识活动不是直接建立在抽象概念的

① 《荀子集解》，中华书局，1988年，第393页。
② 《周易程氏传》卷3，《二程集》，中华书局，2004年，第862页。
③ 张世英：《哲学导论》，北京师范大学出版社，2014年，第6页。

基础之上，相反，抽象概念是人意识活动的片段被截取出来并固化的一个结果。意识场整体性、境域化、动态地存在并运行着，这是人的智能以及德性生成的前提和基础。

道与心 ~◦の

随着"道"观念的发展，从天之道发展为物之道和人之道，道出现了内化的趋势。道从天上进入了人类社会，又进一步进入人的心中，构成人的内在世界。在这个过程中，道的中心含义逐步由"运行轨道或关联性背景世界"转变为"人所领会的事物间境域性的关联"。

国学中，作为背景性时空域的天道只是道之源起，道的主要含义是人内在世界的构成，即人所领会的器之道。国学的中心议题并非天上的道而是人心中的道。但为何器之道就能构成人的内在世界？它和天道的联系是什么？人们理解这些问题的关键是道的境域性，是它打通了心内世界和外在世界，支撑起了道的丰富内涵和广泛应用。

由此，引出笔者的一个基本观点，即道的含义有三层。一是"道源于天"，即从外部物质世界来看，道反映了事物之间的整体性的、境域化的关联关系，或者说道是体现事物间关联关系的背景世界，而这个背景世界是一个互相作用的物质能量场——外在的道体。二是"道由心构"，即从人的意识角度看，道是一种人的意识构建，是人对事物间关联关系的一种境域化领会，是意识场对外部世界物质能量场的一种模拟或映射。由第二层的含义延伸开来，又可以得到第三层含义："心由道构"或"道、心互构"。

在第一层、第二层的意义上，"道源于天"和"道由心构"从不同侧面都反映了道的物质来源。"道源于天"是说道的内容是对天以及天下万物关联关系的反映，"道由心构"是说道的生成机制是人的生理、心理反应，总而言之，道都具有某种物质性，是物质运行变化的产物，也是物质运行变化方式的反映。道是场对场的模拟，无论是作为模拟对象的物质能量场，还是作为模拟主体的意识场，都是物质的。这种模拟是整体性的，因而是一种全息模拟。

王廷相云："元气即道体。有虚即有气，有气即有道。气有变化，是道有变化。气即道，道即气，不得以离合论者。……气有常有不常，则道有变有不变，一而不变，不足以该之也。"[①] 道具有某种物质性，因而"气即道，道即气，不得以离合论者"，但道不是现成的存在者，而是一种存在方式。道是以它自身的存在反映世界之存在方式的存在。

在第二层、第三层的意义上，道是和人的生命共在的活体。固然，道的外在来源是外部的现实世界，道源于天，但是就道本身而言，道由人的意识所构建，同时人的意识场也由道所构成。王夫之云："言道者必以天为宗也，必以人为其归。"[②] 道构建了人的意识场，而意识场以人的生命体为依托。这种有生命的动态之场，造就了人的精神与灵魂。

道的三层含义，不同学派往往强调的重点不同，由于不同层面的界限不好区分，这就导致了很多分歧。

在先秦经典中较为强调外在的道。《老子》所言之道是天道，具有一定的神秘性，是外在于人的。而儒家的道则以人道为主，往往以情言道或以物言道，并把性作为天道与人道之间的桥梁。《中庸》第一章云"天命之谓性，率性之谓道"，道比性低一个层级。《大戴礼记·哀公问五义》云："孔子对曰：'……大道者，所以变化而凝成万物者也。'"[③] 这是以物言道。

通常与道相近或相通的范畴是理，理是道在心中所呈现的条理、内容或结构，是更形式化的道。理作为道之文或道之显，它只能呈现在人的心中。《孟子·告子上》云："心之所同然者何也？谓理也，义也。"国学发展到了宋明理学阶段之后，很多理学家开始直言道在心中了。程颐云："心生道也，有是心，斯具是形以生。"[④] 朱熹云："盖人只有个心，天下之理皆聚于此，此是主张自家一身者。若心不在，那里得理来！惟学之久，则心与理一，而周流泛应，无不曲当矣。"[⑤] 刘宗周云："道，其生于心乎！是谓道心，此道体之最真也，而

① 《雅述》上篇，《王廷相集》第 3 册，中华书局，1989 年，第 848 页。
② 《尚书引义》卷 5，《船山全书》第 2 册，岳麓书社，1988 年，第 381 页。
③ 王聘珍：《大戴礼记解诂》，中华书局，1983 年，第 11 页。
④ 《河南程氏遗书》卷 21，《二程集》，中华书局，2004 年，第 274 页。
⑤ 《朱子语类》卷 20，中华书局，1986 年，第 446 页。

惟微者其状耳。"① 而在心学家这里，道被彻底内化了，道只在心中，心即是道，心即是理。陆九渊云："人皆有是心，心皆具是理，心即理也。"② 杨简云："大道简易，人心即道。人不自明其心，不明其心而外求焉，故失之。"③ 亦云："人之本心，自神自明，自不动，自即道……"④

　　道的内化是国学发展过程中一个重要的理论趋向。在消解天道的外在性和神秘性的进程中，首先是儒家倡导人道，以情所体现的性去合天道，用天命之性作为人道与天道之间的桥梁。之后程朱理学用天理打通了天道和人道的间隔，天道只能以天理的形式在人心中呈现，天道和人道只是一道，都呈现为天理。最后，陆王心学直接把道内化为人心中之道，把天理看作人的良知，实现了道彻底的内化。在心学的理论体系中，道主要体现为心内事物之间的境域性的关联，成为人的一种意识构建。心学把构成外在世界、作为外在事物存在方式的"道"转化为构成心内世界、形成人之本体的内在的"道"，实现了天人之间的彻底贯通，使国学理论化的程度得到极大提高。

　　意识场是对外在时空统一场或物质能量场的模拟，故而道可以反映外在事物的整体性关联，但这种关联和道本身还隔了一层。只是，通常人的主观意识往往会把人所领会和构建的道，直接当作外物间的客观关联关系，因此会认为道为外物之道。唐君毅说："然荀子非以道为外在于心之客观对象，由心之知种种人文历史之事实而发现者。此道初在此主客内外之中间，而为人心循之以通达于外，以使人心免于蔽塞之祸者。故此道在第一义，初当为心之道，在第二义方为心所知之人文历史之道。此道一方连于心之能知能行之一端，一方连于其所知所行之一端……"⑤ 于人而言，道是人所领会的事物间的境域化关联，因而道首先是意识场的构成内容，道在人的心中，没有人就没有道。

　　道由心构，这就是为何国学中并不承认有所谓抽象的本质规律或绝对精神的原因，也是为何心学家认为"心即理"，强调"人性自足"，要"内求天理于

　　① 《原道上》，《语类》9，《刘宗周全集》第3册，浙江古籍出版社，2012年，第253页。
　　② 《与李宰》之二，《陆九渊集》卷11，中华书局，1980年，第149页。
　　③ 《杨氏易传》卷1，《杨简全集》第1册，浙江大学出版社，2015年，第19页。
　　④ 《杨氏易传》卷5，《杨简全集》第1册，浙江大学出版社，2015年，第82页。
　　⑤ 唐君毅：《中国哲学原论·原道篇》，中国社会科学出版社，2006年，第247页。

心中"的原因。王阳明云:"道无方体,不可执着。……道即是天,若识得时,何莫而非道?人但各以其一隅之见认定,以为道止如此,所以不同。若解向里寻求,见得自己心体,即无时无处不是此道。亘古亘今,无终无始,更有甚同异?心即道,道即天,知心则知道、知天。"[①] 亦云:"夫物理不外于吾心,外吾心而求物理,无物理矣;遗物理而求吾心,吾心又何物邪?心之体,性也;性即理也。"[②]

心学揭示了道、理的内在性和活性,以古人的话语体系解构了人以及人的意识。心学在国学理论中最为精粹,它对意识和存在的理解达到了西方后现代哲学的高度。当然心学也具有一定的片面性和局限性,它在谈心的内在作用时,没有强调外在世界对内在之道的奠基作用。内在之道和外在之道,是互构互生、相辅相成的。从道发生的根源上看,没有外物和外在世界的存在,也就不会有人的意识场对之的反映和模拟。道本身在人的心中,但要究其根源,还要从心外去寻找和印证。

道体、世界与世界性 ～◎

道源于天,道体原本是指天之体,即世界关联性境域的整体。《河南程氏遗书》云:"'子在川上,曰逝者如斯夫',言道之体如此,这里须是自见得。张绎曰:'此便是无穷。'先生(程颐)曰:'固是道无穷,然怎生一个无穷便了得他?'"[③] 朱熹云:"固是无穷,然须看因甚恁地无穷。须见得所以无穷处,始得。若说天只是高,地只是厚,便也无说了。须看所以如此者是如何。"[④] 这里的道体就是天之体,道体的无穷既有天高地厚之无穷,也有古往今来之无穷,还有时空境域内的关联意义之无穷。

物(器)之道体即是物的关联性境域。如果说物之道主要强调的是物的境

---

① 《传习录上》,《王阳明全集》卷1,上海古籍出版社,1992年,第21页。
② 《传习录中》,《王阳明全集》卷2,上海古籍出版社,1992年,第42页。
③ 《河南程氏遗书》卷19,《二程集》,中华书局,2004年,第251页。
④ 《朱子语类》卷36,中华书局,1986年,第976页。

域性关联，那么物之道体强调的就是关联性的境域本身。物之道体的集合就是天之道体。天之道体是一个有意义的世界，它的意义是人赋予的，它是人所领会的天，而不是完全客观的天。未加限定的一般性的道体通常都是指天之体，即整个宇宙时空，而某物（器）的道体就是以该物为中心的关联场域。具有境域性和空间性的各种道体，都是无边界且不能分割的，它们作为某种世界相互嵌套和叠加在一起。

器（物）之道联通了器与器、器与人，使器对人成为可通达、可领会的。人对器有所领会，就会使器在心内呈现，而使器得以呈现的背景世界，就是器的道体。简单化地理解，道就是器与器、器与人之间的关联因缘，器的道体就是器与器、器与人之间的关联因缘场域。物的每一用都体现为一关联关系，每一关系都有其一道，都以其道体为背景。人能驭器，离不开人对器之道的领会和器之道体的构建。上道之器的道体，对人来说是一个通透的、一体化的、本然的世界。工具对人是否上手、上道，主要取决于人是否领会了器的本然之道，是否在心内构建了器的一体化道体。

孤立的物是不存在的，也是不可通达的，物即便有本质或自性，也要从物与物、物与关联性世界的关系上得到理解和说明。对人来说，仅有器是构不成一个世界的，必须把形而下之器和形而上之道组合在一起，才能构成人可以理解的器，以及人所理解的整个世界。海德格尔说："世界本身不是一种世内存在者。但世界对世内存在者起决定性的规定作用，从而唯当'有'世界，世内存在者才能来照面，才能显现为就它的存在得到揭示的存在者。"[1] 道贯通了众器，贯通了世界，人才有了对世界的理解和通达。器的世界性，就表现在器之道体上。

具有世界性的每一器物，都有其应用的背景。当人对器物有所领会的时候，他就能从其背景中一下子看见它。一个学生进入他熟悉的教室，一眼就能认出课桌、讲台、黑板、投影用的幕布等等；而如果一个森林部落中的原始人——在海德格尔的例子中是一位塞内加尔黑人[2]——第一次进入这个教室，

---

① ［德］马丁·海德格尔：《存在与时间》，商务印书馆，2018 年，第 95 页。
② ［德］马丁·海德格尔：《形式显示的现象学——海德格尔早期弗莱堡著作选》，陕西人民教育出版社，2016 年，第 10 页。

他就很难认出这些东西。学生能认出这些东西，是因为他对教室这个背景环境具有整体性的亲熟和领会，因而目光所向，课桌、讲台、黑板、投影用的幕布等等，就在教室这个背景世界中马上显现并得到揭示。器物作为现象自己现身并得到揭示的前提，是其所在的世界已经在人的内心构境完成。

当人的意识指向某物时，某物就从其世界背景中现身了，从遮蔽状态进入了显现状态。世界背景下处于焦点的某物的显现，则意味着某物之外的其他世界之物的遮蔽。其他之物虽然遮蔽，但世界却若隐若现，永远在场。当然，世界的在场，是作为背景的在场，是一种隐身的在场。

这个在直觉中全程隐身在场的世界，不是真实的世界，而是人所构境的内在世界，它是由器之道构成的，是人的道体。对器之道有所领会，意味着其背景世界已然构境完成，这才使人看见了器（即器在心内得以呈现）并能驭器而行。在外在世界，物在先，人对物的感知在后；而在人的内在世界，器之道在先，对器的看见在后。

人的道体就是人所在世界在人心中的整体化的反映和构境，就是人领会的所在世界的整体。"人之道"对外表现为人与其周围环境的互动关系，尤其是其社会关系。每一关系体现为某一道，众道相互渗透、叠加、勾连在一起的总和，就构造了人的整体性背景世界——人的道体。马克思说："人的本质不是单个人所固有的抽象物，在其现实性上，它是一切社会关系的总和。"[1] 人的外在道体就是其关联世界的整体，即人与其所处世界一切关系（包含社会关系）的总和，其内在道体则是人对这些关系总和的领会和构境。本书所言的道体一般指内在的道体。人的内在道体其实就构成了精神意义上的人的整体，展开了人的内在道体就是展开了人的精神整体。

中国先哲在遥远的古代，就隐约领会了人的内在道体。古人敏感地意识到道的世界性，以及道在认知上对于外在世界的先在性。《老子》第二十五章云："有物混成，先天地生，寂兮寥兮，独立不改，周行而不殆，可以为天下母。吾不知其名，字之曰道，强为之名曰大。大曰逝，逝曰远，远曰反。""大"和

----

① ［德］卡·马克思：《关于费尔巴哈的提纲》，《马克思恩格斯选集》第一卷，人民出版社，2012年，第135页。

"远"反映了空间性，"逝"和"反"（返）反映了时间性，总体上说就是暗示了道体具有世界性，且从领会的角度看比天地这个现实世界还在先。

人和物的世界性，是一个非常深刻的哲理。物和物之间、人和物之间、人与人之间的关联，都是一种境域化的关联，它不是单线程的、静态的、孤立的关联，而是有条件的、有背景的，简而言之就是同在一个互动世界的整体性关联。道恰恰在一定程度上应和了这样的现实，隐含了这样的意蕴。虽然言不尽意，但"道"烘托、暗示和引发了这样的意。朱熹云："盖理只是一个浑然底，人与天地混合无间。"① 理是道的一种表现形态，它揭示了人和世界的共在关系。当秉持以孤立物集合体的观念去看世界的时候，人们会觉得国学的范畴虚无缥缈，似乎有所指但又说不清、道不明；但当以整体性的动态思维方式去看世界的时候，人们就会从国学中看到其真实和丰富的含义。

物的道体，作为物所处的关联性世界，它展现了物的世界性，而理解物的世界性旨在理解人的世界性。人和世界是不可分的，用国学的话说就是"天人合一"。张载《正蒙》云："天地之塞，吾其体；天地之帅，吾其性。民吾同胞，物吾与也。"② 张载"民胞物与"之说，就是对人的世界性的精彩形象表达。

对此其他学者也有很精辟的说法。二程云："天人本无二，不必言合。"③"合天人，已是为不知者引而致之。天人无间。夫不充塞则不能化育，言赞化育，已是离人而言之。"④ 朱熹云："天即人，人即天。人之始生，得于天也；既生此人，则天又在人矣。"⑤ 杨简云："吾未见夫天与地与人之有三也。三者，形也；一者，性也，亦曰道也，又曰易也。名言之不同，而其实一体也。"⑥ 王阳明云："大人之能以天地万物为一体也，非意之也，其心之仁本若是，其与天地万物而为一也。岂惟大人，虽小人之心亦莫不然，彼顾自小之耳。"⑦ 人本

---

① 《朱子语类》卷95，中华书局，1986年，第2440页。
② 《正蒙·乾称篇》，《张载集》，中华书局，1978年，第62页。
③ 《河南程氏遗书》卷6，《二程集》，中华书局，2004年，第81页。
④ 《河南程氏遗书》卷2上，《二程集》，中华书局，2004年，第33页。
⑤ 《朱子语类》卷17，中华书局，1986年，第387页。
⑥ 《家记一》，《慈湖先生遗书》卷7，《杨简全集》第7册，浙江大学出版社，2015年，第1973页。
⑦ 《大学问》，《王阳明全集》卷26，上海古籍出版社，1992年，第968页。

来就是原初地与天地一体的，这不是由人的主观意志决定的，但是只有"大人"能主动地、自觉地体认和实践"以天地万物为一体"这一点。

西方哲学直到海德格尔，才深入地阐明了这个道理。海德格尔说："'依寓'世界而存在，是一个生存论环节，绝非意指把一些现成物体摆在一起之类的现成存在。绝没有一个叫作'此在'的存在者同另一个叫作'世界'的存在者'比肩并列'那样一回事。……只有当一个存在者本来就具有'在之中'这种存在方式，也就是说，只有当世界这样的东西由于这个存在者的'在此'已经对它揭示开来了，这个存在者才可能接触现成存在在世界之内的东西。因为存在者只能从世界方面才可能以接触方式公开出来，进而在它的现成存在中成为可通达的。如果两个存在者在世界之内现成存在，而且就它们本身来说是无世界的，那么它们永远不可能'接触'，它们没有一个能'依'另一个而'存'。"① 其实中国古人也有类似海德格尔"在之中"的说法。张载云："乾称父，坤称母；予兹藐焉，乃混然中处。"② 这个与乾坤的"混然中处"，就是具有世界性的人在世界之中。

海德格尔还说："从世内来照面的东西向之次第开放的那种东西已经先行展开了，而那种东西的先行开展不是别的，恰是对世界之领会。而这个世界就是此在作为存在者总已经对之有所作为的世界。"③ 人的这种"对世界之领会"，就体现为人已有的内在道体；这种"对之有所作为"的实践就是格物。

体、体用与本体

前面谈到，体的本义是人的身体。身体引发了人对"存在"的最切近的领会，因而体往往和事物的存在性相关。在天人合一、万物一体的观念下，中国人把对存在的领会从人的身体延伸到整个世界，体从终极意义上成为天之体，体的哲学含义就由此再延伸为道体。

① ［德］马丁·海德格尔：《存在与时间》，商务印书馆，2018年，第72页。
② 《正蒙·乾称篇》，《张载集》，中华书局，1978年，第62页。
③ ［德］马丁·海德格尔：《存在与时间》，商务印书馆，2018年，第111页。

体的含义以身体为起点，在汉语中既发展出整体之义，也发展出体会之义。《中庸》第二十章云"敬大臣也，体群臣也"。朱熹注云："体，谓设以身处其地而察其心也。"① 张载云："大其心则能体天下之物，物有未体，则心为有外。"② 张载所说的"能体天下之物"，可以解释为人能领会世界的整体。"体"的整体义和体会义统一到人身上，就表现为人对世界整体的领会和认同，是意识场对物质能量场的映射和全息模拟。王阳明云："人心与天地一体，故上下与天地同流。"③ 人心是一个意识场，天地是一个物质能量场，"同流"就是它们相互映射，构成了一个互动的整体。

国学的"体"展现了人的意识场对万物的收摄，这种收摄主要表现为对万物之间关联意义的领会。体所喻示的整体性和结构性是一种意义整体和意义结构，它具有世界性和全息性。国学发展到了心学阶段，对良知之体的描述接近于意识场的本来面貌。王阳明云："圣人致知之功至诚无息，其良知之体皦如明镜，略无纤翳。妍媸之来，随物见形，而明镜曾无留染。"④ 亦云："有只是你自有，良知本体原来无有，本体只是太虚。太虚之中，日月星辰，风雨露雷，阴霾饐气，何物不有？而又何一物得为太虚之障？人心本体亦复如是。太虚无形，一过而化，亦何费纤毫气力？"⑤ 意识场无形无迹，古人只能以"太虚"来形容。意识场中，万物关联成一个浑然的整体，它是一个虚拟的世界，既不包含任何为"障"的现成物，却又可以含摄万物，为揭示任何具体事物提供背景。

体往往和用相对应，体用是国学中的一对常见的范畴，但它具有多义性，比较容易被混用。一般认为体用的本义应为形体与功用的关系，在此基础上中国古人常借"体用"关系来说明事物的根源与表现的关系，有时也说明主导与被主导的关系。

古人对何为体何为用的看法并不统一。张立文说："如'体用'范畴，从

---

① 朱熹：《中庸章句》，《四书章句集注》，中华书局，1983年，第29页。
② 《正蒙·大心篇》，《张载集》，中华书局，1978年，第24页。
③ 《传习录下》，《王阳明全集》卷3，上海古籍出版社，1992年，第106页。
④ 《传习录中》，《王阳明全集》卷2，上海古籍出版社，1992年，第70页。
⑤ 《年谱三》，《王阳明全集》卷35，上海古籍出版社，1992年，第1306页。

范缜的'形质神用'、崔憬的'器体道用'、王夫之的'实有'（'气'）为体、'道'（'理'）为'用'到孙中山的物质为'体'、精神为'用'，贯穿着一条唯物主义路线；从王弼'无体有用'、孔颖达的'道体器用'、法藏的'理体事用'、慧能的'定体慧用'、道教的'道体物用'到程、朱的'理体物用'，则贯穿着一条唯心主义的路线。"① 他这里过于强调了唯物和唯心的区别，其实中国古人对"道体"的重视并不等同于西方的唯心主义，作为国学主流的儒家并不认为在现实世界之外还有一个纯粹的精神世界或彼岸世界。在现实世界和意识场的关系上，现实世界是第一位的，意识场是第二位的，因此朱熹云："理遍在天地万物之间，而心则管之；心既管之，则其用实不外乎此心矣。然则理之体在物，而其用在心也。"② 这里的"理之体在物"强调了万物的实在性和基础性。事实上，道体器用一直是国学的主流，笔者对"体"的阐发以这一阵营的思想为基础。笔者认为当体的含义由身体延伸到道体之后，境域化关联整体与其中特定具体关联的关系就成为体用关系更深刻的内涵。

这种体用思想的发端是王弼，而王弼的"体"思想可能来自《周易》中的"卦体"。王弼云："夫象者，何也？统论一卦之体，明其所由之主者也。"③ 李晓春说："在王弼看来，体指的是一卦之成为一卦的基本含义，也就是卦体是一个卦的灵魂，是一卦之主；在卦的范围里，王弼将卦体提高到了前所未有的高度，这与他刚刚在哲学史中形成的贵无的本体论是有很深的关系的。"④ 田丰说："易学'卦体'的传统意涵，它不能等同于一类事物，毋宁说是一类形势或情境。'其所由之主'一方面有对此类情境概括之义，另一方面更重要的是'主爻'往往指引了在此类情境下行动应当遵循怎样的基本原则与方向……"⑤ 杨立华说："王弼将《易》卦完全理解为'时'的诠释取向之中。由于《周易》各卦象征着人生的种种时遇，而这些时遇之间又是相对独立的，人处在这种种时遇当中，只能顺应外在的境遇来调整自己的行为，借此免于悔吝凶咎而已。"⑥

① 张立文：《论朱熹的"体"与"用"范畴》，《学术月刊》1984年第7期。
② 《朱子语类》卷18，中华书局，1986年，第416页。
③ 《周易略例·明象》，《王弼集校释》，中华书局，1980年，第591页。
④ 李晓春：《儒家思想及其现代化》，中国社会科学出版社，2018年，第174页。
⑤ 田丰：《王船山体用思想研究》，中国人民大学出版社，2020年，第11页。
⑥ 杨立华：《卦序与时义：程颐对王弼释〈易〉体例的超越》，《中国哲学史》2007年第4期。

王弼对体的认识可能来自卦体所喻示的时变境遇，这种境遇其实就是一个动态的背景世界，具有道体的特征。虽然王弼的体用思想较为原始，但已经具备了后世体用思想的内核。王弼云："夫大之极也，其唯道乎！自此已往，岂足尊哉！……万物虽贵，以无为用，不能舍无以为体也。（不能）舍无以为体，则失其为大矣，所谓失道而后德也。"① 这里他强调"体"不能"舍无"，舍去无就"失其为大矣"，这个"无"与道相关，它就是道体、境体的空无。

西方传统思想认为物是孤立的、既成的（其隐含的逻辑是上帝已经安排好了），故而物的根源或本质只能去物的内部找；而中国圣贤认为万物是动态一体的，故而物根本的规定性要以其所在世界为依据，要在其与所在世界的互动中得到彰显。中国古人对物的追问超越了物的实体躯壳，他们以问道的方式追问物的外部关联，一直穷究到了天人之际。人与世界共在，人与世界的万事万物联结成了一个整体，中国人以此为背景去揭示动态的物，就形成了道观念；以此追问物的根源，就形成了中国特有的体用观念。

物皆有道体，即是物皆有所在、所用之境。在外部现实世界，人们所看的物都是境中之物，物显现为物之形，物看上去是一个实体；在人的意识中，物只能体现在物之用的关联因缘场域中，物展现为物之道，物被潜在地赋予了意义，道体成为物的本体。

物以物之道体——物的关联场域——为体，以物的实体功能作用——关联场域中特定的具体关联——为用，或直接以实体为用。这是理解中国哲学体用论的要旨。中国人历来重视形上之道，强调"道"的本源性，主流观点以"道"或"理"为体，以"器"为用。王夫之云："天下之物皆用也，吾心之理其体也，尽心以循之而不违，则体立而用自无穷。"② 这和当今广泛流行的以物质实体为本体的思想观念恰好是完全相反的，而在中国古代这些思想则源远流长。

道教学者成玄英云："夫道者何也？虚无之系，造化之根，神明之本，天

① 《老子道德经注校释》，中华书局，2008年，第94页。
② 《张子正蒙注·大心篇》，《船山全书》第12册，岳麓书社，1992年，第143页。

地之源……"① 一些玄学家以无为体，一些佛学家以空为体，都是对境体—道体—无形体特征的强调，都有其内在的道理。

但儒家历来不仅重视道体的无形体特征，也很重视物的实在性。强调"道"或"理"的本源性并不等同于西方的唯心主义，以儒家为主流思想的国学认为，物的实在性不仅是物本身的实在性，更是物所在世界实在性的体现。物本身的实在性，也不首先表现为物形体的实在性（形体外观是易变的），而是首要地表现为物的功能、效用的实在性，要在物与物之间的关联关系上得到体现。物之用的境域性关联，在人的内在世界中构成了物的道体，形下之器和形上之道以"用"相沟通，构成万物可通达的整体。物的世界性，不仅表现为道器一体不可分，也表现为体用一体不可分。

体涉及一个重要的范畴——本体。在日常语境中，当体主要指身体或形体时，本体是指事物的本来面目，强调事物在剥离了表象之后的存在性。当国学经历了佛教的挑战之后，本体这个词逐步抽象化，被赋予了更多的哲学含义，道体作为本体的含义随之被阐发出来了。在国学传统中，天或道喻示了具有终极意义或本源意义的东西，道体就成了抽象意义的本体。作为本体的天之体或道之体，既具有整体性和结构性，又具有本根性和终极性。中国人在解释世界和外在事物时，其本体就是道体，是天之道体或物之道体。但人具有特殊性，人的本体不是一般的道体，而是本然之道的道体，即性体。朱熹云："理者，天之体；命者，理之用。性是人之所受，情是性之用。"② 本体源于天之体，赋予人后成为性之体，一个指向外在世界、物质世界，一个指向内在世界、精神世界。

国学讲的本体和西方哲学讲的本体是不同的。张世英说："（西方哲学的）'本体'一词来自拉丁文 on（是、存在、有）和 ontos（存在者），16 世纪末 17世纪初德国经院学者郭克兰纽第一次使用'本体论'一词，并把它解释为'形而上学'的同义语。一般地说，在西方哲学史上，'本体论'指关于存在本身

---

① 成玄英：《老子义疏》，《中国哲学史教学资料汇编》（隋唐部分），中华书局，1965 年，第 306页。

② 《朱子语类》卷 5，中华书局，1986 年，第 82 页。

（being as such）的理论或研究。18世纪由于理性主义哲学家沃尔夫使用'本体论'一词以表示关于存在者（beings）的本质的研究，这个词便比它的同义语'形而上学'更具有突出的地位。……'本体论'在西方哲学史上有两种用法：一是包括'宇宙论'（cosmology）在内，一是不包括'宇宙论'。"[1]

西方哲学的"是"被翻译成中文的"本体"，其相通之处是它们都与对事物本来面目的追问相关，或者说都与对事物的根本规定性相关。这个追问或规定，必然来自人或经由于人。现代人常常这样认为，外部现实世界是由物质构成的，具体的质料和形式组成独立的物质实体，它的根本规定性要向物体内部去探究。但中国古人并不单独追问孤立物的根本规定性，而是基于物和人的世界性，把该物和它的关联世界一起追问。正是在追问的方式上，国学的"本体"和西方哲学的"是"具有完全不同的由来和意旨。

在笔者看来，国学中事物的本体不是某种抽象的概念或"理型"，它不是现成的，不是上帝已经安排好的，它要在与世界的互动中才能向人呈现并得到揭示。事物的根本规定性是世界赋予的，这种规定性不是孤悬在外的某种不变的抽象实体，它不是绝对的，只能靠人的直觉去领会，而不能完全靠概念和命题进行表达。这个领会体现了意识场对外部世界的一种整体性模拟。在这个意义上，国学所言的本体，不是任何纯粹的抽象物或现成物，它源于天也经由人，是一种内生于人的、过程性的、活性的意识场。

国学主流看法认为，物的本体不是有形实体，有形实体只是物的表象，其本体在与他物的关联功用中才能得到确认和体现；而基于物与人的世界性，物的本体来源于物所在的关联性世界，它映射为人内在世界中由物之道构成的境体——物之道体，即物的意义场。

人的本体与物的本体有所不同。人或物的本体在不同程度上都与人的意识相关：没有人的追问，物就无所谓本体的有无；而人对自身的追问和解释，在一定意义上构成了人自身，构成了自己的本体。这是因为，人或物的根本规定性，既以其关联世界为依据，也要在人的领会中得到体现。对人来说，人对自身的领会构成并规定了人自身。因此，人的本体不是人对其所在世界的一般性

---

① 张世英：《导言》，《哲学导论》，北京师范大学出版社，2014年，第13页。

领会，而是一体化的领会。人的意识不是世界的简单倒影，它还对世界进行了统贯并塑造了人的主体性和能动性。人的道体只有进行充分统贯并构成人自身后，才成为人的本体，也就是说本然之道的道体才是人的本体——性体。

物对人的渗入：心体、道体与性体

格物要实现人与物相通，通达的路径是人先领会物的本体——道体，再由物的本体进而触及人的本体，最终实现人与物本体之间的融合。在这个过程中，格物在某种意义上体现为物对人深度的浸入和渗透。

外在对象物进入人的心内世界，这是一个气血心知的直接反应过程。这个过程中，人对物进行了感知，在心中为该物搭建了"情境状态下的临时性建筑"来包纳它。这个过程是情境性的、当场发生的，是在气血心知的作用下，在心内发生的动态性、边际性、增量性的活动。

当发生上述过程的外界情境结束后，原来心内世界的"情境状态下的临时性建筑"就成为过去的记忆了，它会随着时间的流逝而慢慢消逝，但可能有部分内容沉淀下来，并和心内一些原来的存量内容发生综合反应：或印证强化了某些原来的东西，或抵销修正了某些原来的东西，或交互产生了某些新东西，总之这个情境状态下的当下过程有可能或多或少地对心内世界造成了长远的影响，即影响了心内世界中的"历史周期状态下的长期性建筑"。

这个所谓的"历史周期状态下的长期性建筑"，是人在心内可以跨越情境的一种深层构建，可以长期存在。它不能是物的具象，任何具象在心内呈现后还要再次寂灭，能够持续留存在心内世界的只有物之道。人领会的所有的物之道勾连而成的那个整体，就是人的道体，它是心内世界持续运行的部分。道体作为可持续的"历史周期状态下的长期性建筑"的整体，和那些"情境状态下的临时性建筑"一起构成了人的心内世界。

在本书中，"体"被理解为是一种意识场或一种内在世界，因而人的心内世界被称为心体。但古人说心体往往直接是指心的本体，而不是指宽泛意义的心内世界。本书的心体一般指广义心体，包含所有在心内临时性呈现的事物具象以及持续存在的作为背景世界的道体。

外物和人血气心知的交接，既有直接性、当下性的影响，也有间接性、长远性的影响。直接性、当下性的影响主要发生在心体的表层或上层，间接性、长远性的影响主要发生在心体的深层。心体的表层主要由"情境状态下的临时性建筑"组成，这些临时性建筑是随时缘起缘灭的，随着外界情境的变化而不断变化。人心体的表层和上层，对外不断受到外界环境影响，总会处于某个特定的情境之中，并总是相应做出临时性、功利性的反应。人的情境性反应，往往当场表现为某种意欲或情绪，并随着时间以及主体与客体关系的变化而不断变化，因而是非常不稳定的。心体深层的"历史周期状态下的长期性建筑"是物之道勾连而成的道体，它则是相对稳定的结构，不会随时幻灭，而是要与人的生命共舞，甚至可以完全与人一体化。需要提醒的是，这里所说的"表层""深层"等都是一种形象的比喻，并非其实际的结构状态。无论是心体还是道体，这些所谓的"体"都是一个内在世界，都是以场态方式存在并运行的意识场或意义场，它们之间是场与场之间的相互渗透、重合、叠加关系。

人的道体中有不同的物之道，按照与人自身关系的不同，可以分为本然之道和非本然之道。本然之道体现的是与人一体之物的关联因缘，非本然之道体现的是与人对立之物的关联因缘。在某物刚刚被人感知并领会时，只形成了非本然之道，人的主观意识会把该物作为怀疑和审视的对立客体，将其留存在主观意识可觉知的领域内。如果它逐渐为人所亲熟，经过反复验证而形成本然之道，它就会更深地融入人的道体，隐身成为心内世界的纯粹背景，不再被人的主观意识所觉知。由本然之道组成的那部分道体，是心内"历史周期状态下的隐性建筑"，它的隐藏状态是对人的主观意识而言的。本然之道与人一体，人的主观意识把它视同为人自身的一部分，它的指向物不能以对象物或对立物的形式在心内呈现。只有主客不分的直觉意识才能对本然之道的指向物有所觉知。

本然之道作为与人一体之物的关联因缘，构成了体现人自身存在性和主体性的意识场，也就是人的本体。人道体的全体构成了广义的人，它对外含摄了人的社会关系的总和；人道体中的本然之道则构成了狭义的人，即人的本体或人的自我。本然之道的道体作为人的本体，对人具有规定性和决定性，也可以称为性体，或简称性。

性体是心体的内核和中枢，性体中的本然之道不断内贯外推，以维持人的统一性和一致性，并在此基础上塑造了人的主体性和能动性。它是心体、道体得以持续运行的基础和根源，因此性体也是心体的本体。性体由人的主观意识所不能觉知的本然之道所构成，因此朱熹云："心、意犹有痕迹。如性，则全无兆朕，只是许多道理在这里。"①

性体的构建，不是一次性完成的，而是一个历史性的、持续性的、综合性的过程。从纵向的时间跨度来看，性体的生成、扩充、健全、僵化、消散的过程，伴随着一个人个体生命的出生、成长、成熟、衰老、死亡的过程；从横向的空间广延来看，性体是一个建构完整的意义世界，它反映了人和外在世界的整体性关联，体现了人本身的世界性。血气心知所生发的情、欲对心体的作用是直接的、明显的，但对性体的作用是间接的、隐蔽的。

从格物的角度去看，心体、道体与性体三者反映了人对物通达程度上的差异。人与物的初步交接首先在心体的表层中得到临时性的反映，生成了物的具象；当人领会了物之道，让物在某种程度上得到揭示，物就通达了人的道体；如果人对物进一步实现了一体化，物之道转化为本然之道，物就最终通达了性体。人的性体是一个物我完全一体的世界，而性体之外的那部分道体是一个自我与外物长期对立的世界，道体之外的那部分心体则是一个随时呈现又随时泯灭的世界。在一定意义上，领会了物之道，物才会常驻心内；领会了本然之道，物才会构成人之自我，与人合一。

在人的生命历程中，外物不断与人交接，而人的性体具有天然的一种倾向：不断地以物之道去含摄外物，不断地去消解物的对象性以增益自身。对于对象性未能完全消解，人对其有所怀疑、有所畏惧之物，其意识构建（该物之道）只存在于道体中。通过人的反复实践完全消解了对象性的物，其意识构建（该物的本然之道）就纳入了人的性体，构成了人的自我。罗钦顺云："道本人所固有，而人不能体之为一者，盖物我相形，则惟知有我而已。有我之私日胜，于是乎违道日远。"② 这个话可以理解为：本然之道构成人的本体，为人所

①《朱子语类》卷5，中华书局，1986年，第95页。
② 罗钦顺：《困知记》卷上，中华书局，1990年，第10页。

固有，而求道的过程是要让道贯通物我，实现物我的一体化。

从这个角度去看，格物就是要通过人的实践，让外物与人的性体相互作用、相互映衬，并最终使物与人自身一体化，让物在性体的背景下得以如其所是并恰如其分地呈现出来。

性与天、人 ～♫

国学认为，构成性体的本然之道表现为仁义礼智信等道理。这些道理扎根在人的内部，是内生于人、构成人的东西。

《性自命出》云："养性者，习也；长性者，道也。"[1] 程颢云："道即性也。若道外寻性，性外寻道，便不是。"[2] 朱熹云："理在人心，是之谓性。性如心之田地，充此中虚，莫非是理而已。心是神明之舍，为一身之主宰。性便是许多道理，得之于天而具于心者。"[3] 亦云："性是个浑沦底物，道是个性中分派条理。循性之所有，其许多分派条理即道也。"[4] 这话把性体由道所构成的意思说得最分明。程敏政云："宇宙之间，道一而已。道之大原出于天，其在人则为性而具于心。"[5]

人的内在世界依靠这些道或理，才得以贯通和统合，而这些道、理本身，并不是什么抽象的原则或纯粹的精神，而是人所构建的物与物、事与事之间的境域化关联。它们本身不是僵化的死物，而是活在人的心内，随着人的生命而起舞，并在人死后而寂灭的东西。它们所指向的物与物、事与事之间的关系或规律具有客观性和外在性，不随人的主观意志而转移，但它们本身是人的意识场对外部世界的一种反映和模拟，是对外在之道的一种虚拟或对其趋向的逼近。这种模拟是整体性、境域化、全息式的。

---

① 荆门市博物馆：《郭店楚墓竹简》，文物出版社，1998年，第179页。
② 《河南程氏遗书》卷1，《二程集》，中华书局，2004年，第1页。
③ 《朱子语类》卷98，中华书局，1986年，第2514页。
④ 《朱子语类》卷62，中华书局，1986年，第1491页。
⑤ 程敏政：《道一编目录后记》，《篁墩文集》第1册卷16，上海古籍出版社，1991年，第283页。

性体的构成，从其存在性上看，是意识中事物间的场域化关联；从其外在表现上看，是人所领会并践行的文化传统惯例，体现在人的生活方式和行为习惯之中。朱熹云："心是虚底物，性是里面穰肚馅草。性之理包在心内，到发时，却是性底出来。性，不是有一个物事在里面唤做性，只是理所当然者便是性，只是人合当如此做底便是性。"①

通常在观念社会中，人们理解的道理都是观念之物，是对象化的、可以由语言表达的抽象理念。这种抽象物并不能构成性体，相反，性体中的境域化关联是这种抽象的、观念化道理得以产生的根源。如果以对象化的观念物来理解道或理，那么构成性体的不是这种道、理，而是它原初的境域性形态。

性是国学的核心议题。朱熹云："自古圣贤相传，只是理会一个心，心只是一个性。"② 王廷相云："为学不先治心养性，决无入处。性情苟不合道，则百行皆失中庸之度矣。故学当先养心性。"③

为何"性"是国学讨论的重点呢？因为国学要从整体上把握历史性的人，要从根本处提升人、改变人、完善人。国学必须为人的提升和完善找到内在的依据，这个整体性、根本性的依据只能是人的性或性体。邹守益云："大抵君子之学，只在自家性情上做工夫。"④ 性体是一个人从精神上区别于另一个人的决定性因素，性体综合反映了人的阅历、胸襟和境界，它为人的人生观、世界观和价值观奠基。

在人的情境性反应中，人的血气心知和情、欲直接参与并显著表现出来了，人的性体则是以一种潜在的、隐藏的方式参与。王廷相云："且性者，合内外而一之道也。"⑤ 性体构成了人参与具体情境的基础性、背景性因素，它在背后参与了血气心知和情绪、意欲的生成过程，并且为所知、所感和所欲提供了内在的背景环境。

性体的内容都是道或理，不同人性体的区别在哪里呢？区别是性体的健壮

① 《朱子语类》卷60，中华书局，1986年，第1426页。
② 《朱子语类》卷20，中华书局，1986年，第475页。
③ 《雅述》上篇，《王廷相集》第3册，中华书局，1989年，第855页。
④ 《复初书院讲章》，《邹守益集》卷15，凤凰出版社，2007年，第722页。
⑤ 《雅述》上篇，《王廷相集》第3册，中华书局，1989年，第853页。

程度以及其内容的健全度、丰富度等方面在现实性上的不同。用国学的语言来讲，就是气质的不同。所谓天命之性、天地之性，是就性体的来源和组成内容而言的；所谓气质之性，是就性体的现实性和个体差异而言的。

国学不仅认为性体是人与人相区别的内在因素，而且是人与物相区别的根本特征。朱熹云："人物之生，同得天地之理以为性，同得天地之气以为形；其不同者，独人于其闻（间）得形气之正，而能有以全其性，为少异耳。虽曰少异，然人物之所以分，实在于此。众人不知此而去之，则名虽为人，而实无以异于禽兽。君子知此而存之，是以战兢惕厉，而卒能有以全其所受之理也。"① 在朱熹看来，虽然人与物都"得天地之理以为性"，但只有人"能有以全其性"，并"能有以全其所受之理"。

这个性、理之"全"很关键，"全"指的是整体性、世界性和超越性，它只能来自天——外在世界的整体。吴澄云："夫所贵乎圣人之学，以能全天之所以与我者尔。天之与我，德性是也，是为仁义礼智之根株，是为形质血气之主宰。"② 性理"全"了，就能得其"正"，就构成了一个完整的、贯通的内在世界，就组成了性体，人也就因之超越物而成为人。性体作为道体中贯通的、一体化的部分，是人对外在世界的一个全息式、整体性的反映，没有这样的全息性和整体性，人的主体性和能动性就无从谈起，人的知性和德性就不能成立。

对此，朱熹有更完整的解释："天命之性，浑然而已。以其体而言之，则曰中。以其用而言之，则曰和。中者，天地之所以立也，故曰大本；和者，化育之所以行也，故曰达道。此天命之全也。人之所受，盖亦莫非此理之全。"③ "此理之全"是说由道理所构成的性体，是世界的全息反映，是一个具有整体性的意识场。性体是人对外在世界的全面的、综合的、历史性的反映，因而是"天地之所以立也"，是性体之大本"立"在了人的心中。

人是世界的倒影，整体性和世界性塑造了人之性。西方的格式塔心理学也

---

① 朱熹：《孟子集注》卷 8，《四书章句集注》，中华书局，1983 年，第 293—294 页。
② 吴澄：《尊德性道问学斋记》，《吴文正集》卷 40，景印文渊阁四库全书第 1197 册，第 422 页。
③ 《中庸首章说》，《晦庵先生朱文公文集》卷 67，《朱子全书》第 23 册，上海古籍出版社、安徽教育出版社，2010 年，第 3265 页。

从一个侧面揭示了性的这一特点。拉斯·特维德说："格式塔理论的主要观点可以总结如下：存在一个'整体'，它的实际性质超过组成它的所有部分的和。换句话说，整体大于部分之和。组成整体的元素是相互依赖的，并且由于它们在整体的作用才有意义。在我们的内部存在'动态组织过程'，其作用是通过将感觉转化为最简单、最有规律的精神组合，来减轻压力，达到精神能量消耗最小的目的。我们的感觉和外界环境之间存在一种相互作用，或者称之为'伸向外部世界'，以带来更多的秩序。"① 他说的这个"整体"可以用来帮助理解人的性体，这个人内部的"动态组织过程"可以理解为道的伸展和贯通过程。

王阳明云："夫心之体，性也。性之原，天也。能尽其心，是能尽其性矣。"② 人与世界的最根本的联系，人的世界性最重要的体现，就是人的性体。在任何一个当下的情境中，性体都能对外在世界有一个总体的摄取和揭示，并不需要任何现成物或抽象物作为中介，这就是"吾性自足"的真实含义。

人的心内形成了性体，这是人之所以为人的根本性特征。性体具有综合和贯通的能力，能够把过去、现在和将来，个体和整体，内部和外部都统合起来，使人具有理性。刘宗周云："性者心之理也，心以气言，而性其条理也。……恻隐、羞恶、辞让、是非，皆指一气流行之机，呈于有知有觉之顷，其理有如此，而非于所知觉之外，另有四端名色也。"③ 心是人构建的意识场，是对外部世界物质能量场全息性的反映和模拟，因而是物质性的，能以气言；而性体是心中反映事物间整体性关联并与人一体化的部分，可以说是心或气之条理，就其存在性来说也是物质性的，是"一气流行"。

性体所体现的理性，既有知性的理性，也有德性的理性，从根源上看，都是性体之道一体化贯通能力的体现。只不过知性的理性主要体现在以性体为背景的自觉意识和现成化观念中，而德性的理性主要体现在人直觉的行为反应中；知性的理性主要体现在当下，而德性的理性主要体现在人历史性的表现上；知性的理性主要体现在某一具体事物之上，而德性的理性主要体现于人生的整体性上。

---

① ［挪威］拉斯·特维德著，周为群译：《金融心理学》，中信出版社，2013年，第81页。
② 《传习录中》，《王阳明全集》卷2，上海古籍出版社，1992年，第43页。
③ 《复沈石臣》，《文编三》，《刘宗周全集》第5册，浙江古籍出版社，2012年，第322页。

国学被称为身心性命之学，在很大程度上就是如何发挥好性体的作用、如何滋养和健壮性体的学问。这个学问的起首，就是通过格物，把物之道纳入性体，为性体的发育提供养料。

格物实践与大道之行 ～✒

国学认为，世界有形下之器就有形上之道，但道不脱离器而孤立存在。王夫之云："天下惟器而已矣。道者器之道，器者不可谓之道之器也。"① 人们就生活在器的现实世界里，在这个世界之外并没有超然存在的上帝，也没有另一个彼岸世界。人们劳动、学习、思考的出发点和归依都在这个人所生活的现实世界中。二程云："道之外无物，物之外无道，是天地之间无适而非道也。"② 刘宗周云："性无性，道无道，理无理，何也？盖有心而后有性，有气而后有道，有事而后有理。故性者心之性，道者气之道，理者事之理也。"③

格物驭器就是人在这个世界的基本存在方式，也是致、诚、正以及修、齐、治、平等活动的起点和基础。和一些宗教修行不同，静坐冥想不是国学修习的主要方式，国学的根基在于人生活于其间的现实世界，在于操持事物的实践活动。

现实世界的整体在国学中一般被称为"天"。天是现实的依据，是人不陷入虚妄的外在保证。朱熹云："言天者遗人而无用，语人者不及天而无本；专下学者不知上达而滞于形器，必上达者不务下学而溺于空虚；优于治己者或不足以及人，而随世以就功名者，又未必自其本而推之也。夫如是，是以天理不明而人欲炽，道学不传而异端起，人挟其私智以驰骛于一世者，不至于老死则不止，而终亦莫悟其非也。"④ "不及天而无本"就是强调现实世界的基础性意

---

① 《周易外传》卷 5，《船山全书》第 1 册，岳麓书社，1988 年，第 1027 页。

② 《河南程氏遗书》卷 4，《二程集》，中华书局，2004 年，第 73 页。

③ 《会录》，《语类》14，《刘宗周全集》第 3 册，浙江古籍出版社，2012 年，第 464 页。

④ 《韶州州学濂溪先生祠记》，《晦庵先生朱文公文集》卷 79，《朱子全书》第 24 册，上海古籍出版社、安徽教育出版社，2010 年，第 3768 页。

义，这是国学和各类宗教的根本性区别。

宋明理学是在批判佛学的背景下发展起来的。朱熹云："吾儒万理皆实，释氏万理皆空。"① 亦云："老氏依旧有，如所谓'无欲观其妙，有欲观其徼'是也。若释氏则以天地为幻妄，以四大为假合，则是全无也。"② 王阳明云："吾儒养心，未尝离却事物，只顺其天则自然，就是功夫。释氏却要尽绝事物，把心看做幻相，渐入虚寂去了。与世间若无些子交涉，所以不可治天下。"③ 陈淳云："大抵圣门工夫，自有次序，非如释氏妄以一超直入之说欺愚惑众。须从下学，方可上达，须从格物致知，然后融会贯通，而动容周旋，可以无阻。"④

朱熹虽然以即物穷理来诠释格物，但并未否认格物的实践意蕴。朱熹云："'格物'二字最好。物，谓事物也。须穷极事物之理到尽处，便有一个是，一个非，是底便行，非底便不行。凡自家身心上，皆须体验得一个是非。若讲论文字，应接事物，各各体验，渐渐推广，地步自然宽阔。"⑤ 真德秀云："朱熹尝言：格物者，穷理之谓也。然不曰穷理而曰格物者，盖理无形而物有迹，若止言穷理，恐人索之于空虚高远之中而不切于己，其弊流于佛老，故以物言之。欲人就事物上穷究义理，则是于实处用其功，穷究得多，则吾心之知识自然日开月益。常人之学，不就实处用功而驰心于高妙犹且不可，况人君以一身应万事万物之变，若不于事物上穷究，岂惟无益而已。"⑥

王阳明倡导知行合一，更加注重格物的实践性。王阳明云："知善知恶的是良知，为善去恶是格物。"⑦ 他是以格物为人生的实践，并尤为强调这个实践的意义结构和价值导向。

在人所生活的现实世界中，人们操物驭器的活动主要体现为物质生产活动。按照马克思主义的观点，格物要通过劳动进行，物就是劳动工具或劳动对

① 《朱子语类》卷 124，中华书局，1986 年，第 2976 页。
② 《朱子语类》卷 126，中华书局，1986 年，第 3012 页。
③ 《传习录下》，《王阳明全集》卷 3，上海古籍出版社，1992 年，第 106 页。
④ 陈淳：《与姚安道》，《北溪大全集》卷 31，景印文渊阁四库全书第 1168 册，第 743 页。
⑤ 《朱子语类》卷 15，中华书局，1986 年，第 284 页。
⑥ 真德秀：《讲筵卷子》，《西山文集》卷 18，景印文渊阁四库全书第 1174 册，第 265 页。
⑦ 《传习录下》，《王阳明全集》卷 3，上海古籍出版社，1992 年，第 117 页。

象。人与物相通的现实基础就是具身化的劳动技能，劳动改变了人也创造了人。马克思说："正是在改造对象世界的过程中，人才真正地证明自己是类存在物。这种生产是人的能动的类生活。通过这种生产，自然界才表现为他的作品和他的现实。因此，劳动的对象是人的类生活的对象化：人不仅像在意识中那样在精神上使自己二重化，而且能动地、现实地使自己二重化，从而在他所创造的世界中直观自身。"① 在人物相通的过程中，物获得了社会性。张异宾说："人的劳动在生产中并不创造物质本身，而是使自然物获得某种为我性（一定的社会历史需要）的社会存在形式。"② 人类社会在格物的进程中，分工日益深化，社会日益复杂，生产力和生产关系持续演进，从古代社会逐步进入了现代社会。

从现实世界与实践的角度去看格物，就是看人与物的双向动态关系，物之道在其间穿梭往复。从由器及人的方向看，器之道进入了人的内在世界，就构成并扩充了人的道体乃至性体，这是一个增益人自身的过程；从由人及器的方向看，人以其道应用于外物，就是一个发挥自身能动性而获取外在事功的过程。道在人与世界之间穿梭，具有自身的运行机制。道的运行过程既是天因人而变的过程，也是人应天而生的过程，格物实践是推动这个过程持续进行的动力和基础。

在天人互动中才能看清楚道的运行机制。天作为现实世界的整体，是外在的道体，它映射到人的心中，形成对世界的境域化领会，并以之构成持续存在的心内世界——道体，这是道运行过程的第一阶段，即人承道或构道的过程。道体在人的心中经过统合、贯通与凝结，形成了内在的性体，构成人自身，这是第二阶段，即贯道或成己的过程。性体的本然之道投向外部世界，就表现为应然之道，这在国学中就是"义"，义经过心体向外部现实世界投射，就形成了人对外部世界的意欲与规划、设想（人的志向），这体现为志体，这是第三阶段，即人立志、成志的过程。志体指引了人的实践活动，人以其为蓝图来改

---

① ［德］卡·马克思：《1844 年经济学哲学手稿·异化劳动》，《马克思恩格斯选集》第一卷，人民出版社，2012 年，第 57 页。

② 《江苏社科名家文库·张异宾卷》，江苏人民出版社，2017 年，第 85 页。

造外部现实世界，形成了新的外在道体，这是第四阶段，它既是人履道、弘道的过程，也是成物或世界因人而变的过程。此后，由新的外在道体开始，又可以展开新一轮四个阶段的互动过程，并不断循环往复。

道运行过程的这四个阶段，往往是交织进行的，有时难以进行严格的区分。通常道并不能完整走遍全部四个阶段，尤其是在第二和第四阶段容易运行不充分，稍微有所触及就跳到下一阶段了。格物关注在人和具体事物之间运行的道，要使道在人和事物之间充分伸展和贯通，这意味着在建立事物间新的功用关联之后还要不断使其更加通彻稳固。道的贯通度各不相同，有的通彻而达及人的性体，有的不通彻不能达及人的性体，因而道运行的第二阶段是格物所最关注和着力的阶段。在这个阶段物之道转化为本然之道，人和物相通相融，物成了人的一体之物，人的性体实现了扩充。

道运行的整个过程都需要实践的推动，只不过前三阶段可能在非自觉的状态下就悄悄完成了，难以直接蓄意进行干预。而第四阶段的实践过程，需要主观意识的参与和刻意的努力，是道之运行最显著的环节。因而在说"道之行"或"道之不行"的语境中，"道"一般都是并未在现实中实现的、志背后的"应然之道"，当它不能施行于现实世界时，经常会引发人们的遗憾和慨叹之情。"大道之行"，就是人们对世界的理想规划得到了实现；"道之不行"，就是人们发现道义在现实中没有得到落实和伸张。《论语·公冶长》云："子曰：'道不行，乘桴浮于海。从我者，其由与！'"这就是孔子对仁道未能实现的感慨。

道运行的四阶段过程往复不断，循环不息，层层叠叠，相互辉映，可以造成如同万花筒一般的现实效果。中国佛教华严宗法藏法师巧设"镜屋"，用来阐释华严宗的佛理要义，很能说明这个过程。其做法为："取鉴（铜镜）十面，八方安排，上下各一，相去一丈余，面面相对，中安一佛像，然（燃）一炬以照之，互影交光，学者因晓刹海涉入无尽之义。"① 参照这个例子，人之道体、性体、志体和外在道体就如同是每个人所摆设的四面铜镜，一百个人就有四百面铜镜。火炬代表了为道之运行提供能量和推动力的"气"，"道"就如点燃火

① 《法藏传》，石峻、楼宇烈等编：《中国佛教思想资料选编》第二卷第 2 册，中华书局，1983 年，第 303 页。

炬后的佛像之影，在千百面铜镜间互映互照，而成亿万乃至无数影像。这就是道的运行方式，它是天人互参互动的媒介，体现了"场"的作用方式。它起于天，应于人；人心成性，返外成物；物道再入心，心道再成物，内外穿梭，往复不息，互映互构。道之动，就蕴含于天人之应的无限往复过程中，就是社会场自身运行的实现方式。

道的这种运行过程，就是天道流行的过程。人因道而授命成性，也因性而参天弘道。每个人都既是承道者，也是弘道者；道既在外部世界，道也在人的心中。内、外之道，你中有我，我中有你，相互映衬，相互发明。每个人就生活在道的斑斓光影和勃勃生机之中。

历史地看，每个人都是道的承载者和中继站。为了避免人死道消的结局，人们一方面可以通过子孙的传承，让生命和文化传统得以延续和发展；另一方面，可以通过立德、立功、立言，让己之道在社会中继续映射和回响下去。国学高度肯定人的历史性，在国学看来，人不是这个世界的匆匆过客，而是这个世界的主人，人们一起创造并维护着这个世界的生命和活力，共同汇集成历史的伟大洪流，滚滚前行。

格物与科学 ～〜◎

《大学》八条目，从格物到修身最终到平天下，是人不断面向世界展开自身的过程，这个过程的起点——格物，绝不是一个简单的观物、认识物、研究物的过程。杜维明说："不能将'格物'解释成身居局外的观察者对外在事物进行无动于衷的研究。相反，它代表了一种认知方式，认知者在这种方式中不仅被已知事物渗透，而且还被转化了。"[1] 格物从处理人与物的关系入手，通过人与物的持续相通互动（实践）——这个关键的环节，力求实现人与物的统一。在格物实践中，既改变了物，也改变了人，还改变了人与物、人与世界的关系。

---

① 《道·学·政——论儒家知识分子》，《杜维明文集》第三卷，武汉出版社，2002年，第539页。

格物的途径一般不是静观某物，而是通过对物的操持以实现与物的一体化。器与人一体化了，就处于上道状态，不再被主观意识所聚焦和关注。只有出现了外部的干扰或器的故障，才会使该器变成需要探究的对象，其功用受到审视和怀疑，其背景性意蕴被剥离了，人与器处于对立状态。这种情形在强化了器的客体性的同时也强化了人的主体性，此时格物才会表现为观器，人的注意力聚焦于器的外观，对器进行蓄意探究。当器的世界性被剥离，孤立无道之器成为纯粹的对象物，格物才会变成科学意义上的研究。西方近代科学就是在这种意义上对物去道化地进行探究，以获得孤立之物的"抽象本质"。现代哲学在反思传统哲学只知存在者而忽略存在的缺陷之后，重新发现了具有认知基础意义的"工具的意蕴"，即"器之道"，为国学和现代科学的会通开辟了空间。

对物的对象性研究，既是科学研究的主要表现，也可以是格物的某种形式或某个环节。对此，国学和科学在具体实践上并没有什么不同，只是实践背后隐含的行为意义和文化内涵有所不同。国学中，对器物的探究不首先问器物是什么、有何本质，而是问器物如何变化、有何功用。中国人以物和物之间的功用关联去看待物，以道为核心构建学问。格物除了对物的观察和研究，还要把人自身投入进来，宗旨是要对该物寻求新的领会，构建新的意蕴，生成新的物之道。

科学研究的具体实践，在国学中往往表现为某种专题性的格物，其目的是要根据现实需要建立事物间新的本然关联，这是一个求道和证道的过程。在这个过程中，通过对事物主题式或目的性的操持和实践，反复尝试和探究，在使事物和人逐渐亲熟的同时，生成新的本然之道并在心内得到一再呈现和确认。求道和证道，就是对物开发出更多的关联功用，让道展开和贯彻到前所未有的领域。和一般性的道相比，所求和所证之道，是对原有之道的创新和超越，是新生的更主题化和更通透化的道。求道和证道，既要关注道的生成也要关注道的应用，因此它既是贯道的过程也是弘道的过程。

道往往呈现为人的直觉领会，而不是一种现成化或观念化的东西，不能由文字和概念完全表达。求道和证道的结果只有被概念化、命题化和系统化，才能转化为可以表达和传递的语言信息或科学知识。国学认为，道对人具有切近性、真实性甚至终极性，科学知识只是道的某种僵化的外在表现形式。但在西方，科学研究通常以追求抽象的、现成化的概念或观念为终极目标。这是因为西方科学在历史上长期和形而上学的哲学传统以及一神论的宗教信仰结合在一起，西方人常常认为事物的背后存在一个完美的"理型"世界（柏拉图及其后学的观点），或者永恒的宇宙秩序，而科学研究的宗旨是要发现物在永恒世界中的本质或"理型"。在现代科学发展起来之后，除了研究科学史和科学哲学的学者，大家往往避而不谈科学背后的宗教因素。在基督教文化背景下，人们对科学与宗教之间的契合习以为常，并不觉得需要加以特别强调，但这种文化中默认的共识却并不容易被其他文化背景的人察觉。

笔者个人的体会是，当讨论西方科学问题时，人往往不知不觉就站到上帝的视角去了。而中国古人言格物穷理，都以人为坐标并以人为目的，以此把外物和人的关联关系建立起来。程颐云："格物之理，不若察之于身，其得尤切。"[①] 中国人讨论物理，是以人的视角去看的。格物是要把物与物、物与人的境域化关联建立起来，在心内形成物之道，将其习熟为本然之道后，就构成了人自身。程颐云："自格物而充之，然后可以至于圣人。……天下之理得，然后可以至于圣人。君子之学，将以反躬而已矣。"[②] 理是本然之道在心内的呈现，"理得"意味着本然之道充实了性体，充实到极致后最终人可以成圣。格物之物虽然有时是指社会中的涉身之事，但也包括一般的外物。《河南程氏遗书》云："问：'格物是外物，是性分中物？'曰：'不拘。凡眼前无非是物，物物皆有理。如火之所以热，水之所以寒，至于君臣父子间皆是理。'"[③]

中国人在国学的潜在影响下，一般认为科学是分门别类地研究事物结构和功用的学问，是为日常生活服务的工具，大家对科学功用的重视往往胜过了对科学信仰的重视。排除掉科学背后的宗教信仰因素，中国人和中国科学家也不乏科学精神。中国的科技文明曾经长期领先于世界，但在欧洲完成科学革命并率先启动工业革命后，中国科技开始落后于西方。有人把这种情况归罪于中华

---

① 《河南程氏遗书》卷17，《二程集》，中华书局，2004年，第175页。
② 《河南程氏遗书》卷25，《二程集》，中华书局，2004年，第316页。
③ 《河南程氏遗书》卷19，《二程集》，中华书局，2004年，第247页。

文化或国学，对此不能武断地下结论。近一百年来，中国在科技领域奋起直追，事实证明中国人完全能充分吸收人类科学研究的优秀成果并发扬光大。当今时代，在西方人尚未完全走出上帝阴影的时候，中国的科学文化已经深入人心，这当中国学蕴含的科学精神或科学基因无疑发挥了重要作用。

中国人理解的科学精神是什么呢？就是面对宇宙和人类社会，以严谨的态度、历史的自觉去求道、证道并实现自我超越的精神。在科学研究意义上的所求、所证之道，是更具有普遍意义、更具有功用性的道。在求道、证道过程中的科学精神，具有严肃认真、客观忘我、持续努力、打破常规、积极创造、超越极限等丰富内涵。中国古代思想不乏科学精神。《庄子·则阳》云："安危相易，祸福相生，缓急相摩，聚散以成。此名实之可纪，精微之可志也。随序之相理，桥运之相使，穷则反，终则始，此物之所有，言之所尽，知之所至，极物而已。睹道之人，不随其所废，不原其所起，此义之所止。"[①] 李约瑟对此的评论是："（它）还可看到一个特点，即对形而上学的厌恶，极始和极终都是'道'的秘密，人所能做的一切只是对现象的研究和描述；这确实是自然科学的一纸信仰宣言。"[②]

前面谈到，格物缘起于中国巫史时代的启灵致物之术，但到西周以后中国圣贤就把格物之说世俗化、理性化了，在九百多年前宋代理学家把格物之说发展为穷理之说，让中国人更彻底地走上了理性思考之路。程朱的格物穷理说具有以"上穷碧落下黄泉"的决心去求道、证道的精神，蕴含科学的基因。当然，他们讲的"理"是天理，不等同于科学知识，而是物之道呈现的条理、内容或结构。它不是符合论意义上的真理，但呈现或揭示了物、世界与人三者的整体性、动态化、境域性的关联关系，既勾连了物也贯通了人。程朱格物学说比较重视形式化之理，易于和现代科学相会通。由此而发展出的"格致学"，其含义比较接近于科学。可见，程朱的格物学说在历史上最具影响力绝非偶然。

---

① 《庄子集释》，中华书局，1961年，第914页。

② ［英］李约瑟：《科学思想史》，《中国科学技术史》第二卷，科学出版社、上海古籍出版社，1990年，第43页。

王阳明把格物解释成"正事"或"正意"，把格物的实践性和对人的影响较为彻底地揭示出来了。阳明强调了"意"而虚化了"物"，重视了人的主体性，而不太强调物的绝对客观性，在一定意义上更接近西方后现代哲学。阳明的格物学说倡导人和物的和谐关系，在当今有助于克服科学主义的弊端。现代科学把物的工具性和功效性成百上千倍地放大了，人自身之力在物的伟力面前似乎变得微不足道。对此人何以自处？如何在科学霸权肆虐的时代彰显人的作用？这都是今人面临的现代性问题。依循国学的义理，工具的世界越广大，工具主人的内在世界越要更广大。科学越发达，物的力量越强大，越要警惕人沉陷或臣服于物的世界，越要强调让人驾驭物，让人与物和谐一体。

第二章

致知

　　格物是达至物我之间的相通相融，致知则是达至人对物之道的内在领会，这种领会又构成了人自身。格和致的本义相近，都有"使来，至"的含义，但格物是从人指向物，意在消解物的对象性以实现对物的一体化；致知是从物指向人，意在消解"识"的对象性以增益人自身。致知，尤其是达至德性之知，是要尽量把具有对象性的东西都转化为本然之道再向人呈现出来，使世界向人充分展开。

知与致知

　　格物关注物和人的关系，致知的目标则回到了人自身。李翱云："物至之时，其心昭昭然明辨焉，而不应于物者，是致知也，是知之至也。"[①]　知的对象固然包含物，但它本身是属于人的，也可以说是"不应于物者"。朱熹云："格物，是物物上穷其至理；致知，是吾心无所不知。格物，是零细说；致知，是全体说。"[②]　致知指向了心这个内在世界。

────────────

① 李翱：《复性书》中，《李文公集》，上海古籍出版社，1993 年，第 9 页。
② 《朱子语类》卷 15，中华书局，1986 年，第 291 页。

在《大学》文本中，致知与"知止""知本""明德"相关，致知主要是对"明德"之明。"明德"的古义是"天之明命"，强调人王对天命、天意的遵循。如果说格物的本义是通天通神而使物来至，那么致知的原始含义就是获得对"天之明命"的领会。在巫史时代，"天之明命"的内容是天知神谕。

在《大学》成书的时代，"明德"的天命色彩淡化了，其含义主要指社会的道义原则和国家的政治典范，其背后的依据由天道世俗化为人道。《大学》云："物有本末，事有终始，知所先后，则近道矣。"可见，《大学》中的知，已经没有了天知神谕方面的内容，而是对现实世界的知。

朱熹云："明德者，人之所得乎天，而虚灵不昧，以具众理而应万事者也。"① 朱熹解释明德虽然还强调其"得乎天"，但其实际内容已经变成了"应万事"的"众理"，这就是宋代理学家所言的天理。在明代心学家那里，"明德"一词又被解释为良知。王阳明云："天命之性，粹然至善，其灵昭不昧者，此其至善之发见，是乃明德之本体，而即所谓良知也。"② 由此看来，国学中致知的主要含义就是对天理和良知的揭示和领会。

只有把世界充分展开，才能使事物在与世界的互动中得到揭示。在这个过程中，人获得对事物的领会，生成物之道并对内呈现出来。致知的目的不是要探究永恒的真理、事物的本质，而是要悟道，即领会事物间贯通的场域化关联，或者说在心内建立事物间的整体性意义关联。道——场域化关联——在人心内的条理化、形式化的呈现，就是人所知之理。

"知"的终极指向是人心中的天道或天理。人领会了道，得道即为德，人就会具有德性，国学也由此发展出了德性之知。这样一来，知不仅是对外物的知，而且与自身相关，甚至可以说"知"影响并构成了人自身。如果说格物强调的是对外物的通达，致知则强调了对自我的增益。王畿云："夫致知之功，非有加于性分之外，学者复其不学之体而已，虑者复其不虑之体而已。若外性分而别求物理，务为多学而忘德性之知，是犹病目之人，不务眼药条理以复其光明，怅怅然求明于外，只益盲瞽而已。"③

---

① 朱熹：《大学章句》，《四书章句集注》，中华书局，1983年，第3页。
② 《王阳明全集》卷26，上海古籍出版社，1992年，第969页。
③ 《与阳和张子问答》，《王畿集》卷5，凤凰出版社，2007年，第127—128页。

达至德性之知，要把人的心内世界和外部世界统合贯通，使自身和世界一起得到揭示并展开。这种致知强调知的实践性，"知"是与"行"密切关联的，通常是关于如何行的知。王阳明倡导知行合一和致良知，通过引发自身的良知来指导人的行为。这和纯粹的对象化认知大有不同，并非仅仅要知道世界的本来面目，还要知道如何做事做人。

致知之知，首先强调的是知的能力和过程，知在这个意义上对于任何具体事物是无分别的，是不滞无执的。其次从知的结果或内容上看，不仅有现成的实证知识，还包含技艺性、具身化的体验，包含直觉的领悟。国学教人不要执着并满足于知的暂时性或局部性成果——知识，而要经常地保持能动和虚心的状态。致知的宗旨不是让人记住更多的现成知识，而是要人提升知的能力和加速知的过程，以应对外界的无穷变化。

体知与境体之知

笔者按照获取方式的不同把知划分为空闻之知和体验之知。空闻之知，主要以听觉和视觉符号方式单方向获取，简称为闻知。体验之知，则是把触觉、味觉、听觉、视觉等组成一个整体并以交互的方式获取，需要身临其境地体验，简称为体知。关于体知，《朱子语类》云："或曰：是将自家这身入那事物里面去体认否？曰：然。……伊川曰'天理'二字，却是自家体贴出来，是这样'体'字。"[1]

国学讲知常常分为见闻之知和德性之知。二程云："见闻之知，乃物交而知，非德性所知。德性所知，不待丁闻见。"[2] 从外物直接所得之知都属于见闻之知，所以国学通常所说的"见闻之知"既包括所有闻知，也包括对外部世界的体知。

听觉符号和视觉符号所代表的是客观对象，因而闻知往往具有对象性，是

---

① 《朱子语类》卷98，中华书局，1986年，第2518页。
② 《河南程氏粹言》卷2，《二程集》，中华书局，2004年，第1253页。

主体对客体进行认知后的结果。人类可以口耳相传、跨代积累的知识，包括在学校教授的书本知识，都是闻知。闻知的承载和传播要通过语言或文字，在现代当然也可以通过音像、动画等影视制品。闻知具有可传递性的便利，也附带了现成化和符号化的特点，一般其内容对受众来说都是二手信息。

闻知对人而言是外在的，要把它提升为可以指导人实践的内在之知，必须经过反复确认、验证和习熟。通过人身体外部的见闻验证或逻辑证明，闻知可以变成实证之知，而系统化、理论化的实证之知即是人们一般所称的科学知识。通过人自己身体的直接验证，闻知就会变为体知。

体知无法用语言完全表达，也无法百分百地从一个人传递给另一个人。人可能尚未有所意识，更未形成一套想法或信念，就已经知道那样做了，在行动中体现出来了。这种知往往不是一种概念或理论，而是对一种氛围、一种环境、一种手感等的领会，是不能完全被对象化的。这种知往往具身化了，常常体现在肌肉记忆里、身体反应里、行为习惯里，是一种技艺性的知，不一定存在于一个纯粹的信念系统中。张一兵说："体知这个概念在中国文化里，是当下的、非对象性的，不是通过文字通过认知来把捉的，而很像宗教、神学里面的顿悟、领悟甚至是灵悟。……体知在我构境论里面就是消除了对象性的一种顿悟。"[①]

体知在一定意义上是一种关于行的知，它与行不分离。《荀子·儒效》云："不闻不若闻之，闻之不若见之，见之不若知之，知之不若行之，学至于行之而止矣。……故闻之而不见，虽博必谬；见之而不知，虽识必妄；知之而不行，虽敦必困。"[②] 王阳明云："某尝说知是行的主意，行是知的功夫；知是行之始，行是知之成。若会得时，只说一个知已自有行在，只说一个行已自有知在。"[③]

相对于闻知，体知才是人的本真之知。程颐曾以"虎伤人"的例子来说明真知的亲验性和境域性："真知与常知异。常见一田夫，曾被虎伤，有人说虎

---

① 张一兵、张琳：《自我与他者——南京大学博士生导师张一兵教授访谈》，《社会科学家》，2016年第 8 期。

② 《荀子集解》，中华书局，1988 年，第 142 页。

③ 《传习录上》，《王阳明全集》卷 1，上海古籍出版社，1992 年，第 4 页。

伤人，众莫不惊，独田夫色动异于众。若虎能伤人，虽三尺童子莫不知之，然未尝真知。真知须如田夫乃是。故人知不善而犹为不善，是亦未尝真知。若真知，决不为矣。"①

体知是一种以身入境的综合性感知和领会，所以也可以称为境知。笔者认为，境知既包括对境中具体境象的感知和领会，即境象之知；也包括对境本身的感知和领会，即境体之知。现实中，境象和境体是浑然一体的，境象为主题或焦点，而境体为背景，境象之知与境体之知虽然有所不同，但在现实的感知过程中两者往往不能相互分离。

对外界境象的感知和体验属于见闻之知。境体之知是否也属于见闻之知呢？这是一个难以回答的问题。如果境体之知是对外境的感知，可以算是见闻之知；如果境体之知是对作为内境的性体、道体的领会，则更近于德性之知。

境是一种背景环境，一个动态的世界，具有时、空多维度的广延。人对境的感知和领会，是人的一种本能，是一种原初的生命体验。人的感觉器官被整合为一个整体后，感知被提升到一种整体性的体知。体知首要地是对境的领会：感知所向必是某境，物也必是境中之物。事物是首先作为一个整体被看见的，即首先看到了境体，然后才以境体为背景，看到了境中的具体事物——境象。境知是在对外境有所感知的触发下，在人心中构造出内在的、可以把握的境，人对外境的把握和领会体现在心内所构之境上。从境知的内容结构看，境体之知是最基础和最原初的部分，由它对境象之知进行奠基。一般而言，境象之知是人的主观自觉意识所能直接察觉的，而境体之知在主观意识中是隐而不现的。

人所感知之境的形态是复杂多变的，不仅包含静态的背景、动态的环境，更原初的是身处其中的、持续演历的、互动互生的天人之境。境总是同时在时、空中伸展开来，人总是生活在某境之中，人的本真之知总是对某境的体悟。境体之知是对境体的总体性把握，即对时、空的一体式把握，它为人的整个认知体系奠基。

境体中事物之间的相对关系以其境域化关联的可通达程度为远近的尺度，

---

① 《河南程氏遗书》卷2上，《二程集》，中华书局，2004年，第16页。

从而能够以任一事物为中心设置境内事物之间的相对位置。这种相对位置体现了事物之间亲疏有别的意义，关联着人的情感。只有干扰因素出现，脱离了由关联因缘场域组成的境之背景，物与物之间的物理空间关系才会直接显现。

境体中的时间则是过去、现在和未来的同时绽出展开。事物的境域化关联，跨越了过去和现在，具有指向未来的时间性。这也就意味着事物的意义不仅含有本然，还包含了应然，即境体为事物赋予了价值。事物的先后次序在境中是清楚的，但快慢和急缓的程度则受到其相对关联关系的影响。同样，只有受到干扰或其他特别情况出现，剥离了境的背景，事与事之间的物理时间才会直接显现。

境体之知，表现出几个特征：一是它处于所知的边缘或背景状态，隐约模糊而无清晰的边界；二是处于潜意识层面或直觉状态下，栖身于技艺或惯例中，平时在主观意识面前掩藏不觉；三是为境体中的事物潜在地赋予了意义和价值，并关联了人的情绪或情感。

诗人、画家、艺术家等对境体之知往往具有敏锐的感觉。王国维云："文学之事，其内足以摅己，而外足以感人者，意与境二者而已。上焉者意与境浑，其次或以境胜，或以意胜。……文学之工不工，亦视其意境之有无，与其深浅而已。"① 这里"意与境浑"就是说，诗把人对境体的领会表达出来了，体现了文学构境与体知之境的高度契合。

人意识的开端是对境体的初体验，它不知是在胎儿阶段还是婴儿阶段就有了。境体之知的开启，意味着人开始对时间和空间有了某种领会，与此相伴随的构境活动在人的意识中建立了收纳新事物的整体框架，人才有了领会新事物的能力，也就是学习的能力。这里有一个境与物的循环，境是新事物得以被理解的基础，新事物的理解又扩展了对境的理解。境体是人直接领会的东西，人对境中任何事物的领会都要以对境体的直接领会为前提和基础。

终极的境体之知，就是人对天的领会。在婴幼儿阶段，人靠着动物性的本能，通过触觉、味觉、听觉、视觉等和外界交互反馈，境体之知不断扩展

---

① 《人间词乙稿序》（代樊炳清），《王国维全集》第十四卷，浙江教育出版社、广东教育出版社，2009 年，第 682—683 页。

和深化，当把人的自我之境和外界整体之境都纳入一体之后，就形成了对天人之境的领会。这里有一个新境与原初之境的循环，原初之境可以含纳新的小境，小境的不断加入，不断扩充了原初之境，最终原初之境演变为天人之境。

人对天的领会其实就是人对道的领会。道是境域化的，不能对象化、平面化和符号化。人对道的领会就是一种境体之知，器之道虽然可以关联境象的外观形象，但其本身不是境象之具象，而是境象的背景世界。境是一个世界，境之体验就是世界之领会。人领会世界的结果，就是以其领会——道，在心内构建一个完整的、持续的心内世界，即人之道体。致知的过程就是不断悟道，并不断以所悟之道来完善和巩固这个心内世界的过程。

境体、道体与构境、悟道

致知是一个由外及内的过程，从外在的感知开始，以内在的领会为结果。张载云："人谓己有知，由耳目有受也；人之有受，由内外之合也。知合内外于耳目之外，则其知也过人远矣。"[①] 人感知外物需要以感知外物所在之境为前提，而对外物所在之境的领会必须以人自身道体之境的存在为前提。

事实上，所有的新知都要建立在已知的背景之上。人的已知，就是人在过往已构境的内在世界的整体，即人的道体。道体充分贯通和一体化的部分是性体，从道的统贯能力角度去谈道体，其实主要是指性体。道体的非性体部分只是统贯得不够充分的半成品，性体才是充分贯通并与人一体化的精灵。性体是人过往之知所凝结的历史性综合体，是新知的基础。以自身性体为境的境体之知作为一种已有的、贯通的存量之知，它挥发出来，在当下就是不虑之得、不学之知。它虽然是直觉和潜意识层面的一种知，仍具有一种明见性，而有主观意识的认知（自觉的知）是以它为前提和背景的。

境体之知体现了性体对时空场域的领会和把握，体现了人对事物的统贯、

---

① 《正蒙·大心篇》，《张载集》，中华书局，1978年，第25页。

综合能力。《荀子·正名》云："所以知之在人者谓之知。知有所合谓之智。智所以能之在人者谓之能。能有所合谓之能。"① 这种统合能力的来源和所造成的结果都是人的性体。没有性体对外在世界整体性的模拟、反映和贯通，就没有人的统贯、综合能力，就没有知和智。

境体之知虽然是一种潜意识或直觉状态下的知，但国学很多基础范畴都扎根于境体之知，因而国学很强调直觉的体悟。道作为事物的关联背景，就是在直觉状态下为人所领会的。理解了境体之知，就从根本上为理解国学范畴开辟了道路。把道解释为所指的关联性背景世界，那么对这个背景世界的知，就是境体之知，就是一种"悟道"。道体是人持续的内在世界，即人内境的境体，所以对道体的领悟也是一种境体之知。

从知的过程看，人感知外部境象的时候，道体映射并感知出外在世界，以道体充当外在境象的背景后，人才确认并领会了外在境象。当外在境象通过往复的感知和验证，成为充分领会的一体之物后，它就融入性体这个背景之中隐而不现了。体知或境知，是人所领会的物之道在心内的呈现；物之道经过人身体的反复验证，与人一体化之后，就会内化为人所领会的、构成性体的本然之道。本然之道在心内的呈现就是人的本体之知，即以人的性体为境的境体之知，它并非此前所有的体知的简单加总，而是对此前所有的体知的综合与统贯。

境体之知与海德格尔的"存在之领会"一样，都是一种难以描述的、背景性的觉知。休伯特·L. 德雷福斯指出："海德格尔对使我们的日常领会完全清楚明白的可能性和可欲性都提出了质疑。他提出了如下的想法：共享的日常技艺、辨别力和惯例——我们在其中社会化——为人们分辨客体、把他们自己理解为主体，或一般来说，为理解世界与他们的生活提供了必要的条件。于是，他主张：只有当这些惯例保留在背景之中的时候，它们才能起作用。"他进一步解释说："海德格尔将这使得我们能够理解事物的、不清楚明白的背景称作'存在之领会'。他的解释学方法是批判性反思传统的替换者，因为它力图从我们的存在之领会的内部来指明和描述这种领会，而不试图使我们对存在者的把

---

① 《荀子集解》，中华书局，1988年，第413页。

握成为理论上清楚的。海德格尔指明了背景惯例是如何在我们生活的每一个方面都起作用的：遭遇对象和人、使用语言、研究科学等。但是，他只能指明背景惯例和它们是如何对已经共享它们的人——如他后来说的那样，栖留于它们之中的人——起作用的。他不能以如此确定和不依赖于语境的方式详细地说明这些惯例，以至于它们能够被传达给任何理性的存在者或者在一台计算机之中被描绘。"①

在笔者看来，"存在"就是在某一境体中，并与此境本源地关联在一起。或者说，"存在"就是一个关联性世界的存在，就是"道"的存在。道不是存在者，道是存在本身，境体之知就是存在之知。道既是存在，也是存在之领会；道既构成了外在世界，也构成了内在世界；人的内在世界就是人的内在道体，境体之知就是构成人的道体之道对人的呈现。

为何国学那么注重体知和境体之知呢？这是因为道体与性体是内在于人的非现成化的意识场，它构成了人之所知的基础。人对道与性的领会是一种"存在之领会"，必须借助体验的方法，而不能通过灌输现成物的方法。朱熹云："世间只是这个道理，譬如昼日当空，一念之间合著这道理，则皎然明白，更无纤毫窒碍，故曰'天命之谓性'。不只是这处有，处处皆有。只是寻时先从自家身上寻起，所以说'性者，道之形体也'，此一句最好。盖是天下道理寻讨将去，那里不可体验？只是就自家身上体验，一性之内，便是道之全体。千人万人，一切万物，无不是这道理。"②

为何意识能够领会和把握境体呢？对境的感知，何以能转化为所构之境的已知？这是因为知的过程就是人的意识场与外界时空场之间的一种相互作用，内、外境体本身都是以场态方式存在的，而意识场能够以模拟时空场的方式构成自身，即构成可以把握外境的内境。境体之知是人在构造内在世界的过程中实现的，它全息式、境域化地再造了一个虚拟的背景性世界，这种再造或构境的能力，是人的一种基础性本能。在国学中，"体"作为名词是一种整体性或

---

① ［美］休伯特·L.德雷福斯：《在世：评海德格尔的〈存在与时间〉第一篇》，浙江大学出版社，2018年，第4、5页。

② 《朱子语类》卷116，中华书局，1986年，第2787—2788页。

结构性的场，作为动词就是人对外在世界的整体性感知和对自身意识场的整体性构建，"体知"就是以意识场去映射或模拟事物及其所在的关联性世界。

人所看的世界是一个现实世界，而人看见的世界是人所构境的世界，这两个世界是不同的。现实世界只有一个，但每个人看见的世界却各有不同。对一个具体的人来说，他的所看世界和所见世界一般是粘连在一起的，似乎是一个，其主观意识难以察觉它们的不同，需要特别的机缘和视角才能对二者的区别有所体悟。唐代青原惟信禅师云："老僧三十年前未参禅时，见山是山，见水是水。及至后来，亲见知识，有个入处。见山不是山，见水不是水。而今得个休歇处，依前见山只是山，见水只是水。"① 这样的说法，可能会对人领会构境（所见世界）与实境（所看世界）的差异有所启发。

人所见世界的不同，不仅仅是因为看的空间位置和物理视角不同，更是由于人生经历、文化传统、审美情趣、精神境界等方面的不同所导致。这些不同方面的因素，共同影响了人的构境能力。人在感知到外在世界的同时，瞬间由其道体构造了一个相应的内境，这就是所见世界。所见的事物，首先不是所看事物的具象，而是所看事物本身；所见事物一般是瞬间直接所见，而非由所见之具象拼凑而成。这是因为所见世界是一个在潜意识和直觉中的已知世界。人能见到所见世界，前提有两个：一个是所看的现实世界在场；另一个是人已然对所看世界有了潜意识或直觉的领会。只有所看世界已然在某种程度上被含括在人的道体之中，人才具有依其所是而构境并看见的能力。

构境的路由，或者说所构之境的内在结构，不是物之形——物的具象，而是物之道——物的场域化关联因缘。当人看向现实世界时，现实世界和道体通过感知反复交互，在心体中持续构造了所见之物及其具象，形成了所见世界，其中的事物各依其道而得到揭示。当下的所见世界是在感知的牵引指示下，人现场构境的有具象的内在世界。它处于心体的表层，是临时构境而成并随后消散寂灭的。

人的意识所向，往往首先浮现的是事物本身，而非事物的具象。也就是说，在内在世界，物之道先于物之形，道先于器。在内在世界中，具象伴随着

---

① 普济：《五灯会元》卷17，中华书局，1984年，第1135页。

事物本身而来，而非由具象再拼凑成了事物本身。人的所见所闻持续充盈和滋养着无具象的道体，而道体随着人的经历而生发壮大。所见世界的具象背后是一个由道所构成的背景世界，是一个道场。这个道场所包纳的事物因人而关联在一起，共同组成了一个意义关联世界。这个世界作为人的道体，是人身体的延伸，是人能对万物有所领会的根源，也是人对万物有所领会的结果。

王夫之云："圣人之应天下，道而已矣。道所以治物，而物皆以行吾道。众人见物而不见道，有志者见道而不见物；不见物则不见物之有道，而抑不足以见道。……圣人以道处物，而即物以尽道……"① 圣人如何能"以道处物"，是因为意识场由道所构成，人心中的圣人——性体，可以通过事物之间的关联而统贯驾驭万物。在人的主观意识中"见物而不见道"，但在人的性体中"见道而不见物"。

物的具象只存在于心体的表层，是心体内暂时性的存在，往往是因为感知到外界的物，才在心体内生成了物的具象。而物之道，则可以持续地存在于心体并构成道体和性体。王阳明云："然不知心之本体原无一物，一向着意去好善恶恶，便又多了这分意思，便不是廓然大公。《书》所谓无有作好作恶，方是本体。"② 这就是说，从是否存在有具象的现成之物的角度看，构成心之本体的性体中"原无一物"，有的只有物之道。性体由具有境域性的本然之道所构成，而道是空灵的，非"着意"的，主观意识不能对其有所觉知和操弄。

《传习录》云："先生尝语学者曰：'心体上着不得一念留滞，就如眼着不得些子尘沙。些子能得几多？满眼便昏天黑地了。'又曰：'这一念不但是私念，便好的念头，亦着不得些子。如眼中放些金玉屑，眼亦开不得了。'"③ 心的本体——性体——是一个境域性的意义关联整体，它构成事物显现的背景，其本身"着不得一念留滞"。留滞的事物都是以心的本体为背景的，但不构成心的本体。一物的留滞就会影响心去感受和揭示另一物，因此古人往往强调保持虚明之心，让心中空，时时处于机动状态以应万变。

---

① 《四书训义》卷10，《船山全书》第7册，岳麓书社，1990年，第444页。
② 《传习录上》，《王阳明全集》卷1，上海古籍出版社，1992年，第34页。
③ 《传习录下》，《王阳明全集》卷3，上海古籍出版社，1992年，第124页。

人的道体由各种事物之道叠加而成。物的道体以人的道体为背景，人的道体以性体为背景，性体就是以本然之道为内容的、内在世界之底境。本然之道能与人完全一体化并彻底融入背景而隐而不见。现实世界以天为最终背景，而人的内在世界以性体为最终背景，性体构成人的内在之天，形成了内在的天人之境。

当人内在地构造了天人之境后，统合天人之境的道就是天道，这是人不同于动物的地方。人能领会天道，动物或许也有某种境知但不能领会天道。天道是人对天人之境整体性的领会，是天人之境整体的展开和揭示。天道的揭示首要的是对人的世界性的揭示，天道潜在而本源地揭示着人和世界的不可分离性。国学的宗旨就是要揭示天人之境的整体，王夫之云："《易》之为学，以求知天人之全体大用；于一爻而求一爻之义，则爻义必不可知。"① 天人一体，天人互构，天道贯通天人，以其一体化的贯通整体——性体授予了人，成就了人。

心性、自我与本然之道

人之性是世界赋予人的规定性，即天命之性。对于社会意义或精神意义上的人来说，这种赋予是通过构建人的意识体的过程实现的。世界经过人的感知而映射到人的内心，就由人构境了一个内在世界，这个内在世界被人一体化之后，就构成了人的性体。性体是人对外在世界的具有整体性和能动性的模拟体，构成了人的内在之天。人心内世界对外映射模拟和对内贯通一体的过程，就是世界赋予人规定性的过程，就是天命之性授予人的过程。这个过程不是一次性的，而是伴随着人的生命历程持续进行的。

以性体的统贯性或一体性为基础，才能形成具有独立性和自主性的人。人形成了具有独立性和自主性的意识场，世界赋予人的规定性就变成了人自身，人之性也就成为人对自身的领会，即人对与其一体的事物的领会。对于人这个特殊的存在者而言，人之性既是世界对人的规定性，也是人对自身的规定性。对每个人来说，性就是自己给自己的规定性，而这种规定性其实就构成了自己。

---

① 《周易内传发例》，《船山全书》第 1 册，岳麓书社，1988 年，第 670 页。

国学对性的关注点不是人被动性行为的实然依据——自然之性，而是人主动性行为的应然依据——义理之性。对于人自身来说，人之性就是人所建构的针对自身的本然与当然。构成人性体的是人对自身以及与自身一体之物的本然领会，是一种指向人自身的道或理。朱熹云："性之所在，则道之所在也。道是在物之理，性是在己之理。然物之理，都在我此理之中；道之骨子便是性。"① 张栻云："理义之所以悦我心者，以理义者固心之所以为心者也，得乎理义则油然而悦矣。"②

只有既构成人自身又规定人自身的道，才能构成人之性，这种道就是人的本然之道。本然之道构成了人的性体，就把根本的规定性赋予了人。朱熹云："性，不是有一个物事在里面唤做性，只是理所当然者便是性，只是人合当如此做底便是性。"③ 王阳明云："心者身之主也，而心之虚灵明觉，即所谓本然之良知也。"④ 刘宗周云："性者道之本然，而天道即其自然者也。"⑤ 本然之道一方面是从自身出发的本然，是一种带有主动性、能动性的如臂使指的本然，这种本然之道构成了人自身；另一方面，本然之道是指向自身的本然，即是指向自身的应然，它对人具有规定性。所有的本然之道都从自身出发又回到自身，在一定程度和一定范围上实现了世界与人的一体化。人对自己的身体，在没生病或没出现异常的情况下，都是一种本然和当然的感觉。人对周围的事物以及所在的世界，在通过实践达到亲熟状态之后，会实现与自身的一体化，成为自己身体的延伸并在精神上构成人自身。

天命之性赋予了人，形成了性体，而性体又构成了人自身，成为人对自身的规定性，这种构成人自身的性，就是心性之性。心性之性既是天命之性，也是义理之性，同时还是人自身对自身的规定性，是人的本体。心性之性内在于人，是一个内在的一体世界，构成这个内在世界的就是人所领会的本然之道。道作为内在世界的构成是理解心的关键，本然之道作为性体的构成是理解性的

---

① 《朱子语类》卷100，中华书局，1986年，第2549页。
② 《南轩先生孟子说》卷6，《张栻集》，岳麓书社，2017年，第350—351页。
③ 《朱子语类》卷60，中华书局，1986年，第1426页。
④ 《传习录中》，《王阳明全集》卷2，上海古籍出版社，1992年，第47页。
⑤ 《论语学案一》，《刘宗周全集》第1册，浙江古籍出版社，2012年，第310页。

关键。心学对人自身的这种解读和解构，体现了国学的精深之处。

何为我？我的身体和我所领会的本然之道共同组成了我。"我"的内核不是我的身体，也不是我的个体，而是我的性体。性体由人对上道之器和自己身体的一体化领会——本然之道——所构成。性体组成了是一个"大我"，它比个体性的"小我"更原初，更内在，更本源。杨简云："夫所以为我者，毋曰血气形貌而已也。吾性澄然清明而非物，吾性洞然无际而非量。天者，吾性中之象；地者，吾性中之形。故曰'在天成象，在地成形'，皆我之所为也。"[①]构成精神自我的不是身体形貌，而是作为内在世界的人之性体，天地都涵盖在这个性体世界之中，而道就是构成世界的东西。

与构成自我的本然之道不同，非本然之道是人对尚不通透之领域的领会，指向了那些让人怀疑、畏惧、逃避或反抗的对象，它们不能构成"我"，而是构成了"你"或"他"，它们刺激并凸显了"我"的主体性。

人对自身的领会往往体现为某种自我认同意识，它发端于人对自己身体所具有的掌控性、亲熟感和认同感。人与外部世界是互动一体的共在关系，构成"我"的本然之道就是各种被直觉所默认的关系，这就和西方哲学中"自我是一个关系性概念"的思想接通了。张一兵谈道："自我是一个关系性概念，是费希特提出却由黑格尔解决的问题，即自我本身是一个关系性的反指概念，它根本不独立存在。从黑格尔开始，自我意识在他性的镜像中，在另一个同样具有自我意识的关系性反指当中得到确认。这一条拉康从反面论证了。而黑格尔的关系自我论被谁光大了呢？马克思。……马克思在《关于费尔巴哈的提纲》中最重要的革命性观点，就在于将人的本质，包括个人的本质，指认为在其现实性上是全部社会关系的总和，特定历史条件下社会关系的总和。……而到海德格尔那里，当此在去在，此在是一个关系性存在，他也是意识到这个问题。独立性的自我是不存在的。自我就是关系。……它是一种关系，本身就是去在的过程。马克思那里，每一个个体的状态是一定关系的建构。"[②] 以历史的眼光

① 《家记一》，《慈湖先生遗书》卷7，《杨简全集》第7册，浙江大学出版社，2015年，第1973页。

② 张一兵、张琳：《自我与他者——南京大学博士生导师张一兵教授访谈》，《社会科学家》，2016年第8期。

动态地看向自我的内部，人的主体性和外部世界的对象性都在某种程度上消解了，世界被人一体化后蕴含在人的自我之中，由直觉的认同关系建构在自我之内。

本然之道是如何得来的呢？是从人操持事物过程中所具身化的领会和技艺中来，是从人被民族文化传统和社会行为惯例常年熏染默化而来。外在的文化传统和行为惯例被人所习熟后，就内化为构成人性体的本然之道。《荀子·儒效》云："注错习俗，所以化性也；并一而不二，所以成积也。习俗移志，安久移质，并一而不二则通于神明，参于天地矣。……彼求之而后得，为之而后成，积之而后高，尽之而后圣。"① 本然之道来自人的反复实践，并最终与自身完全一体化。朱熹云："言君子务于深造而必以其道者，欲其有所持循，以俟夫默识心通，自然而得之于己也。"② 亦云："既下工夫，又下工夫，直是深造，便有自得处在其中。"③ 这里的下工夫可以理解为格物驭器实践并获得本然之道的过程，本然之道对人的通透性造就了人的内在统一性。

从内容上看，本然之道就是人所亲熟、默会并习以为常、自然践行的文化传统、行为惯例、行事原则等等。这些内容，对个人而言，有其外在的根源，得自其外部世界和周围环境；对历史性的民族而言，又有其内在的基础，是由群体中每个人的意识体所共同构成的。本然之道丝毫也不神秘，就在人们的日常之中，只不过人们平时浑然不觉。许衡云："'道'，是日用事物当行之理，皆性之德而具于心，无物不有，无时不然，如何须臾离得他？若其可离，则是外物，而非率性之道矣。"亦云："率性之道，只在君臣、父子、夫妇、长幼、朋友之间，众人之所能知能行者，故常不远于人。若为道的人……务为高远难行之事，则便不是道了……"④ 人们对本然之道浑然不觉，是因为它就藏在亲熟的日常事物之中，藏在"我"的内核之中。

本然之道体现为人自身经由实践所形成的、保留在背景之中的身体技艺、行为惯例或本能反应。它不是一个信念系统，而是实践的产物。实践塑造了

---

① 《荀子集解》，中华书局，1988年，第144页。
② 朱熹：《孟子集注》卷8，《四书章句集注》，中华书局，1983年，第292页。
③ 《朱子语类》卷57，中华书局，1986年，第1343页。
④ 《中庸直解》，《许文正公遗书》卷5，《许衡集》，中华书局，2019年，第173、185页。

人，实践所形成的这种本然之道构成了人自身。休伯特·L.德雷福斯说："他（海德格尔）坚持我们要返回到人的日常活动现象，并停止对内在的/超越的、表象/被表象者、主体/客体的传统对子，以及主体内部的诸如有意识的/无意识的、清楚明白的/默会的、反思的/非反思的对子变换花样。海德格尔肯定不是在讲……我们每一个人都拥有一种'对彼此相关的概念或范畴之基本普遍结构的非反思的和大多是无意识的把握，而我们就依据这些概念或范畴来思考世界和我们自身'。这会把我们对世界的领会转变为一个主体所抱有的一个信念系统，而这恰恰是胡塞尔和所有认知主义者所坚持而海德格尔所拒斥的观点。"[1] 正如海德格尔所揭示的，本然之道可以是一种本能或直觉，但绝不是被现成化或对象化的知识或观念。

本心与良知

在国学中，由本然之道构成的性体是未发之中。古人认为，人的意识、念虑或觉知在本体中运行，尚在自我之内，因此属于未发。如果人的意识、念虑或觉知脱离了本体，哪怕还未脱离性体之外的道体，还没有针对外界的事物，也没有续接外在的行动，仍然算是已经离开了自我内部，属于已发了。性体作为人的本体，性体之中的事物之道是内在于人的，构成了人自身，而性体之外的所有事物对人来说都是外物。

当念虑或情感由性体所发，指向了与人一体的外界事物，并续接了人的外在行动，那么这种念虑就是本体的显性化外在表现，通常叫作本心。通俗地说，本心就是本体的本然之道对人呈现后，人直觉地认为事物本该如此之心。本心在被人提及时，有时等同于心之本体——性体，这是隐性的本心；有时相当于发自性体的意念或情感，这是显性的本心。显性的本心表现为已发之念或已发之情，但是并未脱离与人一体的事物，没有掺杂主观意识和功利算计。吴澄

---

① ［美］休伯特·L.德雷福斯：《在世：评海德格尔的〈存在与时间〉第一篇》，浙江大学出版社，2018年，第7页。

云："孟子传孔子之道，而患学者之失其本心也，于是始明指本心以教人。……夫孟子言心而谓之本心者，以心为万理之所根，犹草木之有本而苗茎枝叶皆由是以生也。……然此心也，人人所同有，反求诸身，即此而是。"[①]

在孟子看来，本心更具体的表现就是四端之心。《孟子·公孙丑上》云："所以谓人皆有不忍人之心者，今人乍见孺子将入于井，皆有怵惕恻隐之心，非所以内交于孺子之父母也，非所以要誉于乡党朋友也，非恶其声而然也。……恻隐之心，仁之端也；羞恶之心，义之端也；辞让之心，礼之端也；是非之心，智之端也。人之有是四端也，犹其有四体也。"谢良佐云："方乍见孺子入井之时，其心怵惕，乃真心也。非思而得，非勉而中，天理之自然也。内交、要誉、恶其声而然，即人欲之私矣。"[②] 作为本心的四端之心是内在于人的，是当场瞬时发作的，是人性体的自然呈现。

性体呈现的具体虑念，是尚未分化主客关系、尚未虑及个人利害得失的，故而可称为良知。这就是《孟子·尽心上》所云"人所不学而能者，其良能也；所不虑而知者，其良知也"。当人对某物没有采取蓄意的行动时，人就会依照本然之道的惯性引领而行，这就是良知的呼唤。当人的行为与其性体对物的赋义和情感存在显著的冲突时，人就会察觉到隐隐的罪责感。

良知是构成性体的本然之道对人的内在呈现。良知不是对象化的观念之物，它只能体现在人的直觉和本能反应中，良知的这种特征来源于人的本体。人的本体是由实践造就的，工夫就是国学中的一种实践形式。刘宗周云："学者只有工夫可说，其本体处直是著不得一语。才著一语，便是工夫边事。然言工夫，而本体在其中矣。大抵学者肯用工夫处，即是本体流露处；其善用工夫处，即是本体正当处。若工夫之外别有本体，可以两相凑泊，则亦外物而非道矣。"[③] 黄宗羲云："心无本体，工夫所至，即其本体。"[④]

为何国学强调人有向善的趋向，又为何认为人有成圣的可能？都是因为人心内有性体存在，而性体是一个完整的、贯通的、人化的内在世界。性体

① 吴澄：《仙城本心楼记》，《吴文正集》卷48，景印文渊阁四库全书第1197册，第500页。
② 朱熹：《孟子集注》卷3，《四书章句集注》，中华书局，1983年，第237页。
③ 《答履思二》，《文编三》，《刘宗周全集》第5册，浙江古籍出版社，2012年，第274页。
④ 《明儒学案·自序》，《黄宗羲全集》第7册，浙江古籍出版社，1985年，第3页。

是人之所以为人的根源和依据，它具有内在的稳定性和贯通性，有着自我持续整合、保持其统一性和同一性的能力。性体潜在地关联着人的情感和价值取向，无声地牵引着人的行为。性体的这种作用在良知上得以体现，它支撑起人的内在世界和价值体系。由于有性体的存在，人才能从人生和世界的整体出发，才能把个人、群体以及天地万物都纳入一体之仁，才能超越眼前的、身体欲望驱动的短期性行为。从性体人人具有的角度，王阳明云："良知良能，愚夫愚妇与圣人同。"① 在某种意义上，性体就是人心中的圣人。人可以向善、成圣，根源就在于人心中本就存在一个内在的圣人——人的性体。国学内圣外王之道的基础，就是这个性体；人类的理性和德性的基础，也是这个性体。

良知作为性体所呈现的内在之知，是人的本然之知、一体之知。良知为人的道德品质奠基，但又远远不是个人道德所能限定的。王阳明云："凡意念之发，吾心之良知无有不自知者。其善欤，惟吾心之良知自知之；其不善欤，亦惟吾心之良知自知之；是皆无所与于他人者也。"② 亦云："夫良知之于节目时变，犹规矩尺度之于方圆长短也。节目时变之不可预定，犹方圆长短之不可胜穷也。……夫舜之不告而娶，岂舜之前已有不告而娶者为之准则，故舜得以考之何典，问诸何人，而为此邪？抑亦求诸其心一念之良知，权轻重之宜，不得已而为此邪？"③

良知常常是仁义之心的表现，而仁义就是人的本然与应然之道，就是能够贯通人内外的东西。王夫之云："乃心唯有其思，则仁义于此而得，而所得亦必仁义。""然仁义自是性，天事也；思则是心官，人事也。天与人以仁义之心，只在心里面。唯其有仁义之心，是以心有其思之能，不然，则但解知觉运动而已。"④ 能体现良知的"思"是以仁义为基础的。仁义是内外贯通之道，仁贯于内，义通于外，人的内心和外部世界由仁义之道所贯通统合后，就构成了人的本体并呈现为良知。

---

① 《传习录中》，《王阳明全集》卷2，上海古籍出版社，1992年，第49页。
② 《大学问》，《王阳明全集》卷26，上海古籍出版社，1992年，第971页。
③ 《答顾东桥书》，《传习录中》，《王阳明全集》卷2，上海古籍出版社，1992年，第50页。
④ 《读四书大全说》卷10，《船山全书》第6册，岳麓书社，1991年，第1091页。

良知呈现出来之后，就能够指导人的行为。正如王阳明所云："良知只是个是非之心，是非只是个好恶，只好恶就尽了是非，只是非就尽了万事万变。"① "致吾心良知之天理于事事物物，则事事物物皆得其理矣。"② 良知反映了世界的整体性和一体性，可应于万事万物之理。

有人认为，良知不过是一种移情反应或移情反应能力，是主体对他者情感的"感同身受"或站在他者立场上设身处地考虑问题的一种能力，也可称为"移情""移情心""同理心""共情""换位思考"等。移情固然是良知的一种表现，但良知要比一般的"感同身受"要更本源。良知源于人的世界性，源于人与世界整体性的共在，源于人之本体的本然之道。正如海德格尔所说："并不是'移情'才刚组建起共在，倒是'移情'要以共在为基础才可能，并且'移情'之所以避免不开，其原因就在于占统治地位的乃是共在的诸残缺样式。"③ 良知来自人的本体，是体现人的本性的，因而也必然是知行合一的。

海德格尔说："我们的考察从一开始就避而不走那首先摆在良知解释面前的道路：把良知引向到知、情、意这些灵魂能力之一，或把它解释为这些能力的混合产物。面对良知这类现象，套在分门别类的灵魂能力和个人行为上面的游移无据的框框在存在论人类学上何其简陋不足，可谓有目共睹。"④ 海德格尔对良知的解释与国学并不完全相同，但在良知对于人的内在性和原初性方面，他的认识是比较深刻的。良知以人的本然之道为其内容和基础，国学认为，良知固然有"知"，但其知不是知觉、知性之知，而是本体之知、德性之知。

见闻之知、德性之知与本体之知

国学中，致知之知不是一般性的知识，而是要对个人、社会和国家直接具有指导性的知。它在巫史时代表现为"天知神谕"，在先秦的天道观念中表现

---

① 《传习录下》，《王阳明全集》卷3，上海古籍出版社，1992年，第111页。
② 《传习录中》，《王阳明全集》卷2，上海古籍出版社，1992年，第45页。
③ ［德］马丁·海德格尔：《存在与时间》，商务印书馆，2018年，第161页。
④ ［德］马丁·海德格尔：《存在与时间》，商务印书馆，2018年，第338—339页。

为"明德"，在宋明理学中就表现为德性之知。与德性之知相对立的是见闻之知，见闻之知往往是外在的对象性知识，它不能回答何以知、为何知等问题，不能直接指导人。

德性之知是一个含义丰富的范畴，它要回答何为知、何以知与为何知的问题，不能把它简单化地理解为关于道德或德性的知识。如果要给德性之知下定义，那它就是对人具有内在价值、可以指导人的实践并构成人自身的知。性体是人自身的本体，构成性体的本然之道内在地对人呈现出来，就是人的本体之知。从根本上看，德性之知是人的性体之知或本体之知。

德性之知有几个特点。一是内在之知、自得之知、自构之知。德性之知与人的本体和自我关系密切，是本体的自构和自知，只能内求而不能直接外索。二是具有时间性、价值导向性和实践的指引性。德性之知具有指向未来的时间性，是知行合一的，而且与价值和情感紧密相连。三是整体性、历史性和综合性。德性之知反映了人的世界性，是人对外在世界的整体性、历史性和综合性的反映，是人生命历程的凝聚和升华。

德性之知是本然之道对人的内在整体性呈现，它的基础是人对天人之境的境体之知。人的性体作为内在境体给每个已然有所领会的事物都安放了相对位置，这也就意味着给它们赋予了意义。这种对事物的隐性赋义，是一种应然之知，具有内在的价值判断，是人具有德性的根源。

在国学的致知体系中，德性之知处于基础性和根本性的地位。王阳明云："良知不由见闻而有，而见闻莫非良知之用，故良知不滞于见闻，而亦不杂于见闻。"[1] 在王阳明看来，属于德性之知的良知是知之体，而见闻之知只是知之用。见闻之知是直接由外界所得之知，而德性之知是内在性体的本体之知，是性体的固有功能，所知的是构成性体的、存量的本然之道的整体性呈现。虽然在终极意义上，德性之知的根源也在外部世界，是天授的，但德性之知不是由外部世界一部分一部分地赋予人并直接拼凑起来的，它是人对外部世界的一体之知和综合之知，是见闻之知长期积累并统合贯通后的结果。

国学重视德性之知，致知的终极指向就是德性之知。张载云："世人之心，

---

① 《答欧阳崇一》，《传习录中》，《王阳明全集》卷2，上海古籍出版社，1992年，第71页。

止于闻见之狭。圣人尽性，不以见闻梏其心，其视天下无一物非我，孟子谓尽心则知性知天以此。"①《孟子·告子上》云："耳目之官不思，而蔽于物，物交物，则引之而已矣。心之官则思，思则得之，不思则不得也。此天之所与我者，先立乎其大者，则其小者弗能夺也。此为大人而已矣。"这里所谓立乎其大者就是良知或德性之知，为何它是大者呢？因为它是性体整体的存量已知，和增量之知的个别见闻相比，当然是大者了。

性体之知既然是一体之知，本然之知，故而也是"湛然之知"，具有"全体大用"。黄宗羲云："有知有不知，此丽物之知动者也。为知之，为不知，此照心也。丽物之知，有知有不知；湛然之知，则无乎不知也。"② 王夫之云："知至者，'吾心之全体大用无不明'也。则致知者，亦以求尽夫吾心之全体大用，而岂但于物求之哉？"③

德性之知既是全体之知，表现为"无不知"，但从现成知识的角度看，又会表现为"无知"。王畿云："良知无知而无不知，是学问大头脑。良知如明镜之照物，妍媸黑白，自然能分别，未尝有纤毫影子留于镜体之中。识则未免在影子上起分别之心，有所凝滞拣择，失却明镜自然之照。"④ 德性之知不是现成的知识，而是一种人自身既有、可应万变的知的能力。德性之知和见闻之知的区别，不仅是所知内容上、范围上的区别，更是一种觉知能力和觉知对象的区别。

德性之知之所以具有上述的特点，是由人的性体所决定的。性体是与人一体化的内在世界，是对外部世界的全息式的模拟和反映，性体对人所呈现的内在之知就是德性之知，就是存量的已知，就是全体之知。同时，由于构成性体的本然之道都是境域化的、活的、事物间的关联，而不是僵化、固化、现成化的命题、理论或成见，因而从现成性知识的角度看，性体所体现的德性之知又是无知的。

德性之知与见闻之知的关系，古人多有讨论。国学的主流偏重德性之知，

① 《正蒙·大心篇》，《张载集》，中华书局，1978 年，第 24 页。
② 《宋元学案·伊川学案上》，《黄宗羲全集》第 3 册，浙江古籍出版社，1985 年，第 723 页。
③ 《读四书大全说》卷 1，《船山全书》第 6 册，岳麓书社，1991 年，第 403 页。
④ 《答吴悟斋》之二，《王畿集》卷 10，凤凰出版社，2007 年，第 255 页。

其中王阳明说得比较决绝："良知之外，更无知；致知之外，更无学。外良知以求知者，邪妄之知矣；外致知以为学者，异端之学矣。"① 但也有人偏重强调见闻之知的，王廷相云："近世儒者务为好高之论，别出德性之知，以为知之至，而浅博学、审问、慎思、明辩（辨）之知为不足，而不知圣人虽生知，惟性善近道二者而已，其因习因悟因过因疑之知，与人大同，况礼乐名物，古今事变，亦必待学而后知哉！"② 王阳明侧重从致知的基础和能力的角度谈，而王廷相则侧重从致知的作用和结果角度谈，其论述的出发点不同，结论也就有差异。

事实上，德性之知虽然在当下、在存量上具有决定性的影响，但在长周期内见闻之知对德性之知也具有间接的、基础性的增益作用。张载云："闻见不足以尽物，然又须要他。耳目不得则是木石，要他便合得内外之道，若不闻不见又何验？"③ 历史地看，境象之知是境体之知滋长壮大的条件，见闻之知是德性之知滋长壮大的条件。朱熹云："如今人理会学，须是有见闻，岂能舍此？先是于见闻上做工夫到，然后脱然贯通。"④

对此其他学者也有精辟的论述。高拱云："且闻见之知，乃德性之资；德性之知，为闻见之主。"⑤ 吴廷翰云："故婴孩之知，必假闻见而始知。其呼父母与饮食，皆人教诏之也。以此可见德性之知，必由耳目始真。"⑥ 有人把德性理解为个人的道德品质，把德性之知当作纯粹的伦理学概念，这就矮化和曲解了德性之知。古人讲德性之知的目的不仅仅是要提高人的道德情操，而是要全面地拓展人自身，完善人自身，壮大人自身。德性之知的获取，意味着人的发展和进步，意味着人自身的根本性改变。

有时德性之知和见闻之知的讨论会延伸到"尊德性"和"道问学"之争，其实二者是相互贯通，互相促进的。朱熹云："尊德性，所以存心而极乎道体之大也。道问学，所以致知而尽乎道体之细也。二者修德凝道之大端也。不以

① 《与马子莘（丁亥）》，《王阳明全集》卷6，上海古籍出版社，1992年，第218页。
② 《雅述》上篇，《王廷相集》第3册，中华书局，1989年，第836—837页。
③ 《张子语录·语录上》，《张载集》，中华书局，1978年，第313页。
④ 《朱子语类》卷98，中华书局，1986年，第2519页。
⑤ 《问辨录》卷3，《高拱全集》下册，中州古籍出版社，2006年，第1126页。
⑥ 《吉斋漫录》卷下，《吴廷翰集》，中华书局，1984年，第60页。

一毫私意自蔽，不以一毫私欲自累，涵泳乎其所已知，敦笃乎其所已能，此皆存心之属也。"① 亦云："然圣贤教人，始终本末，循循有序，精粗巨细，无有或遗。故才尊德性，便有个'道问学'一段事，虽当各自加功，然亦不是判然两事也。……学者于此，固当以尊德性为主，然于道问学，亦不可不尽其力，要当使之有以交相滋益，互相发明，则自然该贯通达，而于道体之全无欠阙处矣。"②

"尊德性"和"道问学"都离不开格物。朱熹云："'格物'二字最好。物，谓事物也。须穷极事物之理到尽处，便有一个是，一个非，是底便行，非底便不行。凡自家身心上，皆须体验得一个是非。若讲论文字，应接事物，各各体验，渐渐推广，地步自然宽阔。"亦云："人多把这道理作一个悬空底物。《大学》不说穷理，只说个格物，便是要人就事物上理会……"③ 在朱熹看来，穷理的作用在于能把事物贯通，这种贯通既是物与物之间的贯通，也是人与物之间的贯通；既是在观念层，即文字上、思想上的贯通，也是在直觉层，即体验上、感悟上的贯通。

孔子对知仁同源有着特殊的敏感，他喜欢把二者并列起来谈论。《论语·雍也》云："知者乐水，仁者乐山；知者动，仁者静；知者乐，仁者寿。"这里的知、仁其实是可以互文互指的。孔子以"爱人"阐发"仁"，以"知人"阐发"知"，"仁"和"知"的根源都是人的性体。《论语·卫灵公》云："知及之，仁不能守之，虽得之，必失之。知及之，仁能守之，不庄以莅之，则民不敬。知及之，仁能守之，庄以莅之，动之不以礼，未善也。"这里孔子虽然讲的是治民之道，但也适用于致知：仅以外在道理知之是远远不够的，要以内在仁德"守之"或"主之"才能让人的性体保持贯通一体，让人处于内在和谐状态。《荀子·儒效》云："君子之所谓贤者，非能遍能人之所能之谓也；君子之所谓知者，非能遍知人之所知之谓也；君子之所谓辩者，非能遍辩人之所辩之谓也；君子之所谓察者，非能遍察人之所察之谓也；有所正矣。"④ 这里的"正"

---

① 朱熹：《中庸章句》，《四书章句集注》，中华书局，1983年，第35—36页。

② 《玉山讲义》，《晦庵先生朱文公文集》卷74，《朱子全书》第24册，上海古籍出版社、安徽教育出版社，2010年，第3591—3592页。

③ 《朱子语类》卷15，中华书局，1986年，第284、288页。

④ 《荀子集解》，中华书局，1988年，第122页。

就是仁对知的统贯。

通过致良知来统领见闻，可以避免外在知识，包括现代科学，给我们带来的困扰。王阳明云："故'致良知'是学问大头脑，是圣人教人第一义。……大抵学问功夫只要主意头脑是当，若主意头脑专以致良知为事，则凡多闻多见，莫非致良知之功。盖日用之间，见闻酬酢，虽千头万绪，莫非良知之发用流行，除却见闻酬酢，亦无良知可致矣。……'多闻，择其善者而从之，多见而识之'，既云择，又云识，其良知亦未尝不行于其间。"[1] 在见闻之知的层面，不能解决知行不一致的问题，只有上升到德性之知的层面，才能真正做到知行合一。

境、象、意与言

知的表达和传递要借助于语言。语言是人类的伟大发明，人类借助声音使个人走出了自我的藩篱，在实现人际沟通的同时，也实现了对内在世界和外部世界的双向通达，实现了个体性的超越，因而作为语言载体的声音具有神圣性和超越性。但语言以声音获得超越性的同时，也丧失了原初性和本真性，书面语言更是如此。语言表达和传递的效率，在不同情况下存在较大差异。对于闻知，语言可以流畅地进行表达和传递；对于体知，语言的表达和传递就比较困难，它往往局限于个人性的独知。同样，对道的领会也很难用语言直接进行表达和传递，需要采取间接方式。

人活在现实的具体境遇中，意识在外界事物的牵动下不断地生成着新的境象或意念，而语言可以说出的内容只是冰山之一角。语言只是意识的路标，语言之外还有那许多不可言说的东西。大多数时候，人们只说出了焦点、趋向和轮廓，顾不及背景、周边和其他细节。那些已经言说出来的东西——话语或者文章，它们落在不同人的眼中或耳中，会在不同的心中牵扯出不同的画面或境象，产生不同的联想和感受，导致千差万别的诠释。

---

① 《传习录中》，《王阳明全集》卷2，上海古籍出版社，1992年，第71—72页。

语言的功能之一是指示。语言单纯指示静物时，以一词聚焦于一物，容易给人以错觉，似乎语言的指称即是所指之物自身了，其实仍是路标而已。鲁道夫·阿恩海姆说："语言本身的结构是极贫乏的，所以它的再现就不可能过多依赖这种形态上的对应。它只能依靠为经验中的各种事实分配'标签'的办法，来完成它的大部分工作。它使用的标签大都是随意选取的，就象（像）表示停止通行的红色信号灯是随意选取的一样。"①

当语言转而要指示动态之境时，就会凸显其平板和单调的局限性，不能直接揭示境的丰富蕴意，而是要借助于陈铺互映、疏密留白等修辞方式，来显现境的空间伸展和时间延续，来烘托其整体之状或动态之势。语言本身并不能完全复制、还原、构造"境"本身，语言不过指示了境，挂一漏万地提点了人对境之领会。

当所知为众人所共同关注时，它只有脱离原境，才能成为人际可传递的对象。对象被语言所命名或命题后，以其自身被固化为代价，才开始在人际传播。对每个人来说，亲验的境域之知才是本真之知，脱境的概念、文字、人言、众议，皆非本真之知。

针对语言和概念对人之所知的固化作用，钱锺书说："我们对于世界的认识，不过是一种比喻、象征的、像煞有介事的、诗意的认识。用一个粗浅的比喻，好像小孩子要看镜子的光明，却在光明里发现了自己。人类最初把自己沁透了世界，把心钻进了物，建设了范畴概念；这许多概念慢慢地变硬变定，失掉本来的人性，仿佛鱼化了石。到自然科学发达，思想家把初民的认识方法翻了过来，把物来统制心，把鱼化石的科学概念来压塞养鱼的活水。"②

鲁道夫·阿恩海姆说："语言的功能基本上是保守的和稳定的，因此，它往往起一种消极作用——使人的认识活动趋于保守和静止。……语言中的名词，是一种固定的标签或符号，只有这种固定的符号才能对一种同样固定的概念起一种支持和加强作用。……但词语的确会使概念凝固，从而起一种十分有害的

① ［美］鲁道夫·阿恩海姆：《视觉思维——审美直觉心理学》，光明日报出版社，1986年，第368—369页。
② 钱锺书：《中国固有的文学批评的一个特点》，《人生边上的边上》，《钱锺书集》，三联书店，2002年，第131页。

作用……"①

　　中国先贤对语言的局限性有着很深的领悟。《庄子·天道》云："悲夫，世人以形色名声为足以得彼之情！夫形色名声果不足以得彼之情，则知者不言，言者不知，而世岂识之哉！"② 庄子认为，语言所代表的"形色名声"不足以"得彼之情"，不能描述出真实的情态，传递出真正的"知"。国学不认为文本形式具有神圣性，它只是文以载道的工具。朱熹云："经之有解，所以通经。经既通，自无事于解，借经以通乎理耳。理得，则无俟乎经。"③ 甚至有人主张书是圣人之糟粕。《庄子·天道》云："然则君之所读者，古人之糟魄已夫！"④ 吕坤《呻吟语》云："圣人不可言之妙，非言语所能形容。汉、宋以来解经诸儒，泥文拘字，破碎牵合，失圣人天然自得之趣，晦天下本然自在之道，不近人情，不合物理，使后世学者无所适从。"⑤

　　王弼固然肯定了语言的表意功能："名必有所分，称必有所由"⑥，"言者，明象者也。……尽象莫若言。言生于象，故可寻言以观象……象以言著"⑦，但他更强调了"象"不能完全用语言和概念来把握。正是因为"象"是境中之象，"意"含境体之意，故而都是语言指称所无法直接代替的。王弼云："故言者所以明象，得象而忘言；象者，所以存意，得意而忘象。"⑧ 概念名称是一套符号系统，具有抽象性和局限性，其能指与所指具有差异性。故而王弼亦云："言之者失其常，名之者离其真……是以圣人不以言为主，则不违其常；不以名为常，则不离其真"⑨；"言生于象而存言焉，则所存者乃非其言也"⑩。

　　象是有境之象，象比言更能尽意，是因为象具有立体维度，能直观揭示并

　　① ［美］鲁道夫·阿恩海姆：《视觉思维——审美直觉心理学》，光明日报出版社，1986 年，第 357—358 页。
　　② 《庄子集释》，中华书局，1961 年，第 488—489 页。
　　③ 《朱子语类》卷 11，中华书局，1986 年，第 192 页。
　　④ 《庄子集释》，中华书局，1961 年，第 490 页。
　　⑤ 《词章》，《呻吟语》卷 6，《吕坤全集》中册，中华书局，2008 年，第 896 页。
　　⑥ 《老子指略》，《王弼集校释》，中华书局，1980 年，第 196 页。
　　⑦ 《周易略例·明象》，《王弼集校释》，中华书局，1980 年，第 609 页。
　　⑧ 《周易略例·明象》，《王弼集校释》，中华书局，1980 年，第 609 页。
　　⑨ 《老子指略》，《王弼集校释》，中华书局，1980 年，第 196 页。
　　⑩ 《周易略例·明象》，《王弼集校释》，中华书局，1980 年，第 609 页。

再现事物之间的关系。鲁道夫·阿恩海姆说："在思维活动中，视觉意象之所以是一种更加高级得多的媒介，主要是由于它能为物体、事件和关系的全部特征提供结构等同物（或同物体）。……这种视觉媒介的最大优点就在于它用于再现的形状大都是二度的（平面的）和三度的（立体的），这要比一度的语言媒介（线性的）优越得多。这种多维度的空间不仅会提供关于某些物理对象或物理事件的完美思维模型，而且能够以同构的方式再现出理论推理时所需要的各个维度。"他还说："为了对语言的重要作用作出较为准确的估价，我觉得有必要认识到，语言只不过是思维的主要工具（意象）的辅助者，因为只有清晰的意象才能使思维更好地再现有关的物体和关系。"①

荀粲云："盖理之微者，非物象之所举也。今称立象以尽意，此非通于意外者也，系辞焉以尽言，此非言乎系表者也；斯则象外之意，系表之言，固蕴而不出矣。"② 在他看来，非但言不能尽意，象也不能尽意。确实如此，因为象的后面还有境，境象之知后面还隐藏着境体之知，即存在之领会，这是象所不能表达和穷尽的。

对境的体知，要设身处地才能心领神会，再通过"得之于心，验之于身"的反馈循环，才能让自身与境一体。张昊臣认为："这种高度境域化的'知'不能如演绎知识那样依据可普遍化的'公理原则'或'法则'进行推论，而是端赖于在特定情境下展开自发反应的颖悟能力。经过长期的训练和浸润，情境与行为之间形成一种相对稳定却并不僵化的关联'图式'。"③

道如何言说 ～～

"道可道，非常道。"道为何不能言说？道是器之用的境域性关联因缘，是

---

① ［美］鲁道夫·阿恩海姆：《视觉思维——审美直觉心理学》，光明日报出版社，1986年，第341、357页。

② 《三国志·魏书·荀彧传》裴注引《晋阳秋》，中华书局，1959年，第319—320页。

③ 张昊臣：《关联思维与文学体知——以西方汉学的相关阐发为视角》，《南京师范大学文学院学报》，2018年第1期。

人对器的原初领会，它构成器的背景。境域性的特点是无边界，容易被弥散化和虚无化，难以用语言直接表述。道在人进行构境的过程中得到展开和呈现，但对道的言说，与对境的体验相比，则是苍白和单薄的。言说表述为说出的声音和写下的词句，则进一步被固化和对象化了。互动的、立体的、延展的境，被领会为原始的境体之知，本是丰富的、活泼泼的，但静观则聚焦为境中之孤物，表述则被抽象固化为干瘪的语句。可以道说的乃是离境之道、失境之物，绝非当下情境中的道悟，故其"非常道"。

"道"本身是不可名、不可象的。王弼云："道者，无之称也……寂然无体，不可为象……"①亦云："圣人体无，无又不可以训，故不说也"②；"名号生乎形状，称谓出乎涉求。名号不虚生，称谓不虚出。故名号则大失其旨，称谓则未尽其极"③。

虽然道难于言说，但中国古人还是采用了一系列非直接的方式对道进行了某种言说或揭示。《周易·系辞上》云："然则圣人之意，其不可见乎？子曰：'圣人立象以尽意，设卦以尽情伪，系辞焉以尽其言，变而通之以尽利，鼓之舞之以尽神。'"④王廷相云："古之圣人，有所制作，必取法象。"⑤对于道，中国古人有用一系列"法象"来进行联想类比的言说方式。李晓春曾对中国古代思想表述方式的特点进行了详细的阐述：

> 中国思想在思想构造上表现为意义丛和意义链的思维方式，这一思维方式的语言特点是怎么样的呢？意义丛或意义链思维方式的实质是法象思维，这是中国思维方式的本真特点，在《尚书》中，就有法象思维的最原始的表达形态，比如《尚书》五行就有非常经典的表述：

> 五行：一曰水，二曰火，三曰木，四曰金，五曰土。水曰润下，火曰炎上，木曰曲直，金曰从革，土爰稼穑。润下作咸，炎上作苦，曲直作酸，从革作辛，稼穑作甘。

---

① 《论语释疑》，《王弼集校释》，中华书局，1980年，第624页。
② 《三国志·魏书·钟会传》裴松之注，中华书局，1959年，第795页。
③ 《老子指略》，《王弼集校释》，中华书局，1980年，第198页。
④ 《十三经注疏·周易正义》，北京大学出版社，1999年，第291页。
⑤ 《雅述》上篇，《王廷相集》第3册，中华书局，1989年，第845页。

在这种语言的表述中，我们可以看到，与西方思想表述的最大差异之处在于语义丛之间的关系，这里的意义链对应结构是这样的：

水、火、木、金、土。

润下、炎上、曲直、从革、稼穑。

咸、苦、酸、辛、甘。

在中国思想的意义链或意义丛的表述中，概念是以组成一个意义丛或意义链的形式出现的，意义链或意义丛之间是一种意指的关系，这种关系的实质是一种法象关系。如果我们仔细观察这种表述就会发现，在这种表述中，没有出现系动词，在系动词位置的是"曰"这个字，"曰"的意思和"谓"相近，是"称为"的意思。这里的表述还有像"曰"这样的词语，而在中国思想的很多表述中，系词的位置就是一处空白，如说"刘邦者，沛县人也"。先秦的文字没有标点，这里的空白是从思想分析的意义上来说的；当然，在主语与表语之间朗读时的停顿是存在的。中国早期思想中没有系词，这与中国古代思想的法象思维是相符合的，因为在法象思维的表述中，法象通过意义丛或意义链之间的意指关系就可以达成，并不需要统一的系词来统一这个法象思维的系统。而在这个系统中真正起着统一作用的道却是无形无象的，没有语词可以表达它，这也是中国古代语言中系词的位置多为空白的真正含义，也就是说，系词处的空白其实就是为道所留的空白，所以这处空白正像西方哲学的"是"，是其本体论的语言基础，也是中国思想表达道的语言基础。[①]

他的这个说法很有道理。为何要以多重的意义链来表达"道"呢？其实答案很简单，"道体"是立体动态的境，道是境域性的关联因缘，要展开此缘此境，单独孤立的概念支撑不起来，必须要以意义链的方式从不同维度伸展开，才能构境、成境和表境。

法象具有一定的空间性，既是有想象的空间，也是有背景的空间。法象与人的体知相结合，可以烘托或引发事物间"道"的关联因缘。《文心雕龙·神

---

① 李晓春：《试论"即"在中国古代思想中的意义》，《华东师范大学学报（哲学社会科学版）》，2012年第3期。

思》云："文之思也，其神远矣。故寂然凝虑，思接千载，悄焉动容，视通万里……故思理为妙，神与物游……"① 国学经典，通过立象引境以触发体知，可以让人进入"思接千载"，"视通万里"，"神与物游"的状态，获得道的境域性体悟和领会。

诗化的语言，在一定程度上可以间接引出立体动态的境。《论语·季氏》云："不学《诗》，无以言。"诗化的语言运用了迂回曲折的修辞方法：因境有空间之间距，故可由边缘曲折而入核心；因境由各部分互动而成整体，故可由一隅而窥全部；因境由过往而驱将来，故可凭机枢而言大势。在一些现代人看来，国学的表达更像是一种诗化的语言，似乎不够精密和严谨，但这是言说境与道所必需的。汉语能够以某种间接或曲折的方式去言说道，而用欧美国家的语言进行这样的言说就比较困难了。汉语是一种诗化的语言，与中国人的思维方式密切相关。有人认为汉语是一种落后的语言，缺乏精确性，不善于逻辑思维。实际上，当代中国的实践表明，一方面汉语完全可以表达、承载、消化和吸收现代科学，另一方面它还可以作为国学的载体，让人们在今天还可以便捷地回溯人类的意识之初，引导人们体悟境知与天道。

正是由于以抽象概念和形式逻辑为基础的西方哲学和科学言不尽意，不能表达事物间的境域性关联，不能对以场态方式存在的宏观世界物质能量场和人类社会场进行整体性的道说，从而为国学在现代社会的立足和发展预留了空间。相比于建立在概念演绎基础上的西方哲学，国学在一定程度上突破了程式化语言的限制，以其道说、道言对不可道之道进行了一定程度的言说。

理与道

为了更好地表达和讨论天道，宋儒"体贴出"② 了天理，天理是天道所呈

---

① 《文心雕龙校注》（全本），中华书局，2021年，第401页。
② 《河南程氏外书》卷12，《二程集》，中华书局，2004年，第424页。

现或揭示的形式化内容或结构。天理在人的心中呈现，就表现为人对天道的觉知和领会。《说文解字》云："理，治玉也。"[①] 治玉要依循玉的纹理，由外露的纹理可显现其内在结构，故理有贯通之义；其理路形态走向可以反映玉是否精美，故理有揭示之义。有贯通揭示意蕴的"理"，已经接近了"道"的含义。理和道是相近的范畴，很多时候可以相互代指或通用，但细究起来也有微妙的区别。

《韩非子·解老》云："道者，万物之所然也，万理之所稽也。理者，成物之文也；道者，万物之所以成也。故曰：'道，理之者也。'"[②] 王夫之云："通诸凡治者皆曰理，与乱对，故为理国、理财，而治刑之官曰大理。理之则有理矣，故转为'理义'字，事之当然而行之顺也。……事不治则理不著，治而后见其必然而不易焉，故曰'理在气中'。气有象而理无形。"[③] 理是成物之"文"，具有形式化的内容，同时理体现了"治"的成效，因而也就附加了当然和应然义。在一定意义上，道更多地强调了事物的本然和实然，而理更多地强调了事物的当然和应然。

理的呈现是事物的自显自明，是事物之道在心内的呈现，它揭示了世界赋予事物的规定性。程颐云："性即理也，所谓理，性是也。天下之理，原其所自，未有不善。"[④] 事物是自显的，因而是"原其所自"；这种自显是本真而无伪的，因此"未有不善"。事物只有在世界的背景下才能显现，而显现的方所只在人的心中，显现的结果就体现为人对事物之道的觉知和领会。

理都要在世界整体——天——的背景下呈现，因而是天理。天把本真性赋予了理。天道或其道体有时可以指代世界本身，而天理不能指代世界，它是事物在世界背景下被人所领会者。天理作为天道的呈现内容或结构，往往会体现为某种具体的呈现形式，它是天道之在人者，是人对天道的一种体知或境知。在心学家看来天理即是良知。

"理"更强调规律或结构的不变性和应然性。相对于道，理更好被把握和

---

① 《说文解字注》，上海古籍出版社，1981 年，第 15 页下。
② 《韩非子集解》，中华书局，1998 年，第 146—147 页。
③ 《说文广义》卷 3，《船山全书》第 9 册，岳麓书社，1990 年，第 352 页。
④ 《河南程氏遗书》卷 22 上，《二程集》，中华书局，2004 年，第 292 页。

言说，更容易被形式化和理论化。但需要注意的是，理在人心中呈现或被揭示后，如果被形式化为某种意象或倾向，甚至进一步被语言所表述或命名，就有偏离原初状态或实际情状的危险。虽然"理"在中国古人那里也不是绝对的抽象物，"道"的一些境域性特征在"理"这里还有一定程度的保留，但它具有一定的抽象特征。在国学中"理"最容易和西方哲学沟通，现代广泛使用的词汇如"真理""物理""理论"等等就是明证。

相对于道或气，理是偏静态的。朱熹云："若理，则只是个净洁空阔底世界，无形迹，他却不会造作；气则能酝酿凝聚生物也。但有此气，则理便在其中。"[1] 道在某种意义上是"气"与"理"的综合体，而理的原初义是指事物本身静态的结构。"道"的境域性和模糊性，导致不适宜对之进行更加固态化、逻辑化的研究和言说。在对外在世界的更加具体的研究和言说过程中，宋明理学从"道"中剔除了"气"的影响，专注于更形式化、更恒定的"理"。"天理"被程颢、程颐兄弟"体贴"出来了，国学发展到了新的阶段：理学阶段。

程颢说："天地万物之理，无独必有对。皆自然而然，非有安排也。"[2] 理是天理，是一种自然结构或是自然秩序的呈现。理从结构或秩序上对气有规定性，在这个意义上理可以看作气的主宰，但理却不能离开气而独立存在。《朱子语类》云："或问：'必有是理，然后有是气，如何？'曰：'此本无先后之可言。然必欲推其所从来，则须说先有是理。然理又非别为一物，即存乎是气之中；无是气，则是理亦无挂搭处。'"亦云："又问：'理在气中发见处如何？'曰：'如阴阳五行错综不失条绪，便是理。若气不结聚时，理亦无所附著。'"[3]

从张载、王夫之到戴震，他们更强调气，认为理是气运行的条理。国学中并无绝对的精神，只承认气中有灵，心中亦有一点灵明。不仅理不离气，气中之灵也不能离开气而单独存在。在气聚合成人时，"理"构成人的性，"灵"体现为人具有感知和思维的本能。

从生成的角度看，天理是人的内境对外部世界进行统贯和模拟后的再现，

① 《朱子语类》卷1，中华书局，1986年，第3页。
② 《河南程氏遗书》卷11，《二程集》，中华书局，2004年，第121页。
③ 《朱子语类》卷1，中华书局，1986年，第3页。

因而天理虽然源自外部世界，但其自身呈现在人的心中。天理不是一个抽象的存在者，它是人对外部世界的一种意识构建，若无人就没有天理。王夫之云："理在心而不在事，无待于学，而但求其心，则恤幼与使众不同，而慈之为理，因乎固有之心者则同也。"①

国学中陆九渊、王阳明等心学一派注意并强调了理的呈现不离心这一点。陆九渊云："宇宙便是吾心，吾心即是宇宙。"②"万物森然于方寸之间，满心而发，充塞宇宙，无非此理。"③王阳明云："意之所在便是物。……所以某说无心外之理，无心外之物。"④亦云："心即理也。天下又有心外之事、心外之理乎？……此心无私欲之蔽，即是天理，不须外面添一分。"⑤

心学家们和大多数儒家学者一样，只承认一个现实世界，并不承认有彼岸世界或纯粹的精神世界。王阳明云："天地鬼神万物离却我的灵明，便没有天地鬼神万物了。我的灵明离却天地鬼神万物，亦没有我的灵明。如此，便是一气流通的，如何与他间隔得！"⑥这并非唯心主义的说法，王阳明在这里强调，天地万物和人的意识是一体的，天地万物的境域性关联构成意识的内容，人的意识从整体上反映了天地万物的统一性和世界性。到哪里去寻找贯通天地万物的道理呢？只能去人的心里。天地万物自身只是自然而然地在那里，并无孤悬的道理存在。

天理与真理

"天理"在当代中国人的日常生活中很少被提及了，人们经常听到和看到的名词是"真理"，因而有必要对"天理"和"真理"加以分析。

西方哲学的真理观有两类说法：符合说和去蔽说，去蔽说为符合说提供了

① 《四书训义》卷1，《船山全书》第7册，岳麓书社，1990年，第77页。
② 《杂说》，《陆九渊集》卷22，中华书局，1980年，第273页。
③ 《语录上》，《陆九渊集》卷34，中华书局，1980年，第423页。
④ 《传习录上》，《王阳明全集》卷1，上海古籍出版社，1992年，第6页。
⑤ 《传习录上》，《王阳明全集》卷1，上海古籍出版社，1992年，第2页。
⑥ 《传习录下》，《王阳明全集》卷3，上海古籍出版社，1992年，第124页。

存在论基础。对于符合说，张世英说："大体上讲来，古典的真理定义是：真理是事物与观念或理智相符合，或者是观念或理智符合于事物……它在中西传统哲学中占有主导地位。"① 对于去蔽说，张世英说："我们对某事物做出陈述，或者说做出判断，并不是对某独立于人之外的事物做出陈述或判断，而是对某个与人（'此在'）相关联的事物做出陈述或判断。这样，符合的双方才是同质同类的东西，也只有同质同类的东西才谈得上符合。因此，对某事物做出陈述或判断，也就是揭示某事物的意义。事物在没有被人陈述或判断时，处于遮蔽状态，即是说没有意义；而当一个陈述或判断揭示出事物的本来面目时，事物就达到了去蔽的状态而为人所见，这个陈述或判断便是真的。这里显然包含了符合的现象，但符合是派生的，符合的基础在于：陈述或判断之所以成其为真，乃是源于人（'此在'）的揭示、展示。简言之，'此在与世界'的融合关系这一存在论的基础是第一位的，认识论上的符合是第二位的。"②

去蔽说真理观有助于人们理解天理。中国古代的心学家把天理解释为天道在心中的呈现——心即理。国学强调天理的自明性、自显性。黄宗羲云："天下之理，皆非心外之物，所谓存久自明而心尽矣。"③ 这种天理是活的，体现为事物在人意识中如其所是地呈现或揭示出来的过程和结果，它的呈现形式往往是非观念化的体知或境体之知。而如果受符合说真理观的影响，就容易把天理误解为客观的自然之则，这种对天理的解读则是僵化的、现成的，它往往会把天理直接当作可以诉诸语言的观念之物。

人要在天人互动中领会万事万物之间的整体性关联，天理是事物以天为背景在心中的显现和揭示。天理因世界的整体——天——而获得本真性，这与海德格尔的去蔽说真理观是相通的。张世英在解读海德格尔的真理观时说："真理的本质在于超越和自由"；"人究竟如何'参与'到事物或存在者中去，'让存在者按其是什么和如何是而显示自身'呢？……海德格尔的回答是，人能'绽出'（'越出'）存在者以与世界整体合一。海德格尔把这叫作'超越'。他

① 张世英：《哲学导论》，北京师范大学出版社，2014 年，第 62 页。
② 张世英：《哲学导论》，北京师范大学出版社，2014 年，第 64 页。
③ 《孟子师说》卷 7，《黄宗羲全集》第 1 册，浙江古籍出版社，1985 年，第 149 页。

说：'超越存在者，进到世界中去'，'让人与存在者整体相关联'，这就叫作'自由'，而只有这样的'自由'才能让'存在者或事物按其本来面目'显示自身。……这里的'自由'就是指人具有从某一个别存在者（个别事物）的束缚中解放出来而不死死盯住一点个别在场者的能力和特性。人的'自由'的特性使人超越在场的个别的存在者，把它与不在场的'存在者整体'（'世界整体'）关联起来，结合为一，从而让某一个别存在者如其所是地显示自身。……由此观之，真理的本质在于自由。自由把存在者带入在场与不在场结合为一的去蔽状态，使存在者显现其真实面目（'如其所是'）。"①

在国学中，以天为背景的事物间整体性意义关联就是在人心中呈现的天理。海德格尔所说的"显示"，只能是在人意识中的、过程性的、无伪的显示，天理在一定意义上展现了这种显示的结果及其所体现的事物的实在性。王阳明云："天命之性具于吾心，其浑然全体之中，而条理节目森然毕具，是故谓之天理。"② 从起源上看，世界上本无抽象的真理，只有贯通人内境的天理外证于物，才产生了作为实证知识的真理。天理呈现的前提主要是能否去蔽，能否把事物与世界的整体性关联揭示出来；作为实证知识的真理成立的基础，主要是观念能否与客观事实相符合。从产生机制上看，实证的真理总归是人所提出的，因此可以说它的存在要以天理为前置条件。人在潜意识或直觉中建立了物与物之间的关联——道，同时建立了包纳物之道的内在之境——道体，这才使得事物如其所是地揭示出来并使其真理经论证或实证而成立。实证之知是可以传播的见闻之知，它原本是分散、孤立的，需要以自明性的道理或"公理"为基础才能被整合成体系化、系统化的理论。

从人的角度看，自然之则是某种抽象化的、固化的道，它是人为的想象，可以比作一条可以无限接近但永远达不到的趋势线。《盐铁论》云："圣王之治世，不离仁义。故有改制之名，无变道之实。上自黄帝，下及三王，莫不明德教，谨庠序，崇仁义，立教化。此百世不易之道也。"③ 这里说的不易之道，就

---

① 张世英：《哲学导论》，北京师范大学出版社，2014年，第66页。
② 《博约说》，《王阳明全集》卷7，上海古籍出版社，1992年，第266页。
③ 《遵道第二十三》，《盐铁论校注》，中华书局，1992年，第292页。

是一种抽象的道，体现了道的趋势或原则，建构它要以人内在的、活的道为前提。站在人的立场上看，活的道是最切近的、最真实的、最有意义和价值的。去蔽说的真理观强调"是人使事物去蔽而显示其本来的意义，是人使事物成其为它之所是"①，这和国学对天理和真知的理解是一致的。中国人理解的真知是人对自然之则的活的领会，而不是自然之则本身的现成化。王夫之云："不体天于心以认之，而以天道为真知，正是异端窜臼。"② 在王夫之看来，真知是天道之在人者，在讨论真知时不能"蔽于天而不知人"③。道指向的自然之则不是道的本体，而是人对道的一种抽象或想象，它近似于西方哲学中所说的符合说意义上的"真理"。一些人以为"道"是抽象的、绝对的、孤立不变的，这就把道外在化、对象化了，背离了古人的原旨。黄宗羲云："盈天地皆心也。人与天地万物为一体，故穷天地万物之理，即在吾心之中。后之学者错会前贤之意，以为此理悬空于天地万物之间，吾从而穷之，不几于义外乎？此处一差，则万殊不能归一，夫苟工夫著到，不离此心，则万殊总为一致。"④

把天理直接解释为外在事物的不变规律，就容易把天理抽象化、现成化、实体化，这种对天理的理解背离了国学的思想传统，反而向西方哲学中符合说意义上的真理靠拢了。只有站在上帝的立场上，才能把抽象之物当作真实，把人心中之道当作虚妄。在欧洲的中世纪，科学曾经是神学的婢女，真理具有宗教渊源，直到近代真理才逐渐和实证科学合而为一。作为实证之知的真理，是主观和客观二分后的产物，是自觉的对象化认知，探索这样的真理通常要遵循天人对立的认知模式。这种对立往往导致人在探索科学真理时，既要向外在超越者寻求情感上的慰藉，也要向自明性公理或公设寻求逻辑上的依托。

天理和作为实证知识的真理都和人之知相关，天理是人的良知、本体之知和直觉之知；作为实证知识的真理是人的对象化之知、外在之知和自觉之知。天理与道是较为接近的范畴，它们与作为实证知识的真理则存在重大区别。天

---

① 张世英：《哲学导论》，北京师范大学出版社，2014年，第64页。
② 《搔首问》，《船山全书》第12册，岳麓书社，1992年，第648页。
③ 《荀子集解》，中华书局，1988年，第393页。
④ 《明儒学案序（改本）》，《黄宗羲全集》第10册，浙江古籍出版社，1985年，第75页。

理作为道所呈现或揭示的内容和结构，往往体现为人内心的独知。天理虽然在一定意义上是形式化的，但并不能完全由语言承载，它往往是一种直觉的领会。而作为实证知识的真理，往往都要通过命题来表述，它们是脱离具体情境的、抽象的观念之物，可以在人际传播并世代累积。这种真理一般只是通过语言告诉人们是与不是，但天理良知则要通过直觉告诉人们应该与不应该。天理内在于人，能直接指导人生实践，而作为实证知识的客观真理，往往外在于人，不能直接指导人生实践。

王夫之云："凡言理者有二：一则天地万物已然之条理，一则健顺五常、天以命人而人受为性之至理。二者皆全乎天之事。"① "天地万物已然之条理"近乎客观真理，"天以命人而人受为性之至理"就是性理。在王夫之看来，客观真理和性理都在天理的含摄范围之内。王夫之云："盖吾之性，本天之理也，而天下之物理，亦同此理也。天下之理无不穷，则吾心之理无不现矣。"② 可以这样理解：客观真理是天理的延伸，是天理应用于外物并固化的部分，是在人心内呈现并得到客观验证的异化形式。

作为实证知识的真理产生于对象化思维。虽然在对象化思维的模式下，人的自觉意识觉知不到性体存在，但性体充当了隐藏的背景，使其能够应对外界的复杂状况并统筹考虑各方面的因素。对象化思维也需要人的统合贯通能力，这种能力需要以人的性体为依托。在这个意义上，对象化思维及由此建立的科学大厦，也建立在性体之"道"的基础之上。知和仁是同源的，知性和德性是同源的，作为实证知识的真理和天理也是同源的。这个源，就是由本然之道贯通的人之本体——性体，就是人与世界的一体性以及由此而衍生的人对这个一体性的原初的、整体的领会。

牟宗三对此有所认识，并试图用"良知的坎陷"进行说明。牟宗三说："知体明觉不能永停在明觉之感应中，它必须自觉地自我否定（亦曰自我坎陷），转而为'知性'，此知性与物为对，始能使物成为对象，从而究知其曲折之相。它必须经由这一步自我坎陷，它始能充分实现其自己，此即所谓辩证的

---

① 《读四书大全说》卷5，《船山全书》第6册，岳麓书社，1991年，第716页。
② 《读四书大全说》卷10，《船山全书》第6册，岳麓书社，1991年，第1105页。

开显。……故其自我坎陷以成认知的主体（知性）乃其道德心愿之所自觉地要求的。这一步曲折是必要的。经过这一曲，它始能达，此之谓'曲达'。"他还说："知体明觉之自觉地自我坎陷即是其自觉地从无执转为执。自我坎陷就是执。坎陷者下落而陷于执也。不这样地坎陷，则永无执，亦不能成为知性（认知的主体）。"① 人的性体在人的主观意识和观念社会中处于潜藏状态，它运作于主客未分之际，固然是"明觉"且"无执"的，是人的德性即所谓"道德心愿"的基础。而所谓"知性"，是人"与物为对"导致主客两分之后，主观自觉意识对客体的把捉，它是有"执"的。当主体之"执"指向客观对象，并进行对象化、专题化的研究，就会走上科学之路。从主客未分到主客两分，是人的意识运行、运作的一个自然过程，并不需要一个特殊的或者人为的"坎陷"。牟宗三对直觉和自觉状态之间的转换过程缺乏全面的认识，但对二者的差别有所觉悟，故而发明了"良知的坎陷"之说。

牟宗三说："儒家在以前所确定的文化模型，虽然是仁智合一的，然毕竟是以仁为笼罩，以智为隶属者。……智，必须暂时冷静下来，脱离仁，成为纯粹的'知性'，才有其自身独立的发展，因而有其自身之成果，这就是逻辑、数学与科学。智成为纯粹的知性，才能与物为对为二。而中国以前则必讲与物无对无二，这是王阳明所讲的心理合一之良知的天理。在心理合一之良知的天理中，智是不能与物为对为二的，因而亦就不能成为纯粹的知性。智不能转为知性，则其所对之'物'（即'自然'）亦不能外在而为纯粹的客体，即不能为研究之对象。"② 其实，仁固然不能代替智，但仁是为智奠基的，智并不能完全脱离仁，也不必要脱离仁。当代科学哲学认为，科学无法脱离人和社会文化因素而独立存在。科学的人文基础不是外在于科学的，而是内在于科学的。完全外在化的知识，对人是无益的，反而可能成为压迫人的工具。为人所掌握的知识，则必然通过一定的方式和人自身建立一种内在的联系，这就是人所领会的与该知识相关联的本然之道。

---

① 《现象与物自身》，《牟宗三先生全集》第 21 册，台北联经出版事业有限公司，2003 年，第126—127 页。

② 《道德的理想主义》，《牟宗三先生全集》第 9 册，台北联经出版事业有限公司，2003 年，第201—202 页。

唐君毅说："中国文化本身之需要，只是要充量发展其仁教。因而此一切科学之价值，都只是为了我们要发展此仁教……由此而我们之主张发展中国之科学，便完全是从中国文化中之仁教自身上立根，决非出自流俗之向外欣羡之情，或追赶世界潮流之意。"① 他的说法有一定的道理，但科学与仁教并非一个为手段，一个为目的，它们都有更内在的根源，那就是由本然之道贯通的性体。基于由本然之道贯通的性体，人们既可以修养德性之仁，也可以发展科学之知。二者可以并行不悖，互相促进。

今天在强调天理的原初性和基础性的同时，也要充分肯定作为实证知识的真理的重要性。一方面，实证之知不仅可以造福人类，也可以反过来促进德性之知的提升，系统的科学知识有助于人对世界的领会和统贯。实证之知是在解决人与自然的矛盾过程中所必需的。人进化成功的关键在于人适应环境变化的能力，这个能力体现为人能在物我对立的窘迫中，通过对象化的方法聚焦于问题，找到新的办法，练成新的技艺。另一方面，作为实证知识的真理是外物之理，应放置在天理的框架下，由天理为其奠基。王阳明云："故不务去天理上着工夫，徒弊精竭力，从册子上钻研，名物上考索，形迹上比拟，知识愈广而人欲愈滋，才力愈多，而天理愈蔽。"② 人应以内在天理良知来驾驭外在的真理，这有利于从根本上克服科学主义的弊端。

阴阳太极与理一分殊 ～⌒⌒

境体或道体可以是一个内在意识世界，也可以是一个外在实有世界，都是某种场态存在。《周易·系辞》云"一阴一阳之谓道"③，这句话可以理解为两个互相对立又互相支撑的方面——阴与阳，撑启开了一个最简单、最原始的境——阴阳之境，形成一个模型化的道体。中国人对境知的体悟，在相当程度

---

① 唐君毅：《中国人文精神之发展》，广西师范大学出版社，2005 年，第 130—131 页。
② 《传习录上》，《王阳明全集》卷 1，上海古籍出版社，1992 年，第 28 页。
③ 《十三经注疏·周易正义》，北京大学出版社，1999 年，第 268 页。

上聚焦在了抽象化的阴阳之境上。阴阳可以表示气，但气作为物质与能量的统一体必然存在于某境之中。

阴阳之境，又可以称为太极。太极就是一个抽象化的，或者说是总括性的世界。国学往往通过论说太极之道、太极之理来总括或举例说明境体之道、道体之理。朱熹云："盖合而言之，万物统体一太极也；分而言之，一物各具一太极也。"① 亦云："太极只是个极好至善底道理。人人有一太极，物物有一太极。……太极非是别为一物，即阴阳而在阴阳，即五行而在五行，即万物而在万物，只是一个理而已。因其极至，故名曰太极。"②

"太极"在国学中有众多解释，有人解释为"气"，有人解释为"道"，还有人解释为"北辰""一""乾""无""心"等等。《周易·系辞上》云："是故易有太极，是生两仪。两仪生四象，四象生八卦。"③ 马融云："易有太极，谓北辰也。……北辰居位不动，其余四十九转运而用也。"④ 韩康伯云："夫有必始于无，故太极生两仪也。太极者，无称之称，不可得而名，取有之所极，况之太极者也。"⑤ 朱熹云："太极，形而上之道也；阴阳，形而下之器也。"⑥ 上述说法都比较流行，但各行其道，长期不能取得一致意见。

通过天文考古学，今天可以搞清楚太极这个范畴的历史发展脉络。冯时说："'太极图'的原本实际就是在一个象征天盖的圆图上绘出了苍龙星象，这个圆形的天盖可以理解为'太极'。由于龙星东升西落，回天运转，于是人们将其描绘成卷曲的形状。这个图像日趋抽象之后，映衬出两龙盘环相绕，并逐渐演变成了黑白回互的图像。"⑦

太极的本义为龙星围绕其旋转的天极、辰极，即为天空之极的北辰。由于地球的自转，看上去周天的星斗都围绕天极而旋转，这是太极图被画作一个动态旋转状圆图的由来。后来，太极由天极抽象化为道极，即以太极为抽象化、

① 《太极图说解》，《朱子全书》第 13 册，上海古籍出版社、安徽教育出版社，2010 年，第 74 页。
② 《朱子语类》卷 94，中华书局，1986 年，第 2371 页。
③ 《十三经注疏·周易正义》，北京大学出版社，1999 年，第 289 页。
④ 《十三经注疏·周易正义》，北京大学出版社，1999 年，第 279 页。
⑤ 《周易注附·系辞上（韩康伯注）》，《王弼集校释》，中华书局，1980 年，第 553 页。
⑥ 《太极图说解》，《朱子全书》第 13 册，上海古籍出版社、安徽教育出版社，2010 年，第 72 页。
⑦ 冯时：《中国天文考古学》，中国社会科学出版社，2010 年，第 498 页。

简约化的道体之境。其实太极本就是原初的外在道体，可以看作天地万物的一个反向的收敛域，即天地万物都可以看作由太极这个空域延伸扩展而来。刘宗周云："天一气周流，无时不运旋，独有北辰处一点不动，如磨心车毂然，乃万化皆从此出。故曰'天枢'。"[1]《周易·系辞》传世本的"易有太极"帛书本作"易有大恒"[2]，北极居北天而不动，称之"大恒"是恰当的。

在古人夜晚观天遥望北极时，天地万物围绕太极之境旋转伸展，好像是一个贯通古今的、深长的、旋转的、类圆锥体的道境扑面而来，幽远的天极就是这个类圆锥体的顶点区域或起点区域。当把太极当作外在道体之极，或者是简约的、原初的道体时，道生万物的论断就呼之欲出了。哲学化的太极又可以理解为"场""境"或"世界"，还可看作西方哲学讲的"存在"。按照这个解释，古人的各种说法其实是可以贯通在一起的，马融无非强调了太极的源起之象，韩康伯无非强调了太极的境体之无，朱熹无非强调了太极的道体之道。

每一个具体的事物或实体，都不是孤立存在的，都有所在之境，都处于其道体中。道体之理具有同一性，都是境之理、太极之理；而实体之理都具有特殊性，每一实体都有不同功用，具有不同的应用场景，这就是理一分殊的由来。故道体所具有的一般的道理，都会映射在每一事物的道体之中，无论是大境、小境、你境、我境，都有境之同一道理，故而存在"理一"。

不能把理本体理解为某种实体，而要理解为组成并贯通内境之理（道），或该内境本身。万物的同一性体现为都在同一个世界之中，万物都和世界构成一个整体。而万物的实体，各有不同，各有其用。"理一"强调了物的世界性和统一性，尤其是物在人的内在世界中具有认识本源上的同一性，即物之道相互勾连构成了一个意义整体；"分殊"则强调了物的形下之实体所具有的特殊性。

无论物理还是性理，都是既统一又分殊的，它们都统一于心，统一于境

① 《论语学案一》，《刘宗周全集》第1册，浙江古籍出版社，2012年，第262页。
② 《帛书〈周易系辞〉》23行下，傅举有、陈松长编著：《马王堆汉墓文物》，湖南出版社，1992年，第123页。

第二章 致知

知，而分殊于万物之形体或实体。黄宗羲云："自其心之主宰，则为理一，大德敦化也；自其主宰流行于事物之间，则为分殊，小德川流也。"① 亦云："故人心之理，即天地万物之理，非二也。"②

人的内境是对外部现实世界进行感知、收摄和模拟的产物，意识可以看作模拟外部世界时空场的意识场。这样理气关系就变成了意识场对宏观时空场的模拟关系。这种整体性模拟关系的基础，是模拟者和被模拟者都以场态方式存在着，而其结果是模拟者获得了被模拟者的整体性信息。理一收摄并揭示了世界的整体性信息，体现了全息论。理呈现了境域性关联关系，体现了事物的世界性和整体性。背景世界的同一不是物自身的同一，故而对中国人来说，事物的同一性并不仅仅来源于物自身。如果把"理"解释为某种孤立物，那么它如何由一个理而遍布到各个事物上去呢？如何在不同事物上又体现出特殊性呢？

王弼注《老子》第四十二章云："万物万形，其归一也。何由致一？由于无也。由无乃一，一可谓无？……故万物之生，吾知其主，虽有万形，冲气一焉。"③ 这个万物归一的"无"，可以理解为万物所在的、共同的、统一的世界。"理一"源于世界的整体性，这种整体性一方面是基于世界的物质统一性，另一方面也表现为人的意识对世界整体性的想象与领会。在某种意义上，人对世界的完整拼图，或者人对世界整体的想象，造就了世界的整体性，造就了理一。

"一"是万物得以显现和揭示的背景世界，是道体，是不可分割的境体整体。它收摄和揭示了世界的整体性信息，即反映了世界的全息。《淮南子·原道训》云："所谓无形者，一之谓也。所谓一者，无匹合于天下者也。卓然独立，块然独处，上通九天，下贯九野……是故有生于无，实出于虚，天下为之圈，则名实同居。"④ 这里的"一"就是无形之道，也就是抽离具象的虚无之境。

孔颖达云："一谓无也，无阴无阳，乃谓之道。一得为无者，无是虚无，

① 《明儒学案》卷42，《黄宗羲全集》第8册，浙江古籍出版社，1992年，第317页。
② 《明儒学案》卷22，《黄宗羲全集》第7册，浙江古籍出版社，1992年，第594页。
③ 《老子道德经注校释》，中华书局，2008年，第117页。
④ 《淮南子集释》，中华书局，1998年，第58—59页。

虚无是大虚，不可分别，唯一而已，故以一为无也。若其有境，则彼此相形，有二有三不得为一。……故以言之为道，以数言之谓之一，以体言之谓之无，以物得开通谓之道，以微妙不测谓之神，以应机变化谓之易，总而言之，皆虚无之谓也。"① 此处的"有境"，是指有象有形的实境，而不是空无的境体。在孔颖达看来，"一""道""无""易"都是整体性的世界，是同一范畴的不同名称，体现了同一世界的不同方面。

理解"理一分殊"的关键在于此理是表征"物之世界性"的理，这个"一"代表着一个同一的背景世界。对于任何物，它外部的背景世界都是"一"，它内部的形式或质料都是"殊"。

知与识

致知之知强调了知的能力和过程，和通常所说的"知识"有很大的不同。程颐云："知者吾之所固有，然不致则不能得之，而致知必有道，故曰'致知在格物'。"② 人所"固有"的不是外在的知识，而是知的能力。

王阳明云："'吾有知乎哉？'人皆以圣人为多知，而不知圣人初不从事于知识也。……盖圣功之本，惟在于此心纯乎天理，而不在于才能。从事于天理，有自然之才能。若但从事于才能，则非希圣之学矣。"③ 成为圣人的根本条件不是知识性的才能，而是从事于天理以发挥和扩充自己的良知良能。良知良能往往体现为一种动态的知的能力，而不体现为现成的知识。有这种活的良知良能，自然就会灵活掌握现成的知识。圣人并非不需要现成的知识，但这种现成的知识或才能是第二位的，成为圣人最重要的条件是有学无止境的觉悟和不受限于当下的境界，能随时接受新的变化并做出恰当的反应。

知是一种觉知的活动、过程或能力，而识是知的暂时性、局部性、现成化

① 《十三经注疏·周易正义》，北京大学出版社，1999年，第268—269页。
② 《河南程氏遗书》卷25，《二程集》，中华书局，2004年，第316页。
③ 黄直纂辑：《阳明先生遗言录上》，《清华汉学研究》第一辑，清华大学出版社，1994年，第183页。

的内容或结果。知可以近似地看作一种智慧，而不是现成的知识。掌握了现成的知识，在古人看来不是最重要的。王畿云："良知如明镜之照物，妍媸黑白，自然能分别，未尝有纤毫影子留于镜体之中。识则未免在影子上起分别之心，有所凝滞拣择，失却明镜自然之照。……识之根虽从知出，内外真假毫厘，却当有辨。"①知恰似明镜照物之能，这种"能"不是知识性的才能而是具有能动性和灵活性的能力；识恰似境中之影，识是"知"生成产出的一个暂时性结果。今人常说，要掌握某种理论学说的立场、观点和方法并活学活用，而不要固守其结论或教条，知就是这种活学活用的能力，识就是这种结论或教条。

在王畿看来，知是一种能力和过程，在具体的事物上没有分别，而识作为知的结果必然要落实到具体事物上，这就形成了内容上的分别。有分别的识，被现成化了，成为知的一个阶段性成果。在古人看来，这种过程中的产物，没有终极的意义，不具有永恒性。它虽然对人有用，但不应成为人的拖累。人对于这种"知识"或"意识"，必须保持既利用又警惕的态度。致知的学说，强调的是知无止境，要时刻保持虚心的态度，维护持续知的能力，永远保留机动性和能动性，为此就要不执着于任何现成的识。

王畿云："人心莫不有知，古今圣愚所同具。直心以动，自见天则，德性之知也。泥于意识，始乖始离。夫心本寂然，意则其应感之迹；知本浑然，识则其分别之影。万欲起于意，万缘生于识。意胜则心劣，识显则知隐。故圣学之要，莫先于绝意去识。"②国学不执着于任何僵死的偶像和现成的教条，因为它们会对人获得更深领悟造成拖累和障碍。王畿亦云："知识反为良知之害，才能反为良能之害，计算反为经纶之害。若能去其所以害之者，复还本来清静之体……圣功自成，大人之学在是矣。"③

现成化的"意识"或"知识"只是意识之流的固化片段。当完全站在人自身的角度去看，构成人本体的只有境域化的"物之道"，它赋予了人觉知和构境的能力。人增益自身，需要的只是增益这种知的能力，而不能固守它的衍生

---

① 《答吴悟斋》第二书，《王畿集》卷 10，凤凰出版社，2007 年，第 255 页。
② 《意识解》，《王畿集》卷 8，凤凰出版社，2007 年，第 192 页。
③ 《万松会纪》，《王畿集》卷 5，凤凰出版社，2007 年，第 129 页。

物——"意识"或"知识"。

如果仅从知的能力和知的形成机制上看,心学家这么说是有道理的,但从当下认识与改造世界的具体功效看,现成化的"意识"或"知识",也有不可取代的作用和意义。识作为一种现成物,固然有僵化的局限,但是它的优点是具有可传递性和可积累性,也就是说它在当下具有一定的绝对性,当然从长周期看它又是相对的,会被更新的理论或知识所代替。知总是在一定基础上、一定条件下的知,知在当下具有相对性和边际性,不能把知和识截然分开,不能以完全对立的眼光去看待它们。

古人所处的时代,世代积累的书本知识并不多,还没有形成庞大复杂的体系,也没有像今天的科学知识那样深刻地影响人类社会,故而古人对知识的重视程度不及今人,这是由古人的历史局限性所造成的。当然,古人并不反对知识,也不废弃闻见之知,只是特别强调要以良知为头脑、做统帅。《南游会纪》云:"问曰:'然则废学与闻见,方可以入圣乎?'先生(王畿)曰:'何可废也,须有个主脑。古今事变无穷,得了主脑,随处是学。多识前言往行,所以畜德,畜德便是致良知。'"[①]

现代科技所带来的长期性后果是知识成了世界和社会的一部分,它不但改造了外部现实世界,也改变了人的内在世界。在现代社会,知识以书本、电子媒介、人造建筑、制度、观念等等形式构成了外部世界的重要组成部分。知识的生产、复制、传播和消费,成为很多人的职业行为和生活方式,形成了复杂的产业链和分工体系。

在一定意义上,可以把这些知识性的东西当作一种外物,人对知识性的外物也可以实现一体化,在消解其对象性的同时建立新的本然之道来容纳它们。当那些知识所承载的观念形成了制度,在外在世界站稳脚跟时,人们就需要以"知识"之道、"观念"之道在心内建立它们之间的境域化关联。"知识"之道,不是对知识的死记硬背,而是表现为理解上的融会贯通和运用上的熟能生巧。以历史的眼光看,知与识的关系,是一种互相渗透的内在关联关系,而不是一种外在的简单互斥关系。当然人和知识之间内在的关联关系是通过"知识"之

---

① 《南游会纪》,《王畿集》卷7,凤凰出版社,2007年,第157页。

道实现的，道充当着连接器的作用。

对于每个现实中的人来说，要不断学习和进步，就必然有两个方面的工作要做：一方面是要做加法，不断积累现成的知识，构建必要的知识体系；另一方面则是要做减法，不断抛弃心中的成见，否定过去固有的条条框框，以增强吐故纳新的能力。今人往往侧重前者，而古人则往往侧重后者。王畿云："古人之学，只求日减，不求日增。减得尽，便是圣人。一点虚明，空洞无物，故能备万物之用。圣人常空，颜子知得减担法，故'庶乎屡空'。"① 从动态的、整体的眼光看，做加法和做减法这两方面其实是并行不悖的。人的学习成长或思想进步，是一个十分复杂的过程，既有空地建屋的情况，也有破旧立新的情况，加与减、破与立之间并无分明的界限，因此既要用加法，也要用减法，既要立中有破，也要破中有立。

从长期或社会的角度看，知识的积累非常重要，但对于个人而言，进步的前提是虚心，只有打破原有的僵化观念才能接纳新鲜事物。在这个意义上，古人把做减法作为个人修养的重点是有道理的。二程云："人心常要活，则周流无穷，而不滞于一隅。"② 致知去识的目的是破除执念、培养智慧以应万变，增强自身的机动性、能动性和主动性。这是国学教导人面对外界挑战、驾驭复杂事态的一个基本的方法和态度，也是人要提高学习能力、提高领导能力所必须努力的一个重要方面。

去识而致知，就意味着要回归人的本体和良知，依循事物的本然之势、本然之理去修身、齐家、治国。潘平格云："夫知者，吾性之良知也……知不致，则如石火电光，虽真性未尝不流露，而易夺于人我利害之私，意将由此而自欺，心将由此而有所，身将由此而有辟，家以是而不齐，国以是而不治，天下以是而不平，害有不可胜言者。致知则意不容自欺而诚，心不容有所而正，身不容有辟而修，宜其家人而家齐，藏恕喻人而国治，絜矩无辟而天下平，一致知焉贯之矣。"③

---

① 《南游会纪》，《王畿集》卷7，凤凰出版社，2007年，第157页。
② 《河南程氏遗书》卷5，《二程集》，中华书局，2004年，第76页。
③ 潘平格：《致知格物上》，《潘子求仁录辑要》卷3，中华书局，2009年，第55—56页。

信仰与超越 ∽◎

在知所不及的领域，有信仰存在。

人与世界的对立，就会凸显人的有限性和世界的无限性，从而导致人对外在超越者的信仰和崇拜。人与世界的一体化，弥合了人与世界的差距，人可以向这个一体化的整体去追索无限性。这个无限性既存在于现实世界的整体，也存在于人内在的性体。人的性体既是人追索无限性的目标，也构成了这个追索的发动者。

当性体和外部世界合一了，人的主体性消散于外部世界，人就在一定意义上超越了人的有限性，接近了无限性。这种超越不需要借助某个特定的他者，而是与人自身向世界的充分展开同步。超越过程中既有对自身有限性的承认，也有对自身可以追求和接近无限性的肯定。

中国人对有限性的超越有横向和纵向两个维度。从横向维度看，中国人认为，人与万物相感应，互参互动，构成一个整体。这个整体就是"道"，就是"一"，在这样一个浑然的整体中，没有至上神的位置。从纵向维度看，中国人认为，人向上是对祖先的延续，向下有子孙的承继，人与历史是一体的，构成了一个纵向的连绵不绝的动态发展的整体。这种超越，如果说也有信仰对象的话，它就是人与外部世界一体化的整体——天，以及天在人内部的映射——性体，性体对人呈现为良知，所以这种信仰也可以理解为是对人、人性以及良知的信仰。

以天人合一的立场看中国古人的敬天，既有对天的信仰，也有对人的自信。《论语·述而》云："子曰：'天生德于予，桓魋其如予何？'"孔子的强烈自信，既指天又达人。皇甫谧《帝王世纪》云，帝尧之世，"天下大和，百姓无事，有八十老人，击壤于道"，老人曰："吾日出而作，日入而息，凿井而饮，耕田而食，帝何力于我哉？"[1] 古代的贤人无求于神仙皇帝。

---

[1] 《帝王世纪·路史》，中华书局，1985 年，第 9 页。

中国人的信仰指向世界与人互动共构的整体，本然之道贯通了这个整体，因而中国人对天、天理和良知的信仰是一体的。朱熹云："故学者必因先达之言以求圣人之意，因圣人之意以达天地之理……"① 王阳明云："尔那一点良知，是尔自家底准则。……我亦近年体贴出来如此分明，初犹疑只依他恐有不足，精细看无些小欠阙。"② 虽然朱子多谈天理，阳明多谈良知，但都是从人与现实世界的整体出发去安顿人的身心，都对人能达及圣人的境界具有自信。

人自身的有限性是一个现实，要超越这个有限性，把人的觉知和影响扩展到更大更远的世界，达及人所未至未知的领域，人确实需要某种信或信仰。国学对天理良知的信，不是对某种外在对象的信，而是一种对自身与世界整体的信。王畿云："师门致良知三字，人孰不闻？惟我信得及。致良知工夫，彻首彻尾，更无假借，更无包藏掩护，本诸身、根于心也，征诸庶民，不待安排也。"③

这种对良知的信，剔除了所有的可执之物和可执之念，因而可以说是一种"无中生有"。王畿云："不但后世信此不及，虽在孔门子贡、子张诸贤，便已信不及，未免外求，未免在多学多闻多见上凑补助发。当时惟颜子信得此及，只在心性上用工……只此一点虚明，便是入圣之机，时时保任此一点虚明，不为旦昼牿亡，便是致知。只此便是圣学，原是无中生有。"④ 国学中的"信得此及"，就是对人自身"一点虚明"之信，也是对与人一体化的世界之信，亦是对心性所具有的理性之信。国学认为，信此、修此，就能让人面向世界充分地展开，实现对自我有限性的超越。

王畿之学，在有人看来似乎超儒入佛，但他是儒家无疑。王畿云："佛虽不入断灭，毕竟以寂灭为宗……分明是出世之学。故曰'要之不可以治天下国家'。吾儒却是与物同体，乃天地生生之机。"⑤ 亦云："夫天积气耳，地积形耳，千圣过影耳，气有时而散，形有时而消，影有时而灭，皆若未究其义。予

---

① 《答石子重》第一书，《晦庵先生朱文公文集》卷42，《朱子全书》第22册，上海古籍出版社、安徽教育出版社，2010年，第1920页。

② 《传习录下》，《王阳明全集》卷3，上海古籍出版社，1992年，第92页。

③ 《遗言付应斌应吉儿》，《王畿集》卷15，凤凰出版社，2007年，第442—443页。

④ 《留都会纪》，《王畿集》卷4，凤凰出版社，2007年，第93页。

⑤ 《三山丽泽录》，《龙溪会语》卷2，《王畿集》附录二，凤凰出版社，2007年，第702页。

所信者，此心一念之灵明耳。一念灵明，从混沌立根基，专而直，翕而辟，从此生天生地、生人生万物，是谓大生广生，生生而未尝息也。"[1] 王畿对良知的无执性非常敏感，对良知的信仰尤其坚定。王畿所信的"此心一念之灵明"是什么呢？其实就是性体反映世界整体的能力。

中国人的信仰不执于任何现成化的对象，中国人所信的只是这个世界的动态整体。周汝登云："自古圣人无有一法与人，亦无有一法从人而得。见者自见，闻者自闻，知者自知而已。……圣圣正相传自见自闻自知，同归于宗，如水合水，非真有物可相授受之谓也。"[2] 国学教导人不执于任何外物，也就是不执于任何存在者，国学只教导人执于存在本身，也就是执于世界的整体。《管子·业内》云："执一不失，能君万物。君子使物，不为物使，得一之理，治心在于中，治言出于口，治事加于人，然则天下治矣。"[3] "得一之理"就是使世界整体在心中呈现，而不蔽于一隅一物。

如何把握这个整体呢？在方法态度上需用"敬"。程颐云："人心不能不交感万物，亦难为使之不思虑。若欲免此，惟是心有主。如何为主？敬而已矣。有主则虚，虚谓邪不能入。无主则实，实谓物来夺之。……所谓敬者，主一之谓敬。所谓一者，无适之谓一。"[4] 温伟耀说："伊川独特地以'虚'描述'主一'，是强调'主一'是一种无对象的凝聚状态。意志在道德意识上由有对象之凝聚状态，而进升至取消对象后（甚至对象不出现）仍然能持此凝聚的状态，是绝对不受外物干扰之'主一'，才算是绝对的'无适'。"[5] 主一之敬是无具体对象的执，即是对世界整体和天人关系的执，是以一种虔诚的态度对世界动态整体的把握。它去除了个人的主观性，唯变所适，循道而行。

这个世界的动态整体与人一体化后，就反映到人的心中，构成人的性体，成为人心中的圣人。如果说中国人信仰圣人，而圣人又在每个人心中，每个人都有成圣的可能性，那么在这个意义上，中国人的信仰既是信世界，也是信自

---

① 《龙南山居会语》，《王畿集》卷7，凤凰出版社，2007年，第167页。
② 《越中会语》，《周海门先生文录》卷2，《周汝登集》，浙江古籍出版社，2015年，第46页。
③ 《管子校注》卷16，中华书局，2004年，第937页。
④ 《河南程氏遗书》卷15，《二程集》，中华书局，2004年，第168—169页。
⑤ 温伟耀：《成圣之道——北宋二程修养工夫论之研究》，河南大学出版社，2006年，第110页。

身；既信天，也信人。这种信仰是以天人合一的世界观为背景的。

《传习录》云："先生曰：'人胸中各有个圣人。只自信不及，都自埋倒了。'因顾于中曰：'尔胸中原是圣人。'于中起不敢当。先生曰：'此是尔自家有的，如何要推？'于中又曰：'不敢。'先生曰：'众人皆有之，况在于中，却何故谦起来？谦亦不得。'于中乃笑受。"① 阳明所信的"人胸中各有个圣人"，就是人的性体，它由体现世界整体性和一体性的本然之道所构成。圣人的存在为人的超越树立了目标，杜绝了其他任何外在超越者，在知尚未达及的领域也可以为人指引方向。这样的观念让中国人可以永远都不信邪，可以秉持大无畏的态度面对任何外来的压迫者，可以在任何神仙鬼怪面前昂首站立。

---

① 《传习录下》，《王阳明全集》卷3，上海古籍出版社，1992年，第93页。

第三章

诚
意

诚意旨在求真，往往体现为人主动地追求本真、实现觉悟的行为，以提升人自身的内在统一性和一致性。在上古，诚意是巫史通天所要达到的一种内在状态，在国学的发展过程中，诚意的目标由通天内化为对人之本体——性体的通达。由于性体是人对世界综合性、一体化的反映，因而对性体的通达也就是对人生整体和世界整体的通达。这是一个克服人心、接近道心的过程，宗旨是要实现内在的天人合一。国学发展出一套通达性体、实现诚意的实践方法，这就是诚意之工夫。

诚与诚意

《中庸》第二十章云："诚者，天之道也；诚之者，人之道也。"诚，是天的特征，天体运行最有诚信，周而复始绝不会出现差错。诚还体现为人的一种内在精神状态，在上古巫史时代是一种人通神、通天的状态，在天道观念下是人器合一乃至天人合一的状态。从其巫史时代的历史根源来说，格物是通神、通天而使物来至，致知是通神、通天以获天知神谕，而诚意是人能得以通神、通天的内在状态和必要条件。在上古时期，事神或事天的敬畏态度与做诚意工夫所秉持的诚敬态度有相通之处。

《荀子·不苟》云:"诚心守仁则形,形则神,神则能化矣;诚心行义则理,理则明,明则能变矣。变化代兴,谓之天德。……夫诚者,君子之所守也,而政事之本也。"① 在荀子这里,诚可以"变化代兴",是一种"天德"。当然荀子讲诚为天德只是为了溯其源,其主旨还是针对社会行为意义上的诚。

在春秋战国时期,诚不再与通天相关联,而是落实到人的日常生活实践之中。《孟子·尽心上》云:"万物皆备于我矣。反身而诚,乐莫大焉。强恕而行,求仁莫近焉。"《中庸》第二十章云:"顺乎亲有道:反诸身不诚,不顺乎亲矣;诚身有道:不明乎善,不诚乎身矣。"《大学》云:"此谓诚于中,形于外,故君子必慎其独也。"这几处"诚"都是要"反(返)"而"诚乎身""诚于中",即返回人自身,实现人内在的统一性或一致性。

《大学》云:"所谓诚其意者,毋自欺也。如恶恶臭,如好好色,此之谓自谦。故君子必慎其独也。""谦"通"慊",自慊就是自快于心,与自欺相对立,是顺应人内心的自然反应。关于"慎其独"的理解,张锦枝说:"《五行》所谓'慎独'即是思心,也就是心思的工夫,是专注内心精微的德性活动,好德修德,成就心之精神,最终通达天道的成圣工夫。"② 《大学》文本中诚意的通天意蕴淡化了,主要讲人专注和顺应内心的情感和德性。在一定意义上,诚意就是返之于自身而无伪,慎独就是专注于内心而合德,其目标都是要以人道合天道,实现天人合一。

诚意之诚,一也,真也。诚意旨在本真,本真需要以人的内在统一性为前提,并以人和外在世界的统一为目标。人在潜意识和直觉中是知行合一的,但处于现实情境中受对立物的影响,人就会在由"我"所彰显的自觉意识中背离性体,做出功利性行为,这是自欺的源头。这时人们往往会自我安慰说,虽然我本该这般但不得不那般。"意"通常是在物我对立状态下的主观意识,故而它可能会和性体的本然之道相违背,使人陷入不诚、不真的局面。

---

① 《荀子集解》,中华书局,1988 年,第 46—48 页。
② 张锦枝:《简帛〈五行〉"慎独"涵义探析——兼论与〈大学〉、〈中庸〉、〈礼器〉、〈不苟〉篇"慎独"涵义之统一》,《哲学分析》,2012 年第 3 卷第 4 期。

朱熹云："诚,实也。意者,心之所发也。实其心之所发,欲其一于善而无自欺也。"① 亦云："知无不尽,则心之所发能一于理而无自欺矣。"② 朱熹以诚意为"一于善"或"一于理"。王阳明云："心之发动不能无不善,故须就此处著力,便是在诚意。……意之所发,既无不诚,则其本体如何有不正的?"③ 王阳明所说的本体是良知,而朱熹说的本体则是天理,无论是朱熹还是王阳明,他们所强调的诚意,都是让人的意要合一于天理良知。

在日常生活中,人们处于常人之境,周围充斥着功利性的话语和套路式的流言,导致人在流俗中沉迷而不自知,不能面向天人之境进行人生的整体性筹划。不诚、不真的原因主要有两重:一是从他人那里得到的信息是被加工的、固化的二手信息,不是本真的信息,它们让人经常生活在不诚的环境中;二是限于当下一时一隅的处境和人的眼界,相对于内在性体或外在现实世界的整体态势,人的主观之意会不诚。

要达到诚意和本真,一方面要认清外在的真实形势,另一方面要让意识收敛和下潜,消除主观性而通达到内在性体。对今人来说,诚意的主旨是要人突破主观意识的樊篱,实现自身的觉醒,从观念社会返回本真状态,由常人之境进入天人之境。

常人之境与观念社会

人与他人的共在是人在世的常态,普通人所面临的日常社会环境就是常人之境。

在社会中,每个人都要扮演一定的社会角色,与物表现为"器"相似,人要表现为"角"。"角"也分上道的和非上道的两种。上道的"角"与人亲熟一体,人可以从容自然地依照惯性和直觉与之打交道。但如果"角"的言行超出

---

① 朱熹:《大学章句》,《四书章句集注》,中华书局,1983年,第3—4页。

② 《大学或问》,《四书或问》,《朱子全书》第6册,上海古籍出版社、安徽教育出版社,2010年,第512页。

③ 《传习录下》,《王阳明全集》卷3,上海古籍出版社,1992年,第119页。

了原来的理解和预期，"角"就变成了审视和怀疑的对象，处于非上道状态了。"角"之不同于"器"主要在于他是自主能动的，与之打交道所涉及的社会背景、文化传统和应对技艺更加复杂。

人往往依靠传统和惯例在社会中与他人打着交道而不自知，离开这些传统和惯例，人会感到窘迫和不安。在国学中传统和惯例就是"礼"，礼造就了常人。《礼记·冠义》云："凡人之所以为人者，礼义也。礼义之始，在于正容体，齐颜色，顺辞令。容体正，颜色齐，辞令顺，而后礼义备。以正君臣，亲父子，和长幼。君臣正，父子亲，长幼和，而后礼义立。"① 常人在礼的传统中，习惯成自然，践行而不觉。王廷相云："自余因习而知，因悟而知，因过而知，因疑而知，皆人道之知也。父母兄弟之亲，亦积习稔熟然耳。"② "人道之知"是后天环境熏陶的结果。

作为传统和惯例的礼，把社会性赋予了人。礼对人的作用具有两面性。一方面，礼在整体上塑造了人的性体，把仁赋予了人，仁体现了礼的内在精神。《荀子·性恶》云："凡禹之所以为禹者，以其为仁义法正也。然则仁义法正有可知可能之理，然而涂之人也，皆有可以知仁义法正之质，皆有可以能仁义法正之具，然则其可以为禹明矣。"③ "仁义法正"是人"可知可能之理"，而人具有"知之质"和"能之具"，因而可以使之内化于人，而有可能成为大禹那样的圣人。另一方面，礼让人陷于外在的束缚，成为群体性、从众性的常人。在现实世界中，某项具体的礼又往往是形式化的或教条化的，甚至个别的礼是恶俗的或荒诞的，它们和礼的整体精神和宗旨并不总是合拍。形式化、教条化的礼，会让人丧失本真性，成为一个无个性的人。

常人之境中性体和天理得不到充分的揭示，常人日常所面对的主题往往是私欲——人的具体的、对象化的、功利性的诉求。《荀子·王霸》云："故人之情，口好味而臭味莫美焉，耳好声而声乐莫大焉，目好色而文章致繁妇女莫众焉，形体好佚（逸）而安重闲静莫愉焉，心好利而谷禄莫厚焉……"④《荀子·

① 《十三经注疏·礼记正义》，北京大学出版社，1999年，第1614页。
② 《雅述》上篇，《王廷相集》第3册，中华书局，1989年，第836页。
③ 《荀子集解》，中华书局，1988年，第443页。
④ 《荀子集解》，中华书局，1988年，第217页。

性恶》云:"今人之性,生而有好利焉,顺是,故争夺生而辞让亡焉;生而有疾恶焉,顺是,故残贼生而忠信亡焉;生而有耳目之欲,有好声色焉,顺是,故淫乱生而礼义文理亡焉。"[1] 作为生活在现实社会中的常人,会沉迷于对物的占有和对利的追求中。

人陷于常人之境,是人类社会发展导致的一种必然局面,是个人在社会环境中所难以避免的。海德格尔说被抛和沉沦是人的存在方式,从这个意义上讲是有一定道理的。当人面对着个体性、目标化、物质化的人生,就不免沉迷于私欲,此时人潜意识和直觉中的性体仍在默默隐身而行,保持着相对稳定的内容和结构。当人面临人生整体性事态和极限性局面时,性体才会显现,人才会从常人之境中跳出。私欲与天理的对立主要表现为:天理是贯通天人之境的,面向人生整体的;而私欲是面向个别、局部和外在对象的,是受限于一时一隅的。

常人之境中,人被他人通过语言传递的二手事物所包围。人亲验的境知才是本真之知,脱境的概念、文字、人言、众议,会成为老生常谈、陈词滥调,人不能由之获得本真的领会。在社会中,人的领会往往建立在模板化、标签式的公共信息的基础之上,这种信息环境下的社会可以称为观念社会。构成观念社会的是由语言所承载的经验性观念,其具体表现形式可以是人的话语、文字、书籍、媒体或电子信息等等,还可以表现为人们的思想理论、礼仪制度或行为规则等等。这些现成化、经验性的观念,往往不具有终极性的意义,通常都只是某种一时的成见。人活在这些信息的包围之中,就与本真的世界隔离了,人自身对世界的直觉领会就往往被视而不见了。

在观念社会,引发好奇的流言在常人中传播,人们共享着同样的意见和情绪。这些流言,由于所闻和所述之人都缺乏本真的体验,很容易进一步流变失真。它们或是被脑补并不断虚构具象而添油加醋,或是因误传而日益曲折离奇,或是为投人所好而有意被引向特定的场景和目标。进入现代社会后,个人日益成为商业和技术的俘虏,无处不在的广告和营销活动试图影响人的行为,消费主义和商品拜物教统治了很多人的头脑,对物质和金钱的盲目追求使人远

---

① 《荀子集解》,中华书局,1988 年,第 434 页。

离了本真的自我。

在今天，常人之境被信息技术、互联网技术等进一步扩大和变形了。各种新技术加强了人机交互和远程交互，在提供大量便捷信息的同时，也开辟了一个无边界的虚拟网络世界，使人有了更多逃避现实的空间。在资本和技术的驱动下，智能化产品和体验经济走入了常人之境，商业逻辑更深地嵌入了日常生活，快速消费品和喜新厌旧成为潮流。智能产品离用户越近其商业价值越大，搜集客户行为信息越多就越有竞争力，这个商业逻辑驱动着体验经济日益深入人的内在世界，日益抓住和利用人的弱点，用便捷性、简单重复性和各种投其所好的方式去捕获消费者。这种有针对性的讨好行为和有选择性的定向信息投送，加强了对人的隐形操纵。

继互联网之后物联网也日益发展起来了，万物的信息互联形成了对人更全面的压迫。人的性体如果不能有效统贯外界的互联世界，就会导致人深度迷失。技术和商业的紧密配合，让常人更容易成为商品和资本的俘虏，在种种数据算法和商业模式的算计下，不断陷入消费体验所带来的临时性快感中。要超越这种快感体验，让技术和商品回归到为人服务的本来定位上，人就要对这个世界有更为整体性的认识和把控。心智健全的人会对体验经济下各种层出不穷的新产品和新服务做出谨慎的选择和判断，能够从是节约时间还是占用时间、是由商品主导还是由人主导、是更具客观性还是放大了主观性等方面下手，去区分工具性产品和诱导性产品。

在日常生活情境中，人经常性地处于常人状态，这是情境意义的常人。人长久地沉迷和栖留在常人之境，长期性地被常人的情绪所浸染，就会从情境意义的常人变成历史意义的常人——庸人。人在大多时候表现为情境意义的常人，并不意味着他就必然是庸人，并不意味着他必然处于沉沦之中。

对世界有着全面、深刻、均衡领会的人是圣人，庸人或狂狷之人往往执迷于世界之一隅一物，他们对世界的领会是贫乏的或是偏激的。《荀子·解蔽》云："曲知之人，观于道之一隅而未之能识也，故以为足而饰之，内以自乱，外以惑人，上以蔽下，下以蔽上，此蔽塞之祸也。"①

---

① 《荀子集解》，中华书局，1988年，第393页。

世界对圣人充分地展开，对常人只是一般性地展开。常人是社会惯例和文化传统的化身，是人的栖留之所，是人得以不假思索地应对他人和社会所需要扮演的角色或所需要戴上的面具。常人身上既有庸人的影子，也有圣人的影子。庸人与圣人的差别在于，庸人长久地沉迷于局部的、对象化、功利化的事物而不自知；圣人则能经常自觉地面对人生的整体，向着世界充分展开人生的可能性，可以向人生和历史的极限发起挑战。人们难以避免成为情境意义的常人，但要避免成为历史意义的庸人。

天人之境与无我之境

和常人之境相对的就是天人之境。

天在中国人的观念中是极其独特和重要的。《说文解字》云："天，颠也。至高无上。"[1] 分析字源，天为人形上面加指示符，义为头顶，即人的上限。在国学传统中，天不可仅仅理解为所有存在者的整体，它不但超越了个别存在者，还超越了整个自然界，它是存在者存在性的边界和极限，也是人及其世界的边界和极限。

在巫史时代，天是神秘而外在于人的，人往往被动地听从天命的摆布。而中国的先王往圣却另辟蹊径，在以德配天的观念下将天转化为人内在的天命之性，把通天之术改造为通达性体的内圣之道。这既让天不再神秘，也让人获得了充分的展开和实现。在天人互动、互构的理论框架下，通天之术和成人、成圣之学融合为一体了。格、致、诚、正等四条目都或多或少与通天之术相关，但其宗旨又都从人向天的通达转化为人自身的发展。

国学中，天人是一对核心范畴。国学常常以人言天，以天言人。人是对天有所领会的存在者，人的领会，背景先于焦点，整体先于个体，天先于任何具体的物。人领会了天，然后才成为人。

对于人而言，天就是具有世界性的世界。海德格尔说："世界就是此在作

---

① 《说文解字注》，上海古籍出版社，1981 年，第 1 页。

为存在者向来已曾在其中的'何所在'，是此在无论怎样转身而去，但纵到天涯海角也还不过是向之归来的'何所向'。"他所说的世界就是中国人所理解的天，天体现了人的世界性。他还说："绝没有一个叫作'此在'的存在者同另一个叫作'世界'的存在者'比肩并列'那样一回事。……只有当一个存在者本来就具有'在之中'这种存在方式，也就是说，只有当世界这样的东西由于这个存在者的'在此'已经对它揭示开来了，这个存在者才可能接触现成存在在世界之内的东西。因为存在者只能从世界方面才可能以接触方式公开出来，进而在它的现成存在中成为可通达的。"①

天和人在原初处就是不可分的，国学中的性、命、道、德、心等范畴都是贯通天人的。《论语·述而》云"子曰：'天生德于予'"，即孔子认为天与人的关系是内在的。孔子学说的核心是"仁"，而"仁"的精神内核就是天地万物与人一体，就是对人世界性的肯定和褒扬。《孟子·尽心上》云："尽其心者，知其性也。知其性，则知天矣。存其心，养其性，所以事天也。殀寿不贰，修身以俟之，所以立命也。"在孟子看来，人可以与天互动，知天事天而修身立命。朱熹云："天即人，人即天。人之始生，得于天也；既生此人，则天又在人矣。"② 亦云："一身在天里行，如鱼在水里，满肚里都是水。"③ 王阳明云："心也，性也，天也，一也。"④ 亦云："人者，天地万物之心也；心者，天地万物之主也。心即天。"⑤

大卫·库尔珀说："'世界'不是由相对于主体的各种客体所组成的集合体；它是由各种事物和可能性所构成的一种结构，而我们则通过行动和持续不断的目的而涉身其中。……'世界'就是生活可能性的结构，它把我们周围的事物作为具有这种或那种特性的东西揭示出来。"⑥ 这里所说的"各种事物和可能性所构成的一种结构"就是人的极限和边界，就是中国人所言之天。

---

① ［德］马丁·海德格尔：《存在与时间》，商务印书馆，2018 年，第 99、72 页。
② 《朱子语类》卷 17，中华书局，1986 年，第 387 页。
③ 《朱子语类》卷 90，中华书局，1986 年，第 2292 页。
④ 《答聂文蔚》，《传习录中》，《王阳明全集》卷 2，上海古籍出版社，1992 年，第 86 页。
⑤ 《答季明德》，《王阳明全集》卷 6，上海古籍出版社，1992 年，第 214 页。
⑥ ［美］大卫·库尔珀：《纯粹现代性批判——黑格尔、海德格尔及其以后》，商务印书馆，2004 年，第 207 页。

人在世，随时随地总在某境之中，而境、世都以天为背景和最终根据。天作为世界的边界和极限，也是人的极限所在。人是一种自我实现的可能性，那天就是人可能性的极限，也就是不可逃脱的命运，即天命。海德格尔说人"向死存在"①，死只是人天命之一种，说"向死存在"之人不如说是"向天而生"之人。

在天人之境中，由于天人相参互动，天人关系是动态的，具有相对性。从变化着的人的角度看，天也在变，天可以由对立之天，变为天人合一之天；从变化着的天的角度看，人的命运是可以改变的，人的性情也是可以改变的。《周易·贲·彖》云："观乎'天文'，以察时变；观乎'人文'，以化成天下。"②杨简云："以易为天地之变化，不以易为己之变化，不可也。天地，我之天地；变化，我之变化，非他物也。"③

天并非是一个完全外在的实体，天和人融于一体，天内化在人对天人之境的领会中。海德格尔说："'世界'乃是存在之澄明，人从其被抛的本质而来置身于这种澄明。"④ 张汝伦说："世界是人存在的本质的基本结构，属于人澄明的存在的基本状态。人的澄明是一种世界性结构。也就是说，人的存在必然关涉一切存在者的存在。世界不只是存在者关系在一起，它更是它们在世界中显现的可能性之条件。"⑤

在天人一体的原初领会下，中国人既有顺天知命的一面，也有坚忍不拔的一面，这两面实则又是统一的。顺天知命，是以人合天，不悖理悖情；坚忍不拔则是积极有为的，但是参天而为。在对天的态度上，国学存在"无为"和"有为"两种说法。儒家比较强调有为，这种有为是主动性的弘道行为。道家比较强调无为，这种无为是不能违道。无为不是消极地完全无所作为，而是顺势而为，不能随便以主观意志去对抗世界的本然趋势。《庄子·知北游》云："天地有大美而不言，四时有明法而不议，万物有成理而不说。圣人者，原天

① ［德］马丁·海德格尔：《存在与时间》，商务印书馆，2018 年，第 314 页。
② 《十三经注疏·周易正义》，北京大学出版社，1999 年，第 105 页。
③ 《家记一》，《慈湖先生遗书》卷 7，《杨简全集》第 7 册，浙江大学出版社，2015 年，第 1972 页。
④ ［德］马丁·海德格尔：《关于人道主义的书信》，《路标》，商务印书馆，2000 年，第 412 页。
⑤ 张汝伦：《思考与批判》，上海三联书店，1999 年，第 346 页。

地之美而达万物之理，是故至人无为，大圣不作，观于天地之谓也。"①《淮南子·修务训》云："或曰：'无为者，寂然无声，漠然不动，引之不来，推之不往，如此者，乃得道之像。'吾以为不然。……若吾所谓无为者，私志不得入公道，嗜欲不得枉正术，循理而举事，因资而立〔功〕，权（推）自然之势，而曲故不得容者。"②《管子·形势》云："其功顺天者天助之，其功逆天者天围（违）之。天之所助，虽小必大；天之所围，虽成必败。顺天者有其功，逆天者怀其凶，不可复振也。"③ 国学认为，无论是有为还是无为，都要顺天，都要循理合道。

在人不假思索地、娴熟地操持事物时，器的上手、上道状态以及人"不学而知""不勉而中"的状态，体现了原初的、情境意义上的天人合一。此时主客未分，人器合一，人对物的亲熟体现了人与世界的一体性。当然，这种情境意义上的天人合一是不稳定的，在出现干扰之后，干扰物被对象化的同时主观意识会浮现，主客两分后形成了情境意义上天人之间的对立。但从长期看，人可以跨越情境，通过持续的努力，去主动接近或达及历史意义上的天人合一，这需要人对天道天理有自觉的把握。

董仲舒云："天人之际，合而为一。同而通理，动而相益，顺而相受，谓之德道。"④ 对天人之境的直觉领会和主观持续努力，二者都可以达至天人合一的境界。天人合一的境界中，人与其所处的世界融为一体，和谐无间。与人一体的世界就是人的一体世界，对人的内在世界来说，性体就是人内在的一体世界；对人的外部世界来说，由上道、上手事物组成的世界就是人外在的一体世界。

外在的天映射到人的内在世界之后，就沉淀、综合形成了人的内在之天——性体。人观看外物，都要以天为最终背景；人理解和领会事物，则要以自身的性体作为内在的最终背景。在国学看来，人的展开既要向外在之天展开，也要向内在之天——性体——展开。

---

① 《庄子集释》，中华书局，1961年，第735页。
② 《淮南子集释》，中华书局，1998年，第1311、1322—1324页。
③ 《管子校注》卷1，中华书局，2004年，第44页。
④ 《春秋繁露·深察名号》，《春秋繁露义证》，中华书局，1992年，第288页。

天作为具有世界性的世界，是一个背景性世界，它具有模糊性和难言性。海德格尔说："世界之世界化既不能通过某个它者来说明，也不能根据某个它者来论证。之所以不能说明和论证，并不由于我们人类的思想无能于这样一种说明和论证。而不如说，世界之世界化之所以不可以说明和论证，是因为诸如原因和根据之类的东西是与世界之世界化格格不入的。一旦人类的认识在这里要求一种说明，它就没有趋近世界之本质，而是落到世界本质下面了。人类的说明愿望根本就达不到世界化之纯一性的质朴要素中。"①

国学以整体观看待天人关系，强调天人合一的是主流。强调天人合一的时候，其实关注点在人而不在天。如果关注点是外在的天，那么往往就要强调天人之分。荀子重外王之道，故言天人之分。《荀子·天论》云："天行有常，不为尧存，不为桀亡。应之以治则吉，应之以乱则凶。强本而节用，则天不能贫，养备而动时，则天不能病；修道而不贰，则天不能祸。……受时与治世同，而殃祸与治世异，不可以怨天，其道然也。故明于天人之分，则可谓至人矣。"② 明晓天人之分，是要在外部世界寻找人的边界和准绳，以应对外界的现实挑战。

内在的天人之境往往也是无我之境。实现天人合一并达及性体之后，就进入了无我之境。所谓进入了无我之境，就是进入了自我的内部，这样自然就无我了。

《论语·子罕》云："子绝四：毋意，毋必，毋固，毋我。"毋我即无我。王廷相云："无我者，圣学之极致也。学之始，在克己寡欲而已矣。寡之又寡，以至于无，则能大同于人而不有己矣。"③ 一种对无我的理解是无情无欲，但另一种更高明的理解是强调我与世界一体，无须进行主观性思维。《三国志·魏书·钟会传》裴注云："何晏以为圣人无喜怒哀乐，其论甚精，钟会等述之。弼与不同，以为圣人茂于人者神明也，同于人者五情也，神明茂故能体冲和以通无，五情同故不能无哀乐以应物，然则圣人之情，应物而无累于物者也。"④ 圣

---

① ［德］马丁·海德格尔：《演讲与论文集》，三联书店，2005年，第188页。
② 《荀子集解》，中华书局，1988年，第306—308页。
③ 《慎言·作圣篇》，《王廷相集》第3册，中华书局，1989年，第764页。
④ 《三国志》卷28，中华书局，1959年，第795页。

人有情却"通无",此处的无,便是无自我、无主观,取消主客对立,故而可以"无累于物"。

人何以无我?《老子》第五十四章云:"以身观身,以家观家,以乡观乡,以国观国,以天下观天下。吾何以知天下然哉?以此。"人意识的出发点并非都是"我",在"我"的内部有一个一体化的完整世界,从这个世界出发,就能超越个人的私心、私欲,超越自我。

无我之境,是外在之天所授于人者,是人的世界性的体现。它又是内在于人的,深藏于人的本体——性体之中,是万物与人一体之境。既然存在无我之境,那么就有无私的、廓然大公的空间存在。张载云"无我而后大,大成性而后圣"。[1] 程颢云:"夫天地之常,以其心普万物而无心;圣人之常,以其情顺万事而无情。故君子之学,莫若廓然而大公,物来而顺应。"[2] 王夫之云:"诚者,成身也,非我则何有于道?而云无我者,我,谓私意私欲也。……无我者,德全于心,天下之务皆可成,天下之志皆可通,万物备于我,安土而无不乐,斯乃以为大人。"[3]

在论说无我之境方面,中国文化非常擅长,特别是中国的艺术尤其推崇此道。在中国古代的诗论和画论中,有长期的境界论传统,往往以无我之境为优。王国维云:"问'隔'与'不隔'之别,曰:陶、谢之诗不隔,延年则稍隔矣。东坡之诗不隔,山谷则稍隔矣。'池塘生春草'、'空梁落燕泥'等二句,妙处唯在不隔。词亦如是。"[4] 所谓"隔",就是人与景未能完全融为一体;而"不隔"则是人与景达到了水乳交融、不分彼此的状态。在王国维看来,诗词中最高的境界是"无我":"有有我之境,有无我之境。'泪眼问花花不语,乱红飞过秋千去','可堪孤馆闭春寒,杜鹃声里斜阳暮',有我之境也。'采菊东篱下,悠然见南山','寒波澹澹起,白鸟悠悠下',无我之境也。有我之境,以我观物,故物皆著我之色彩。无我之境,以物观物,故不知何者为我,何者

---

① 《正蒙·神化篇》,《张载集》,中华书局,1978 年,第 17 页。
② 《河南程氏文集》卷 2,《二程集》,中华书局,2004 年,第 460—461 页。
③ 《张子正蒙注·神化篇》,《船山全书》第 12 册,岳麓书社,1992 年,第 88 页。
④ 《人间词话·四〇》,《王国维全集》第一卷,浙江教育出版社、广东教育出版社,2009 年,第 472 页。

为物。古人为词，写有我之境者为多，然未始不能写无我之境，此在豪杰之士能自树立耳。"①

钱锺书说："要须流连光景，即物见我，如我寓物，体异性通。物我之相未泯，而物我之情已契。相未泯，故物仍在我身外，可对而赏观；情已契，故物如同我衷怀，可与之融会。"② 在无我之境中，物我在物理上"未泯"，但在精神和情感上物我的间隔和分别已经消失，相互"融会"了。

有直觉的无我之境，也有自觉的无我之境。杨简云："方意念未作时，洞焉寂焉，无尚不立，何者为我？虽意念既作，至于深切时，亦未尝不洞焉寂焉。无尚不立，何者为我？"③ 这正如前面所谈到的，原初的天人合一状态，是主客未分的非自觉状态，这种情境下的物我两忘，自然是无我的。在人的主观努力下，个人抛掉私念，站在世界整体的战略高度去看问题，视天下如一家，就进入了历史意义的天人合一状态，此时就是一种自觉的无我状态。

本真与求真：内求与外求 ～～

当从人的社会性角度讨论诚与真的时候，需要把社会赋予人的那些与他人共享的、标签化的、模式化的东西和人自身的、特质性的、唯一性的东西适当地分隔开。常人被观念社会的流俗所浸染，经常丧失自我的特质性或唯一性，从而远离了诚与真。本真的回归，往往首先表现为回归自身的唯一性，而人的整体命运体现了人最大的唯一性——人自身及其命运是不能共享的，因而本真的回归又意味着人要回归其整体性。

任何共享的现成之物都不能反映人的本真性，只有在人生中呈现的整体性、命运性的东西才能反映人的本真性。本真之人不执迷于一隅一物，直面天人之境的整体，直面人的命运和死亡。人直接面对整个人生和世界时的状态，

---

① 《人间词话·三》，《王国维全集》第一卷，浙江教育出版社、广东教育出版社，2009 年，第 461 页。

② 《谈艺录》，《钱锺书集》，三联书店，2001 年，第 165 页。

③ 《绝四记》，《慈湖先生遗书》卷 2，《杨简全集》第 7 册，浙江大学出版社，2015 年，第 1858 页。

就是本真的状态；直面天人之境整体的人，或直面天的人，就是本真之人。性体是人的内在之天，展现了人的整体性和能动性。当人通达了性体，人才能觉醒并去领会自身的命运和人生全局，成为本真之人。

人的本真性以人内在的统一性为基础，只有实现了人内在的统一，人才能超越局部的事物而面向人生和世界的整体。人的本真状态大致有三种情况：情境意义上非自觉的本真、当下自觉的本真以及历史性自觉的本真。

在具体的情境状态下，当人与世界和谐一致，物我两忘，人就处于天人合一的本真状态，这是一种非自觉的本真状态。情境意义的本真状态在现实生活中往往是短暂地处于非本真状态的间歇中，这恰如性体只能偶尔一露真容一样。人往往经常性地处于非本真状态，而在某一时刻进入了本真状态。

在情境意义上，非本真生存是人的常态。在社会中，个人处于众人的包围中，群体性、从众性常常压倒了个人的本真性，故而在高度复杂化、群体化和分工化的社会中，人越来越失去其本真状态，成为常人。但同时，越复杂化的社会，也就越为人提供了更多的可能性，为人在更多方面和领域产生边际的本真状态提供了可能。人只有在诸多方面表现为常人，才有可能在某一方面突出后呈现本真状态；人只有在接受和顺应现实世界的前提下，才能在局部、增量和边际层面做出些许选择和改变。这种改变是渐进的、缓慢的、量变逐步导致质变的过程。

日常生活中，人们往往并不能自觉面向人生整体。人在幼年时只能被动地适应环境，难以摆脱眼前情境的影响。随着人的成长，人的主体意识逐步增强，同时社会性也越来越强，步入社会的同时就进入了常人之境。人往往被环境和惯性推着走，或乐在其中而不觉，或苦在其中而不自知，或沉迷于某物某事而尚无人生整体的筹划，即便有一时的障碍或困难，也不会引发对整个人生的怀疑。只有当人遇到命运性、全局性的挑战，进入某种深度的窘迫状态后，人生的整体态势才会浮现出来，人看到了所处事态的独一无二性，承认了现实并在此基础上开始进行整体性的筹划，人就进入了当下自觉的本真状态。

当下自觉的本真状态常常是由一种深度窘迫的、畏着的状态所引发的。畏的状态下，人会从他者的视角，即从性体的外部一窥性体的整体，从而唤起人的性体从背景中显现，引发对人生整体的筹划和对命运的抗争，这就是觉醒。筹划最终是否能实现，并不单方面取决于人的主观努力，而是要以人与外在世界的统一为保障。人一时的抗争，可局部或暂时地改变窘迫的状态，但在新的变化产生后，原有的筹划也许不再符合外界的形势，人觉醒后还有可能再度迷失。

人要超越当下、面向历史，就不但要不断地接受现实的困境，还要展开长远的规划并进行持续的努力，把当下的觉醒转化为持久的奋斗。有坚定信念和远大志向的人，会把人生整体的筹划坚持贯彻落实下去，这就达到了一种人生的本真。人只有与天互参互动，认识到自身的历史使命，才能长久保持本真，这种本真才是历史性的本真。

无论是哪种本真，都与人的性体相关。非自觉的本真是以忘我的形式返回了原初状态的性体，自觉的本真是以觉醒的状态从外面看到人与性体的整体性矛盾，历史性的本真则是接受了人的天命并自觉寻求性体的呈现与指引。

性体是无伪的，其中主客未分，知行未分，因而性体即是诚体。性体或诚体，是人内在世界的本体部分，也是其深层的、相对稳定和一体化的部分。赤子之心，原意是儿童之心，常有人将之比作性体，这是因为它们都具有原初性和至诚性。在非自觉状态中，性体直接牵引人的行为，人的反应是直接的，没有功利性的算计，人的意念和情感只是依照所处情境之自然态势、事物之本然趋向而发作，即循"道"而发。

性体所反映的是贯通内、外世界的道理，所承继的是文化传统和社会惯例的整体精神。人之所以可以为天地立心，是因为性体可以统贯天地万物，它和世界的整体具有可通达性。借鉴去蔽说真理观，只有以人对世界整体的领会为基础，才能让事物按其本来面目得到揭示。这意味着人的性体是和事物的真知关联在一起的，对事物的真知要以人自身的本真为前提。

人们求真知的道路有两条，一条是外求的道路，要以主观意识向外物求实证之知，求真理；另一条是内求的道路，要向非自觉状态下的性体求本真的境知，求天理。《中庸》第二十一章云："自诚明，谓之性；自明诚，谓之教。诚则明矣，明则诚矣。"张载云："须知自诚明与自明诚者有异。自诚明者，先尽性以至于穷理也，谓先自其性理会来，以至穷理；自明诚者，先穷理以至于尽性也，谓先从学问理会，以推达于天性也。"① 虽然此说中的"先穷理"并非完全指探究作为实证知识的真理，但也含有外求的意蕴。

国学中理学、心学等派别都不同程度地偏重了内求的道路。程颐云："学也者，使人求于内也。不求于内而求于外，非圣人之学也。何谓不求于内而求于外？以文为主者是也。学也者，使人求于本也。不求于本而求于末，非圣人之学也。何谓不求于本而求于末？考详略、采同异者是也。是二者皆无益于身，君子弗学。"② 王阳明云："若传习书史，考正古今，以广吾见闻则可；若欲以是求得入圣门路，譬之采摘枝叶，以缀本根，而欲通其血脉，盖亦难矣。"③

其实，由于性体是对一体化世界无伪的反映和通达，故而这两条道路是相通相容的。程颐云："自其外者学之，而得于内者，谓之明。自其内者得之，而兼于外者，谓之诚。诚与明一也。"④ 两条道路既各有特点：外求的道路直接面对物的实体，方法容易复制，但对象支离不能直接面向整体，所获的实证之知需要代际的连续积累；内求的道路直接面对人的性体，虽然对人来说方法简易而直指整体，但全凭个人自悟，所获的境知作为自我体验难以向他人传递。两条道路又是相辅相成的：科学史研究表明，外求的自然科学研究也内在地蕴含人文的因素，如果没有信念支撑就会陷入科学主义或虚无主义；同时，内求的个人体悟如果缺乏对外部世界的客观认识，也容易陷入虚妄或偏狭。个人向性体求真，要以性体的健全、广阔为前提，而健全的性体是人在社会实践中历练成长的成果，需要以通识性的实证知识体系做支撑。

无论内求抑或外求，无论是求知明理还是求仁养德，都以道体、性体的统合贯通为基础，都有赖于性体的奠基作用。知和仁是同源的，都源于人的性体。性体是世界的倒影、重构或再现。如果把人看成一个现成物，向内求真就是荒诞可笑的；但如果把人看成一个具有反映世界整体性的活体，内求和外求这两条道路其实就是一体的。人的意识含摄了世界，人自身就如同一个投向世界的透视镜，

---

① 《张子语录·语录下》，《张载集》，中华书局，1978年，第330页。
② 《河南程氏遗书》卷25，《二程集》，中华书局，2004年，第319页。
③ 《年谱二》，《王阳明全集》卷34，上海古籍出版社，1992年，第1280页。
④ 《河南程氏遗书》卷25，《二程集》，中华书局，2004年，第317页。

当人看向自身时，也就如同通过这个透视镜看向了世界。人们看向世界以求真，外求是以眼睛的晶状体为镜片，而内求是以人的性体为镜片，只不过有的镜片是通透明澈的，有的镜片却是污浊模糊的，这反映了圣人和常人在性体上的差别。

一般认为，在先秦儒家中，孟子偏内求，荀子偏外求；在宋明理学中，陆王心学比较强调内求，程朱理学则带了更多外求的色彩。内求和外求的争论有时表现为"尊德性"和"道问学"之争。程敏政云："朱、陆之辨……其流至于尊德性、道问学为两途，或沦于空虚，或溺于训诂，卒无以得真是之归。"[①]但其实二者并非完全不可调和，程敏政亦云："盖尊德性者，居敬之事；道问学者，穷理之功。交养而互发，废一不可也"；"尊德性而不以问学辅之，则空虚之谈；道问学而不以德性主之，则口耳之习"。[②]

和现代人汲汲于追求外在对象化知识的倾向相比，理学和心学都是偏内求的，至少是兼内外的。程敏政云："大抵尊德性、道问学，只是一事。如尊德性者，制外养中，而道问学则求其制外养中之详；尊德性者，由中应外，而道问学则求其由中应外之节。即《大学》所谓求至其极者，实非两种也。"[③] 古人之所以重视内求，是因为古人为学的目标是为己，其重心在于自身的增益，故而内求最为直接简易。

性体反映了世界的整体性，它可以使事物如其所是地得到揭示，也可以使人维持其统一性而达至本真状态。性体是人人俱有的，但通常在观念社会中隐而不现，人们往往沉迷在非本真的生活里而不自知，只能在特殊的情境下才能对性体有所觉悟，听到内心深处良知的呼唤和对罪责的声讨。国学没有止步于让性体偶尔显露，与人不期而遇，而是给出了一系列实践方法帮助人们自觉地深入探究和领悟性体，让性体的功能在人生紧要处发挥出来，指引人的方向。

内求的目标是要通达性体并透过性体看世界。通过性体呈现出的是天授之知的综合性、一体化的存量整体，是超越了具体见闻的大者。人通达了性体，

---

① 程敏政：《淳安县儒学重修记》，《篁墩文集》第 1 册卷 16，上海古籍出版社，1991 年，第 280 页。
② 程敏政：《送汪承之序》，《篁墩文集》第 1 册卷 29，上海古籍出版社，1991 年，第 520 页。
③ 程敏政：《答汪金宪书》，《篁墩文集》第 2 册卷 55，上海古籍出版社，1991 年，第 284 页。

就能与天一体，让天在心内整体性地呈现，这就是知天。故而张载云："圣人尽性，不以见闻梏其心，其视天下无一物非我，孟子谓尽心则知性知天以此。"①

念、意、志与未发之中

王阳明云："'未发之中'即良知也，无前后内外而浑然一体者也。"② 这个浑然一体的未发之中就是人的性体。性体不是一个完全静态的世界，它是一个活体，意识活动要么需要性体的参与，要么就发生在性体之内。

《朱子语类》云："问：前日论'既有知觉，却是动也'……大抵心本是个活物，无间于已发未发，常惺惺地活。伊川所谓'动'字，只似'活'字。其曰'怎生言静'，而以复说证之，只是明静中不是寂然不省故尔。不审是否？曰：说得已是了。但'寂'字未是。寂，含活意，感则便动，不只是昏然不省也。"③ 在朱熹及其门人看来，未发之中也是活物，甚至性体之空"寂"中也包含"活意"。朱熹云："皆以思虑未萌、事物未至之时，为'喜怒哀乐之未发'。当此之时，即是心体流行，寂然不动之处，而天命之性，体段具焉。以其无过不及，不偏不倚，故谓之中。然已是就心体流行处见，故直谓之性则不可。"④ 这里说得更明白，"寂然不动之处"其实也是"心体流行处"，性体内存在意识活动。

发生在性体内的意识活动就是本体之念。念是意识活动可觉知的基本单元。念不是孤立的、抽象的，每一念都含有对过去的滞留和对未来的前摄，都是对过去、未来和现在的统合和把握。这种把握是当下的和易逝的，念与念之间互相含摄，连绵不绝，共同形成了连续的意识之流。佛教，尤其是禅宗，对此有很精妙的理解。敦煌本《坛经》云："我此法门，从上已来，顿渐皆立无念为宗，无相为体，无住为本。何名'无相'？无相〔者〕，于相而离相。无念

---

① 《正蒙·大心篇》，《张载集》，中华书局，1978 年，第 24 页。

② 《传习录中》，《王阳明全集》卷 2，上海古籍出版社，1992 年，第 64 页。

③ 《朱子语类》卷 96，中华书局，1986 年，第 2470 页。

④ 《已发未发说》，《晦庵先生朱文公文集》卷 67，《朱子全书》第 23 册，上海古籍出版社、安徽教育出版社，2010 年，第 3267—3268 页。

者，于念而不念。无住者，为人本性。念念不住，前念、今念、后念，念念相续，无有断绝。"① 念可以是无主观意识的、无对立物的意识之流，它空灵而无滞无执，故而"念念不住"；所谓"于相而离相"，离的是固化的"相"；所谓"于念而不念"，不念的是具有主观性的"念"。

念如果只游走于性体之内，并未指向外界的具体事物，就是未发的本体之念。未发之念是完全无执的，循道而行，没有受到人的主观意识和外物的影响。如果本体之念指向了外界的具体事物，那么这样的事物也只能是与人一体之物。本体之念指向了外界的一体之物，并接续了人的相关行为或活动，就从未发状态变成了已发，成为已发的本体之念。

对于已发、未发的界定，古人的论述不尽相同。在朱熹看来，未发时心也有知觉，但如果知觉和思虑变成了对象化的活动，就必然是已发。朱熹云："盖心之有知与耳之有闻、目之有见为一等时节，虽未发而未尝无；心之有思乃与耳之有听、目之有视为一等时节，一有此则不得为未发。"② 当有人问："苏季明问喜怒哀乐未发之前，下'动'字？下'静'字？伊川曰：'谓之静则可，静中须有物始得。'所谓'静中有物'者，莫是喜怒哀乐虽未形，而含喜怒哀乐之理否？"朱熹答云："所谓'静中有物'者，只是知觉便是。……若云知个甚底，觉个甚底，如知得寒，觉得暖，便是知觉一个物事。今未曾知觉甚事，但有知觉在，何妨其为静？不成静坐便只是瞌睡！"③ 在朱熹看来，静坐中保持知觉而不聚焦于对象化的"物事"，仍属于未发。

已发之念，可以称为意。意是情境状态下的意识活动，随境而动，感物而发，发作于当下。朱熹云："意者，心之所发也。"④ 王阳明云："其虚灵明觉之良知应感而动者，谓之意。……意之所用，必有其物，物即事也。"⑤ 朱熹讲的"心之所发"和王阳明讲的"应感而动"意思差不多，都强调意已经离开了人的本体，指向了某种外在物或对立物。

---

① 《六祖坛经：敦煌〈坛经〉读本》，辽宁教育出版社，2005年，第38页。
② 《答吕子约》，《晦庵先生朱文公文集》卷48，《朱子全书》第22册，上海古籍出版社、安徽教育出版社，2010年，第2223页。
③ 《朱子语类》卷96，中华书局，1986年，第2470页。
④ 朱熹：《大学章句》，《四书章句集注》，中华书局，1983年，第3页。
⑤ 《答顾东桥书》，《传习录中》，《王阳明全集》卷2，上海古籍出版社，1992年，第47页。

一般来说，狭义的意指向的仅是人的对立物，并带有人自身的主观性。这样看，本体已发之念作为一种诚意，它只能属于广义的意，而不能属于狭义的意。意通常仅指带有主观性的、不诚的意。杨简云："人心自明，人心自灵，意起我立，必固碍塞，始丧其明，始失其灵。"亦云："何谓我？我亦意之我。意生故我立，意不生，我亦不立。"① "意起我立"正是对意与主体同时浮现的描述，这里的"意"是狭义的意。杨简又云："人心本正，起而为意而后昏。不起不昏。"② 这就是说没有主观意识的干扰，性体就不会被遮蔽。王夫之的观点也类似："意、必、固、我，以意为根；必、固、我者，皆其意也，无意而后三者可绝也。"③ 杨简和王夫之这里所说的意，都是带有人的主观性的意识活动，此时人处于主客两分状态。

性体之外的意识活动，都带有人的主观性，都是意。心体内的意即便并未指向外界的具体事物，仅仅体现为一种想法，也没有接续相关的行为或动作，仍然属于已发。

从组成内容来看，念是意识活动的基本单元，狭义的意则在念的基础上掺杂了现成化和主观性的内容。从过程上看，念和意都是意识之流。念感物而生或随前念而生，它要么只是参与当场构境的意识过程，要么还可以牵引人当下的非自觉的惯性行为反应；意感物而生或随念而生，发作于性体之外，往往会引发对象化的思考或自觉蓄意的行为。

一般在日常的语境中，人们并不对意和念作严格区分，所谓邪念杂念之"念"、观念俗念之"念"，实际上是前面所说的"狭义的意"或某种现成化、对象化的成见，而不是本书所言的本体之念。只要一提到"执念"，就意味着意识活动中已经掺杂了现成化、对象化的观念之物，已经不是本体之念了。本体之念的意识之流在心内平静地流淌着，近似于这样的状态："宠辱不惊，看庭前花开花落；去留无意，望天上云卷云舒。"它一旦受到未能一体化的外物的干扰，平静就会被打破，外物浮现为客体的同时，人的主观意识也出现了。

---

① 《绝四记》，《慈湖先生遗书》卷2，《杨简全集》第7册，浙江大学出版社，2015年，第1856、1858页。

② 《慈湖诗传·自序》，《杨简全集》第2册，浙江大学出版社，2015年，第437页。

③ 《张子正蒙注·中正篇》，《船山全书》第12册，岳麓书社，1992年，第167页。

这就在念之静流中，产生了意的漩涡或浪花。

正是因为外在对立物激发了人的主观意识，所以"意"会掺杂当下的功利算计，从而陷入不诚的状态，背离性体。此时，人生的整体被遮蔽了，人陷入了当下的蝇营狗苟之中，出现了自欺的可能。意执着于外在的对象物，可能和人生的长远目标和整体态势发生矛盾，从而引发人的窘迫。

念和意都是情境状态下的意识活动，运行或发作于当下。如果一定要说意可以跨越情境，那么意就会更接近于"意志"的"意"，而不是"意念"的"意"。刘宗周对"意"的讲法与朱熹、王阳明的有区别，更接近于"意志"的"意"。刘宗周云："意者，心之所存，非所发也。朱子以所发训意，非是。……如意为心之所发，将孰为所存乎？如心为所存，意为所发，是所发先于所存，岂《大学》知本之旨乎？"[1] 其实对"意"来说，所发并不是一发即逝，必有所存；而所存也不是长存而不变，而是且存且变。刘宗周强调"所存"，是从存在的意义上或存量的角度去说；朱、王强调"所发"则是从功能、作用的意义上或者增量的角度去说。朱熹认为心体"所存"是性，王阳明认为"所存"是良知，在刘宗周看来所存则是"意"。刘宗周所说的"意"不是偶发即逝的，而是某种跨越情境的意识构建，带有"意志"的意蕴。

与情境状态下的意、念不同，志是历史状态下人的主体意识，具有方向性和稳定性。在一段时期内，人认识到自身的局限，明确了努力的方向，就会形成志。志不是对某种局部情境的把握，而是对局部情境的一种超越，是对人生的一种整体性把握。志可以在一个较长的时间周期内，引导和推动人的一系列持续性的、目的性的自觉行为。

朱熹云："志是公然主张要做底事，意是私地潜行间发处。志如伐，意如侵。"[2] 王夫之云："意者，心所偶发，执之则为成心矣。……志者，始于志学而终于从心之矩，一定而不可易者，可成者也。意则因感而生，因见闻而执同异攻取，不可恒而习之为恒，不可成者也。"[3] 志作为具有长期性、方向性和稳

---

① 《学言上》，《语类》12，《刘宗周全集》第3册，浙江古籍出版社，2012年，第352页。
② 《朱子语类》卷5，中华书局，1986年，第96页。
③ 《张子正蒙注·大心篇》，《船山全书》第12册，岳麓书社，1992年，第150页。

定性的一种意识结构，它与"性"或性体具有密切的关系。如果说"志"也是"未发之中"的一种发动，那么它是一种历史性的、主动性的、持续性的发动。

"志"和"性"一表一里共同构成了人的主体性。具有主体性的人，对于其自身来说，其显性和表层的表现就是志，其基础和潜藏的部分就是性。不以性理——本然之道——作为支撑和内核的志，是不能持久发挥作用的。反之，如果人具有健全饱满的性体，那么他就可能有远大的志向和不屈不挠的意志力。王夫之云："意无恒体。无恒体者，不可执之为自……盖心之正者，志之持也，是以知其恒存乎中，善而非恶也。"① 意是随情境而动的意识之流，故而说"意无恒体"，志依托了性体之道，故而说"心之正者"的性体是"志之持"。

国学注重志的作用。《论语·子罕》云："三军可夺帅也，匹夫不可夺志也。"诸葛亮云："立志当存高远，慕先贤，绝情欲，弃疑滞，使庶几之志，揭然有所存，恻然有所感。……若志不强毅，意不慷慨，徒碌碌滞于俗，默默束于情，永窜伏于凡庸，不免于下流矣!"②

虽然古人重志，但中国很少有唯意志论。这是因为，在古人看来，个体的意志和外部的世界是不能截然两分的，人与天、人意与天意在原初处和终极处都是合一的。人的意志并不能孤悬于世，而是要合天合道。王夫之云："故道者，所以正吾志者也。志于道而以道正其志，则志有所持也。盖志，初终一揆者也，处乎静以待物。道有一成之则而统乎大，故志可与之相守。"③ 国学提倡志于道，而不是志于自我，强调性体之道对志的奠基作用。王阳明云："圣贤只是为己之学，重功夫不重效验。仁者以万物为体，不能一体，只是己私未忘。"④ 正是古人强调克制"私意"，不会脱离天意而谈人意，不会脱离天道而谈人志，因而不会陷入唯意志论。

人要克服情境状态下的暂时性干扰而保持既定的方向，能跨越时间周期而保持前后统一，成为历史意义的本真之人，就要高扬和挺立"志"的作用。孔子云："吾十有五而志于学，三十而立，四十而不惑，五十而知天命，六十而

---

① 《读四书大全说》卷1，《船山全书》第6册，岳麓书社，1991年，第415页。
② 《诫外生书》，《诸葛亮集笺论》，陕西人民出版社，1997年，第284页。
③ 《读四书大全说》卷8，《船山全书》第6册，岳麓书社，1991年，第929页。
④ 《传习录下》，《王阳明全集》卷3，上海古籍出版社，1992年，第110页。

耳顺，七十而从心所欲不逾矩。"（《论语·为政》）孔子人生的成就，是从志于学开始的。王畿云："学莫先于辨志。夫子自谓十五而志于学，其志定矣。志定而学半，迟之十年而后能立。立者，立志也。迟之十年而后能不惑，不惑者，志无疑也。又迟之十年而后能知天命，志与天通也。又迟之十年而后能耳顺，志忘顺逆也。……从心者，纵心也，虽至于从心所欲不逾矩，亦只是志到熟处，非能有加也。"[①] 在王畿这里，志之定、立、无疑、天通、忘顺逆等等，是一个持续的过程，志始终指引着前进的方向，人的境界越高，对志的驾驭就越娴熟。王畿所言的志，是一个活动的过程或发展着的方向，而不是某种现成之物或僵化的目标。

王畿对立志和辨志非常注重。王畿云："学莫先于立志，莫切于辨志。志者，气之帅也。一生干当行持，惟随志所转。……志有小大，小志牿于形骸，所见惟目前雉鸡，终日营营，无超然之兴；若夫担负世界，以天地为心，以万物为命，尚友千古，不安于近功小慧，如神龙变化，不可羁系，方是大志。"[②] 亦云："人之有志，譬如树之有根，一切栽培灌溉，无非有事于根。吾人一切考古证今、亲师取友、慎思明辨，无非成就得此志，即栽培之意也。故学莫先于立志，尤莫切于辨志。"[③] 人树立了志向，明确了方向，就能摆脱人生的局部性影响，面向人生的整体，超越情境状态而进入历史状态，成就具有历史意义的人生。人的志越大，就越能跨越更长的周期，越能朝向更完整的世界和人生。

道心与人心

国学中有道心与人心一说。一般来说，人从无我之境所发之念即是道心，从有我之境所发之意即是人心，即性体所发之念是道心，性体之外的道体所发

---

① 《书累语简端录》，《王畿集》卷 3，凤凰出版社，2007 年，第 72—73 页。
② 《乡贡士陆君与中传略》，《王畿集》卷 20，凤凰出版社，2007 年，第 642 页。
③ 《水西别言》，《王畿集》卷 16，凤凰出版社，2007 年，第 450 页。

之意是人心。杨简云："惟道心昭明，道心无我，道心非意。有意则有盛衰，无意则无盛衰也。"① 人心通常带有人的主观性。

朱熹云："指其生于形气之私者而言，则谓之人心；指其发于义理之公者而言，则谓之道心。人心易动而难反，故危而不安；义理难明而易昧，故微而不显。惟能省察于二者公私之间以致其精，而不使其有毫厘之杂；持守于道心微妙之本以致其一，而不使其有顷刻之离，则其日用之间思虑动作自无过不及之差，而信能执其中矣。"② 道心的根源在于人的世界性，即朱熹所说的"义理之公"；人心的根源在于人的个体性，即朱熹所说的"形气之私"。当人的意识指向性体内与其一体的事物时，人可保持在无我之境，不会有个体的功利考虑，而能客观看待事物的本然和应然。意识一旦指向性体之外未能与人一体化之物，主客必同时浮现，则人即入有我之境，就会出现个人的私心。

道心也可称大心、天心，是超越小我，以世界整体视角观人观物之心。《庄子·秋水》云："以道观之，物无贵贱；以物观之，自贵而相贱。"③ 张载云："天大无外，故有外之心不足以合天心。"亦云："以我视物则我大，以道体物我则道大。故君子之大也大于道，大于我者容不免狂而已。"④ "以道观之""合天心"与"以道体物我"，都是讲道心。

杨起元云："以俗眼观世间，则充天塞地皆习之所成，无一是性者。以道眼观世间，则照天彻地，皆性之所成，无一是习者。"⑤ 俗眼与道眼的区别在于，俗眼所看到的是一个观念社会，由人的经验性成见所充斥；道眼看到的是一个按照世界的本然和应然所运行的世界，一个天道流行的生活世界。人看见了这样一个真实世界，就具有了道心、道眼。人秉持道心，就有了化非一体世界为一体世界的基础，就具有了对世界的主动性和能动性，就可以顺应时变而积极有为。如果不能秉持道心，人就受制于人心，困在眼前功利的樊笼里，笼

---

① 《杨氏易传》卷9，《杨简全集》第1册，浙江大学出版社，2015年，第151页。

② 《晦庵先生朱文公文集》卷65，《朱子全书》，上海古籍出版社、安徽教育出版社，2010年，第3180页。

③ 《庄子集释》，中华书局，1961年，第577页。

④ 《正蒙·大心篇》，《张载集》，中华书局，1978年，第24、26页。

⑤ 《侍郎杨复所先生起元》，《明儒学案》卷34，《黄宗羲全集》第8册，浙江古籍出版社，1985年，第60页。

罩在主观性的盲动情绪之下。

道心有三重。

一是内在的道心。在性体内境这个无我之境中，意识的指向物都是与人一体之物，所生之念都是人的本体之念——无我之念。这种无我之念呈现了构成性体的本然之道，正合"道心"的称谓。这种指向心中一体之物的道心，是内在的道心，是道心最原初的形式。内在的道心是性体内的循道之念，是对内呈现的天理良知。内在的道心往往是藏而不露的，是人的一种直觉，不在日常观念社会中显现，一般只能从理论的角度抽象地谈及。从已发、未发的角度看，内在的道心是未发之念。

二是内外交接处的道心。人与外界融为一体时，外境亦是无我之境，意识指向的外物也是与人一体之物，所生之念也是人的本体之念或无我之念。在意识指向之处，内境与外境重合了，外物与性体内境中之物重合了，都处于合道状态并与人一体。这种指向一体化之外物的念，是内在良知的外在发现，又被称为见在良知。此念指向内外交接处，既指向外物，也指向性体内之物，是沟通内外的切入点。该念一发，就可以马上接续外在的率性行为，这就表现为孟子所言的为善之端。这时念在意先，以念主意，意为诚意。正如王阳明所云："道心者，率性之谓，而未杂于人。无声无臭，至微而显，诚之源也。……见孺子之入井而恻隐，率性之道也……饥而食，渴而饮，率性之道也……一于道心，则存之无不中，而发之无不和。"[①] 内外交接处的道心在日常观念社会中常常是一闪即逝的，但它显露了性体的本然之道，被孟子所重视，用来说明人性之善的来源。从已发、未发的角度看，内外交接处的道心是已发之念。

三是外在的道心。人在自觉状态下，发挥自身的能动性，蓄意去克制主观情绪的干扰，尽量做到客观、全面、公正地对待事物，试图依循其本然之理来应对事物的时候，所秉持的这种既带有主体意识又力图客服主观性的意念也是一种道心。这种道心，是外在的道心，是对前述内在道心的模拟，以其为内在依据。

在国学发展的早期，古人对心与知觉的认识还比较粗略，因而文献中最早

---

① 《重修山阴县学记》，《王阳明全集》卷 7，上海古籍出版社，1992 年，第 256 页。

提到的道心，反而是这种外在的道心。《荀子·解蔽》云："昔者舜之治天下也，不以事诏而万物成。处一危之，其荣满侧；养一之微，荣矣而未知。故道经曰：'人心之危，道心之微。'危微之几，惟明君子而后能知之。"① 国学中很多人都从人的外在行为去看道心、人心。朱熹云："是以欲其择之精而不使人心得以杂乎道心，欲其守之一而不使天理得以流于人欲，则凡其所行，无一事之不得其中，而于天下国家无所处而不当。"② 这里也把道心用于处理天下国家的外在事业中。

道心和人心虽有区别，但都是人之心。道心和人心二者统一于人的心体和道体。刘宗周云："道心即在人心中看出，始见得心性一而二，二而一。"③ 亦云："然性是一，则心不得独二。天命之所在，即人心之所在；人心之所在，即道心之所在……心只是人心，而道者人之所当然，乃所以为心也。人心道心，只是一心；气质义理，只是一性。"④

道心可以看作人类理性的代称，体现了人的世界性。所谓性命之"正"、义理之"公"，其实就是世界之"全"、世界之"一体化"，是人对世界整体性、一体性存在方式的本真领会。这种领会是一种对世界的全息性融摄、整体式模拟，是人的性体对外在世界历史性、综合性的反映。人若无道心，就既没有知性，也没有德性。人心则是人作为个体存在的表现。道心和人心都是一个心，它们都是内在于人而统一于人的。

国学通过对道心、人心的分析，解构了心，也解构了人。一方面，从物质性和推动力上看，人心是基础和主导。个体的生理和心理需要，驱动着人的行为，不断推动人与世界深度融合。另一方面，从内容结构和作用机制上看，道心却居于更加内核的地位。没有对世界一体化的本体体验，没有对存在的领会，个人就没有跨周期的、超越当下情境的反应能力，实际上也就无法建立完整的个体性，人也就不能称之为人。在这里，人的世界性和个体性既是不同

---

① 《荀子集解》，中华书局，1988年，第400页。
② 《晦庵先生朱文公文集》卷36，《朱子全书》第21册，上海古籍出版社、安徽教育出版社，2010年，第1586页。
③ 《学言上》，《语类》12，《刘宗周全集》第3册，浙江古籍出版社，2012年，第345页。
④ 《中庸首章说》，《语类》10，《刘宗周全集》第3册，浙江古籍出版社，2012年，第271页。

的，也是不可分的，它们都是内在于人的。

国学的宗旨是要以道心来协调、指引人心，从而使人克服各种临时的情境性干扰，在整体上和历史意义上把自身的主体性挺立起来。朱熹云："人心如船，道心如柁。任船之所在，无所向，若执定柁，则去住在我。"[1]

诚意与道心、人心密切相关。人心与道心之分，是意出现不诚的根源；人心与道心之合，又是诚意得以实现的基础。诚意究其实质，就是体悟人心之实，并追求道心之真。用现代人的话来说，诚意就是要努力发现和看到人生的整体和世界的全体，从而觉悟到自身的局限和问题，明确自己的归属和方向。

天理与人欲

国学中还有天理、人欲这对范畴。天理是贯通性体的本然之道在心内的呈现，是天道之在人者，显示了事物和人的当然和应然。天理呈现于人心中，对人的行为具有指引作用，使人具有了理性。人欲是人的生理或心理欲求，是人意识和行为的驱动力。人欲发自人的生物能量，是人的物质性、生物性和个体性的体现。天理在心内的呈现，建立在人的物质性和生物性的基础之上。天理出自人之性，人之性的物质和能量根源又连接着人欲，因此人欲也是广义人性的一部分。对人来说，人欲往往比天理更具有切近性和基础性。但人欲的特征是，一个欲望暂时性满足后的消退，总是后继着另一个欲望不满足的凸显。人欲中蕴含着重重矛盾，人欲所裹挟而来的短期化行为以及各种冲突和幻灭，不断呼唤着天理的出场。

《荀子·正名》云："欲不可去，性之具也。虽为天子，欲不可尽。欲虽不可尽，可以近尽也；欲虽不可去，求可节也。"[2] 人的欲望具有无限性，但同时具有多样性、层次性和时效性。欲望的满足效应是边际递减的，它既受到外在

---

[1]《朱子语类》卷78，中华书局，1986年，第2009页。

[2]《荀子集解》，中华书局，1988年，第428—429页。

客观条件的节制，也面临其他欲望的竞争和干扰，此消彼长，变幻不定，因此必须要接受理性的协调和约束。协调和制约欲望的理性，就是天理，它受之于天又内在于人。程颐云："'礼仪三百，威仪三千'，非绝民之欲而强人以不能也，所以防其欲，戒其侈，而使之入道也。"① 这里"使之入道"就是使之合于天理背后的本然之道。

天理和人欲是交织在一起的。朱熹云："虽是人欲，人欲中自有天理。……天理人欲，几微之间。……天理人欲，无硬定底界……"②

一般来说，饮、食、声、色等生理性欲望是最低层级的人欲。它们起伏波动，最不稳定，在情境状态下可以得到暂时满足，但不能得到持久的满足。人如果纵情追逐这些欲望，就会陷于朝生暮死的混乱状态。心理性、情感性的欲望是更稳定和长期性的，要满足这类欲望，人就要学会克制当下的诱惑，开展长远的筹划。例如人们追求爱情和亲情，希望获得他人的认可和尊重，就要自己付出持续的努力。在多重欲望满足度的最优化、最大化过程中，需要顺应天理，以理性来协调和引导不同的欲望。天理对欲望的协调和引导，要通过"思"来进行，思就是意识之流在心体内循道而行并构道而生的过程。程颐云："然则何以窒其欲？曰思而已矣。学莫贵于思，唯思为能窒欲。曾子之三省，窒欲之道也。"③ 当人开始追求历史性的人生意义时，天理就会逐步占据主导地位，情境状态下的欲望就会被超越，不再在人生中占据重要位置。追求立德、立言、立功三不朽的人，必然是脱离低级趣味的人。如果人最终能接近圣人的境界，对世界、民族或集体发展的期望就完全超越了个体需求，人欲就和天理合一了。

天理往往呈现于无我之境，而人欲往往发自于有我之境。无论无我之境还是有我之境，都是一个完整的世界，故而在无我之境，虽无我之私计，但我却可以是境中的风景；在有我之境，虽要算计我之私利私欲，却又有另一个"我"在旁边"冷眼旁观"，以天理良知暗自映照我的私计。天理与人欲之间是

① 《河南程氏遗书》卷 25，《二程集》，中华书局，2004 年，第 323 页。
② 《朱子语类》卷 13，中华书局，1986 年，第 224 页。
③ 《河南程氏遗书》卷 25，《二程集》，中华书局，2004 年，第 319 页。

纠缠复杂的关系，切忌简单化、一刀切式的理解。

在一般人的认识中，人的私欲似乎是人最隐秘、最内在的东西。但理解了人的世界性和人的性体之后，就会发现天理呈现在人内心的更深处。人所领会的本然之道实际构成了人自身，人对本然之道的觉知或揭示就是天理。当人和外部世界对立时，人的主观意识浮现，要从满足个体欲望的角度进行算计，并采取功利性的行为；当人和外部世界一体时，人的主体意识不必显现，也不必对个体自我刻意进行算计，只依循天理自然而行即可。天人合一的状态下，天理和人欲也合一了。

国学以"天""性""道""理"等范畴，解构了人，深入自我的内部，展开和揭示了人的内在世界。这是国学在古代就做了西方后现代思想家在当今正在做的事情。对天理、人欲等范畴作僵化理解的人，要么把国学理论矮化为空洞、虚伪的道德说教和陈词滥调，要么把其抽象化、虚无化为道德律等抽象概念。如此一来，国学就不再能和人的直觉体验相结合，也不再能随时指导人生实践，不再能融入人的血脉和命运。

天理呈现于人的内心，而天理之源却是人的外部世界，尤其是人所在社会的礼仪制度、文化传统、思想观念和生活方式。《荀子·礼论》云："礼起于何也？曰：人生而有欲，欲而不得，则不能无求；求而无度量分界，则不能不争；争则乱，乱则穷。先王恶其乱也，故制礼义以分之……是礼之所起也。"[1]要以天理克制人欲，不能仅靠内心的力量，还要靠外在的制度和传统惯例。而外在的制度之所以能制定出来并实施下去，内在原因还是人心之中有天理呈现，这就形成了一个循环。

基于人的整体性和世界性，在天理人欲关系上，国学比较强调天理对人欲的辖制作用。宋儒，尤其是朱熹，非常强调"存天理，灭人欲"，有时甚至讲得有点绝对。朱熹云："仁者通体是理，无一点私心。"[2]亦云："圣贤千言万语，只是教人明天理，灭人欲。"[3]又云："人之一心，天理存，则人欲亡；人

---

① 《荀子集解》，中华书局，1988年，第346页。
② 《朱子语类》卷37，中华书局，1986年，第983页。
③ 《朱子语类》卷12，中华书局，1986年，第207页。

欲胜，则天理灭，未有天理人欲夹杂者。……凡一事便有两端：是底即天理之公，非底乃人欲之私。"① 这么说容易让人误解，需要做点分析和说明。

一方面，从做人的角度来说，人都有情有欲，只需顺其自然，发乎情止乎礼，就可以了。《礼记·礼运》云："饮食男女，人之大欲存焉。"② 在这个意义上讲，人欲就是天理，没必要也不能够去"灭"。如果说灭人欲，这个"灭"，不能是灭绝的意思，而只能是克制、节制的意思。另一方面，从求学举业、获取外在事功的角度看，尤其是在做治国平天下的事业中，就确实在方法态度上要"存天理，灭人欲"。

事实上，朱熹并不是禁欲主义者，他主要是从工夫论和方法论角度上强调"灭人欲"。例如，朱熹云："学者须是革尽人欲，复尽天理，方始是学。"③ 这是从为学角度说的。亦云："欲其守之一而不使天理得以流于人欲，则凡其所行，无一事之不得其中，而于天下国家无所处而不当。"④ 这是从"天下国家"的角度说的，"存天理，灭人欲"针对的是"所行"之事。方法论意义上的"存天理，灭人欲"用现代语言来说，意思近似于：进行社会实践要顺应大势、大局，不要受到私心杂念的干扰，避免个人利益、局部利益影响整体利益、长远利益。

自明代开始，随着商业、服务业的繁荣，社会对人欲的认可日渐彰显。更多人认为人的私欲本来就在人性之中。李贽云："夫私者人之心也，人必有私而后其心乃见，若无私则无心矣。……此自然之理，必至之符，非可以架空而臆说也。"⑤ 王夫之、戴震等人在理欲问题上亦有类似观点，认为欲出于人的自然本性。王夫之云："随处见人欲，即随处见天理。"⑥ "人欲之各得，即天理之大同；天理之大同，无人欲之或异。"⑦ 戴震云："耳目百体之所欲，血气之资以养者，所谓

① 《朱子语类》卷13，中华书局，1986年，第224—225页。

② 《十三经注疏·礼记正义》，北京大学出版社，1999年，第689页。

③ 《朱子语类》卷13，中华书局，1986年，第225页。

④ 《答陈同甫》，《晦庵先生朱文公文集》卷36，《朱子全书》第21册，上海古籍出版社、安徽教育出版社，2010年，第1586页。

⑤ 《藏书注三·德业儒臣后论》，《李贽全集注》第6册，社会科学文献出版社，2010年，第526页。

⑥ 《读四书大全说》卷8，《船山全书》第6册，岳麓书社，1991年，第912页。

⑦ 《读四书大全说》卷4，《船山全书》第6册，岳麓书社，1991年，第639页。

性之欲也，原于天地之化者也。"①

天理与人欲，你中有我，我中有你，相生相克，过于强调任何一方，都会带来相应的问题。有些人过于强调以天理克人欲，无视人的正当欲求，其论调失之于空疏迂阔。与之相反，另一些人单纯讲人欲且讲得理直气壮，毫无是非观念，也存在极大的问题。国学的宗旨是要统合天理与人欲，教导人从人欲笼罩的常人之境、观念社会中跳出来，看到世界和人生的整体态势和本然的道理，达到人自身的和谐状态。要实现这样的跳跃，需要采用专门的方法去践行，这就是做国学工夫。

国学之工夫

国学不仅是思辨的学问，更是实践的学问。国学实践包括格、致、诚、正、修以及齐、治、平等八条目。但一般来说，不是所有的国学实践都能称之为工夫，通常只有旨在提升个人境界的学习性实践才是狭义的国学工夫。它主要体现在诚、正、修这三个条目。

具有最高境界的人是圣人，做工夫的终极目标是做圣人。程颐云："凡看文字，非只是要理会语言，要识得圣贤气象。"② 亦云："学者不学圣人则已，欲学之，须熟玩味圣人之气象，不可只于名上理会。"③ "识得圣贤气象"或"熟玩味圣人之气象"是要见贤思齐，让自己也达至这样的气象，这样光看书是做不到的，还要做切身的工夫。

周敦颐云："诚者，圣人之本。"④ 诚强调统一性，在人与世界的互动过程中达至自身的内在统一并实现人与世界的外在统一就是诚。诚包括两种状态：一种是情境意义的当下的诚，一种是历史意义的长期的诚，后者又可以直接称为圣。所谓情境意义的当下的诚，就是在某一个具体的、当场的情境中，实现

---

① 《绪言上》，《戴震全集》第 1 册，清华大学出版社，1991 年，第 83 页。
② 《河南程氏遗书》卷 22 上，《二程集》，中华书局，2004 年，第 284 页。
③ 《河南程氏遗书》卷 15，《二程集》，中华书局，2004 年，第 158 页。
④ 《通书·诚上》，《周敦颐集》卷 2，中华书局，1990 年，第 13 页。

了直觉状态下人与世界的暂时性统一，这也可叫作情境意义的天人合一。比如人在劳动或运动中，能够流畅地、自如地使用好劳动工具或运动器械，达到了人器合一的境界，人就会忘我地、尽情地沉浸在自己的技艺里，获得愉悦的人生体验。有时候，人在面临某种突发事态时，在直觉中立即做出本能的选择并直接采取行动，这也是一种情境意义的诚。所谓历史意义的长期的诚，就是通过持续的主观努力，实现了自觉状态下人和世界的统一，人坦然地承担起自己的人生使命和历史责任，主动地和世界潮流互动共舞，这也可叫作历史意义的天人合一。这样的人，就是"诚者"，就是圣人，可以在面临人生抉择时"不勉而中，不思而得，从容中道"。

要达到圣的境界，就要把个人在世界面前最充分地展开，最大化地实现人的可能性，这就是"尽人之性"。《中庸》第二十二章云："唯天下至诚，为能尽其性；能尽其性，则能尽人之性；能尽人之性，则能尽物之性；能尽物之性，则可以赞天地之化育；可以赞天地之化育，则可以与天地参矣。"成圣的工夫，就是要达到人与天地参，让人和世界相统一，实现人和世界的一体化。

圣的内在依据是人的本体，因而工夫是围绕本体展开的。在工夫和本体的关系上，古人常说：工夫即本体，本体即工夫。工夫即本体，是说工夫要围绕本体去做；而本体即工夫，则是强调所谓本体并非是现成化的抽象之物，而是体现在人的行为习惯之中，是人所领会并践行的本然之道。工夫对国学的重要性就在于，国学不是纯粹的观念之物，而是产生于实践并用之于实践的。刘宗周云："所云'工夫、本体只是一个，做工夫处即本体'，良是，良是。既如是说，便须认定本体做工夫，便不得离却本体一步做工夫。而今工夫不得力，恐是离却本体的工夫。本体正当处，只是个天理。工夫正当处，只是存天理。"①

工夫围绕本体发生作用，没有影响到本体的工夫就不成其为真正的工夫。性体是人心中的圣人，玩味或识得圣人气象，在一定意义上就是体悟并接近人

---

① 《答祁生文载》，《文编三》卷19，《刘宗周全集》第5册，浙江古籍出版社，2012年，第273页。

的性体。人本体——性体的变化，会带来人能量状态和行为模式的变化，这就是变化气质。诚意是找寻或接近本体的工夫，正心是发挥、滋养本体的工夫，修身是让本体在社会中历史性地展开的工夫。诚意、正心和修身，在现代话语体系中说就是寻找自我、表现自我和成就自我，哲学意味浓一点说就是对人本体的揭示、彰显和展开。

孔子在《论语》中罕言性与天道，主要谈人具体的言行，也就是说孔子较少谈本体，而是以论工夫为主，虽然当时并没有"工夫"这个说法。孔子很少谈到"诚"，他经常谈论的是"仁"，而且他主要从实践的角度去谈仁。一般说来，仁和诚相通，人的本体——性体，既可以称为诚体，也可以称为仁体。求仁行仁其实都是围绕着人的本体去做工夫。

《论语·颜渊》云："克己复礼为仁。"有人认为这是孔子对仁下的定义，其实不然。《论语·八佾》云："人而不仁，如礼何？人而不仁，如乐何？"可见，礼不是仁的目标，而是行仁的方法和手段。克己复礼是行仁的实践方法，是从工夫论的角度去谈仁。"克己"侧重诚意，"复礼"侧重正心，行仁就是在诚意基础上的正心。工夫具体落实在何处呢？《论语·颜渊》在"克己复礼为仁"后面接着讲："一日克己复礼，天下归仁焉。为仁由己，而由人乎哉？颜渊曰：敢问其目。子曰：非礼勿视，非礼勿听，非礼勿言，非礼勿动。"孔子明确说为仁之"目"是在视、听、言、动等方面下工夫。

仁兼具两种意义的诚。从情境意义的诚去谈仁，《论语·述而》云："仁远乎哉？我欲仁，斯仁至矣。"从历史意义上谈仁，《论语·里仁》云："不仁者不可以久处约，不可以长处乐。仁者安仁，知者利仁。"在行仁的具体方式上，孔子强调"忠""恕""恭""敬""直""省"等。大致来看，"恭""省""内讼"是诚意的工夫，"忠""恕""直"是正心的工夫。程朱理学从中单独拎出了"敬"，作为贯彻诚意、正心等各个环节的首要工夫形式。

诚意、正心、修身等工夫的具体做法就是工夫论。工夫论的议题聚焦在持敬与守静、省察与存养、渐修与顿悟等具体的工夫方式上。敬是贯通仁与诚，兼跨诚意与正心的工夫形式，它统贯了国学的工夫论。朱熹云："因叹'敬'字工夫之妙，圣学之所以成始成终者，皆由此，故曰：'修己以敬。'下面'安人'，'安百姓'，皆由于此。"亦云："圣贤言语，大约似乎不同，然未始不贯。……至程先生又专一发明一个'敬'字。若只恁看，似乎参错不齐，千头万绪，其实只一理。……只是就一处下工夫，则余者皆兼摄在里。"①

敬中既有省察工夫，也有涵养工夫。敬由畏而起，继之以对自我主观性的否定。否定之后不能让人陷入无所依的局面，宗教的虔敬把人引向了外在的神明，而国学则让人返回自身，返回构成自身的本然之道，即回到事情本身，让事物在人的心中自然呈现，自我揭示。在这个过程中，对事物的敬畏和对主观性的否定，就是省察的工夫，是持敬的上半截；事物的自然呈现和自我揭示，伴随着道理的生成过程，就是涵养的工夫，是持敬的下半截。

除了持敬，还有守静的工夫。守静不同于持敬主要在于两点：一是在形式上守静比较注重静坐；二是守静更强调用直觉体认"寂而不动"的人之本休。颜元云："古人教洒扫即洒扫主敬，教应对进退即应对进退主敬；教礼、乐、射、御、书、数即度数、音律、审固、磬控、点画、乘除莫不主敬。故曰'执事敬'，故曰'敬其事'，故曰'行笃敬'，皆身心一致加功，无往非敬也。若将古人成法皆舍置，专向静坐、收摄、徐行、缓语处言主敬，乃是以吾儒虚字面做释氏实工夫，去道远矣。"② 在敬与静的关系上，国学往往强调以敬为主，静以辅敬，敬在事中。

诚意是国学工夫的紧要处和发力处。格物和致知是每个人在生活中都必须持续经历的人生实践，人无论在浑浑噩噩中，还是在不情不愿中，抑或是在自觉自愿中，都在直接涉入致知和格物的过程。但诚意则不然，诚意不是自然持续的进程，是一个需要唤醒才能启动的过程。朱熹云："人之本心不明，一如睡人都昏了，不知有此身。须是唤醒，方知。……某看来，大要工夫只在唤醒上。然如此等处，须是体验教自分明。"③ 诚不是人生的常态，被动的诚往往是人在受到深度的打击和压迫后才会进入的状态，而主动的诚是需要持续努力才能达到的状态，伴随着人的觉醒、筹划和奋争。

古人很强调诚意的重要性。《朱子行状》云："有要之于路，以'正心诚

---

① 《朱子语类》卷12，中华书局，1986年，第207页。
② 《性理评》，《存学编》卷4，《颜元集》，中华书局，1987年，第91页。
③ 《朱子语类》卷12，中华书局，1986年，第200页。

意'为上所厌闻，戒以勿言者。先生曰：'吾平生所学，只有此四字，岂可回互而欺吾君乎？'及奏，上未尝不称善……"① 王阳明云："《大学》之要，诚意而已矣。"② 亦云："若'诚意'之说，自是圣门教人用功第一义。但近世学者乃作第二义看，故稍与提掇系要出来，非鄙人所能特倡也。"③

诚意工夫是消除人主观性的过程，是一个由人及天，由心入道，克制人心、接引道心的过程。在国学中，克服主观性的一个表达就是"不起意"。杨简云："过失皆起乎意。不动乎意，澄然虚明，过失何从而有？"④ 王畿云："知慈湖（杨简）'不起意'之义，则知良知矣。……不起意是塞其过恶之原，所谓防未萌之欲也。不起意则本心自清自明，不假思为，虚灵变化之妙用，固自若也。"⑤

诚意工夫在方法上有渐修与顿悟两种。渐修是在性体外围下工夫以逐步接近性体，要由外及内，通过排除外在干扰和剔除私心杂念而逐步进入无我之境。渐修工夫的主要形式是在持敬和守静中进行省察，渐修并不必然悟得本体。顿悟工夫是直接体悟性体并进入性体。

渐修和顿悟的区分是相对的，不能完全截然两分。王畿云："本体有顿悟，有渐悟；工夫有顿修，有渐修。万握丝头，一齐斩断，此顿法也；芽苗增长，驯至秀实，此渐法也。或悟中有修，或修中有悟，或顿中有渐，或渐中有顿，存乎根器之有利钝。及其成功一也。"⑥

顿悟侧重悟，往往是从对义理的自觉认知或对本体的直觉领会这两方面来说的，而渐修侧重修，往往是从行动实践方面来说的。二者虽然各有侧重，但又相辅相成。王畿云："理乘顿悟，事属渐修。悟以启修，修以征悟。根有利钝，故法有顿渐。要之，顿亦由渐而入，所谓上智兼修中下也。真修之人，乃

① 黄榦：《朱子行状》，《朱子全书》第 27 册，上海古籍出版社、安徽教育出版社，2010 年，第 546 页。

② 《大学古本序》，《王阳明全集》卷 7，上海古籍出版社，1992 年，第 242—243 页。

③ 《答顾东桥书》，《传习录中》，《王阳明全集》卷 2，上海古籍出版社，1992 年，第 41 页。

④ 《永嘉郡治更堂亭名记》，《慈湖先生遗书》卷 2，《杨简全集》第 7 册，浙江大学出版社，2015 年，第 1866 页。

⑤ 《慈湖精舍会语》，《王畿集》卷 5，凤凰出版社，2007 年，第 113 页。

⑥ 《留都会纪》，《王畿集》卷 4，凤凰出版社，2007 年，第 89 页。

有真悟，用功不密而遽云顿悟者，皆堕情识，非真修也。"①

国学工夫体现了国学真正的生命力。把历代先贤做工夫的切身体会和基本方法向现代人展示出来，有助于让国学重新融入国人的血脉中，让做工夫成为现代人的一种生活方式。古人做工夫，重视经验的传授和师门的教法，但工夫是一种个体体验，难以用语言形容和传递；同时，一些技巧性的方法并没有普适性，固守其方法反而容易让人误入歧途。古人工夫论的个性化色彩很浓厚，在工夫的名目和分类上也众说纷纭。国学工夫的很多具体做法借鉴了佛教禅宗的经验，但其内在义理则与佛教不大相同。本书谈工夫，以疏通义理为主，并不纠缠于具体的工夫技巧。在搞懂了工夫的基本理论后，再根据自身的情况寻找适宜的方法，是今人修习国学工夫的有效途径。疏通工夫的义理可以让人少走弯路，但做国学工夫是一个非常个性化、私人性的事情，最终只能靠自己摸索实践。

渐修工夫之一：持敬

持敬又叫作主敬，是儒家工夫的正统，源远流长。《周易·坤·文言》云："君子敬以直内，义以方外，敬义立而德不孤。"② 孔子特别强调敬。《论语·宪问》云："子路问君子。子曰：'修己以敬'"；《论语·颜渊》云："君子敬而无失，与人恭而有礼"；《论语·子路》云："居处恭，执事敬，与人忠"。

宋代理学家重新发挥了敬，二程兄弟和朱熹把敬提升为做工夫的基本方式。程颢云："学者不必远求，近取诸身，只明人理，敬而已矣，便是约处。……至于圣人，亦止如是，更无别途。"③ 程颐云："'必有事焉'，须把敬来做件事著。此道最是简，最是易，又省工夫。"④ 朱熹云："'敬'字工夫，乃圣门第一义，彻头彻尾，不可顷刻间断。"⑤ 李方子云："先生（朱熹）之道之至，原其所以臻斯域者，无他焉，亦曰主敬以立其本，穷理以致其知，反躬以践其实，而敬

---

① 《渐庵说》，《王畿集》卷17，凤凰出版社，2007年，第500—501页。

② 《十三经注疏·周易正义》，北京大学出版社，1999年，第31页。

③ 《河南程氏遗书》卷2上，《二程集》，中华书局，2004年，第20页。

④ 《河南程氏遗书》卷15，《二程集》，中华书局，2004年，第149页。

⑤ 《朱子语类》卷12，中华书局，1986年，第210页。

者又贯通乎三者之间，所以成始而成终也。"①

如何才是敬呢？敬的起始状态是畏，畏是敬的起点。

朱熹云："敬不是万事休置之谓，只是随事专一，谨畏，不放逸耳。敬，只是一个'畏'字。"② 吴澄云："敬之法，主一无适也。……倘未之能，且当由敬畏人。事事知所谨，而于有不当为者有不肯为；念念知所畏，而于所不当为者有不敢为，充不肯为不敢为之心而进进焉。"③

仁与畏是人最基本的两种情态，人未达至仁的时候，畏就是其本真的状态。诚意是要从畏的情态进入仁的情态，因而在未达一体之仁时，要首先回归对非一体之物——他者——的敬畏。对他者的敬畏，是人清醒面对现实，摆正自我和世界关系的基本态度。畏是人未通天的状态，也是人通天的起始状态，持敬就是在当下自觉返回人对天的一种本真状态。

在诚意工夫中畏是人的基本情态，而在正心工夫中仁是人的基本情态，诚意的目标就是由畏到仁，正心的目标则是保持并扩充其仁。持敬的基础和起始阶段以畏为主基调，如果人不能领会天人合一的境界，不能体认到在观念社会之下潜藏的生活世界以及反映天人之境的性体，就只能一直处于畏的状态。

国学之敬，源于西周时人对天的敬畏。《诗经·周颂·我将》云："我其夙夜，畏天之威，于时保之。"④《诗经·大雅·板》云："敬天之怒，无敢戏豫。敬天之渝，无敢驰驱。"⑤《论语·季氏》云："君子有三畏：畏天命，畏大人，畏圣人之言。"敬的精神内核和各种外在的表现形式，都起源于巫史时代人们的事神、事天观念和祭祀仪式。周人由敬天畏天到以德配天，将敬发展为人的一种德行或德性。《诗经·鲁颂·泮水》云："穆穆鲁侯，敬明其德，敬慎威仪，维民之则。"⑥ 到了孔子的时代，敬天的神秘色彩淡化了，但其文化传统和仪式感仍然得到保留。《论语·泰伯》云："巍巍乎！唯天为大，唯尧则之。"《论语·八佾》云："祭如在，祭神如神在。子曰：'吾不与祭，如不祭。'"

---

① 李方子：《紫阳年谱后论》，《附录·传记资料》，《朱子全书》第 27 册，上海古籍出版社、安徽教育出版社，2010 年，第 645 页。
② 《朱子语类》卷 12，中华书局，1986 年，第 211 页。
③ 吴澄：《陈幼德思敬字》，《吴文正集》卷 10，景印文渊阁四库全书第 1197 册，第 123 页。
④ 《十三经注疏·毛诗正义》卷 19，北京大学出版社，1999 年，第 1302 页。
⑤ 《十三经注疏·毛诗正义》卷 17，北京大学出版社，1999 年，第 1152 页。
⑥ 《十三经注疏·毛诗正义》卷 20，北京大学出版社，1999 年，第 1400 页。

中国的这种敬，有些类似于西方宗教中的虔诚，但却有重要的差异。徐复观说："宗教的虔敬，是人把自己的主体性消解掉，将自己投掷于神的面前而彻底皈归于神的心理状态。周初所强调的敬，是人的精神，由散漫而集中，并消解自己的官能欲望于自己所负的责任之前，凸显出自己主体的积极性与理性作用。"① 国学工夫中的敬与宗教的虔敬在消解主体性方面具有相似性，但国学消解主体性的宗旨在于通过工夫实践来增益人自身，并不像宗教那样不诉诸行动而诉诸祈祷，让人无条件地皈依于神。持敬工夫中，敬畏是起始而不是终点，是工具而不是目的。持敬有助于人精神的收敛，它要从畏的情态中唤起人自身，而不是呼唤外在的神明。

国学在发展过程中，逐步淡化了敬所包含的天神意蕴，而返回到人与世界的互动关系上来。持敬从作用上看就是对自身的警觉或唤醒，旨在实现人生的觉醒，使人自觉看到人生和世界的整体，觉悟到自身的全局性问题和人生使命。朱熹云："人昏昧不知有此心，便如人困睡不知有此身。人虽困睡，得人唤觉，则此身自在。心亦如此，方其昏蔽，得人警觉，则此心便在这里。'学者工夫只在唤醒上。'……放纵只为昏昧之故。能唤醒，则自不昏昧；不昏昧，则自不放纵矣。"② 亦云："惺惺，乃心不昏昧之谓，只此便是敬。……然心若昏昧，烛理不明，虽强把捉，岂得为敬！"③

从工夫的具体内容或形式上看，持敬工夫的第一步，首先是在形态、动作方面下工夫，如：闲居时谨慎戒惧，形貌上庄重严肃，做事时小心认真，等等。

敬应用于外事主要体现在对人对事的谨慎态度上。孔子教人大都从言行实践上切入，《论语·颜渊》云："子曰：'出门如见大宾，使民如承大祭。'"这就是一种敬的外在状态。宋儒也强调要在洒扫、应对、进退等待人接物的行动中做工夫，在日常生活实践之中做工夫。程颐云："严威俨恪，非敬之道，但致敬须自此入。"④ 亦云："入德必自敬始，故容貌必恭也，言语必谨也。虽然，优游涵泳而养之可也，拘迫则不能入矣。"⑤ 朱熹云："二先生所论'敬'字，

① 徐复观：《中国人性论史·先秦篇》，九州出版社，2014年，第20—21页。
② 《朱子语类》卷12，中华书局，1986年，第200页。
③ 《朱子语类》卷17，中华书局，1986年，第373页。
④ 《河南程氏遗书》卷15，《二程集》，中华书局，2004年，第170页。
⑤ 《河南程氏粹言》卷1，《二程集》，中华书局，2004年，第1194页。

须该贯动静看方得。夫方其无事而存主不懈者，固敬也；及其应物而酬酢不乱者，亦敬也。故曰：'毋不敬，俨若思。'又曰：'事思敬，执事敬。'岂必以摄心坐禅而谓之敬哉？"① 亦云："但看圣贤说'行笃敬'、'执事敬'，则敬字本不为默然无为时设，须向难处力加持守，庶几动静如一耳。"②

持敬工夫的第二步，是对过往行为进行反思，检讨和省察自身的过失。

敬畏的态度常常用于不断检讨并排除不适当的行为。《论语·里仁》云："见贤思齐焉，见不贤而内自省也。"《论语·公冶长》云："吾未见能见其过而内自讼者也。"《论语·学而》云："曾子曰：'吾日三省吾身：为人谋而不忠乎？与朋友交而不信乎？传不习乎？'"朱熹云："人心常炯炯在此，则四体不待羁束，而自入规矩。……心既常惺惺，又以规矩绳检之，此内外交相养之道也。"③ 王廷相云："《论语》非礼勿视，非礼勿听，非礼勿言，非礼勿动，以克去己私，是教人动而省察之功也。"④ 对一般人来说，检讨外在的行为是比较容易入手并坚持的，"动而省察之功"是最简易可行的诚意工夫。

持敬工夫的第三步，是要针对内心虑念做工夫，杜绝不当的念头，达至内心虑念的收敛。

在这个阶段，敬走向了内心的收摄和专注，其外在的、形式化的行为表现不再那么重要了。《论语·子罕》云："子绝四：毋意，毋必，毋固，毋我。"对"意""必""固""我"的防范，是对虑念本身做工夫，不再是防范具体的行为过失。朱熹云："敬，莫把做一件事看，只是收拾自家精神，专一在此。"⑤ 敬不是要断绝思虑，而是收摄精神，心不放逸。与之相应，对慎独的解释也从独处变为独知。郑玄云："慎独者，慎其闲居之所为。"⑥ 而朱熹则云："独者，人所不知而己所独知之地也。言幽暗之中，细微之事，迹虽未形而几则已动，人虽不知而己独知之，则是天下之事无有著见明显而过于此者。是以君子既常戒

---

① 《答廖子晦》，《晦庵先生朱文公文集》卷 45，《朱子全书》第 22 册，上海古籍出版社、安徽教育出版社，2010 年，第 2078 页。

② 《答周舜弼》，《晦庵先生朱文公文集》卷 50，《朱子全书》第 22 册，上海古籍出版社、安徽教育出版社，2010 年，第 2335 页。

③ 《朱子语类》卷 12，中华书局，1986 年，第 200 页。

④ 《雅述》上篇，《王廷相集》第 3 册，中华书局，1989 年，第 856—857 页。

⑤ 《朱子语类》卷 12，中华书局，1986 年，第 215 页。

⑥ 《十三经注疏·礼记正义》，北京大学出版社，1999 年，第 1422 页。

惧，而于此尤加谨焉，所以遏人欲于将萌，而不使其滋长于隐微之中，以至离道之远也。"①

随着工夫论的不断内化，敬的对象从外在言行转变为内在的意念之后，再进一步就达至了人的本体。邹守益云："戒慎恐惧之功，命名虽同，而命意则别。出告反面，服劳奉养，珍宅兆而肃蒸尝，戒惧于事为也。思贻令名，必果为善；思贻羞辱，必不果为不善；戒惧于念虑也。视于无形，听于无声，全生而全归之，戒惧于本体也。"② 按照他的说法，"戒惧于事为""戒惧于念虑"这两个阶段之后，就该是"戒惧于本体"的阶段了。本体不是任何具体的对象，"戒惧于本体"阶段的工夫超出了诚意的范围，属于正心工夫。对本体的戒惧，是一种预防性的、无具体对象物的戒惧，这种状态已经超越了一般意义的畏，其实已经接近了某种仁的状态。

国学工夫以敬为主线，持敬贯通了动静，兼包省察和涵养，也兼跨了诚意和正心。持敬工夫中，从本体之外到达本体的过程是诚意，达至本体之后就是正心。在诚意阶段以省察为主，到正心阶段就以涵养为主。通常意义上，在做事过程中的省察就是持敬，在静坐时省察就是守静。悟得本体之后，在思、悟中体会道理并以本体之念用于做事，便是持敬涵养的工夫，这属于正心工夫。敬在未悟得本体时，状态是未定不稳的，情绪是畏惧的；待到悟得本体之后，敬以本然之道为依托，其状态"安定有主"且可以"随机而动"，情绪和状态则是仁而一体的。

敬原本没有本体之义，在宋代程朱理学的倡导下，持敬工夫从守静工夫那里引进了本体之义。吴澄云："《易》《书》《诗》《礼》四经中言敬者非一，训释家不过以敬为恭肃、严庄、祗栗、戒慎之义。至伊洛大儒，始有主一无适（适）之说。"③ 北宋二程倡导的主敬，既受到了佛教的潜在影响，也借鉴了周敦颐的主静，在敬的"恭肃、严庄、祗栗、戒慎之义"基础上强调了"主一无适"之义，而这个"一"就有本体之义。敬的"主一"最终要主于人的本体，这个本体原来是由静所代表的寂然不动之体。朱熹云："来教又谓熹言以静为

---

① 朱熹：《中庸章句》，《四书章句集注》，中华书局，1983 年，第 18 页。
② 《书谢青冈卷》，《邹守益集》卷 17，凤凰出版社，2007 年，第 819 页。
③ 吴澄：《敬斋说》，《吴文正集》卷 4，景印文渊阁四库全书第 1197 册，第 62 页。

本，不若遂言以敬为本，此固然也。然'敬'字工夫通贯动静，而必以静为本，故熹向来辄有是语。"①

虽然持敬指向的本体源自守静，但和佛教工夫却存在根本性的差异。朱熹云："吾儒唤醒此心，欲他照管许多道理；佛氏则空唤醒在此，无所作为，其异处在此。"② 程颐云："敬只是主一也。主一，则既不之东，又不之西，如是则只是中。既不之此，又不之彼，如是则只是内。存此，则自然天理明。"③ 在国学中，"一"和"中"都可以指本体，也就是世界的整体以及人的性体。

敬的"主一"就是诚，程颐云："主一者谓之敬。一者谓之诚。"④ 诚是敬所要达到的目标，是敬的终点。

敬之诚，首先要专一集中到物上去，要与物同。程颢云："夫能'敬以直内，义以方外'，则与物同矣。"亦云："德不孤，与物同故不孤也。"又云："'天地设位而易行乎其中'，只是敬也。敬则无间断，体物而不可遗者，诚敬而已矣，不诚则无物也。"⑤

进一步，敬之诚要专一集中到理中。与物同，就是领会了物之道，因而与物同的进一步就是要与道同、与理同。

程颢云："天地之间，亭亭当当，直上直下之正理，出则不是，唯敬而无失最尽。"⑥ 循道之念，自然"直上直下"无间断。王阳明云："道固如是，不直则道不见也。"⑦ 敬就是要保持克己循道的状态，谨慎地循物之道而不由己意即为敬。

朱熹云："心若走作不定，何缘见得道理？如理会这一件事未了，又要去理会那事，少间都成无理会。须是理会这事了，方好去理会那事，须是主一。"⑧ 亦云："以理为主，则此心虚明，一毫私意著不得。譬如一泓清水，有

　① 《答张钦夫》，《晦庵先生朱文公文集》卷32，《朱子全书》第21册，上海古籍出版社、安徽教育出版社，2010年，第1421页。
　② 《朱子语类》卷17，中华书局，1986年，第373页。
　③ 《河南程氏遗书》卷15，《二程集》，中华书局，2004年，第149页。
　④ 《河南程氏遗书》卷24，《二程集》，中华书局，2004年，第315页。
　⑤ 《河南程氏遗书》卷11，《二程集》，中华书局，2004年，第120、117、118页。
　⑥ 《河南程氏遗书》卷11，《二程集》，中华书局，2004年，第132页。
　⑦ 《答罗整庵少宰书》，《传习录中》，《王阳明全集》卷2，上海古籍出版社，1992年，第78页。
　⑧ 《朱子语类》卷115，中华书局，1986年，第2779页。

少许砂土便见。"① 由此可知，敬的要旨是要在做事的过程中保持思虑专一，专一到事物本身的礼和理中去。专一就是诚，专一做到极致，就会达到忘我的程度，实现了物我两忘，就会达及性体。

王阳明云："好色则一心在好色上，好货则一心在好货上，可以为主一乎？是所谓逐物，非主一也。主一是专主一个天理。"亦云："一者天理，主一是一心在天理上。若只知主一，不知一即是理，有事时便是逐物，无事时便是着空。惟其有事无事，一心皆在天理上用功，所以居敬亦即是穷理。就穷理专一处说，便谓之居敬；就居敬精密处说，便谓之穷理。"② 专一于天理，就是以物的本然之道为目标，而不是以物本身为目标。以物为目标是逐物，意味着人不能做物的主导，随物而迁。

一于天理，就进入了性体，就达至了诚。当持敬的工夫完全实现了诚，人就阶段性地完成了诚意的工夫。直接戒惧于本体，进一步保持和发挥性体的功能，让性体主导心体，就进入了正心的工夫环节。

渐修工夫之二：守静

自宋代开始，受到天台宗、华严宗、禅宗等中国本土佛教流派的影响，国学增加了以静坐为外在形式，以引发本体之念为宗旨的新工夫，这就是守静或静坐。李塨云："静坐。《十三经》未有其说，宋儒忽立课程，半日静坐，则几几乎蒲团打坐之说矣。"③ 他这个话不完全对，虽然受到佛学的启示和影响，但国学的静坐和僧人的静坐从原理到具体做法上都是有区别的。

守静通常是直接在虑念上做诚意工夫，以安静下来进行内省、内照为工夫内容。虑念上做工夫好比是做心灵体操。在心体中，性体是深层和内核的部分，这里和活跃、外显的表层相比，是安静的、潜藏的状态。要达至性体必须让心安静下来，让心态放松、放开，放弃对象化思考，进入直觉状态。

---

① 《朱子语类》卷113，中华书局，1986年，第2746页。
② 《传习录上》，《王阳明全集》卷1，上海古籍出版社，1992年，第11、33页。
③ 《上颜先生书》，《李恕谷先生年谱》卷2，《李塨全集》，河北人民出版社，2017年，第2039页。

守静首先要排除外界干扰，为入静创造条件。外界的影响会直接作用于心体的表层，引发情绪的起伏和思虑的动荡，甚至引起大起大落的剧烈变化，这就会屏蔽人对性体的知觉和感触。切断外界的干扰，才能引导念虑由情入理，在心体中下潜并接近性体。《大学》云："知止而后有定，定而后能静，静而后能安，安而后能虑，虑而后能得。"朱熹云："延平先生尝言：'道理须是日中理会，夜里却去静处坐地思量，方始有得。'某依此说去做，真个是不同。"①罗洪先云："凡人精神收敛宁静，而后意虑始精，言语有叙，动作有则。若一入以浮躁纷扰，即恐有视不见、听不闻之病。"②

守静的一个具体做法就是静坐，这是做虑念工夫的辅助方法。在国学工夫中，静坐往往是入门方法。朱熹云："始学工夫，须是静坐。静坐则本原定，虽不免逐物，及收归来，也有个安顿处。"③王阳明云："初学时心猿意马，拴缚不定，其所思虑多是人欲一边，故且教之静坐、息思虑。"④

在心体安静之后，要让隐藏的私心俗见显现出来，逐一检讨，并进行拔除。王阳明云："久之，俟其心意稍定，只悬空静守，如槁木死灰，亦无用，须教他省察克治。省察克治之功，则无时而可间，如去盗贼，须有个扫除廓清之意。无事时将好色好货好名等私逐一追究，搜寻出来，定要拔去病根，永不复起，方始为快。常如猫之捕鼠，一眼看着，一耳听着，才有一念萌动，即与克去，斩钉截铁，不可姑容与他方便，不可窝藏，不可放他出路，方是真实用功，方能扫除廓清。"⑤

实现静的办法是收摄意念，旨在进入无欲、无意的状态。人心常被私欲裹挟沾染，或追逐声色犬马，或无视大局实况，由此做工夫时需要平息当下的欲望和情绪，为天理良知的呈现扫除障碍。通过平息当下的欲望和情绪，可以促进虑念下潜，同时为反思和检讨作准备。蒙培元说："'无欲'是'主静'的真正内容。所谓静，并不是绝对静止，只是无欲所达到的一种精神境界。"⑥ 这固

① 《朱子语类》卷104，中华书局，1986年，第2616页。
② 《答刘龙山》，《罗洪先集》卷7，凤凰出版社，2007年，第266页。
③ 《朱子语类》卷12，中华书局，1986年，第217页。
④ 《传习录上》，《王阳明全集》卷1，上海古籍出版社，1992年，第16页。
⑤ 《传习录上》，《王阳明全集》卷1，上海古籍出版社，1992年，第16页。
⑥ 蒙培元：《理学范畴系统》，人民出版社，1989年，第404页。

然不错，但无欲并非守静的全部，守静最终的目标是要通达人的本体。

一般来说，静坐大致有如下步骤和做法：一是身形相对静止，均匀呼吸；二是平复情绪，放松心情；三是思前想后，放开思虑；四是梳理眼前的执念、困扰和牵挂，告诉自己放下负担；五是面向世界和人生，把眼光放长远，并回问本源和初心；六是思考事物间的必然联系和当前的整体态势，寻找本然的道理和当然的方向；七是不再聚焦对象物，放弃执念，进入无思无虑的状态，等待无我之境的到来。这些步骤也可以通过静卧或独自散步等其他方式去实现。

静坐的过程大致可以分为四个阶段。

第一阶段是身体和意念的放松，进入平静状态，然后和缓地收敛，让问题和困扰自然浮现，这是入静的工夫。静坐开始时并不能也没有必要完全无思无虑，而是要放开思虑和意念，先放后收，即先让思虑信马由缰地自在游走之后，再进行适当的收束。这样做是要让真正的执念和困扰浮现出来，为反思和内省打下基础。朱熹主张静坐时不必全无思量，而是随事而应。朱熹云："静坐非是要如坐禅入定，断绝思虑。只收敛此心，莫令走作闲思虑，则此心湛然无事，自然专一。及其有事，则随事而应；事已，则复湛然矣。不要因一事而惹出三件两件。如此，则杂然无头项，何以得他专一！"[1] 亦云："静坐只是恁静坐，不要闲勾当，不要闲思量，也无法。……若不能断得思量，又不如且恁地，也无害。"[2]

第二阶段是平静地直面执念和困扰，进行消解和拔除，这就是省察的工夫。要把执念和问题放到整个人生和世界的整体中去，脱离开个人的、当前的、暂时的情境和局面，回归事情的本然态势中，寻求非个人视角的、长远的、另辟蹊径的思路和方案。这样做是要引导个人真正把执念和困扰放下来，脱离小我，依循大道。朱熹云："痛抑（思虑）也不得，只是放退可也。若全闭眼而坐，却有思虑矣。……也不可全无思虑，无邪思耳。"[3] 对私心俗见不能一下全部斩断，而是要采取逐步"放退"的态度。省察的主要作用就是反思，以发现并排除问题为主要宗旨。

第三阶段是建立事物间的本然联系，贯通生成道理，这就是一种涵养工夫。

---

① 《朱子语类》卷12，中华书局，1986年，第217页。
② 《朱子语类》卷120，中华书局，1986年，第2885页。
③ 《朱子语类》卷118，中华书局，1986年，第2835页。

朱熹云："人也有静坐无思念底时节，也有思量道理底时节，岂可画为两涂……当静坐涵养时，正要体察思绎道理，只此便是涵养，不是说唤醒提撕，将道理去却那邪思妄念。只自家思量道理时，自然邪念不作。"① 亦云："事物之来，若不顺理而应，则虽块然不交于物以求静，心亦不能得静。惟动时能顺理，则无事时能静；静时能存，则动时得力。"② 这里朱熹强调，在拔除放退私心成见之后，要"顺理而应"，"体察思绎道理"，这样才能"得静"且"邪念不作"。涵养是有建设性和创造性的思，它既有对观念化、对象化的道理的设想和推演，也有对境域化、非对象化的本然之道的构建，但只有对本然之道的构建才是直接对人本体的涵养。在诚意的渐修阶段，涵养以有对象物的思考为主。

第四阶段是放弃所有的执念，不去留意特定的对象或具象，排除蓄意自觉的主动思虑，任由虑念在内境中自然运行，使天理良知自然呈现。这一阶段的静坐一般不再属于渐修工夫，而是要去直接证得本体，引发本体之念，这就是一种顿悟工夫。顿悟并悟得性体之后，静坐就进入正心阶段，其涵养工夫上升到了对本然之道或人本体的涵养。

古人对静的理解有一个发展的过程，从动静之静发展为本体之静。吴澄云："古今人言静字所指不同，有浅深难易。程子言性静者可以为学，与诸葛公言非静无以成学，此静字稍易，夫人皆可勉而为。周子言圣人定之以中正仁义而主静，与庄子言万物无足以铙（挠）心故静，此静字则难，非用功圣学者未之能也。"③ 刘宗周云："循理为静，非动静对待之静。"④ 这里"中正仁义而主静"和"循理为静"的静，都蕴含本体之义。

自北宋周敦颐之后，古人常常强调以静为本体。朱熹云："盖静即太极之体也，动即太极之用也。"⑤ 亦云："静体而动用，静别而动交也。"⑥ 吴澄云："不为外物所动之谓静，不为外物所实之谓虚。静者其本，虚者其效也。"⑦

---

① 《朱子语类》卷12，中华书局，1986年，第217页。
② 《朱子语类》卷12，中华书局，1986年，第218页。
③ 吴澄：《跋静安堂铭》，《吴文正集》卷63，景印文渊阁四库全书第1197册，第613页。
④ 《圣学宗要·阳明王子·良知答问》，《刘宗周全集》第3册，浙江古籍出版社，2012年，第219页。
⑤ 《朱子语类》卷94，中华书局，1986年，第2372页。
⑥ 《周易本义·系辞上传》，《朱子全书》第1册，上海古籍出版社、安徽教育出版社，2010年，第127页。
⑦ 吴澄：《静虚精舍记》，《吴文正集》卷45，景印文渊阁四库全书第1197册，第477页。

静坐是体认心之本体的重要方法。国学中，以敬为本体工夫者，在以静为本体工夫者之后，是受其启发而来的。陈献章云："于是舍彼之繁，求吾之约，惟在静坐，久之，然后见吾此心之体隐然呈露，常若有物。……有学于仆者，辄教之静坐，盖以吾所经历粗有实效者告之，非务为高虚以误人也。"①

体悟本体的静坐属于顿悟工夫，而渐修的静坐通常以反思和省察为主。渐修阶段的静坐，并不需要从第一个阶段开始，也不须一定达到第四个阶段。通常，静坐只需放松，不执着就可以了，关键是不能回避问题，要承认和接受现实，再把个体当前面临的现实问题放到整体和长远的筹划中去，把自我放到整个世界的背景中去。静坐以不思无虑为终点，但必须经过真切的反思阶段才有意义。

静坐的过程和道理有点类似于睡眠。睡眠的好处是，入梦可以简单顺利地达及非自觉状态，同时睡眠不但对修复精神状态和缓解心理压力有作用，还对身体机能的恢复有益；但睡眠缺乏反思的作用，对精神境界的提升效率不高。静坐和睡眠配合起来效果会更好，静坐通常也有利于提高睡眠质量。

守静，需防的弊端是由静而死寂，或由静而虚无、虚妄。朱熹云"所谓静者，固非槁木死灰之谓"。② 儒家讲静虚是正统，空、寂则较少。以静虚言境是贴切的，境有空寂之处，境之整体却非空寂。性体之境并非一个死寂的世界，而是万物一体的、活生生的内在世界，其中依然有天理流行，依然有生生之德。守静的最终目的，是要逐步接近和进入这个性体世界。

静的要旨在于通达本体，而不是让人在行为上完全安静不动。王廷相云："圣人主静，先其本体养之云尔。……世儒以动为客感而惟重乎静，是静是而动非，静为我真而动为客假，以内外为二，近佛氏之禅以厌外矣。"③ 王阳明云："人须在事上磨炼做功夫，乃有益。若只好静，遇事便乱，终无长进。那静时功夫，亦差似收敛，而实放溺也。"④

接近性体的意义在于发现真实的自我，为自己找到人生的意义和方向。对

---

① 《复赵提学佥宪》，《陈献章集》卷 2，中华书局，1987 年，第 145 页。
② 《答何叔京》，《晦庵先生朱文公文集》卷 40，《朱子全书》第 22 册，上海古籍出版社、安徽教育出版社，2010 年，第 1838 页。
③ 《慎言·见闻篇》，《王廷相集》第 3 册，中华书局，1989 年，第 774 页。
④ 《传习录下》，《王阳明全集》卷 3，上海古籍出版社，1992 年，第 92 页。

于性体健全的人，发现性体后，就可以率性而为，自然地依循天理良知行事。当他面临外在的严峻挑战，处于天人交战之时，就可以依靠性体之念为人生指示方向。对于性体并非饱满健全的人，他所面临的更多是来自内在的压力和挑战，此时接近和觉知性体就是要去发现和承认这些内在的问题和挑战，从而找到或创造可以适应、改善它们的条件和切入点，逐步激发性体自愈自通的功能。

先天工夫和后天工夫

渐修和顿悟的区分有时表现为后天工夫和先天工夫的区分，都与工夫形式以及对本体的作用方式相关。

顿悟是直接在性体上做工夫，但性体不可以刻意操弄，因而做顿悟工夫仿佛在刀尖上跳舞，是很不容易的。《孟子·公孙丑上》云："必有事焉而勿正，心勿忘，勿助长也。"《河南程氏遗书》云："越著心把捉越不定。"[1] 王阳明云："近岁来山中讲学者往往多说'勿忘勿助'工夫甚难，问之则云：'才著意便是助，才不著意便是忘，所以甚难。'区区因问之云：'忘是忘个甚么？助是助个甚么？'其人默然无对。"[2] 用主观自觉意识去"著意"做心上工夫，往往处于"忘"与"助"的两难之间。心上做工夫，离不开心的直觉，要在自觉和直觉之间找到平衡。顿悟是要直见性体，而性体对主观意识是潜藏的，是喜怒哀乐未发之中，探究性体就要到未发之前去探究，其难处就在于此。

关于性体能否直求，历史上是有争论的。

有人认为性体可直求，吕大临云："圣人之学，以中为大本。……中者，无过不及之谓也。何所准则而知过不及乎？求之此心而已。此心之动，出入无时，何从而守之乎？求之于喜怒哀乐未发之际而已。"[3] 但程颐和朱熹对此并不认同。程颐云："既思于喜怒哀乐未发之前求之，又却是思也。既思即是已发。

---

① 《河南程氏遗书》卷2上，《二程集》，中华书局，2004年，第46页。
② 《答聂文蔚二》，《传习录中》，《王阳明全集》卷2，上海古籍出版社，第82—83页。
③ 吕大临著，陈俊民辑校：《蓝田吕氏遗著辑校》，中华书局，1993年，第497页。

才发便谓之和，不可谓之中也。……若言存养于喜怒哀乐未发之时，则可；若言求中于喜怒哀乐未发之前，则不可。……于喜怒哀乐未发之前，更怎生求？"① 朱熹云："且曰未发之前，则宜其不待著意推求，而瞭然心目之间矣；一有求之之心，则是便为已发，固已不得而见之，况欲从而执之，则其为偏倚亦甚矣，又何中之可得乎？且夫未发已发，日用之间，固有自然之机，不假人力。方其未发，本自寂然，固无所事于执；及其当发，则又当即事即物，随感而应，亦安得块然不动，而执此未发之中耶？"② 朱熹认为这种未发之中，不能"着意推求"，不能"得而见之"，更不能"从而执之"，只能敬以存之。

这样的争议在王阳明的弟子中也存在。《明儒学案》云："龙溪谓'寂者心之本体，寂以照为用，守其空知而遗照，是乖其用也'。先生（德洪）谓'未发竟从何处觅？离已发而求未发，必不可得'。……龙溪从见在悟其变动不居之体，先生只于事物上实心磨炼，故先生之彻悟不如龙溪，龙溪之修持不如先生。"③ 王畿（龙溪）悟性高，一向以彻悟性体为宗旨，但钱德洪却在如何求未发的问题上持质疑态度。

为何理学家对性体是否可求争论不休呢？因为性体的存在方式，非常微妙。性体是一个完整的、内在的天人之境，它构成人所见世界的终极背景，是不可直接言说的。从义理上讲，人对性体的知是对其内境的境知，是无具体对象物之知，是无我之知、有念无意之知。这种知是个人化的内心体验，无法直接传达给别人，古人称为独知、乾知。王畿云："乾知即良知，乃浑沌初开第一窍，为万物之始，不与万物作对，故谓之'独'。以其自知，故谓之'独知'。"④ 亦云："夫独知者，非念动而后知也，乃是先天灵窍，不因念有，不随念迁，不与万物作对。"⑤

顿悟工夫的两难之处在于：一方面，性体潜藏在人意识深处，那里物我一体，没有主观意识的存在，故而的确不能以主观意识去刻意探求，一些理学家

① 《河南程氏遗书》卷18，《二程集》，中华书局，2004年，第200—201页。

② 《中庸或问》，《四书或问》，《朱子全书》第6册，上海古籍出版社、安徽教育出版社，2010年，第563页。

③ 《浙中王门学案·员外钱绪山先生德洪》，《明儒学案》卷11，《黄宗羲全集》第7册，浙江古籍出版社，1985年，第254页。

④ 《致知议略》，《王畿集》卷6，凤凰出版社，2007年，第131页。

⑤ 《答王鲤湖》，《王畿集》卷10，凤凰出版社，2007年，第264页。

担心如果去刻意探求则会陷入"想象恍惚"的虚妄境地；但另一方面，性体的存在是无可置疑的，它对人的影响是原初性的也是决定性的，"诚敬存之"毕竟是一种稍显消极的办法，心学家必须要以某种方式主动去体认它。因而，很多心学家都苦费心力，要从两难之中开辟出一条直达性体的道路。

王阳明云："某于此良知之说，从百死千难中得来，不得已与人一口说尽。只恐学者得之容易，把作一种光景玩弄，不实落用功，负此知耳。"① 良知的本体——性体，作为一个背景性世界，是不能直接言说的，阳明把它"与人一口说尽"，是"不得已"的，是不能说而强说的，虽强说其实也并不能完全"说尽"。良知要靠"实落用功"，并"从百死千难中得来"，光靠说并不能让人悟得良知，反而容易"把作一种光景玩弄"，阳明对此是十分警惕的。

人在关键时刻所做的人生抉择，到底是基于直觉本能多一些，还是基于主观自觉的思考多一些？人们不乏这样的人生经验，在事前往往自认为想得清楚明白，而一旦事到临头却只能凭直觉和本性去行事。与原初性的直觉相比，主观自觉的思考看似是更为理性和高级的，但并不能完全依靠它来安顿人们的身心。

国学要寻找人生的意义和行为的理性，虽然并未忽视主观自觉的思考，但是国学认识到仅仅基于名词概念的思考，无法达及人的内心，更无法达及人的本体，不能从存在论或本源的意义上为人的选择和决定找到依据。古代圣贤发现，外在的一切名象和现成之物都不足以让人们完全依靠，外在的一切固定原则或教条都不足以全面指导人生。对此，宗教往往指引人去求助于神，国学则指向了人生和世界的整体，以及这个整体在人心中的映射——性体。国学认为，人领会了这个整体，领会了人与世界的互动一体关系，才能找到人生的意义和方向。而这种领会，无法完全依赖主观自觉的思考，必须借助直觉的本能。这种直觉领会，就是本然之道所呈现的天理良知。王畿云："若彻底只在良知上讨生死，譬之有源之水，流而不息，曲直方圆，随其所遇，到处平满，乃是本性流行，真实受用，非知解意见所能凑泊也。"②

驾驭和引导直觉的工夫，就是国学的先天工夫。所谓先天，就是超越了观

① 《年谱二》，《王阳明全集》卷 34，上海古籍出版社，1992 年，第 1279 页。
② 《答谭二华》，《王畿集》卷 10，凤凰出版社，2007 年，第 269 页。

念社会中的后天经验，达到了人的本体层次。邵雍云："先天之学，心也；后天之学，迹也。"① 他这里已经略微有了先天为天机本体，后天为现成应迹的意思。王畿则进一步以能否被现成化来说明先天、后天之分。王畿云："良知者，本心之明，不由学虑而得，先天之学也。知识则不能自信其心，未免假于多学亿中之助而已，入于后天矣。"②

先天工夫，不是主观自觉意识所能左右的，不是概念、观念所能承载的。国学强调性体和直觉是先天的，并非说它们是天生一次成型的，而是说虽然它们也是后天习得的，但不能直接现成化地获取，而是要反复实践、潜移默化之后才能被领会。直觉中，既有动物性的本能所引发的直觉，也有人的社会性所引发的直觉；直觉中既有情、欲，也有仁、义。国学认为，如果直觉从性体出发，也就是从人生与世界的整体出发，那么它也具有理性。这种理性对人来说，是更本源和更原初的理性。国学所说的"身心性命"之学，就是从直觉上、本性上、存在论意义上理解人并塑造人的学说。

王畿以先天之学、后天之学来区分正心、诚意。王畿云："正心，先天之学也；诚意，后天之学也。……人之根器不同，工夫难易亦因以异。从先天立根，则动无不善，见解嗜欲自无所容，而致知之功易。从后天立根，则不免有世情之杂，生灭牵扰，未易消融，而致知之功难。"③ 王畿的先天与后天之分，在于做工夫时人是处于直觉状态还是自觉状态，或者人的意识所指向的是意会的内在一体世界还是语知的外在观念社会。性体是一个由直觉所意会的内在世界，它是人主观意识或概念化语言所不能进入和左右的，反映了真实无妄的生活世界，属于先天。而观念社会是概念、语言体系所支撑的外在世界，充斥着二手信息和世俗成见，属于后天。"人之根器不同"是说人的性体强弱不同，同时对生活世界的领会能力也不同，少部分人性体健壮并且已经对生活世界有了充分的领会，但大部分人性体不够健壮，或者对生活世界还没有充分的领会，因而他们无法直接发挥性体的功能。虽然先天工夫要依靠直觉，但"从先天立根"的先天之学强调工夫要以健壮的性体为基础，而不是无所依凭地把人

① 《观物外篇》，《邵雍集》，中华书局，2010年，第152页。
② 《致知议略》，《王畿集》卷6，凤凰出版社，2007年，第130页。
③ 《陆五台赠言》，《王畿集》卷16，凤凰出版社，2007年，第445页。

完全交付给直觉。

工夫"从先天立根"，是以直觉方式进入性体并激发性体的功能，以性体主导心体，这就是正心工夫；而工夫"从后天立根"，是以主观意识在性体外围扫荡世俗成见以消除主观性并引发出性体之念，这就是诚意工夫。王畿云："良知不学不虑，终日学，只是复他不学之体；终日虑，只是复他不虑之体。……工夫只求日减，不求日增。减得尽，便是圣人。"① 诚意工夫是减的工夫，减的对象是世俗成见，目的是恢复并发挥非现成化的性体的功能。

在一些心学家看来，工夫只有达及性体，直接在本体上下工夫，才是真正的、彻底的工夫。王畿云："惩窒之功有难易，有在事上用功者，有在念上用功者，有在心上用功者。事上是遏于已然，念上是制于将然，心上是防于未然。惩心忿、窒心欲，方是本原易简工夫。在意与事上遏制，虽极力扫除，终无廓清之期。"② 这里说"在心上用功"是指在心的本体——性体上用功。

良知不是一种现成的存在者，不是固化的知识或意见，与其说它是一种知，不如说它是一种知的能力。从能力角度说良知，它就是一种全体之知，故而"无不知"；从内容角度看，它不是任何一种具体的客观化的知，故而"无知"。只有把握了良知的这种特征，才能搞清楚心学所说的在念虑上做工夫的要旨：后天工夫就是在性体外做去执的工夫，要扫除各种现成化意见以接近性体；先天工夫就是去执之后进入性体并保持在性体内的工夫，目的是要发挥性体的统筹协调、以应万变的功能。

王畿云："夫无可无不可者，良知也；有可有不可者，意见也。良知变动周流，惟变所适；意见可为典要，即有方所。意见者，良知之蔽，如火与元气不容以并立也。学者初间良知致不熟，未免用力执持，勉而后中，思而后得。到得工夫熟后，神变无方，不思不勉而自中道。"③ 良知不同于意见，就在于良知是无执的、非现成的、不僵化的。后天工夫的要旨在于以执去执，在现成化的意见之中扬善去恶，而先天工夫是在无执中坚守无执。

---

① 《与存斋徐子问答》，《王畿集》卷6，凤凰出版社，2007年，第146页。
② 《留都会纪》，《王畿集》卷4，凤凰出版社，2007年，第97页。
③ 《与林益轩》，《王畿集》卷11，凤凰出版社，2007年，第294页。

性体内外与善恶有无

性体内、外是不同的，在性体内、外所做的工夫也有不同的要求。历史上，针对致良知工夫，有所谓"心""意""知""物"有无善恶的争论，这在某种意义上就是争论做工夫时念虑是在性体之外还是在性体之内。

《传习录》云："德洪与汝中（王畿）论学。汝中举先生教言，曰：'无善无恶是心之体，有善有恶是意之动，知善知恶是良知，为善去恶是格物。'德洪曰：'此意如何？'汝中曰：'此恐未是究竟话头。若说心体是无善无恶，意亦是无善无恶的意，知亦是无善无恶的知，物是无善无恶的物矣。若说意有善恶，毕竟心体还有善恶在。'德洪曰：'心体是天命之性，原是无善无恶的。但人有习心，意念上见有善恶在，格致诚正，修此正是复那性体功夫。若原无善恶，功夫亦不消说矣。'是夕侍坐天泉桥，各举请正。先生曰：'……二君之见正好相资为用，不可各执一边。我这里接人原有此二种。利根之人直从本原上悟入。人心本体原是明莹无滞的，原是个未发之中。利根之人一悟本体，即是功夫，人己内外，一齐俱透了。其次不免有习心在，本体受蔽，故且教在意念上实落为善去恶。功夫熟后，渣滓去得尽时，本体亦明尽了。汝中之见，是我这里接利根人的；德洪之见，是我这里为其次立法的。二君相取为用，则中人上下皆可引入于道。……利根之人，世亦难遇，本体功夫，一悟尽透。此颜子、明道所不敢承当，岂可轻易望人！人有习心，不教他在良知上实用为善去恶功夫，只去悬空想个本体，一切事为俱不着实，不过养成一个虚寂。此个病痛不是小小，不可不早说破。'"①

这里"利根之人"就是性体发育健壮且悟得性体之人，他们能够在一定程度上领会性体以及本体之念的作用。而普通人生活在观念社会，既不能以自觉意识去理解人的世界性，也不能以直觉下潜到意识深处去体验人的本体，所以他们的工夫要立足于观念社会的善恶之别。"习心"就是人的经验性观念，一

---

① 《传习录下》，《王阳明全集》卷3，上海古籍出版社，1992年，第117—118页。

般表现为成见，是有执的。"利根之人"是直接以本体之念做工夫的人，本体内是一体化的，无善恶的分别。

《天泉证道纪》对此也有记载："阳明夫子……提四句为教法：'无善无恶心之体，有善有恶意之动，知善知恶是良知，为善去恶是格物。'……绪山钱子（德洪）谓'此是师门教人定本，一毫不可更易。'先生（王畿）谓：'夫子立教随时，谓之权法，未可执定。体用显微只是一机，心意知物只是一事，若悟得心是无善无恶之心，意即是无善无恶之意，知即是无善无恶之知，物即是无善无恶之物。……天命之性，粹然至善，神感神应，其机自不容已，无善可名。恶固本无，善亦不可得而有也。是谓无善无恶。'"①

"无善无恶心之体"的"体"是指心的本体，即性体。性体内外是不同的，人对性体的领会也有已悟和未悟之分，因而王阳明因材施教，立教有"权法"。性体内是一体化的，没有善恶的分别，因而是至善之体。王畿云："性无不善，故知无不良。善与恶，相对待之义，无善无恶是谓至善，至善者心之本体也。"② 周汝登云："无善者，无执善之心，善则非虚。"③ 性体作为一体化的境体，无执于善恶，超越了善恶。

性体内无分别的思想并非明代才有。程颢云："所谓定者，动亦定，静亦定，无将迎，无内外。苟以外物为外，牵己而从之，是以己性为有内外也。且以性为随物于外，则当其在外时，何者为在内？是有意于绝外诱，而不知性之无内外也。"④ 这里的"性之无内外"是指性体的世界是一体化的，其中无内外之分的意思，既然无内外之分也就无善恶可言。

王畿云："夫心本寂然，意则其应感之迹；知本浑然，识则其分别之影。"⑤ 性体是一个内在的背景世界，是一个剔除了境象的境体，从无执、无僵化内容的角度看，它就是虚寂且空无的。王阳明云："圣人只是还他良知的本色，更不着些子意在。良知之虚，便是天之太虚；良知之无，便是太虚之无形。"⑥

① 《天泉证道纪》，《王畿集》卷 1，凤凰出版社，2007 年，第 1 页。
② 《与阳和张子问答》，《王畿集》卷 5，凤凰出版社，2007 年，第 123 页。
③ 《题刻立命文》，《周海门先生文录》卷 5，《周汝登集》，浙江古籍出版社，2015 年，第 145 页。
④ 《河南程氏文集》卷 2，《二程集》，中华书局，2004 年，第 460—461 页。
⑤ 《意识解》，《王畿集》卷 8，凤凰出版社，2007 年，第 192 页。
⑥ 《传习录下》，《王阳明全集》卷 3，上海古籍出版社，1992 年，第 106 页。

《传习录》云："先生曰：'有心俱是实，无心俱是幻；无心俱是实，有心俱是幻。'汝中曰：'有心俱是实，无心俱是幻，是本体上说工夫。无心俱是实，有心俱是幻，是工夫上说本体。'先生然其言。"① 从本体上说工夫，是从能力上看，心之本体——性体，知善知恶，可以应万变，这种心的能力是切实的，要从提高此能力方面下工夫；从工夫上说本体，是说性体在内容上并无现成化的东西可执，要在做工夫的过程中去除执念，保持虚明的心之本体。

王畿云："空空者，道之体也。"② 性体是完全贯通的空空之道体，其中只有本然之道，而本然之道是事物间的境域性关联，不是现成之物。现成的带有善恶标签的物，乃至现成的带有善恶标签的事，都是道体中尚未完全贯通并一体化的意识构建，它们存在于道体中的畏体部分。道体中完全通透的部分只有性体，它才是空无一物的。这就是性体本身或性体之内是虚寂的根本原因，也是性体之内无善无恶的根本原因。

王畿云："知是知非者，应用之迹；无是无非者，良知之体也。……良知无知，然后能知是非，无者，圣学之宗也。"③ 又云："良知惟无物，始能尽万物之变。无中生有，不以迹求，是乃天职之自然，造化之灵体。"④ 在王畿看来，性体在用上是实的，其体却是空的。

国学在理解性体的空无方面，走过了漫长的道路。佛教在其中扮演了重要角色，尤其是佛教中国化的代表——禅宗做了很大的贡献，它给了宋明理学很多启发。尽管心学家和禅宗对性的看法存在差异，但在对性体空无的认识上，却颇具一致性。六祖惠能偈云："菩提本无树，明镜亦非台。本来无一物，何处惹尘埃。"禅宗以此偈认为惠能可以见性，有资格继承五祖弘忍的衣钵。《六祖坛经》云："惠能言下大悟，一切万法不离自性。遂启祖言：何期自性，本自清净；何期自性，本不生灭；何期自性，本自具足；何期自性，本无动摇；何期自性，能生万法。"⑤ 万物的本然之道都被人一体化并含摄在人的性体之中，因此可以说"一切万法不离自性"，"自性能生万法"；万物关联意义的整

---

① 《传习录下》，《王阳明全集》卷3，上海古籍出版社，1992年，第124页。

② 《致知议略》，《王畿集》卷6，凤凰出版社，2007年，第132页。

③ 《艮止精一之旨》，《王畿集》卷8，凤凰出版社，2007年，第184页。

④ 《答季彭山龙镜书》，《王畿集》卷9，凤凰出版社，2007年，第214页。

⑤ 《金刚经·心经·坛经》，中华书局，2007年，第133、134页。

体构成了人的道体、性体，因此性体"本自具足"；性体内部是一体化的、至善的，因此它"本自清净"。与禅宗有所不同的是，儒家认为人有习得之性，性是日生日成的，因而从长期看，性并非"不生灭"或"无动摇"，当然仅从当下看，惠能的讲法也似乎能说得通。

性体是人心体、道体的本体部分，是空无之体、无我之境。性体之知是一种境体之知，只能以直觉去领会，而不能用主观意识去把捉操弄。王畿"四无"说——"心是无善无恶之心，意即无善无恶之意，知即无善无恶之知，物即无善无恶之物"，是立足于性体内部而论的。性体之内，是一个由本然之道所构造并贯通的一体化世界，是一个无善恶分别的世界，也是一个至善的世界。上根之人，就是能领会这个世界的人，他进入了这个世界，其心、意、知、物都是本然之道所构或所指，不需要再分辨善恶，也不需要再做固善除恶的工夫，只需任由本体之念循道而行、自动呈现、自然发作即可。性体的内在世界是一体的、至善的，人外在的一体世界也是一体的、至善的，当本体之念指向了外在的一体世界，其心、意、知、物仍然是至善的，或者说是无善无恶的。这就是王畿四无论的要旨。

王畿四无论强调了人之本体自身的特点，以及本体之念活泼、不滞、无执、至善的本色。在先天工夫中，人的意识或觉知一旦进入性体之内，就不再有善恶的分别，也无须再执着于善恶的区别。直接做性体上的工夫，必须剔除主观意识，做到对名象的不执，保持心态的洒脱。王畿云："有诸己谓信，良知是天然之灵窍，时时从天机运转，变化云为，自见天则。不须防检，不须穷索，何尝照管得？又何尝不照管得？……若真信得良知过时，自生道义，自存名节，独往独来，如珠之走盘，不待拘管，而自不过其则也。"[1]

性体之内无善无恶是非常微妙的说法，许孚远与周汝登两人曾对此进行了"九谛九解"之辩。许孚远云："人心如太虚，元无一物可著，而实有所以为天下之大本者在。故圣人名之曰中，曰极，曰善，曰诚，以至曰仁，曰义，曰礼，曰智，曰信，皆此物也。善也者，中正纯粹而无疵之名，不杂气质，不落知见，所谓人心之同然者也，故圣贤欲其止之。"而周汝登云："太虚之心无一

————————
[1] 《过丰城答问》，《王畿集》卷 4，凤凰出版社，2007 年，第 79 页。

物可著者，正是天下之大本，而更曰实有所以为天下之大本者在，而命之曰中，则是中与太虚之心二也。太虚之心与未发之中，果可二乎？"[1] 人的性体是"太虚之心"，也是未发之中，它作为构成人自身的意识场，自成一个世界，只能以自身或整个世界为依据，而不以任何他物为依据。许孚远的说法大体在理，但和周汝登尚有一线之隔。

性体内外之别，恰如天人合一之境与常人之境的区别，又如圣人与常人之别。这个天人合一之境，从人的内在角度看就是性体，从人的外部看就是其上道事物组成的一体世界。性体是人心中的圣人，天人合一之境是圣人的境界，其中万物一体，没有善恶你我之别。在未达及这个境界之前，人就会面对善恶你我的分别，要扬善除恶。进入这个境界之后，就会从容中道，不学而知，不虑而得，所行皆善。如果不能充分理解性体和一体世界，就难以理解"四无"说的奥妙所在。

顿悟工夫之一：体认性体

围绕本体去做的工夫可以划分为两段：从未入到初入的一段属于诚意工夫，入后的一段属于正心工夫，诚意工夫的关注点在入的过程以及入的方式。渐修和顿悟是两种入的方式，区别在于是在性体外围做渐进工夫还是要以进入性体为目标做直接工夫。王畿云："夫圣贤之学，致知虽一，而所入不同。从顿入者，即本体为功夫，天机常运，终日兢业保任，不离性体，虽有欲念，一觉便化，不致为累，所谓性之也。从渐入者，用功夫以复本体，终日扫荡欲根，祛除杂念，以顺其天机，不使为累，所谓反之也。"[2]

顿悟工夫的触发起始处是体认性体的存在。古人对性体最初的体认，既有间接的、义理上的领会，也有直接的、感性的体验。对性体的直接体认，是一种境体之知，一种直觉的领会。它往往是无具象而难言说的。对这种无对象物的本体之境的体认是何感觉呢？古人往往形容为"虚静"。

① 《九解引》，《周海门先生文录》卷1，《周汝登集》，浙江古籍出版社，2015年，第23、24页。
② 《松原晤语》，《王畿集》卷2，凤凰出版社，2007年，第42—43页。

早在先秦，荀子就对性体做了间接描述，但荀子并不以之为性，而是称为"大清明"之心。《荀子·解蔽》云："人何以知道？曰：心。心何以知？曰：虚壹而静。……虚壹而静，谓之大清明。万物莫形而不见，莫见而不论，莫论而失位。坐于室而见四海，处于今而论久远，疏观万物而知其情，参稽治乱而通其度，经纬天地而材官万物，制割大理，而宇宙里矣。恢恢广广，孰知其极！罩罩广广，孰知其德！涽涽纷纷，孰知其形！明参日月，大满八极，夫是之谓大人。"① 此处，大人即是圣人，而荀子话语体系里外在的圣人常常就类似于心性学派所言的内在性体。根据荀子的描述，心的统合贯通之能可谓之"大清明"，心本体的存在状态为"虚壹而静"，它和"万物""四海""天地""宇宙"等相关联，就是一个内在世界的整体，是一个贯通的"广广"之境。

宋代杨简记述了他体悟性体时的直觉体验。

初悟时，杨简云："某之行年二十有八也，居太学之循理斋，时首秋，入夜，斋仆以灯至，某坐于床，思先大夫尝有训曰：'时复反观。'某方反观，忽觉空洞无内外，无际畔，三才、万物、万化、万事、幽明、有无，通为一体，略无缝罅。畴昔意谓万象森罗，一理贯通而已，有象与理之分，有一与万之异，及反观后所见，元来某心体如此广大，天地有象有形，有际畔，乃在某无际畔之中。《易》曰'范围天地'，《中庸》曰'发育万物'，灼然灼然，始信人人心量皆如此广大。"②

见陆九渊后又悟，杨简云："壬辰之岁，富春之簿廨双明阁之下，某问本心，先生（九渊）举凌晨之扇讼是非之答，实触某机，此四方之所知。至于即扇讼之是非乃有澄然之清、莹然之明，匪思匪为，某实有之，无今昔之间，无须臾之离，简易和平，变化云为，不疾而速，不行而至，莫知其乡，莫穷其涯，此岂惟某独有之？举天下之人皆有之。为恻隐，为羞恶，为恭敬，为是非，可以事亲，可以事君，可以事长，可以与朋友交，可以行于妻子，可以与上，可以临民，天以是覆而高，地以是厚而卑，日月以是临照，四时以是变通，鬼神以是灵，万物以是生，是虽可言而不可议，可省而不可思。"③

① 《荀子集解》，中华书局，1988 年，第 395—397 页。
② 《炳讲师求训》，《杨简全集》第 9 册，浙江大学出版社，2015 年，第 2289—2290 页。
③ 《祖象山先生辞》，《慈湖先生遗书》卷 4，《杨简全集》第 7 册，浙江大学出版社，2015 年，第 1896 页。

对性体的直接体验是以直觉对直觉，不能刻意以主观意识去把捉和思索。它难以言传，只能用文学性的语言去描述个大概。

王畿叙述王阳明的悟道体验："（阳明）自谓尝于静中，内照形躯如水晶宫，忘己忘物，忘天忘地，与空虚同体，光耀神奇，恍惚变幻，似欲言而忘其所以言，乃真境象也。"①

罗洪先云："当极静时，恍然觉吾此心虚寂无物，贯通无穷，如气之行空，无有止极，无内外可指、动静可分，上下四方，往古来今，浑成一片，所谓无在而无不在。吾之一身，乃其发窍，固非形质所能限也。"②

黄宗羲描述聂豹的体验："先生之学，狱中闲久静极，忽见此心真体，光明莹彻，万物皆备。乃喜曰：'此未发之中也，守是不失，天下之理皆从此出矣。'及出，与来学立静坐法，使之归寂以通感，执体以应用。"③

李颙云："夏秋之交，患病静摄，深有感于'默坐澄心'之说，于是一味切己自反，以心观心。久之，觉灵机天趣，流盎满前，彻首彻尾，本自光明。太息曰：'学，所以明性而已，性明则见道，道见则心化，心化则物理俱融。跃鱼飞鸢，莫非天机；易简广大，本无欠缺；守约施博，无俟外索。若专靠闻见为活计，凭耳目作把柄，犹种树而弗培厥根，枝枝叶叶外头寻，惑也久矣。'自是屏去一切，时时返观默识，涵养本源，闲阅濂、洛、关、闽及河、会、姚、泾论学要语，聊以印心。"④

性体由贯通之道所构成，是人内在世界中贯通一体的主干部分，是无象之境，具有境域性和时空感。中国历代先贤所体验、所描述的性体之状，应是他们真切而深刻的人生经验。他们所描述的性体，确实体现了性体的境体性、贯通性、一体性和世界性。但性体本身是无具象的，他们的描述在具象或光景方面，也不排除受到了前人给予的心理暗示的影响，或许具有部分想象的成分。

对性体的这种直接体认，只是顿悟工夫的一种感性体验。这种体验不是人人都有的，也不是国学工夫所必需的。长期以来，一直有人对顿悟工夫抱有警

---

① 《滁阳会语》，《王畿集》卷3，凤凰出版社，2007年，第33页。
② 《答蒋道林》，《罗洪先集》卷8，凤凰出版社，2007年，第298页。
③ 《贞襄聂双江先生豹》，《明儒学案》卷17，《黄宗羲全集》第7册，浙江古籍出版社，1985年，第427页。
④ 李颙：《二曲集》，中华书局，1996年，第562页。

惕态度，认为不能以自觉的方式去直求顿悟，这是有一定道理的。在一部分理学家看来，不能从性体本身去体认性体，而是要从性体的外在发现上去体认性体。刘宗周《学言》云："问：'未发气象从何处看入？'曰：'从发处看入。'……'然则何以从发处看入？'曰：'动中求静，是真静之体；静中求动，是真动之用。体用一源，动静无端，心体本是如此。'"①

对于今人来说，不必刻意去追求直接地、感性地体验到性体。这种体验或许不请自来，或许永远也不会到来。今人可以用符合逻辑的方式去阐述关于性体的义理，以较为普遍化和理论化的方式去理解性体的存在状态和存在方式。虽然直觉的体验仍然不可或缺，但在义理上明确了大方向之后，偶然性和不确定性就大大降低了，这是今人胜于古人的一个优势。当然，仅仅体认到性体的存在还是不够的，体认到性体之后，还要进一步实现觉悟或觉醒。

顿悟工夫之二：觉悟与得道

何为悟道？如何算得道？明白地体验到天人之境和性体的存在，能够超越个人主观意识而主动进入本然之道构成的内在世界之中，就是悟道和得道。得道是真切领会了构成性体的本然之道，它意味着人觉悟到在观念社会之下还有一个真实的生活世界作为基础，同时在自我之内还有一个一体化的内在世界为自我奠基。

如何形象地描述悟道并得道的体验呢？它可以是这样一种体验：忽然从懵懵懂懂中意识到以往一直都困在自我意识的樊笼之中，而此时自己恰似一条终日在水下游泳的鱼偶然间跃出了水面，看见了它所栖息的江湖的全貌；也可以是这样一种体验：就仿佛在额头上又张开了第三只眼，窥破了所看世界和所见世界的不同，突然见到了以往熟视无睹的世间真相；还可以是这样的体验：经历了这么多，我的执念可以放下了，外面的世界仍然如此生意盎然地存在着……

林春云："圣贤之学，只是平实。故在我之处，不自以为异；在人之心，

---

① 《学言上》，《语类》12，《刘宗周全集》第3册，浙江古籍出版社，2012年，第337页。

亦自以为安。两忘其迹，人自相容，不可不慎。……自古乡居尤难，人皆陷溺，况平日素行不符，安能使人信服？故疑者惟信其旧，忌者不许其新。吾辈惟略其疑，忘之私，自尽其精实之极，以自尽其心，自尽其分而已。"① 在乡而居一般都处于常人之境，之所以"人皆陷溺"，是因为乡中是一个舆论环境封闭的观念社会。而圣贤之学的平实是教人追求本真，引人进入天人之境，因而不必顾忌人言众议，只需直面自己的本体，"自尽其心，自尽其分"就可以了。

本体之念是一种直觉之念，它把个人的主观意欲消散于世界之中。这种消散并非是灭绝了个人的情欲，而是把个人的情欲放在了世界的背景之中，与世界相和谐、相统一，使之合情合理、恰如其分、恰如所是，使之成为本然和当然。诚意工夫就是要发现、触发这种本体之念。这种本体之念是随境而生、随物而感、触机而发的，不是僵死不变的。在念虑上消除了人的主观性，摆脱了观念社会的羁绊，触发并领会了本体之念，就实现了诚意。心之本体的"一念灵明"是国学工夫的关注焦点，王畿云："千古圣学只从一念灵明识取，只此便是入圣真脉路。当下保此一念灵明，便是学；以此触发感通，便是教。"②

本体之念无行迹，难以把捉。首先是不能用语言把捉，王畿云："言者，所由以入道之诠。凡待言而传者，皆下学也。学者之于言也，犹之暗者之于烛、跛者之于杖也，有触发之义焉，有栽培之义焉，有印正之义焉，而其机则存乎心悟。不得于心而泥于言，非善于学者也。"③ 其次，也不能用主观意念去把捉。罗洪先云："落思想者，不思即无；落存守者，不存即无。欲得此理炯然，随用具足，不由思得，不由存来。此中必有一窍，生生夐然不类者。言此学常存亦得，言此学无存亦得。常存者，非执着；无存者，非放纵。不存而存，此非可以幸至也，却从寻求中得，由人识取。"④ 这里所说的思，是主观性、对象化的思。

如何能够开悟呢？王畿云："人悟有三：有从言而入者，有从静坐而入者，有从人情事变练习而入者。得于言者，谓之解悟，触发印正，未离言铨，譬之

---

① 林春：《简曾石塘侍御》，《林东城文集》卷下，《海陵丛刻》第 3 册，广陵书社，2019 年，第 420 页。

② 《水西别言》，《王畿集》卷 16，凤凰出版社，2007 年，第 451 页。

③ 《重刻阳明先生文录后序》，《王畿集》卷 13，凤凰出版社，2007 年，第 341 页。

④ 《别周少鲁语》，《罗洪先集》卷 15，凤凰出版社，2007 年，第 649 页。

门外之宝，非己家珍；得于静坐者，谓之证悟，收摄保聚，犹有待于境，譬之浊水初澄，浊根尚在，才遇风波，易于淆动；得于练习者，谓之彻悟，摩砻锻炼，左右逢源，譬之湛体冷（泠）然，本来晶莹，愈震荡愈凝寂，不可得而澄淆也。根有大小，故蔽有浅深，而学有难易，及其成功一也。"①

由听人言语或者读书学习而开悟，是外在因素引发的开悟，这种"解悟"是悟的起初阶段，是一个触发起始的过程。经由人静坐，用直觉去印证和亲身体验，这种"证悟"是悟的中级阶段，是一个深化发展、反复验证的过程。在现实世界中，人面临生死、进退、荣辱等重大抉择时，身心一体的真切人生体验也能引发人的觉悟，这种悟才是"彻悟"，是悟的高级阶段，是彻底信服并能直接反映到行动中的人生觉悟。

王畿举王阳明开悟的例子："先师之学，其始亦从言而入，已而从静中取证，及居夷处困，动忍增益，其悟始彻。一切经纶变化，皆悟后之绪余也。"②王阳明的开悟也经历了"解悟""证悟"和"彻悟"三个阶段，通过了"居夷处困"的艰难考验，才达到了高明的境界。

一旦悟道或得道，领会了性体的真实存在，就可以直接在性体上做工夫，这就是心学工夫的诀窍。王畿云："吾人一切世情嗜欲，皆从意生。心本至善，动于意，始有不善。若能在先天心体上立根，则意所动自无不善，一切世情嗜欲自无所容，致知功夫自然易简省力，所谓后天而奉天时也。若在后天动意上立根，未免有世情嗜欲之杂，才落牵缠，便费斩截，致知工夫转觉繁难，欲复先天心体，便有许多费力处。"③

顿悟工夫之三：见在良知的引发与忘化

通常，达及性体的结果是引致本体之念，本体之念在当下呈现并发作出来就是见在良知。"见在"为明代口语，即"现在""当下"之义，引发见在良知

---

① 《悟说》，《王畿集》卷17，凤凰出版社，2007年，第494页。
② 《悟说》，《王畿集》卷17，凤凰出版社，2007年，第494页。
③ 《三山丽泽录》，《王畿集》卷1，凤凰出版社，2007年，第10页。

是明代心学家做工夫的重要形式。见在良知，是良知本体所发之念，其本身是念而非良知本体，只是该念处于起始处、当下处，它与其所在情境之间存在密切关系。

人一直处于与外界的互动过程中，在做念虑工夫时，意识在仁与畏之间穿插往复，意识指向的外物也在一体世界和非一体世界之间来回摇摆，因而在现实中，诚意工夫和正心工夫是穿插进行或嵌套在一起的，难以进行精确的区分。从诚意的角度看，见在良知就是一种诚的意，它既可以说是本体所发之念，也可以说是排除了主观性的意。在笔者看来，诚意工夫的侧重点是见在良知的引发而不是对其的应用，引发出当下情境中的见在良知就是诚意工夫的一个具体成果。

本体之念是一种非自觉状态下的意识之流，难以用主观意识把捉。王畿云："念者心之用，所谓见在心也。缘起境集，此念常寂，未尝有也，有则滞矣；缘息境空，此念常惺，未尝无也，无则槁矣。"① 亦云："一念者无念也，即念而离念也。故君子之学，以无念为宗。"② 这里"无念"是指无主观意识。本体之念未脱离性体时属于未发，要让它彰显作用，就需要让它指向外在的具体事物，在当下引发出来。本体之念发作之后，就脱离了人的内在本体，但并未脱离人的外在一体世界，它指向了外界的一体之物，并接续了针对该物的非自觉行为。这种从本体发作出来的念就是见在良知。

见在良知的发端，就在当下直觉一念。这"当下"同时摄含了过去、未来，具有指向下一步行动的意向性。此念包含了价值判断和情感，但这个价值判断是不带主观性的，这个感情也不是个人的私情私欲。在直觉中，此念可以自照自察，即便受外境扰动而有所偏离，也能才动即觉，不远而复。人的性体是世界的全息性反映，其本身是自足的，能向整个外在世界投射，而不需要任何现成物作为中介。王阳明云："良知只是一个，随他发见流行处当下具足，更无去求，不须假借。"③ 它在可实践性上是具足完整的，虽然只是当下一念，仅是内容上的"一节之知"，但是由体现为"全体之知"的性体所发，以整个

① 《别曾见台漫语摘略》，《王畿集》卷16，凤凰出版社，2007年，第464页。
② 《趋庭漫语付应斌儿》，《王畿集》卷15，凤凰出版社，2007年，第440页。
③ 《传习录中》，《王阳明全集》卷2，上海古籍出版社，1992年，第85页。

性体作为背景世界，具备价值意义的"完整性"，是可以指导人、引领人的。

本体所发的见在良知，是良知本体在当下呈现的具体虑念。罗洪先云："故知善知恶之知，随出随泯，特一时之发见焉耳。一时之发见，未可尽指为本体，则自然之明觉，固当反求其根源。"① 故本体之念指向外物而发作出来之后，就脱离了未发之中的良知本体，成为已发之用，之后还有再被私欲遮蔽的可能。王阳明云："常人之心既有所昏蔽，则其本体虽亦时时发见，终是暂明暂灭，非其全体大用矣。"②

见在良知是具体的虑念，但并非"现成良知"，它不是现成物，只能在当下显现，不能直接被言说。见在良知由性体发出，指向了外在事物，但这个外在事物又是人所领会的一体之物，因此见在良知可以不受主观意识的影响，而仅受限于性体本身。王阳明云："我辈致知，只是各随分限所及。今日良知见在如此，只随今日所知扩充到底；明日良知又有开悟，便从明日所知扩充到底。"③ 王畿云："良知在人，不学不虑，爽然由于固有，神感神应，盎然出于天成，本来真头面，固不待修证而后全。"④ 亦云："凡在名目上拣择、行迹上支撑、功能上凑泊，而非盎然以出者，皆有所为而然也。"⑤

良知非现成化，要防止假托或冒认。王畿云："世间薰天塞地，无非欲海，学者举心动念，无非欲根。而往往假托现成良知，腾播无动无静之说，以成其放逸无忌惮之私，所谓行尽如驰，莫之能止。"⑥ 卢宁忠云："阳明先生之致良知，当先辩于知也。夫知有知觉之知，有意见之知，有本然之知，昧者均以为良知。夫知觉之知，人与物一也，有真率，无节制。意见之知，萌于念虑，善恶几焉。惟本然之知出于性天之灵觉，不待学习，童而知爱亲，长而知敬兄，感触而应，孺子入井而怵惕，见嘑蹴之食，无礼义之万钟而辞让，此谓本然之良知，所当致焉者也。"⑦ 见在良知是性体本然之道的呈现，把它称为本然之知

---

① 《甲寅夏游记》，《罗洪先集》卷3，凤凰出版社，2007年，第81页。
② 《传习录上》，《王阳明全集》卷1，上海古籍出版社，1992年，第23页。
③ 《传习录下》，《王阳明全集》卷3，上海古籍出版社，1992年，第96页。
④ 《书同心册卷》，《王畿集》卷5，凤凰出版社，2007年，第121页。
⑤ 《与胡栢泉》，《王畿集》卷10，凤凰出版社，2007年，第265页。
⑥ 《松原晤语》，《王畿集》卷2，凤凰出版社，2007年，第43页。
⑦ 《诸儒学案下二》，《明儒学案》卷54，《黄宗羲全集》第8册，浙江古籍出版社，1985年，第628页。

是恰当的。

见在良知有两点需要特别注意。一是良知之发现，是随机而发，不是僵化固化的现成之物。二是良知之发现，不是随处随时都可发，而是因人而异、因时而异。有些人很难触发见在良知，如果要使良知经常发现，就需要长时间持续努力修习。罗洪先云："世间那有现成良知？良知非万死工夫断不能生也。不是现成可得，今人误将良知作现成看，不知下致良知工夫，奔放驰逐无有止息，茫荡一生有何成就？"[①] 罗洪先强调良知不可轻得是有道理的，但程度上说得有些绝对。

见在良知在什么条件下才能呈现呢？当人处于物我两忘的状态下，内境、外境都是无我之境，且外境与内境在某物处重合时，意识指向该物才会引发见在良知。见在良知所针对的外物，同时也是内境性体中有所领会的一体之物。见在良知，其实就是内外交接处的道心。

王畿云："指见在良知，便是圣人体段，诚不可。"[②] 这是说，普通人也可以触发见在良知，这并非圣人的专利。见在良知的一念，发端于未发之中的性体，但该念在性体之内形成之后，指向了外在的事物并带动了人的行为，并体现为已发的诚意。它贯穿未发已发，打通并连贯了心内一体世界与外部一体世界。当外部世界更大范围和更深程度地被人一体化之后，就容易触发见在良知。圣人几乎把整个外部世界都一体化了，故而圣人的良知可以随时发现。常人对外部世界一体化的范围和程度有限，故而见在良知难以经常发现。

对常人来说，要在当下激发见在良知就要从起念的原初处、精微处下工夫。朱熹云："'几者动之微'，是欲动未动之间，便有善恶，便须就这处理会。若到发出处，更怎生奈何得？所以圣贤说慎独，便是要就几微处理会。"[③] 胡直云："非无念也，念而未尝为念；非无虑也，虑而未尝为虑。盖立于念虑之先而行乎感应之间，通乎天地民物古今无所为而不容已者是也。"[④] 要引发见在良知，就要关注念之初起处、细微处。王阳明云："良知至微而显，故知微可与

① 《松原志晤》，《罗洪先集》卷16，凤凰出版社，2007年，第696页。
② 《甲寅夏游记》，《罗洪先集》卷3，凤凰出版社，2007年，第86页。
③ 《朱子语类》卷76，中华书局，1986年，第1949页。
④ 《答程太守问学》，《衡庐精舍藏稿》卷20，《胡直集》，上海古籍出版社，2020年，第391页。

入德。唐虞受授，只是指点得一微字。"① "人心惟危，道心惟微；惟精惟一，允执厥中"，这十六字心传归根于道心之"微"，强调在起处、微处用功，回归主观性还没冒头时的原初道心状态。

本体之念脱离内在本体指向了外界之物后，就很容易把外界之物对象化，从而使无执之念变为有执之意，因此见在良知引发之后要注意保持在无执的状态。见在良知是一种情境意义上的意识呈现，原有的情境消失了，见在良知也就自然消失了。见在良知引发之后的无执往往表现为一种"忘化"。见在良知的引发以"几微"处为起点，它的存在以"忘化"处为终点。见在良知的引出和消散，都不容有执，要运转圆融无碍，最终都要以忘化为终了。见在良知的忘化，是忘化对念虑的操控之心，回归日常生活世界。人不能一直生活在一体世界中，日常的现实世界是一体世界和非一体世界交织在一起的世界。如果不能自在地回归现实世界，就会沉迷于虚空，把工夫变成玩弄光景的游戏。王畿云："吾人见在感应，随物流转，固是失却主宰，若曰吾惟于此处收敛握固，便有枢可执，认以为致知之实，未免犹落内外二见。……骊龙护珠，终有珠在，以手持物，终日握固，会有放时，不捉执而自固，乃忘于手者也，惟无可忘而忘，故不待存而存，此可以自悟矣！"②

修习诚意工夫，要从内在世界回归外界现实世界，从念虑回归实践，要进得去也要出得来，既要能体验性体之妙，还要把这妙处应用到现实中去。只有始终不脱离现实，才算是诚意工夫进入了化境。王畿云："夫悟与迷对，不迷所以为悟也。百姓日用而不知，迷也；贤人日用而知，悟也；圣人亦日用而不知，忘也。学至于忘，悟其几矣乎！"③ 诚意工夫做到极致，就忘掉工夫而回归了日常的现实世界。

能否回归现实世界，是国学与禅宗的重大区别。国学的心性工夫，特别是尤执于本体之念的工夫，大量借鉴并吸收了禅宗的经验。但国学所讲的性体的空无，是指人意识活动的空灵，而不是外界事物存在性上的空幻。人的性体作为一个背景性的世界，是隐匿且空灵的，由境域性贯通的本然之道所构成，人

---

① 《绪山钱君行状》，《王畿集》卷20，凤凰出版社，2007年，第585页。
② 《答罗念庵》，《王畿集》卷10，凤凰出版社，2007年，第234页。
③ 《悟说》，《王畿集》卷17，凤凰出版社，2007年，第494页。

对这个内在世界去做工夫，必须无执而循道，不能受制于任何僵化的现成之物。国学的这种无执工夫，其目的不是要把事物都虚无化并劝导人放弃世间的一切，而是最终要让人回到现实世界中，更好地把现实世界一体化，更好地包纳和统贯现实世界，实现天人合一。

禅宗工夫是让人完全解脱、一了百了、彻底放手的一套理论和实践工夫，而国学工夫是让人放下包袱轻装上阵之后还要面对现实世界而有所作为的工夫。这既是国学实践的艰难之处，也是国学生命力之所在。国学的去执工夫，不是要让人陷入空幻，而是要让人始终能够克服现实条件的制约，保持能动性和机动性，时时可以随机应变，调整方向。国学教导人们，要永不僵化和保守，保持心的空灵和敏锐，不骄傲自满。要既能坦然面对过去，接受和承认已有的现实；也能清醒地面对未来，能抓住稍纵即逝的机会把潜在的可能性变为现实性。

国学的工夫无论是行为上持敬专一还是念虑上操运无执，最终都要返璞归真，走出封闭的自我，向现实世界充分展开自己。人的性体不是终极的存在，而是现实世界在人身上的综合的、一体化的、历史性的反映，它既是人心之灵，也是天地之灵。脱离了生机勃勃的外在世界，人的性体就会僵化枯萎，人就会失去生机和活力。国学工夫，是要提升人的内在力量，提高人面对外界变化的适应能力，因此切忌沉迷于内心世界而不能自拔，切忌陷入空谈而疏于实务。

第四章

正心

正心是对心体的整体性把握，宗旨是使心体中的性体充分彰显出来，发挥性体对心体的统合贯通作用。正心的过程是一个双向互动的过程，既有性体由内至外的舒展发挥，也有外在世界对性体的滋养充实。正心的要义在于在双向互动中保持动态平衡，执守"未发之中"并引致"已发之和"，秉持中庸之道，实现外在的天人合一，即人与世界的统一。只有通过诚意通达了性体，朝向了人生和世界的整体，才能发挥出性体的综合平衡作用，实现正心的效果。从当下看，正心主要是性体的舒展和挥发，这是一个居仁由义、率性直行的过程；从长期看，正心是性体的扩充与生长过程，是人通过持志努力不断领会新事物，获取新的习得之性，并持续扩大其一体世界的过程。

正心、尽性与达仁

正心的出发点是人的整个心体。朱熹云："心，言其统体；意，是就其中发处。……意小心大。"[1] 言心往往是就人的整体状态来说的。

---

[1] 《朱子语类》卷15，中华书局，1986年，第304页。

《大学》云："所谓修身在正其心者，身有所忿懥，则不得其正；有所恐惧，则不得其正；有所好乐，则不得其正；有所忧患，则不得其正。心不在焉，视而不见，听而不闻，食而不知其味。此谓修身在正其心。"忿懥、恐惧、好乐、忧患等，是心的某种整体状态，反映了人与世界的某种对立性关系。朱熹云："盖天命之性，万理具焉，喜怒哀乐，各有攸当。方其未发，浑然在中，无所偏倚，故谓之中；及其发而皆得其当，无所乖戾，故谓之和。"① 忿懥、恐惧、好乐、忧患等，恰恰是不"和"的表现，未能体现"未发之中"。

《大学》言心而未言性，主要讲人生的实践，其思想呈现出古老而质朴的特点。从同时代其他文献看，"心在"的含义是"心使"，即心在发挥作用，使人有主。《荀子·解蔽》云："岂不蔽于一曲而失正求也哉！心不使焉，则白黑在前而目不见，雷鼓在侧而耳不闻，况于使者乎？"② "心不在焉"或"心不使焉"的字面意思都是说心没有正常发挥作用，从而导致人的知觉功能受影响。

孔子未曾直接讲过正心，但孔子反复强调的"仁"与正心密切相关。《论语·颜渊》云："为仁由己，而由人乎哉？"亦云："克己复礼为仁。""由己"和"克己"既是对立的，但又都统一于仁，国学工夫就是要处理这两个"己"之间的对立统一关系。一般说来克己之后才能由己，诚意工夫主要是讲如何克己，正心工夫主要是讲克己之后如何由己。所谓由己，就是要发挥出"未发之中"，让人内在的性体彰显出来。

孔子的忠恕之道具有正心的内涵。《论语·里仁》云："曾子曰：'夫子之道，忠恕而已矣。'"朱熹《论语集注》云："尽己之谓忠，推己之谓恕。……或曰：'中心为忠，如心为恕。'于义亦通。"③ 戴望《论语戴氏注》云："忠者，设中于心；恕者，如心所欲以施于人。"④ 可见，以忠恕之道行仁具有让心中正之义。

① 《中庸或问》，《四书或问》，《朱子全书》第 6 册，上海古籍出版社、安徽教育出版社，2010 年，第 558 页。
② 《荀子集解》，中华书局，1988 年，第 387 页。
③ 朱熹：《论语集注》卷 2，《四书章句集注》，中华书局，1983 年，第 72 页。
④ 黄怀信主撰：《论语汇校集释》，上海古籍出版社，2008 年，第 343 页。

忠与中道紧密联系，而中又指向了性体。《左传·昭公十二年》云："外强内温，忠也。……外内倡和为忠。"[1] 《国语》云："考中度衷，忠也。"[2] 《尚书·盘庚中》云："各设中于乃心。"孔安国《传》云："和以相从，各设中正于汝心。"[3] "设中于心"是在心内设立可以进行权衡测度的标尺，以把握心的整体。程颐云："中即道也。若谓道出于中，则道在中外，别为一物矣。……中也者，所以状性之体段。……不偏之谓中。道无不中，故以中形道。"[4] 朱熹云："一性浑然，道义全具，其所谓中，是乃心之所以为体而寂然不动者也。"[5] "中"通常就是指心的本体——性体。

正心不是以任何外在的对象化事物来匡正心体，而是让心的本体自然呈现出来，发挥出来，实现自身的发展和扩充。朱熹云："正心，却不是将此心去正那心。但存得此心在这里，所谓忿懥、恐惧、好乐、忧患自来不得。"[6] 亦云："人之一心，湛然虚明，如鉴之空，如衡之平，以为一身之主者，固其真体之本然……则其鉴空衡平之用，流行不滞，正大光明，是乃所以为天下之达道，亦何不得其正之有哉?"[7] 格物、致知、诚意的原初含义都隐含通天的意蕴，但这个天对于人来说还具有一定的外在性。而正心强调人的天命之正、心德之全。正心可以理解为：人的天命之性本就与天相通，具有未发之中，人可以发挥其天命之性并与外在之天相和，把整个外在世界都一体化，让人的领域覆盖外部世界。

在国学中，性是连接天道和人道的重要环节。《大学》一书并未直接从性的角度去谈正心，但如果超越《大学》的原文，从国学整体的角度看，正心之学与心性之学密切相关。《孟子·尽心上》云："尽其心者，知其性也。知其性，则知天矣。存其心，养其性，所以事天也。"从性的角度看心，往往不说正心

① 《十三经注疏·春秋左传正义》，北京大学出版社，1999年，第1301页。
② 《周语上》，《国语集解》，中华书局，2019年，第35页。
③ 《十三经注疏·尚书正义》，北京大学出版社，1999年，第241页。
④ 《与吕大临论中书》，《河南程氏文集》卷9，《二程集》，中华书局，2004年，第606页。
⑤ 《答张钦夫》，《晦庵先生朱文公文集》卷32，《朱子全书》第21册，上海古籍出版社、安徽教育出版社，2010年，第1419页。
⑥ 《朱子语类》卷16，中华书局，1986年，第344页。
⑦ 《大学或问》，《四书或问》，《朱子全书》第6册，上海古籍出版社、安徽教育出版社，2010年，第534页。

而说"尽心养性",实际上是讲性体的发挥和扩充,而发挥、扩充性体是要实现人与外部世界的统一,即"事天"。在对心作更理论化的阐释之后,性就逐步彰显出来,正心被解释为尽性或养性。

正心的内在依据是人的性体,外在准绳则是外界之天,正心是在天人之间执中致和,是一个行仁合天的过程。《大学》文本的正心是从人的外在整体状态以及心的知觉功能能否正常发挥的角度来谈的,这种人的外在表现恰恰反映了心之本体——性体的功能。正心的要义在于以中道去把握心体,进而在整体上把握人和世界的动态关系,做到内外和谐。

从长期看,正心的方式主要是对性体的充实,心不扩充就难于自正。心之运作,譬如作水墨画,只能添笔墨,却不能减笔墨。正心之"正",义在"滋养""扩充"而求其"全"或"完整",而非主观的、生硬的"纠正"。王夫之云:"大人不失其赤子之心,而非孤守其恻隐、羞恶、恭敬、自然之觉,必扩而充之以尽其致,一如天之阴阳有实,而必于阖辟动止神运以成化,则道弘而性之量尽矣。盖尽心为尽性之实功也。"①

把正心理解为以人自身的展开去领会和包纳外部世界,不断扩大一体世界的范围,这就是一种具有普遍意义的"通天"。在这个过程中,对一体世界的整体把握就是执中,与外在世界的互参互动就是事天。王夫之云:"特恐理不足以治欲,而性不足以正情,则既动之后,有迷其性而拂乎天者。故君子知此人不及知、己所独知之际为体道之枢机,而必慎焉,使几微之念必一如其静存所见之性天,而纯一于善焉。其动而省察者又如此。盖以天与性昭见于动时,而以此尽道以事天也。"②

在当下,心不正表现为性体的统合平衡功能没有发挥出来,而从长期来看,心不正表现为性体的发育不够健全苗壮。心不正、不全的原因至少有两重:一是心内世界褊狭,不广阔,未包纳并一体化更广阔的世界;二是心的统贯、外推能力不足,对新鲜事物缺乏理解、吸收的兴趣和能力。在历史意义上,正心是要人在世界面前更充分地展开自身,不断扩充性体,而扩充性体的

① 《张子正蒙注·诚明篇》,《船山全书》第12册,岳麓书社,1992年,第117页。
② 《四书训义》卷2,《船山全书》第7册,岳麓书社,1990年,第106—107页。

方法是在见闻上增广，在事上磨砺，把更多事物纳入上道状态。王夫之云：
"性函于心而理备焉，即心而尽其量，则天地万物之理，皆于吾心之良能而著；
心所不及，则道亦不在矣。"[①]

性体亦是仁体，正心也是仁体的外推和扩展。将一体之仁不断外推至整个
世界，这是一个行仁致善的过程。王夫之云："古人之大过人者，只是极心之
量，尽心之才，凡所欲为，皆善推以成其所为。则有其心，必加诸物，而以老
吾老、幼吾幼，则吾老吾幼即受其安怀；及人之老、及人之幼，而人老人幼亦
莫不实受其安怀也。扩大而无所穷，充实而无所虚，以保妻子，以保四海，一
而已矣，则惟其有恩之必推者同也。"[②]

心之结构 ～⌒っ

何为心？人领悟并操持事物的能力和范围即为心，而事物都在心所涵盖、
关联着的意义整体之内。心具有一定的能力，又具有相应的内容。朱熹云：
"所觉者，心之理也；能觉者，气之灵也。"[③] 心依靠对事物关联性意义的持续
领会而不断收纳和整理着物之道，生成并重组着人的内在世界。《孟子·告子
上》云："孔子曰：'操则存，舍则亡；出入无时，莫知其乡。'惟心之谓与？"
对于人的主观意识来说，心是难以把控的，而国学就是要在心上做文章。

心的构境能力是心的一个根本能力，它是心具有综合反应能力的前提，是
支持心各种能力的基石。在构境并具有境体之知的基础上，人才具有对境中物
的意向之能（从背景中分辨、聚焦事物的能力）、理解新事物之能（在意识空
间收纳、陈列事务之能）、对过去未来现在三者的统摄之能（时间意识、面向
未来的筹划之能），等等。

心感知并领会事物，总要以已有的领会作为背景和基础，并调整和改造原

---

① 《张子正蒙注·中正篇》，《船山全书》第 12 册，岳麓书社，1996 年，第 182 页。
② 《读四书大全说》卷 8，《船山全书》第 6 册，岳麓书社，1991 年，第 905 页。
③ 《朱子语类》卷 5，中华书局，1986 年，第 85 页。

有的框架体系以把新事物纳入其中。这种充当理解事物背景的，就是人的道体以及其中的性体。道体、性体的内容不是由一个个外在对象的具象组合而成的，而是由事物与人之间、事物与事物之间的场域化关联因缘勾连而成的。在心体中，以道体、性体为背景和依托，各种事物及其具象才会得到揭示和呈现。

物之道构成人的道体，道体中既有各种对立物的境域化关联——非本然之道；也有完全隐入背景的一体化关联——本然之道。本然之道的道体构成性体。从心体到道体，再到性体，这就是心的三层结构。

古人承认心存在一定的层次和结构。《朱子语类》云："问：'心之为物，众理具足。所发之善，固出于心。至所发不善，皆气禀物欲之私，亦出于心否？'曰：'固非心之本体，然亦是出于心也。'又问：'此所谓人心否？'曰：'是。'"① 这里谈到的"气禀物欲之私"是出于心的，但不是出于心的本体，可见在朱熹看来，心的结构中有本体的部分，也有非本体的部分。

性是心的本体，古人依据性、情的不同表现，区分了心的表层状态和深层状态，分析了心的结构。朱熹云："心以性为体，心将性做馅子模样。盖心之所以具是理者，以有性故也。"② 亦云："心如水，性犹水之静，情则水之流，欲则水之波澜，但波澜有好底，有不好底。欲之好底，如'我欲仁'之类；不好底则一向奔驰出去，若波涛翻浪；大段不好底欲则灭却天理，如水之壅决，无所不害。"③ 心体表层，是和情、欲直接关联的，这个层面是活跃的，动如流水，难以把捉；而心体最深层的性体，则是沉淀下来的部分，一般处于静而不动的潜藏状态。

本书所说的心体实际上是一种广义心体，除了含括道体，还含括心内世界中临时呈现的事物及其具象，它们往往直接关联着人在当下情境中的情绪和意欲。有些古人以体用之别来区分性体和心体，把心的本体当作"心体"，而把广义心体中道体之外的部分当作"心体之用"。朱熹云："心之为物，实主于

① 《朱子语类》卷5，中华书局，1986年，第86页。
② 《朱子语类》卷5，中华书局，1986年，第89页。
③ 《朱子语类》卷5，中华书局，1986年，第93—94页。

身，其体则有仁义礼智之性，其用则有恻隐羞恶恭敬是非之情，浑然在中，随感而应，各有攸主，而不可乱也。"① 这里的心体实际上是本书所说的性体。

还有人明确区分了心体和性体。刘宗周云："从性体看来，则曰莫见莫显，是思虑未起，鬼神莫知时也。从心体看来，则曰十目十手，是思虑既起，吾心独知时也。然性体即在心体中看出。"② 刘宗周按照是否存在对象化的思虑，来区分性体和心体。性体作为一体化、背景性的世界，对主观意识而言是隐而不现的，思虑的对象物无法在性体内呈现，可以称为"鬼神莫知"；而在心体中思虑的对象物以性体为背景得以显现，可以形容为"吾心独知"；性体虽然本身隐而不现，但心体中的事物要依托它才能显现，它就在心体之内发挥作用，可以表述为"性体即在心体中看出"。

心体和性体之间的桥梁是道体。道体反映了人与外界所有的境域化关联（包括人的所有社会关系），构成了可以持续的内在世界的整体和领会新事物的基础或背景。人领会的道分为本然之道和非本然之道，它们对人自身的意义是不同的，与人之自我的关系也有近有远。能对人起决定性作用并能使人的自我得以确立的，只有本然之道。本然之道对人来说是通透的，与人完全贯通一体的，但非本然之道则是尚未完全贯通的，会呈现为心内的他者。

念虑在性体中循道运行，本然之道就会以天理良知的形式向人呈现。这种意识活动对外而言是隐而不露的。当念虑指向心内与人一体的事物、未脱离人的本体时，仍属于未发。只有人的念虑脱离了人的内在一体世界，指向了外界之物或者进入了内在的非一体世界，才会表现为已发状态。

念虑穿梭于性体之内时，近似于一种无主观意识的直觉环视，像探照灯扫过一样，把本然之道显现为天理良知。天理良知也并非现成之物，它对人是内显的，并不直接在外部的观念社会显现。观念社会中由语言所表述的现成化的命题或理论，只是天理良知的一种僵化变形或外在异化形式。

需要强调的是，这里所说的心体、道体、性体的层次和结构是一种形象的

① 《大学或问》，《四书或问》，《朱子全书》第 6 册，上海古籍出版社、安徽教育出版社，2010 年，第 527 页。

② 《学言上》，《语类》12，《刘宗周全集》第 3 册，浙江古籍出版社，2012 年，第 343 页。

比喻，并非其实际结构状态。心体、道体、性体等各种"体"都是以场态方式运行的意识场，并不存在静态的、固态的结构。它们之间的作用方式是场与场之间的渗透、叠加作用，类似于量子力学中"波"的作用方式。性体既在人的最切近处，就是自我本身；又在人的最远端，构成了我观看外物的背景。如此看来，心体和性体看似是互相包围的。从生成机制来看，外物进入性体必须经由心体的反复淬炼和验证，直到成为本然之道而与自我一体为止，故而看似心体包围了性体，性体是心体的内核；但从心体中事物呈现的角度看，性体充当了该事物的背景，隐藏在心体的边缘处或外围处，看似性体包围了心体。如果不能理解"场"相互叠加的作用方式，以固态或静态的眼光去看心体和性体，就会得出矛盾的结论。

对象化的、可以言说的意识内容，只是心的冰山上露出水面的一角，而心体中的意象和充当意象背景的道体、性体则是水下的部分。这露出水面的一角，可以称为显心，其他部分可以称为隐心。当然，显和隐都是对外界而言的，都在人自己的觉知范围之内。隐心往往表现为一种原初的构境活动，显心的表现形式则不是"构境"本身，而是把构境的意象固化为某种"对象物"或"识"，呈现为能对外传递的某种僵化的概念或观念。在观念社会中，人们能自觉知晓并言说的只有显心中的"对象物"或"识"。

知是事物在心内呈现的过程，识是其呈现的对象化、现成化的内容或结果。识通常是僵化、片段化的内容，是心海上的漂浮物。世事变幻莫测，心念操运不息，海中漂流不定的小船不能成为人的栖息之地，只能作为临时性的落脚点。人们不缺乏这样的经历：一个新的想法、一本新书、一句警语或一种信念，在一个特定的情境下像一道闪电突然照亮了世界，让人感觉整个世界都一下子鲜活起来。但随着时间的流逝，这曾经照耀心灵的东西却不再闪亮，它如冰山随洋流而远去，如秋叶随西风而凋零。与人共在的只有这个世界的背景和其在人心中一体化的倒影——性体。

心在天人互动中总要呈现为某种状态、形式或内容。从能否反映人的一致性或整体性的角度看，心的呈现形式和内容可以分为本心和习心。本心是性体本然之道的呈现，而习心是非本然之道的呈现。当未受主客之间功利性因素干扰时，人面向心内世界的整体，意念和情感就由人的本体自然发作，这就是本心。而习心是主观性的人面向作为对立物的客体，受到功利性外在因素干扰而产生的意念或情感。习心往往是观念社会的产物，通常表现为经验性的成见，具有对象性、具体性和功利性。本心是人本体的外在表现，人的本体通过本心得以在外部世界显现。本心的显现，背后潜藏着人对天人之境的整体领会，体现着天人合一、物我两忘的存在状态和存在方式。

仁与畏

"仁"是指人与其他事物（尤其是他人）之间亲熟一体的情态和关系，体现了本然之道最基础性的特征。仁的本义是亲，即人与人的亲近。《说文解字》云："仁，亲也。"① 《中庸》第二十章云："仁者人也，亲亲为大。"《孟子·告子下》云："亲亲，仁也。"《荀子·礼论》云："凡生乎天地之间者，有血气之属必有知，有知之属莫不爱其类。"② 仁的生发点就是和他人的亲熟，把他人当作自己人而生亲爱之心。

有很多人认为仁就是爱，提倡以爱训仁，但仁不是无原则地去爱人。《论语·里仁》云："子曰：'唯仁者能好人，能恶人。'"朱熹以理和性来训仁，而不以情训仁。朱熹云："仁者爱之理，而直以爱为仁则不可。"③ 亦云："盖仁，性也，性只是理而已。爱是情，情则发于用。性者指其未发，故曰'仁者爱之理'。情即已发，故曰'爱者仁之用'。"④

仁从爱之情中得以体现，爱之情则从一体之亲处得来。《论语·雍也》云："夫仁者，己欲立而立人，己欲达而达人。"己欲立而立人，就是把人看成己，己与人成为一体，这是孔子对仁最根本的阐释。仁的原初含义是一体之亲，这既体现出了爱之情，也体现出了爱之理。仁是情与理的统一体，爱之情和爱之

---

① 《说文解字注》，上海古籍出版社，1981年，第365页上。
② 《荀子集解》，中华书局，1988年，第372页。
③ 《答余占之》，《晦庵先生朱文公文集》卷50，《朱子全书》第22册，上海古籍出版社、安徽教育出版社，2010年，第2320页。
④ 《朱子语类》卷20，中华书局，1986年，第464页。

理统合于仁。

仁作为爱之理，呈现了道可以内贯外推、由己及人的特点。朱熹云："故语心之德，虽其总摄贯通无所不备，然一言以蔽之，则曰仁而已矣。"① 王畿云："灵气时时贯彻周流，便是仁，所谓疴瘰疾痛、感触神应，舍此更无求仁之方。"② 仁强调了道的贯通性，这是道最基础的特征。道引导气"贯彻周流"整个内在世界，使其"无所不备"，浑然一体。二程云："医书言手足痿痹为不仁，此言最善名状。仁者，以天地万物为一体，莫非己也。认得为己，何所不至？若不有诸己，自不与己相干。如手足不仁，气已不贯，皆不属己。故'博施济众'，乃圣之功用。"③ 仁的重要表现就是通畅不麻痹，人与世界共通共在而成为一个整体，这个整体既是人具有仁德的体现，也是人可以行仁的依据。

本然之道的贯通性最充分，非本然之道则没有实现完全贯通，因此仁主要体现在本然之道身上。本然之道贯通并构成人之本体——性体，仁也就呈现出了性体的基础性、本源性结构。万物一体之体，最终要落实到人的性体上来，性体的根本特征或倾向就是仁。二程云："仁者，浑然与物同体。……此道与物无对，大不足以名之，天地之用皆我之用。"④ 万物一体之仁，取消了人和物的对立，人和世界的对立，人和天的对立，让人融合于世界中，让人和世界相应和。《河南程氏遗书》云："问：'吾道一以贯之'，而曰'忠恕而已矣'，则所谓一者，便是仁否？曰：固是。只这一字，须是子细体认。"⑤

仁凸显了本然之道具有把世界一体化的内在倾向。仁反映了人具有将内部世界与外部世界一体化的能力，还反映了这个一体化的过程和它所达及的范围。仁者以忠恕之道把家庭、团体和社会联结成一个整体，把人与自然看成一个整体，把个人消散于世界整体之中，这就是孔子所倡导的仁。仁的物质基础，是人的意识场具有一体化自身并含摄整个外部世界的本能趋向。万物一体

---

① 《仁说》，《晦庵先生朱文公文集》卷 67，《朱子全书》第 23 册，上海古籍出版社、安徽教育出版社，2010 年，第 3279 页。

② 《闻讲书院会语》，《王畿集》卷 1，凤凰出版社，2007 年，第 6—7 页。

③ 《河南程氏遗书》卷 2 上，《二程集》，中华书局，2004 年，第 15 页。

④ 《河南程氏遗书》卷 2 上，《二程集》，中华书局，2004 年，第 16—17 页。

⑤ 《河南程氏遗书》卷 23，《二程集》，中华书局，2004 年，第 306 页。

之仁反映了人与世界原初的共在关系，它构成了人具有内在统一性的前提条件。

王夫之云："天与人以仁义之心，只在心里面。唯其有仁义之心，是以心有其思之能，不然，则但解知觉运动而已。此仁义为本而生乎思也。盖仁义者，在阴阳为其必效之良能，在变合为其至善之条理，元有纹理机芽在。"① 仁反映了人的意识具有内贯外摄的能力，这种内贯外摄的实现过程就是思。仁是人可以思的前提，是人可以统贯心内世界和外部世界、在复杂情势下做出综合判断的前提，而绝不是思考所得的抽象概念或观念。

仁就是把他人、他物都当作自己的延伸，把整个世界、整个天人之境都人化了，都一体化了。人与事物建立了亲熟关系，就使事物进入上道状态，纳入与人一体化的范围。与天地互参并达到万物一体之仁，就使整个世界对人达到上道状态。《孟子·尽心上》云："万物皆备于我矣。反身而诚，乐莫大焉。强恕而行，求仁莫近焉。"这里，诚就是物与我的合一，求仁就是让人与世界一体化，让仁恕之道贯通外部世界。达至一体化的世界就是万物皆备于我的世界，人以主人的心态积极、自在地栖息在这个世界，他包纳、亲近和顺应万物，如臂使指地驾驭万物，接受自然所带来的馈赠。

人的本体——性体也可以称为仁体，仁道把外界事物与人一体化了，也就扩展了人自身。历史地看，仁与礼具有密切的关系。对于文化传统惯例来说，其外在的、形式的方面就是礼，其精神的、整体的、内在的方面就是仁。仁是文化传统中最核心的东西，它深藏在人与人共在的环境中，经过潜移默化的熏染而在人身上内在化并构成人自身。中国古人把人的世界性赋予人自身的最重要的特征称为"仁"。本书则把仁看作意识场的基本功能，并落实到意识场的内核——性体身上。

在笔者看来，与仁相对的是畏。人在脱离自身面对他者时，畏是人最原初的情态。上道的事物与人处于一体状态，这种关系和情态体现为仁；非上道的事物是人审视、怀疑和疏离的他者，与人处于对立状态，这种关系和情态体现为畏。由此可以把人所领会的世界划分为两个部分：仁体和畏体。外在的仁体是人所亲熟的外部一体世界，内在的仁体是人的性体；外在的畏体是人有所畏

---

① 《读四书大全说》卷10，《船山全书》第6册，岳麓书社，1991年，第1091页。

的外部非一体世界，内在的畏体是人道体中性体之外的部分。在一体之内，亲而仁；在一体之外，不亲而畏。人处于一体世界中就会无畏，因此中国人会说仁者无畏。

一体世界的扩展，即是仁的外推。求仁是人向更广阔的事物展开自己，让更多的事物纳入上道状态和一体状态。在道体中，仁体和畏体互动共生，和人的生命历程同步。但每个人的仁体所覆盖的范围有大有小，和畏体之间的相对强弱关系也不一样。要把整个世界都一体化，让仁体彻底压倒畏体是很难做到的，因而孔子不轻易许人以仁。能够把天人之境贯通为一个整体，全面实现一体化的，就是仁的最高境界——圣人的境界。

畏作为仁的反面也常常在国学中被论及。《论语·季氏》云："君子有三畏：畏天命，畏大人，畏圣人之言。"《论语·颜渊》云："司马牛问君子。子曰：'君子不忧不惧。'曰：'不忧不惧，斯谓之君子已乎？'子曰：'内省不疚，夫何忧何惧？'"君子的仁体强健，压倒了畏体，故而可以在日常生活中表现为"不忧不惧"，而天命与圣人是君子所在世界的极限，超出了君子的一体化世界的范围，故而可畏。

仁具有几个特征：核心性、能动性和生成性。

"核桃仁""果仁"等词中，"仁"字具有内核或核心的含义。仁体构成了人的内核，仁体的外推以自己为出发点，由己及人，由人推物，最后把自我消散在整个世界之中。核心性和外推性相连，外推是以我之仁体为核心和起点的。仁外推性的表现恰似一个水滴落入水面后向四周荡起的层层波纹，反映了性体这个意识场对外的辐射作用。

能动性意味着仁具有内在性和内驱力。仁体每个人都有，同时每人都具有内在的驱动力去求仁。孔子的"为仁由己"的一层意思就是，仁是人自我发展的自然和必然。《论语·述而》云："仁远乎哉？我欲仁，斯仁至矣。"《论语·卫灵公》云："子曰：'当仁不让于师。'"求仁，就是努力使事物上手、上道，努力达至天人合一状态。事物上道了，就能为人所自如把控，人就对其具有了能动性和自主性。在这个意义上，仁展现了人的能动性。求仁是人努力获取能动性、主动性的过程。

仁所体现的能动性以及自主驱动的外推趋势又表现为"生"或生成性。朱熹云："生底意思是仁……仁，浑沦言，则浑沦都是一个生意，义礼智都是仁……"① 亦云："仁者生之理，而动之机也。惟其运转流通，无所间断，故谓之心，故能贯通四者（义礼智信）。"②

生成性还意味着相对性、动态性和过程性。朱熹云："盖仁之为道，乃天地生物之心，即物而在，情之未发而此体已具，情之既发而其用不穷，诚能体而存之，则众善之源、百行之本，莫不在是。"③ 王阳明云："仁是造化生生不息之理，虽弥漫周遍，无处不是，然其流行发生，亦只是个渐，所以生生不息。……唯其渐，所以便有个发端处；唯其有个发端处，所以生；唯其生，所以不息。"④ 按照王阳明的讲法，仁的外推是一个"渐"的生发过程。

仁反映了人统合世界的倾向、能力、过程和结果。仁作为本然之道的基础性特征，也反映了人的基础性特征，因而仁在国学中具有核心地位。仁贯通了国学，自孔子时代以来，仁就一直是国学的枢要。仁揭示了人的本体，国学在相当程度上体现为仁的展开。具体言之，格物就是以仁通物，致知就是以知利仁，诚意就是克己达仁，正心就是居仁由己，修身就是立身成仁，齐家、治国、平天下就是仁及家国天下。

天人合一与一体世界

仁揭示了人具有把世界一体化的能力。人把世界一体化了，就在一定程度和一定范围上实现了天人合一。

中国人谈天人合一，主要强调几点：一是人与外部世界的不可分性；二是天人关系的相对性和人的可扩展性，扩展的极限就是天；三是天的终极性和人的动态自我实现性，自我实现的依据和指向都是天。

① 《朱子语类》卷 6，中华书局，1986 年，第 107 页。
② 《朱子语类》卷 95，中华书局，1986 年，第 2418 页。
③ 《仁说》，《晦庵先生朱文公文集》卷 67，《朱子全书》第 23 册，上海古籍出版社、安徽教育出版社，2010 年，第 3280 页。
④ 《传习录上》，《王阳明全集》卷 1，上海古籍出版社，1992 年，第 26 页。

天人合一有两种情形——情境意义上当下的天人合一和历史意义上长期的天人合一，国学更多地从历史意义上去谈论天人合一。在历史意义上，天人合一是一个动态演历的过程，天人合一的程度有深有浅，范围也有大有小。个人所看世界是个人之天，同时代所有人所看世界的全体和整体是时代之天。天和人是相对的，人可以不断突破个人之天而逼近时代之天。天人合一实现的范围就是一体化世界的范围，个人的一体世界不断扩充以接近时代之天，就是天人合一所能达到的极限和最终目标。在中国古人看来，圣王的一体世界遍及天下，能够视天下为一家、中国如一人，因此只有圣王才能在全天下范围内实现天人合一。而一般个人受到主客观因素的制约，其一体世界的范围较小，只能在其生活世界中部分地实现天人合一。

天人合一体现为人都有一个一体化的世界，这个世界内化于人的心中就构成了人的性体。一体世界体现了人对现实世界的承认、肯定和接纳，而人对现实的坦然承认是主动地改变现实的前提。人当下的思考和行为，都要以这个一体世界为背景和基础，都只能在这个世界的边际上才能做出某种改变。一体世界在边际上的不断变化，既是人本身的变化，又是个人之天的变化，同时也是天人关系的变化，它意味着人面向世界的逐步展开。在一体世界中，事物与人一体的程度和表现方式是不同的，既有不同事物之间表现方式的不同，也有同一事物在不同时期表现方式的不同。人的一体世界与现实世界整体之间是一个动态的相互渗透和相互叠加的关系。这些世界都可以被理解为某种场态的存在，它们交织融合在一起，只有身在其中并以其构成自身的个人才能有本真的领会。

人的一体世界是体现人的本质性的东西，它的根源是人与世界的共在关系。这种共在关系是有限的、过程性的，一体世界的形成、拓展和深化就是这种过程性的体现。天人合一，不是人与天的完全合一，而是一种动态性、过程性的融合，合中有分，分中有合，一体世界与非一体世界动态地交织在一起。在现实世界，它表现为人与世界之间的关系；在人的内在世界，它表现为性体与心体之间的关系，或者仁体和畏体的关系。一体世界既是过往天人合一进程的结果，也是下一步天人合一进程的起点，人当下的思考和行为都要以这个一体世界作为起点和基础。

一体世界一般只能局部地覆盖人所在的外部世界，人的意识或思想不能直接从外部世界的整体出发，但可以从一体世界的整体出发。一体世界越大，人的格局就越大，人的起点就越高。一个人的器量和胸襟的大小，其实就是其一体世界的大小。王夫之云："夫人所就之业，视其器之所堪；器之所堪，视其量之所函；量之所函，视其志之所持。"① "量之所函"与"志之所持"的根据就是人的性体，就是其一体世界。这个一体世界决定了人自身，也就决定了他的"所就之业"和"器之所堪"。在某种意义上，一体世界就是人的自由王国，它在现实中往往体现为人事业所达及的范围或能力所覆盖的范围。

　　近年来，很多人以境界论去阐释中国哲学的特点。什么是人的境界呢？人的境界就是其一体世界的界限，就是其性体所能含摄外部世界的范围和程度。一个人境界高，就表明其一体世界融合覆盖外部世界的范围大并且程度深；一个人境界低，就是其一体世界融合覆盖外部世界的范围小并且程度浅。人提升境界最根本的办法就是扩充其性体，更大范围、更深程度地把世界一体化。

　　人和外部世界的矛盾和冲突，是人成长进步的契机，人解决和克服这些矛盾和冲突的过程，就是人的一体世界不断扩展，不断将外部世界更大范围、更深程度地纳入一体世界的过程，这也是仁的外推过程和仁体的成长过程。天人合一的历史进程有两个层面，个人层面和社会层面。个人层面是指人的内在世界和外在现实世界的不断融合和一体化，伴随着成人乃至成圣的过程；社会层面是指人类社会内部的协同发展，以及人类与自然的和谐共生。有些人喜欢从自然保护的角度去谈天人合一，但人与自然的和谐关系只是天人合一在一个层面上的表现，不能完全含括天人合一的丰富意蕴。

　　性体是一个本然和应然的世界，本然的世界反映了人们已经领会、接受和实现一体化的现实世界，应然的世界是人们领会的这个一体世界的未来趋向。本然的世界体现为仁体，应然的世界体现为义体。本然、应然这两个世界其实是一个世界在两个维度的呈现，都反映了性体的内容。

　　天人合一是一个天人互动的过程。人从自己的性体及其统贯的一体世界出

① 《读通鉴论》卷21，《船山全书》第10册，岳麓书社，1988年，第811页。

发，再向外面的非一体世界投射，就会在心体中结合自己的主观愿望而构境出一个理想的、意欲的世界，可以把它称为志体。王夫之云："心所期向曰'志'。"① 志体代表的是一个期向世界，即把非一体世界转化为一体世界的主观期望。志体是从一体世界出发，对非一体世界所作的一种虚拟的含摄，是对非一体世界进行一体化的先声。受到个体欲望和社会偏见的影响，志体会和义体发生某种偏离。志体的世界体现了人的主观意欲，人在其个体能量的支持下，将为志体付出努力，把志体作为改造现实世界的蓝图，努力通过实践把它呈现于现实之中。

天人合一观念强调了人与世界的一体性和协调性，体现了国学的特色，这和以基督教为背景的西方文化形成了鲜明对比。马克斯·韦伯站在西方文化的立场说："面对地上的事物，与儒家的天真立场形成最强烈对比，清教伦理的理解是：对'世界'的一种巨大的、激烈的紧张对立。正如我们会进一步详细了解到的：任何一种以其理性的、伦理的要求而与世界相对立的宗教，都会发现其自身同样地与世界的非理性处于一种紧张的状态。"他还说："他们（指儒教徒）没有超越尘世寄托的伦理，没有介于超俗世上帝所托使命与尘世肉体间的紧张性，没有追求死后天堂的取向，也没有恶根性的观念……"②

基督教信徒眼中的世界和中国古代圣贤眼中的世界是不同的，前者通常只是非一体世界或人畏体中的世界，在其中对立的紧张性无所不在，畏是人最基础的情态，人必须求助于上帝才能得到安宁；而后者，尤其是圣王眼中的世界，是一体世界或人性体中的世界，在其中天人可以合一，仁是人最根本的情态，人不必求助于上帝就能身心和谐。在国学中，人自身就是一体世界中的"上帝"，含摄了一体世界的性体把德性甚至神性赋予了人自身。国学倡导人发挥自身的神性，做自己的主人。

国学的天人合一学说并非否定人与世界存在对立的一面，甚至大量存在紧张对立的情形，而是强调人与世界在存在论的原初意义上是一体的，人与世界具有水乳交融、互生互构的共在关系。在现象学、存在主义哲学诞生之前，西

---

① 《礼记章句·乐记》，《船山全书》第 4 册，岳麓书社，1991 年，第 954 页。
② ［德］马克斯·韦伯：《中国的宗教：儒教与道教》，上海三联书店，2020 年，第 311、312 页。

方哲学长期以来一直把人放在观念社会中去理解，它们在一定意义上关注了人的畏体，但几乎未曾深入人的性体之中。

天命之性与习得之性

性是事物在生化演变过程中与其他事物类型相区别的规定性特征。气的生化导致了万物的产生，万物产生后就被其所在世界赋予了各自不同的特性。在中国古人看来，事物根本性特征的判定并非仅仅依据于事物本身，而是要根据它与其他事物的相对关系或比较关系来确定，更进一步说就是要根据它与世界整体——天——的关系来确定。事物之性是它在世界整体中的定位或整个世界赋予它的规定性，这就是天命之性。天命之性是事物自然演变分化的结果，而并不是神灵发号施令的结果。《广雅疏证》云："命即名也……名、鸣、命，古亦同声同义。"① 天之所命，既是天之所赋，也是天之所名或天之所显。

对人来说，"天命之谓性"强调性体来源于外在现实世界，外在现实世界在人的意识中映射出了道体，道体中充分贯通并实现一体化的部分又形成了性体，因而可以说性体是来自外在之天的，是天命所授的。人性体的本然之道统合贯通着人的内在世界，维持着人内在的同一性和稳定性。性体把意义和情感赋予了内在世界中的事物，呈现为人心中的天理良知，为人的行为提供终极的内在依据。朱熹云："盖天者，理之自然，而人之所由以生者也；性者，理之全体，而人之所得以生者也；心则人之所以主于身而具是理者也。天大无外，而性禀其全，故人之本心，其体廓然，亦无限量，惟其梏于形器之私，滞于闻见之小，是以有所蔽而不尽。"②

天和人是互动的，相互之间都具有相对性，因而天命之性既是先天赋予的，也是后天不断变化的，天命之性本身即蕴含了习得所带来的变化。

---

① 王念孙：《广雅疏证》，中华书局，1983 年，第 104 页上。
② 《尽心说》，《晦庵先生朱文公文集》卷 67，《朱子全书》第 23 册，上海古籍出版社、安徽教育出版社，2010 年，第 3273 页。

人之性的根本特征就是仁。仁从内在根据上看，是人的性体自身的内贯外推能力；仁从外在来源上说，主要是社会授予人的文化传统。性体不断扩展，就使仁的领域不断压倒畏的领域。在一个较长的时间周期里，当性体接近于覆盖整个道体时，人就从历史意义上进入了天人合一状态，成了圣人。但如果人的性体没有充分展开，不能较好地统贯外部世界，人就可能会成为庸人、狂人、恶人。在现实的人生际遇中，人非现成物，向天而生，只要未死就会面对着各种可能性，向善则善，向恶则恶。个体的人自己选择了自己，自己成就了自己。

人的行为都隐含自带了对自身的某种解释，这种解释就是人对性的一种领会。性不是虚空的，它体现在人的行动中；它也不是固定不变的，它随人的行动而有所损益并在持续地迁移变化，人不断在边际上改变着对自身的解释。

性体的变化，是人本体上的、根本性的变化，表现为人的习得之性。人操持事物，会不断形成与事物打交道的技艺；与人同行，会不断加深对他人与社会的亲熟，形成人与他人打交道的技艺。《性自命出》云："养性者，习也；长性者，道也。"① 后天习得的各种技艺，成为人的行为习惯后，就转化为本然之道，内化为人的习得之性。

人在实践中不断获得习得之性，性体每天都在生成变化。王夫之云："夫性者生理也，日生则日成也。则夫天命者，岂但初生之顷命之哉！……形日以养，气日以滋，理日以成；方生而受之，一日生而一日受之。受之者有所自授，岂非天哉？故天日命于人，而人日受命于天。故曰性者生也，日生而日成之也。"②

马克思说："劳动首先是人和自然之间的过程，是人以自身的活动来中介、调整和控制人和自然之间的物质变换的过程。人自身作为一种自然力与自然物质相对立。为了在对自身生活有用的形式上占有自然物质，人就使他身上的自然力——臂和腿、头和手运动起来。当他通过这种运动作用于他身外的自然并改变自然时，也就同时改变他自身的自然。他使自身的自然中蕴藏着的潜力发挥出来，并且使这种力的活动受他自己控制。"③ "改变他自身的自然"就是改

---

① 荆门市博物馆：《郭店楚墓竹简》，文物出版社，1998 年，第 179 页。
② 《尚书引义》卷 3，《船山全书》第 2 册，岳麓书社，1988 年，第 299—300 页。
③ ［德］卡·马克思：《资本论》第一卷第三篇第五章，《马克思恩格斯选集》第二卷，人民出版社，2012 年，第 169 页。

变人之性，就是获得习得之性。

　　修身养性，有两层意思：一是要面向历史进行人生整体筹划，生成习得之性，在长周期内提升和改变人自身；二是在当下的具体行为上，要率性而为，听从天命之性的呼唤，不要违性悖情。这两层意思的共同之处都是要人充分地展开自身，既要在当下的情境中展开自身，也要在历史中展开自身，要把人的主动性和历史性全面地挺立起来。

　　由于各学派对性的定义不同，因而对人的变化以及是否有习得之性的论述也有所不同。《荀子·性恶》云："凡性者，天之就也，不可学，不可事；礼义者，圣人之所生也，人之所学而能，所事而成者也。不可学、不可事而在人者谓之性，可学而能、可事而成之在人者谓之伪。是性、伪之分也。"[①] 荀子把人生来就有的特征定义为性，并以"化性起伪"来描述人的改变。《荀子·儒效》云："性也者，吾所不能为也，然而可化也；情也者，非吾所有也，然而可为乎。注错习俗，所以化性也；并一而不二，所以成积也。"[②] 在荀子那里，习得之性不是性，而被定义为"伪"，这个伪就是后天人为的意思，不是虚伪狡诈之义。《荀子·正名》云："情然而心为之择谓之虑。心虑而能为之动谓之伪。虑积焉、能习焉而后成谓之伪。"[③]

　　荀子对性这种一次成型的定义在国学中并不是主流。王夫之云："悬一性于初生之顷，为一成不易之侀，揣之曰：'无善无不善'也，'有善有不善'也，'可以为善可以为不善'也，呜呼！岂不妄与！"[④] 亦云："当有生之初，天以是命之为性；有生以后，时时处处，天命赫然以临于人，亦只是此。……在天既无或命或不命之时，则在人固非初生受命而后无所受也。"[⑤] 对荀子来说，由于对"性"和"伪"的定义与孟子以及其他主流儒学派别不同，因而礼义不是人之性，而是人之伪。但如果不论定义上的差别，他们的很多基本观点其实并非完全对立。

　　人具有两种能力，一种是具身化的技艺性能力，体现为一种不假思索的惯

---

① 《荀子集解》，中华书局，1988年，第435—436页。
② 《荀子集解》，中华书局，1988年，第143—144页。
③ 《荀子集解》，中华书局，1988年，第412页。
④ 《尚书引义》卷3，《船山全书》第2册，岳麓书社，1988年，第302页。
⑤ 《读四书大全说》卷1，《船山全书》第6册，岳麓书社，1991年，第405页。

性行动能力；另一种是遇到问题、处于窘迫状态时的蓄意思考和主动应变的能力。前一种是基础性的，基于历史的；后一种是能动的，是面向未来可能性的。人的可贵就在于能应对变化，具有无限的可能性，但可能性必须是在已有基础上的可能性。

人通过实践，不断把可能性变为现实性，同时把非常规的处置手段变为熟习的技艺，不断获得新的习得之性。在往复的实践中，人既改变着世界，也在持续地改变着自己，实现着自己。张载云："自明诚者，先穷理以至于尽性也，谓先从学问理会，以推达于天性也。"① 刘宗周云："学始于思，而达于不思而得。"② 他们说的都是这个过程。

获得了习得之性，就在一定程度上实现了自我超越。习得之性是天命之性的一种体现方式，因而这种超越可以看作人对天的一种通达。在国学看来，人与天互构，人对天的通达是一个渐进过程，人的超越也是一个渐进过程。人的超越，不需要一个外在的上帝，它只和人自身的实践以及他和外部世界的互动相关。

义理之性与气质之性

天命之性中既含有气质之性——人的自然属性，也含有义理之性——人的本然和应然的规定性。孔子所说的"性相近，习相远"之性，兼含气质之性和义理之性。朱熹对此的解释是："此所谓性，兼气质而言者也。气质之性，固有美恶之不同矣。然以其初而言，则皆不甚相远也。但习于善则善，习于恶则恶，于是始相远耳。程子曰：'此言气质之性。非言性之本也。若言其本，则性即是理，理无不善，孟子之言性善是也。何相近之有哉？'"③ 气质之性是一种自然属性，往往体现了人的现实性，而义理之性是一种人的规定属性，往往体现了人的可能性。

---

① 《张子语录·语录下》，《张载集》，中华书局，1978年，第330页。
② 《学言上》，《语类》12，《刘宗周全集》第3册，浙江古籍出版社，2012年，第344页。
③ 朱熹：《论语集注》卷9，《四书章句集注》，中华书局，1983年，第175—176页。

义理之性是本然之道的呈现，它排除了气的影响，这就使它与事物的自然属性有了区隔。朱熹云："性者，人之所得于天之理也；生者，人之所得于天之气也。性，形而上者也；气，形而下者也。人物之生，莫不有是性，亦莫不有是气。然以气言之，则知觉运动，人与物若不异也；以理言之，则仁义礼智之禀，岂物之所得而全哉？"[①] 形而上的性反映了外在世界中事物与其他事物之间、事物与所在世界之间的规定性，它本身不再具有现实性，只存在于人的意识中，存在于人的内在世界中。

义理之性揭示了人的本然和应然，构成了人定性的依据，成为性的本体。朱熹云："大抵人有此形气，则是此理始具于形气之中，而谓之性。才是说性，便已涉乎有生而兼乎气质，不得为性之本体也。然性之本体，亦未尝杂。要人就此上面见得其本体元未尝离，亦未尝杂耳。"[②] 义理之性未尝掺杂气禀，只是一种可能性，不具有当下的现实性。

义理之性虽然是人所领会和建构的人的本然和应然，但这种本然和应然并不是人的主观意识所认定的，而是一种境域化的、存在于潜意识或直觉中的意识建构，它不能被现成化。义理之性作为一种意识建构，是由人的内在之道所构成，本身是无实体、无形体、未被观念化的。

对社会性的人来说，义理之性的内容主要是仁义礼智信之道，它们是人最基本的规定性，是人之为人最基础性的本然和应然。这些道、理本身，并不是什么抽象的原则或纯粹的精神，而是人所领会和构建的物与物、事与事之间的境域化关联。它们本身不是僵化的死物，而是活在人的心体内部，随着人的生命而起舞，并在人死后而寂灭的东西。它们所指向的物与物、事与事之间的关系或规律具有客观性和外在性，不随人的主观意志而转移，但它们本身是人的意识场对外部世界的一种反映和模拟，是对外在之道的一种虚拟近似或对其趋向的逼近。这种模拟是整体性、境域化、全息式的。

天命之性、义理之性都体现了人的共性，这个共性源自反映了一个共同的现实世界的天道天理。人都原初地栖息于这个世界，亲熟于这个世界，与这个

---

① 朱熹：《孟子集注》卷 11，《四书章句集注》，中华书局，1983 年，第 326 页。
② 《朱子语类》卷 95，中华书局，1986 年，第 2430 页。

世界存在一种内在的、深度的联系。人与世界的这种深度联系是一个动态过程，因而性并不是现成不变的。这就提示我们，性的共性也是相对的，人与人之间只会性相近而绝不会性完全相同。这在一方面体现为习得之性，也就是说人在不同时期的性是不同的；在另一方面体现为气质之性，这意味着不同人的性体在现实中存在着个体差异。性体的构成内容是理，但理的构建却要靠气的能量来推动；而人的气禀（主要是人的能量状态）在现实中有高低大小之分，因而人的性体有饱满度、健全度和贯通度等维度上的差别。

从现实性看，每个人的性体各有不同，或大或小，或强或弱，或全或偏，这就是人的气质之性的不同。《成之闻之》云："圣人之性……專长而厚大也……"[①]一般人性体的发育达不到圣人的厚大程度，不能完全覆盖道体，也不能完全统贯外在世界。历史上，气质之性的提出主要是为了说明人与人性体上的个体性差异。二程云："论性，不论气，不备；论气，不论性，不明。"[②] "性无不善，其所以不善者才也。受于天之谓性，禀于气之谓才，才之善不善由气之有偏正也。乃若其情，则无不善矣。"[③] 性从内容上看就是理，因而"无不善"；但性体的强弱大小反映了人的现实能量状态，即气的不同，因而导致人性体的具体表现不同。

在气、理和性三者的关系上，气构成了外在现实世界，对人是最基础性和切近性的；理或道是现实世界的一种整体性、综合性的反映，是活的、过程性的东西，不是绝对的、超然存在的现成之物；同样，性体也是一个动态的过程，也不是绝对的。如果绝对化、实体化地去解释理和性，就会得出比较僵化甚至错误的结论。

国学历史上对性的争论很多，主要原因就在于对性、理、道等范畴理解的角度不同。以性是否自足为例，可以从两个角度去看。从长期看，人的"性"是和天互相成就的，性非自足，需要外界的礼仪教化来滋养、熏陶和匡正。《荀子·性恶》云："古者圣王以人之性恶，以为偏险而不正，悖乱而

---

① 荆门市博物馆：《郭店楚墓竹简》，文物出版社，1998年，第168页。
② 《河南程氏遗书》卷6，《二程集》，中华书局，2004年，第81页。
③ 《河南程氏外书》卷7，《二程集》，中华书局，2004年，第393—394页。

不治，是以为之起礼义，制法度，以矫饰人之情性而正之，以扰化人之情性而导之也。"① 人性是善是恶姑且不论，但大家都认同礼义法度会对人产生影响。但从当下看，性体是一个完整的内在世界，具有贯通全体的价值体系，因而可以说是"吾性自足"。王阳明云："良知只是一个，随他发见流行处当下具足，更无去求，不须假借。……此良知之妙用，所以无方体，无穷尽，语大天下莫能载，语小天下莫能破者也。"②

性是否自足的争论从一个侧面告诉我们，性的自足与非自足都是有条件的，都是相对的。现实世界中，人性具有复杂性和相对性。国学主流都认为人性之善恶，并非现成，人人有向善、成善的可能，往往向善则善，向恶则恶。

宋代之后，人们对性的现实性和相对性的关注日益提高，反对把理和气截然两分的说法，并越来越从气的角度去看待性。明清时期，更多的学者开始强调人的生理性需求也是人性的一部分，承认从绝对性角度看人的性体不能完全覆盖道体。

明代一些学者强调不能把性两分。王廷相云："人有二性，此宋儒之大惑也。……余以为人物之性无非气质所为者，离气言性，则性无处所，与虚同归；离性言气，则气非生动，与死同途；是性与气相资，而有不得相离者也。"③ 高拱云："人生则形色完而天性具，气与理俱存也；死则形色毁而天性灭，气与理俱息也。……'气质之性'固在形气中矣，而'义理之性'乃不在形气中乎？不在形气之中，则将何所住着乎？盖天之生人也，赋之一性。"④ 王夫之云："气效于习，以生化乎质，而与性为体，故可言气质中之性，而非本然之性以外，别有一气质之性也。"⑤ 这些学者反对气质之性和义理之性的截然两分，实际是要肯定气对性的基础性、现实性影响，并非完全否定义理之性。

从性的内容看，明清时期一些学者认为性不仅是天理的体现，而且血气心

---

① 《荀子集解》，中华书局，1988年，第435页。
② 《传习录上》，《王阳明全集》卷1，上海古籍出版社，1992年，第85页。
③ 《答薛君采论性书》，《王氏家藏集》卷28，《王廷相集》第2册，中华书局，1989年，第518页。
④ 《问辨录》卷10，《高拱全集》下册，中州古籍出版社，2006年，第1218页。
⑤ 《读四书大全说》卷7，《船山全书》第6册，岳麓书社，1991年，第861页。

知都能体现性。王夫之云："盖性者，生之理也。均是人也，则此与生俱有之理，未尝或异；故仁义礼智之理，下愚所不能灭。而声色臭味之欲，上智所不能废，俱可谓之为性。"[1] 颜元云："发者情也，能发而见于事者才也；则非情、才无以见性，非气质无所为情、才，即无所为性。是情非他，即性之见也；才非他，即性之能也；气质非他，即性、情、才之气质也。"[2] 阮元云："'性'字从心，即血气心知也。有血气，无心知，非性也；有心知，无血气，非性也。血气心知皆天所命，人所受也。"[3] 人的性体具有物质性，要依托人的身体，由人的意欲提供驱动力，由此血气所承载的心知也可以被认为是性体的内容。其实这种心知就是人领会的本然之道，它依托于活的意识场，具有生理基础，要与气结合在一起。

明代以来，人们更多地从现实性的角度去看"性"，因而强调生理、情理也是天理，也能构成性体。和宋儒强调善是天理的体现不同，他们有人强调善就在气中。气合道、合理，就会中正平和，就会引发善端善行，这和以理为善并不矛盾，只是强调的侧重点不同。国学中，所有的善都不是抽象的，不可以孤悬于具体事物之外，因而不能单独从理这个角度去谈善，必须要结合气一起来谈。国学从宋代开始从理气关系上谈性，并在明代逐步把重心从理转向气，这个趋势表明国学的现实性在不断提高，层次性也在不断丰富。

善与恶

善不是一个孤立性范畴，而是一个关系性范畴，是和人的世界性相关的。从效果上看，善就是福利、力量、水平等指标的最大化或最优化；从个体关系看，个体之间合则两利，斗则两伤，善以个体之间的一体化关系为基础，在一体化背景下的合作机制可以实现个体利益以及群体利益的最大化。

---

① 《张子正蒙注·诚明篇》，《船山全书》第12册，岳麓书社，1992年，第128页。
② 《存性编》卷2，《颜元集》，中华书局，1987年，第27页。
③ 阮元：《性命古训》，《揅经室集》，中华书局，1993年，第217页。

在一体化个体间的合作性行为即是善行；非一体化个体间的排他性行为，则蕴藏着恶行。

善的外在基础是人和人之间的一体化合作关系。外在世界（尤其是人类社会）一体化的程度和范围，决定了善的程度和范围。《荀子·性恶》云："凡古今天下之所谓善者，正理平治也；所谓恶者，偏险悖乱也。是善恶之分也已。"① 一体化的世界就会"正理平治"，不能一体化的世界才会"偏险悖乱"。

善的内在基础是人的本然之道或性体之理可以贯通世界，把世界与人自身一体化。本然之道无论是内贯还是外推，都会引致善意或善行。对于能够实施一体化、容纳进一体世界或性体的事物，人们都会对其以仁心推之，并施以合作性的善行。对未能一体化，不能进入一体世界或性体的人和事，人们就可能会施以对立性的恶行。性体或仁体之内，都是善；性体或仁体之外，就有恶。王阳明云："吾心之处事物，纯乎理而无人伪之杂，谓之善，非在事物有定所之可求也。处物为义，是吾心之得其宜也，义非在外可袭而取也。"② "心之处事物，纯乎理而无人伪之杂"意味着贯通性体的天理已经把世界都一体化了，在一体化的性体之内自然就"谓之善"。

性体，既在内容上体现为心体内充分贯通和一体化的部分，也在功能上体现为贯通人的内、外世界的能力。性体内部无善、恶之别，也可以说是至善的。人操持外物的实践活动，可以把不属于性体的非本然之道，转化为本然之道纳入性体，这就是为善去恶的格物实践过程。

从本然或应然的规定性看，人的义理之性是善的。人人都有善端，都有向善的可能性。但从人的现实性上看，人却有善有不善。朱熹云："人之所以有善有不善，只缘气质之禀各有清浊。""所谓恶者，却是气也。"③ 气强调的是人的现实性，人处于现实利害关系的重重矛盾之中难免会出现恶行，不同人的气质之性中会各有善恶。

---

① 《荀子集解》，中华书局，1988 年，第 439 页。
② 《与王纯甫》之二，《王阳明全集》卷 4，上海古籍出版社，1992 年，第 156 页。
③ 《朱子语类》卷 4，中华书局，1986 年，第 68、65 页。

国学中关于人性善恶的观点很多，关键看如何界定"性"。在孟子看来，要从人当下的表现来谈性，在天人互动一体的背景下，只要不是人蓄意思考的结果，都可以归之于性，因而人人都有善端。《孟子·尽心上》云："君子所性，仁义礼智根于心。"《孟子·公孙丑上》云："人之有是四端也，犹其有四体也。"四端之心都是人当下所呈现的，它源自性体。性体之内的世界是一体化的，性体所能构境并含摄的外部世界都是道或理外推所及的范围，故而人都可以向善、行善，这就是孟子性善论的基本思路。

荀子对性的定义则不同，在荀子看来，要从人出生时的表现来谈性，在天人相分的背景下，性是先天的、一次成型的，因而无善可言。《荀子·礼论》云："性者，本始材朴也；伪者，文理隆盛也。无性则伪之无所加，无伪则性不能自美。"① 荀子所说之"性"是先天的、质朴的，所说之"伪"，就是人为之意，是一种后天的构建。荀子强调后天的外在影响和自身努力能"化性"，后天的人为可以使先天之性"自美"。

荀子强调了外在的"礼"的作用，云："两情者，人生固有端焉。若夫断之继之，博之浅之，益之损之，类之尽之，盛之美之，使本末终始莫不顺比，足以为万世则，则是礼也，非顺孰修为之君子莫之能知也。"② 外在的"礼"能对人产生潜移默化的影响，人与之亲熟一体之后，即"顺孰（熟）修为"之后，就会内化成为人所领会的本然之道，改变人自身。

《荀子·性恶》云："凡礼义者，是生于圣人之伪，非故生于人之性也。……故圣人化性而起伪，伪起而生礼义，礼义生而制法度。然则礼义法度者，是圣人之所生也。"③ 荀子把"礼义法度"这些能潜移默化人之性的东西都归之于"圣人"。人的性体最重要的能力是贯通之能，能够将外界事物进行整体性领会并一体化构境。《说文解字》云："圣，通也。"④ 从功能的角度看，荀子所说的圣人就相当于性体，圣人是性体的外在化、拟人化的体现。

荀子也承认心对人欲望的制约和平衡作用。《荀子·正名》云："故欲过之

---

① 《荀子集解》，中华书局，1988 年，第 366 页。
② 《荀子集解》，中华书局，1988 年，第 365—366 页。
③ 《荀子集解》，中华书局，1988 年，第 437—438 页。
④ 《说文解字注》，上海古籍出版社，1981 年，第 592 页上。

而动不及，心止之也。心之所可中理，则欲虽多，奚伤于治！……故治乱在于心之所可，亡于情之所欲。"① 他强调心的功能在于知可与不可，可以制欲。

荀子不仅认为人心可以克制欲望，可以"体道"，甚至认为人都可以成为大禹这样的圣贤。《荀子·性恶》云："凡禹之所以为禹者，以其为仁义法正也。然则仁义法正有可知可能之理，然而涂之人也，皆有可以知仁义法正之质，皆有可以能仁义法正之具，然则其可以为禹明矣。"②

简而言之，孟子从性体的构成内容和外推所及范围的角度强调人内在地具有善端；荀子从后天人为的角度讲人可以"化性"和"自美"，强调礼义对人外在的影响和作用。虽然他们强调的方面有内外之别，论说的节点有先后之分，但都认为人在后天是可以向善、行善的，也都不承认像基督教所说的人具有天生的、原罪式的、必须救赎的"恶"。这体现了国学的通义。

人的性体统贯了一体世界并指向世界之全体，而不蔽于一隅一物，故而人能为善。人的性体是由人自身历史性地构建起来的，从构建的角度来理解"伪"，则人的性体及其善端既是天之所授，也是荀子所说"化性起伪"的产物。人在内在方面受到性体的自动牵引，外在方面受到礼义教化的潜移默化，两个方面互为表里，互相激发，互相转化，共同造就了人的善性和理性。

人求仁的过程，是不断扩大其一体世界的过程，既是正心的过程，也是求善、致善的过程。在国学看来，行善、致善绝不是简单地去做好人好事，善也不仅仅是个人的品行问题。致善是去包容和接纳更广阔的世界，是人自身内在力量的日益强大及其辐射覆盖范围的不断扩展。

性与情 ～⑨

"情"字是多义字，既有情绪、情感之义，也有情实、情状之义——即指

---

① 《荀子集解》，中华书局，1988年，第428页。
② 《荀子集解》，中华书局，1988年，第443页。

事物、事态的真实状况或实际状态。在先秦，情实之义是更普遍使用的含义。《论语·子路》云："上好礼，则民莫敢不敬；上好义，则民莫敢不服；上好信，则民莫敢不用情。"对此，朱熹云："情，诚实也。敬服用情，盖各以其类而应也。"①《孟子·告子上》云："乃若其情，则可以为善矣，乃所谓善也。"对此，俞正燮云："情者，事之实也。《大学》'无情者'，郑注云'情，犹实也'，是也。"②"情"的这两种含义——情感和情实，统一到人身上，就喻示了人的实际存在状态总是处于某种情绪或情感中。"心情"一词，既可以理解为人的实际精神状态，也可以直接指示人的情感或情绪。在汉语的语境中，情感揭示了人的真实性和存在性，体现了人的实际存在状态。

情具有指向性或关系性，情总是要针对某种事物或反映某种关系。现代人往往把情拆分为情绪和情感，情绪强调人的生理性、心理性的反应，而情感强调人的社会性、存在性的关系。国学所谈的情，更偏重情感而非情绪。情感反映了人与世界万物之间的动态关系，它是人本身存在状态的一个投影，也可以说情感反映了人的存在状态，是人的存在方式。从存在的角度看，人最本源的情态就是仁和畏。在人与其世界的纠缠中，人对与之一体事物的情感就呈现为仁，对与之对立事物的情感就呈现为畏。

蒙培元说："孔子和儒家对于人的存在问题的一个基本看法，即认为人的存在是实实在在的具体的情感活动而不是抽象的理性思维。"他还说："对人而言，情感具有直接性、内在性和首要性，也就是最初的原始性。正因为如此，情感就成为人的存在的重要标志，并且对于人的各种活动具有重要影响和作用，甚至起决定性作用。"③王阳明云："除了人情事变，则无事矣。喜怒哀乐非人情乎？自视听言动，以至富贵贫贱、患难死生，皆事变也。事变亦只在人情里。"④王阳明也把情感看作人的基本存在状态。从情感去看人的真实性和存在性，是国学的主流看法。

性代表了人根本的规定性，但性体通常处于潜藏状态，从外在的存在状态

① 朱熹：《论语集注》卷7，《四书章句集注》，中华书局，1983年，第142—143页
② 《孟子言性情才义》，《癸巳存稿》卷2，《俞正燮全集》第2册，黄山书社，2005年，第93页。
③ 蒙培元：《情感与理性》，中国人民大学出版社，2009年，第21、19页。
④ 《传习录上》，《王阳明全集》卷1，上海古籍出版社，1992年，第15页。

看，性的直观表现是情。朱熹云："性者，心之理；情者，性之动；心者，性情之主。"① 亦云："因其情之发，而性之本然可得而见，犹有物在中而绪见于外也。"② 外在表现出的情和构成性体的本然之道有共同的特点，如整体性、境域性、难于言说性等。性是内藏的，而情是外显的，因而在国学中常常以情言性，或因情见性，把性看作基于自然之情的情理。《性自命出》云："性自命出，命自天降。道始于情，情生于性。始者近情，终者近义。知〔情者能〕出之，知义者能纳之。"③

情在仅仅反映人与事物的内在一体关系时，就处于未发状态，此时情和性也是一体的，都是未发之中。情发作出来，就要针对某种外在事物。情发作的指向物可以是心内畏体中的对象物，也可以是外部世界之物；外界之物既可以是与人一体之物，也可以是与人对立之物。情针对了人本体外的事物，就处于已发状态。

情的发作，可以分为三种情况或三个阶段。第一阶段是一种立即的、内在的、本能的反应，这个阶段主客未分，念虑发自性体，只能指向外界的一体之物，依循事物的本然之道，其情感体现了原初的、直觉的道心，所谓四端之心就是这个阶段的体现；第二阶段是在主观意识浮现出来后的反应，此时人处于某种具有对象物或对立物的情境状态下，人的念虑发自主观性的个人，依循个体的好恶和功利，其情感体现了人心或人欲；第三阶段，人处于以主体意识逼近客观现实的状态，人主动避免主观性，力图超越具体情境，综合平衡和整体考量事态的发展，秉持理性的情绪和态度，采取具有长期性效应的行动策略，其情感体现了自觉的道心。

王阳明云："心一也，未杂于人谓之道心，杂以人伪谓之人心。人心之得其正者即道心；道心之失其正者即人心：初非有二心也。"④ 借用王阳明的话，三阶段可以这样描述：第一阶段是"未杂于人谓之道心"的情感阶段，第二阶段是"杂以人伪谓之人心"的情感阶段，第三阶段是"人心之得其正者即道

---

① 《朱子语类》卷5，中华书局，1986年，第89页。
② 朱熹：《孟子集注》卷3，《四书章句集注》，中华书局，1983年，第238页。
③ 荆门市博物馆：《郭店楚墓竹简》，文物出版社，1998年，第179页。
④ 《传习录上》，《王阳明全集》卷1，上海古籍出版社，1992年，第7页。

心"的情感阶段。

人如何能够进入第三阶段，获得情感理性并使心得其正呢？对这个问题，西方哲学的思考进路和国学存在差异。西方哲学在传统上是心物二元论的解释，把理性和情感对立起来，认为第三阶段是人的理性和知性战胜了人的情绪和欲望。而国学把理性归为德性，认为是人的情感回归了人的情理和德性。国学对人性的思考贯通了三个阶段，认为第一阶段的反应最具有原初性，是人之所以能有第三阶段反应的基础和前提。人原初的情绪、情感，发自人的内在性体，是人的存在性反应，即人的本体反应。发自内在性体的情又叫作本心，本心有时可以直接指性，但通常是指性的外在发现。在第三阶段，人的本心在新的基础上重新得到了彰显和发挥。

人的情感由原初状态、人心状态到道心状态，从原初的、潜藏的道心到外显的、自觉的道心，经历了一个循环。人作为情感性的存在，由情境性存在转化为历史性存在，人的情感也由情境性的情感升华为历史性的情理或性理。国学认为，历史性的情理或性理，仍然是一种情感，只不过是一种特殊的、源自情境性反应又超越了情境性反应的一种具有理性的情感。

性和情是一体的，性体健全，情之所发就自然合情合理，中正平和；情之所发合情合理，中正平和，也就能说明人性体的健全。情是性的自然外露，性是情的历史凝结。对于情与性的关系，朱熹云："有这性，便发出这情；因这情，便见得这性。因今日有这情，便见得本来有这性。"[1] 刘宗周云："凡所云性，只是心之性，决不得心与性对。所云情，可云性之情，决不得性与情对。"[2] 王夫之云："故曰发乎情，止乎理。止者，不失其发也。有无理之情，无无情之理也。"[3]

按照古人的讲法，"天理"只能在"人情"上见，"人情"体现了"天理"。这种由情感所体现的理性，是一种与人的世界性相关的理性。情感直接与人的存在相关，国学从人与世界的共在关系上，看到了最能反映人存在性的情

① 《朱子语类》卷5，中华书局，1986年，第89页。
② 《学言下》，《语类》12，《刘宗周全集》第3册，浙江古籍出版社，2012年，第418页。
③ 《诗广传》卷1，《船山全书》第3册，岳麓书社，1992年，第324页。

感——仁。仁既是一种原初的情感，也反映了人与世界的一体关系，体现了情理和性理。仁从根源处，兼跨了性与情，体现了性与情的一体性和统一性。

既然性和情是一体的，那么尽性和尽情就不矛盾，讲求仁义礼智信之天理、性理，与真情流露、自然不伪是和谐一致的。从情感的角度看，人人有恻隐、羞恶、辞让、是非之心（也即情）；从理性的角度看，人人有仁、义、礼、智之性，情和性是合一的。性外在发现的端倪，就是"四端"之情；反之，"四端"之情的"扩充"，也可以稳固、提升仁、义、礼、智之性。忿懥、恐惧、好乐、忧患等都是情的表现，而国学是要以历史性、综合性的情去统合情境性、个体性的情。

正心之工夫 ᦉ

正心是性体的发挥与扩充——尽性，目标是要合天，向圣人看齐。陆九渊云："心只是一个心，某之心，吾友之心，上而千百载圣贤之心，下而千百载复有一圣贤，其心亦只如此。心之体甚大，若能尽我之心，便与天同。为学只是理会此。"[1] 陆九渊所说的"一个心"就是指心的同一性，这个同一性的根源就是外在世界的整体——天，"尽心"其实就是"尽性"，性体扩充的极限就是"与天同"。

在国学工夫中，诚意只实现了一个阶段性的目标——接近或达至性体；而正心是在诚意的基础上去发挥并扩展性体的功能，以取得综合性的外在效果；修身则是要把这些效果在人身上巩固下来并面向社会和历史充分展开。诚意主要解决内在的问题，正心往往要解决内外交互的问题，而修身是要解决社会性或历史性的问题。

在先秦，正心工夫体现为"居仁由义"并执中笃行的工夫。从性体的发挥看，仁是正心的依据或基础。《孟子·离娄上》云："仁，人之安宅也。"张载云："居仁由义，自然心和而体正。……若心但能弘大，不谨敬则不立；若但

---

[1] 《语录下》，《陆九渊集》卷35，中华书局，1980年，第444页。

能谨敬而心不弘大，则入于隘，须宽而敬。大抵有诸中者必形诸外，故君子心和则气和，心正则气正。"①

自北宋开始，正心工夫出现了专门的形式，即存养、涵养工夫。存养、涵养工夫常要以"识仁"，即悟得性体为前提。王畿云："涵养工夫贵在精专接续，如鸡抱卵……然必卵中原有一点真阳种子方抱得成，若是无阳之卵，抱之虽勤，终成假卵。学者须识得真种子，方不枉费工夫。明道云'学者须先识仁'，吾人心中一点灵明便是真种子，原是生生不息之机。种子全在卵上，全体精神只是保护得，非能以其精神助益之也。"② 这里"真阳种子"就是天机灵动的性体，"识仁"也是识得此性体——仁体。

没有"好、乐、忧、惧"的状态，或者说"精专接续，如鸡抱卵"的状态是什么呢？这是一种诚敬的状态，是持敬工夫完成诚意阶段之后，达到的一种状态。二程云："敬以直内是涵养意。"③ 朱熹云："无事时敬在里面，有事时敬在事上。有事无事，吾之敬未尝间断也。"④

在悟道并识得本体之前，心无主而敬，只能戒惧于行为和念虑所指的对象，这是一种有执的戒惧。在悟道之后，心有主而敬，则是戒惧于本体，没有具体的戒惧对象，只是一种预防性的、无执的戒惧，这其实已经超越了畏的状态。人循本然之道而起念，循本然之理而行事，物来而顺应，没有"好、乐、忧、惧"的困扰，发挥了性体主心的作用，这就是正心的工夫。诚意工夫的"敬"重在诚的进入，以畏的情态为主；而正心工夫的"敬"重在诚的保持与发挥，以仁的情态为主。张栻云："心也者，贯万事，统万理，而为万物之主宰者也。致知所以明是心也，敬者所以持是心而勿失也。故曰'主一之谓敬'，又曰'无适之谓一'。"⑤ 这里说的心是指心的本体，明此本体、达此本体就是诚意，持此本体、充此本体就是正心。

自古以来，历代圣贤对正心的诠释，大都围绕让性体主心、使心有主而无

---

① 《经学理窟·气质》，《张载集》，中华书局，1978年，第265页。
② 《留都会纪》，《王畿集》卷4，凤凰出版社，2007年，第98—99页。
③ 《河南程氏遗书》卷1，《二程集》，中华书局，2004年，第7页。
④ 《朱子语类》卷12，中华书局，1986年，第213页。
⑤ 《敬斋记》，《南轩先生文集》卷12，《张栻集》，岳麓书社，2017年，第595页。

执、进而可以应万事万变的主旨。在心学家那里，延续和发扬了这样的讲法。王阳明云："心者身之主宰，目虽视而所以视者心也，耳虽听而所以听者心也，口与四肢虽言动而所以言动者心也，故欲修身在于体当自家心体，常令廓然大公，无有些子不正处。主宰一正，则发窍于目，自无非礼之视；发窍于耳，自无非礼之听；发窍于口与四肢，自无非礼之言动：此便是修身在正其心。"[①] 这里令"自家心体""廓然大公"，就是让性体彰显出来，并作用于目、耳、口与四肢，就会使人没有非礼的行为，举止都合乎天理人情。王阳明云："正心只是诚意工夫里面体当自家心体，常要鉴空衡平，这便是未发之中。"[②] 亦云："正心，复其体也；修身，著其用也。"[③]

王阳明以及弟子较为重视性体在当下的作用，其理论的深刻性和彻底性超过了前人，但他们对长周期内性体自身的改变和扩充有所忽略。王畿云："空空者，道之体也。口惟空，故能辨甘苦；目惟空，故能辨黑白；耳能（惟）空，故能辨清浊；心惟空，故能辨是非。世儒不能自信其心，谓空空不足以尽道，必假于多学而识，以助发之……"[④] 从当下来看，性体并未常驻任何现成的事物，其空空之体作为一个完整的心内世界，有"辨是非"之能，而现成化的"识"不能为人提供安身立命并以应万变的保障，王畿对世儒的批评有其道理。但从长期来看，性体是由人长年积累并整合贯通的本然之道所构成，世儒不满足于自身的局限，认为其性体"空空不足以尽道，必假于多学而识，以助发之"就成为一个有意义的说法了。

从性体发挥作用的角度看正心，往往都是在当下的情境中，不必关注工夫的长期效应；但从性体的滋养和扩充的角度看，长期的视角就不可或缺了。王门心学理论有精致的一面，也有单薄的一面，其正心学说在一定程度上缺乏长期演历的视角。一个客观原因是王阳明勤于事功，又死得早，来不及对他的学说做进一步的夯实和拓展。王阳明逝世之前云："他无所念，平生学问方才见

① 《传习录下》，《王阳明全集》卷3，上海古籍出版社，1992年，第119页。
② 《传习录上》，《王阳明全集》卷1，上海古籍出版社，1992年，第34页。
③ 《大学古本序》，《王阳明全集》卷7，上海古籍出版社，第243页。
④ 《致知议略》，《王畿集》卷6，凤凰出版社，2007年，第132页。

得数分，未能与吾党共成之，为可恨耳！"①

正心以人的意识场与外界物质能量场之间的相互作用为基础，以达至二者的动态和谐关系为短期目标，以人的意识场不断扩充并最大程度地含摄外界物质能量场为长期目标。正心是要在内外之间、天人之际、当下与历史的交汇处保持动态平衡，包括当下的内正和长远的外正两个方面。内正以发挥性体作用为主，宗旨主要是当下的外用，以本体之念指导当下做事和做人的实践。外正以扩充、滋养性体为主，宗旨反而主要是长期的内养，以持志践履和广泛进行格物致知的方式在长周期内增益人自身之性。内正是性体对心体的统摄，也就是仁体对畏体的统摄；外正则是心体、性体的对外扩充以及见闻之知对德性之知的滋养。

从长远看，格物、致知是正心之源。要滋养壮大性体，需要从两个方面下工夫：一是要在扩充心体、道体上面下功夫，要把更多的事物纳入心体、道体，让人领会更多的物之道；二是在贯通心体、道体上面下功夫，道体中未被充分贯通并实现一体化的部分是畏体，正心就是要把畏体贯通一体化后转化为仁体。性体的扩充是建立在生产、生活实践的基础之上的，本然之道必须通过格物驭器的实践才能被人所领会并构成性体。王夫之云："天下之道，皆斯人以才率其性所辟之周行。若才所不至，则古今必无有此成能，又何者为道？君子之道，行过一尺，方有一尺，行过一丈，方有一丈……"② 性体所体现出的不学不虑的状态，不是天生的，而是努力实践达到人器合一或天人合一后的结果。

正心以历史意义的天人合一为目标，要实现人与世界长期性的统一就必须靠实践来改变人与物、人与世界的相对关系。《唐虞之道》云："正其身，然后正世，圣道备嘻（矣）。"③ 人和天是互参互动一体的，正心和正世也是一体的。实践既能改变人自身，也能改变外部世界，这双重的改变才能达至人与世界的统一，实现天人合一。

---

① 黄绾：《阳明先生行状》，《王阳明全集》卷38，上海古籍出版社，1992年，第1428页。
② 《读四书大全说》卷8，《船山全书》第6册，岳麓书社，1991年，第1140—1141页。
③ 荆门市博物馆：《郭店楚墓竹简》，文物出版社，1998年，第157页。

正心工夫是一种综合性的工夫，在具体的工夫实践中往往和其他工夫粘连在一起。《传习录》云："有一属官，因久听讲先生之学，曰：'此学甚好。只是簿书讼狱繁难，不得为学。'先生闻之曰：'我何尝教尔离了簿书讼狱，悬空去讲学？尔既有官司之事，便从官司的事上为学，才是真格物。如问一词讼，不可因其应对无状，起个怒心；不可因他言语圆转，生个喜心；不可恶其嘱托，加意治之；不可因其请求，屈意从之；不可因自己事务烦冗，随意苟且断之；不可因旁人潜毁罗织，随人意思处之。这许多意思皆私，只尔自知，须精细省察克治，惟恐此心有一毫偏倚，杜人是非，这便是格物致知。簿书讼狱之间，无非实学；若离了事物为学，却是著空。'"① 在这个例子中，"从官司的事上为学"，对"簿书讼狱"之事熟而通之，就是格物；在操持该事的过程中，人达至"自知"其"是非"，了解自身需要面对的问题和担当的使命，就是致知；在此过程中"精细省察克治"，努力去消解"怒心"或"喜心"，就是诚意；已经克制了怒心和喜心，尽量保持一个无"一毫偏倚"的心去处理"簿书讼狱"，就是正心。从格物到正心是一个相互粘连又层层递进的过程，格物是前提，是后续知与行的基础；致知是把握住了事物的头脑和基本方向，明确了自身定位；诚意是侧重于对自己的内在把控；而正心是在整体上把控了自身之后再在实践中同时把控好外在事物，掌握内外双向的平衡。

古人正心的理论虽然主旨脉络大体分明，但其具体说法纷纭复杂。王夫之云："然则正心之实功何若？孔子曰'复礼'，《中庸》曰'致中'，孟子曰'存心'，程子曰'执持其志'，张子曰'瞬有存，息有养'，朱子曰'敬以直之'，学者亦求之此而已。"② 可见正心工夫具有多面性。

梳理历史上对正心工夫的各种讨论，本书将其内容总结为以下六个方面：一是在基本方法上，要把握动态总体平衡，守正持中，秉持中庸之道；二是在内在的工夫内容上，要领会思绎道理以涵养仁义之心，加强对性体的滋养；三是在做事的过程中，要以性体所发的道心、良知在当下外用，在外用的过程中彰显、巩固和验证性体的本然之道；四是在做人的过程中，要率性直行，让性

① 《传习录下》，《王阳明全集》卷 3，上海古籍出版社，1992 年，第 94—95 页。
② 《礼记章句·大学》，《船山全书》第 4 册，岳麓书社，1996 年，第 1490—1491 页。

体在行为和情感上当场发作出来，使人自身在当下得到实现；五是从长期看，人要明确努力的方向，持志有为，获得习得之性以扩充性体，在历史意义上实现自身；六是要通过广泛地格物致知，增益对本然之道的领会，以知、学利仁，让性体在与生活世界的互动中得以滋养和壮大。

正心工夫之一：忠恕与中庸

正心工夫在孔子那里主要体现为行仁。孔子一般不从人的本体——性——上谈仁，而是常常从实践的角度，也就是工夫的角度谈仁。孔子认为礼是行仁的主要工具。《论语·颜渊》云："克己复礼为仁。"《论语·泰伯》云："恭而无礼则劳，慎而无礼则葸，勇而无礼则乱，直而无礼则绞。"《礼记·礼运》云："孔子曰：'夫礼，先王以承天之道，以治人之情，故失之者死，得之者生。……故圣人以礼示之，故天下国家可得而正也。'"① 礼对内可正心，对外可正天下国家，依礼行礼可以建立心内外的和谐秩序，达至身心之和。

外在的礼只是一种手段，内在的忠恕才是正心的根本方式。《论语·里仁》云："曾子曰：'夫子之道，忠恕而已矣。'"《论语·卫灵公》云："子贡问曰：'有一言而可以终身行之者乎？'子曰：'其恕乎！己所不欲，勿施于人。'"在孔子看来，恕是可以终身做的工夫。孟子也这样认为，《孟子·尽心上》云："强恕而行，求仁莫近焉。"

为何恕如此重要？这是因为在现实世界错综复杂的人事关系中，要成人成事就要把大家都团结起来，形成内部和谐且对外有战斗力的团队，领导者必须将心比心，能体会团队成员的处境和想法，在坚持原则的同时，包容和忍耐大家的缺点和小错误。恕能设身处地为他人着想，其意义在于能统筹兼顾团队和社会的整体，使人具有掌控全局的能力。而这个统筹兼顾把握全局的能力，恰是正心工夫所要达至的目标。

如果说恕是正心之方，那么忠就是正心本身。恕主要是对外、对他人的，

---

① 《十三经注疏·礼记正义》，北京大学出版社，1999年，第662页。

而忠主要是对内、对自己的。忠具有设中于心之义，其实就是正心。程颐云："恕字甚大，然恕不可独用，须得忠以为体。不忠，何以能恕？"[①] 正心是针对心体整体而言的，正心之正有守正持中之义，守正持中才能达到内外和谐。

"中"是国学的一个重要范畴。冯时认为，从字形上看，"中"字的一竖"丨"乃测影之表，"中"字的"口"（原为"○"），是计量日影的圆形限界，"故'中'字字形所表现的恰是立表于限界中央而取正的思想。显然，'中'的概念并非只相对于左、右而言，即一条直线的取中，而是相对于东、南、西、北四方而言，即平面的取中"[②]。后来"中"的字义由地中进一步扩展为事物的标准、准则，具有了平衡、适当和适度的意蕴。

"中"还逐渐发展出了更多哲学蕴意。《中庸》首章云："中也者，天下之大本也。"程颢云："且唤做中，若以四方之中为中，则四边无中乎？若以中外之中为中，则外面无中乎？……中者，且谓之中，不可捉一个中来为中。"[③] 杨简云："无意必固我，则无所倚，则无所偏，故名之曰中。"[④] 亦云："中无实体，贤者智者未能忘意，不意乎彼则意乎此，不彼不此，又意乎中，皆有所倚，非中也。中者，无思无虑、无偏无倚之虚名，非训诂之所到。"[⑤] 在其哲学含义里，中有全体、境体或本体之义，中不再是任何实体之中，而是世界之中。世界之中是世界动态的全体，或者是其中足以影响整体局势的关键环节。

执中就是秉持中道，即中庸之道。程颐云："中者，只是不偏，偏则不是中。庸只是常。犹言中者是大中也，庸者是定理也。"[⑥] 亦云："《中庸》乃孔门传授心法。"[⑦] 这个心法就是正心之法。中庸之道既可以修身，也可以治国，是国学的一种重要方法论。孔子虽然没有理论化地系统阐述中庸，但在孔门之教中始终贯彻中庸思想，倡导平衡与和谐。

"执中"有两个方面的含义：在当下的不偏不倚和在长周期内的把握时机，

---

① 《河南程氏遗书》卷18，《二程集》，中华书局，2004年，第184页。
② 冯时：《文明以止：上古的天文、思想与制度》，中国社会科学出版社，2018年，第50页。
③ 《河南程氏遗书》卷12，《二程集》，中华书局，2004年，第135页。
④ 《杨氏易传》卷13，《杨简全集》第1册，浙江大学出版社，2015年，第231页。
⑤ 《杨氏易传》卷6，《杨简全集》第1册，浙江大学出版社，2015年，第94页。
⑥ 《河南程氏遗书》卷15，《二程集》，中华书局，2004年，第160页。
⑦ 《河南程氏外书》卷11，《二程集》，中华书局，2004年，第411页。

都有全面把握整体形势、既坚持原则又保持灵活性的意蕴。朱熹云："程子曰：'中字最难识，须是默识心通。且试言一厅，则中央为中；一家，则厅非中而堂为中；一国，则堂非中而国之中为中，推此类可见矣。'又曰：'中不可执也，识得则事事物物皆有自然之中，不待安排，安排著则不中矣。'"① 如果说"执中"也是一种有执，那么它所执的不是任何具体的对象物，而是世界的整体，或者人的本体。用现代哲学语言表述，执中所执的是存在本身，而不是任何存在者。

在当下，孔子强调保持不偏不倚的平衡感，兼收并蓄。《论语·阳货》云："孔子曰：'能行五者于天下，为仁矣。'请问之。曰：'恭、宽、信、敏、惠。恭则不侮，宽则得众，信则人任焉，敏则有功，惠则足以使人。'"这些行仁的方式不但要兼有，还要中和适度。《论语·述而》云："子温而厉，威而不猛，恭而安。"《论语·子路》云："不得中行而与之，必也狂狷乎！狂者进取，狷者有所不为也。"

有时，孔子所强调之中是指在一定时间周期内的"时中"，即据时而处中。惠栋云："《易》道深矣，一言以蔽之曰：时中。孔子作《彖传》，言时者二十四卦，言中者三十六卦，《象传》言时者六卦，言中者三十九卦……子思作《中庸》，述孔子之意，而曰'君子而时中'，孟子亦曰'孔子圣之时'。夫执中之训，肇于中天；时中之义，明于孔子。乃尧舜以来相传之心法也。"②

对人来说，时也是一个非常重要的范畴，国学的精髓就是与"时"共舞。《周易·系辞下》云："变通者，趣时者也。"③《周易·损·彖》云："损益刚柔有时。损益盈虚，与时偕行。"④《礼记·礼器》云："礼也者，合于天时"，"礼，时为大"。⑤

道是境域化的，指向世界的整体；性体则是一个完整的、贯通的、一体化的内在世界，中庸就是一种体现整体性思维的方法论。性体的整体性和世界性

---

① 朱熹：《孟子集注》卷 13，《四书章句集注》，中华书局，1983 年，第 357 页。
② 《易汉学新校注》卷 7，中国社会科学出版社，2020 年，第 200—204 页。
③ 《十三经注疏·周易正义》，北京大学出版社，1999 年，第 295 页。
④ 《十三经注疏·周易正义》，北京大学出版社，1999 年，第 172 页。
⑤ 《十三经注疏·礼记正义》，北京大学出版社，1999 年，第 717、719 页。

赋予人对全局的把握能力。在现实中，人生境遇非常复杂，其应对之道必须及时调整，随机应变。正心是以道统心，心之正既有以仁义之道去除私欲邪念的含义，也有把握整体以应万变的含义。

有几个与孔子相关的例子可以说明这一点。一是孔子与阳货相周旋的例子。《论语·阳货》云："阳货欲见孔子，孔子不见，归孔子豚。孔子时其亡也，而往拜之，遇诸涂。谓孔子曰：'来！予与尔言。'曰：'怀其宝而迷其邦，可谓仁乎？'曰：'不可。''好从事而亟失时，可谓知乎？'曰：'不可。''日月逝矣，岁不我与。'孔子曰：'诺。吾将仕矣。'"朱熹云："阳货之欲见孔子，虽其善意，然不过欲使助己为乱耳。故孔子不见者，义也。其往拜者，礼也。必时其亡而往者，欲其称也。遇诸涂而不避者，不终绝也。随问而对者，理之直也。对而不辩者，言之孙而亦无所诎也。"① 二是子贡赎人让金和子路拯溺受牛的例子。《吕氏春秋·察微》云："鲁国之法，鲁人为人臣妾于诸侯，有能赎之者，取其金于府。子贡赎鲁人于诸侯，来而让不取其金。孔子曰：'赐失之矣。自今以往，鲁人不赎人矣。取其金则无损于行，不取其金则不复赎人矣。'子路拯溺者，其人拜之以牛，子路受之。孔子曰：'鲁人必拯溺者矣。'"②

在这些事例中，孔子和阳货打交道，遇到突发情况也能应对得当，子贡虽然行善但造成了不良的间接影响，子路救人收礼却得到了孔子的赞许，可见做事并无绝对的、孤立的判断标准，善恶好坏要根据环境和条件的变化而定。朱熹云："君子之所以为中庸者，以其有君子之德，而又能随时以处中也。小人之所以反中庸者，以其有小人之心，而又无所忌惮也。盖中无定体，随时而在，是乃平常之理也。"③

人在随时变化的世界中，要从容中道，何其难也！故而《论语·雍也》云："中庸之为德也，其至矣乎！民鲜久矣。"《中庸》第二十七章云："（君子）极高明而道中庸。"第九章云："天下国家可均也，爵禄可辞也，白刃可蹈也，中庸不可能也。"中庸之难表现为既要随机应变，又不能失去道义的原则。二程

---

① 朱熹：《论语集注》卷 9，《四书章句集注》，中华书局，1983 年，第 175 页。
② 《吕氏春秋集释》，中华书局，2009 年，第 419 页。
③ 朱熹：《中庸章句》，《四书章句集注》，中华书局，1983 年，第 19 页。

云："'随时之义大矣哉！'寻常人言随时，为且和同，只是流徇耳，不可谓和，和则已是和于义。"① 与时偕行，仅仅靠见风使舵是不够的，而是要同时"和于义"，合于道。

国学认为要根据时势的变化而有权变，但对权变的把握是很微妙的，需要高超的技艺。《论语·子罕》云："可与共学，未可与适道；可与适道，未可与立；可与立，未可与权。"朱熹云："执中而无权，则胶于一定之中而不知变，是亦执一而已矣。……道之所贵者中，中之所贵者权。"②

道是活的，有庸常之道——谓之经，也有变化之道——谓之权，所以行权在性体发挥作用的过程中非常紧要。程颐云："世之学者，未尝知权之义，于理所不可，则曰姑从权，是以权为变诈之术而已也。夫临事之际，称轻重而处之以合于义，是之谓权，岂拂经之道哉？"③ 亦云："君子之道，随时而动，从宜适变，不可为典要，非造道之深，知几能权者，不能与于此也。"④ 朱熹云："权乃经之要妙微密处。非见道理之精密、透彻、纯熟者，不足以语权也。"⑤ 高拱云："权可易言哉！察之幽渺，定之纤忽，非至明弗能也；为一为两，参伍错综，非至变弗能也；触几而应，倏彼倏此，非至熟弗能也。"⑥

执中和行权是应对外界复杂变化的方法，但其基础是人的性体，只有基于人内在的良知良能，而绝不是任何教条化和外在化的东西，才能做到对中和权的把握。人这种内在的良知良能，虽然是人的天赋，但也要通过持续实践，不断去做工夫，才能更好地发挥出来。

正心工夫之二：思与涵养

中庸之道虽然有正心的意蕴，但还不能称之为专门的正心工夫，涵养（或

---

① 《河南程氏遗书》卷15，《二程集》，中华书局，2004年，第171页。
② 朱熹：《孟子集注》卷13，《四书章句集注》，中华书局，1983年，第357页。
③ 《河南程氏粹言》卷1，《二程集》，中华书局，2004年，第1176页。
④ 《周易程氏传》卷2，《二程集》，中华书局，2004年，第784页。
⑤ 《朱子语类》卷37，中华书局，1986年，第992页。
⑥ 《问辨录》卷6，《高拱全集》下册，中州古籍出版社，2006年，第1164页。

存养）才是工夫论中专门的正心工夫。王夫之云："《中庸》之言存养者，即《大学》之正心也；其言省察者，即《大学》之诚意也。"① 亦云："是以意在省察，而心唯存养。"②

从涵养（或存养）的内容看，主要是仁义之道。吴澄云："所存之心何心哉？仁义礼智之心也，非如异教之枯木死灰者。仁义礼智四者统于一，一者仁也。仁者，天地生生之心也，而人得之以为心。"③ 王夫之云："心常存，常存于正也。正者，仁义而已矣。常存者，不违仁而集义也……"④ 仁义体现了性体的本然之道，是不可言说的，是不能被对象化的，故而《论语·子路》云："刚、毅、木、讷，近仁"；《论语·颜渊》云："仁者其言也讱"；《论语·学而》云："巧言令色鲜矣仁"。如果对道理作观念化、现成化的理解，涵养工夫就难以上升到涵养本体的境界，往往不过是把所执的对象从一个欲望的对象物转移到另一个观念的对象物。只有消解了道理的对象性，存养才是对心体或性体的整体而言的，才可以做正心工夫。

涵养的目标内容是道理，而涵养的方式主要是对道理的直觉领会。张载云："言有教，动有法；昼有为，宵有得；息有养，瞬有存。"⑤ 在这里"养"强调休息安静之时去养，而"存"强调无时无刻不存。刘宗周也强调涵养不能刻意进行，《学言》云："问涵养。曰：'勿忘，勿助。学人大概是助病，几时得个忘也。'涵养全得一缓字。"⑥

仁体现了本然之道把世界一体化的能力，人主动发挥这个能力的过程就是思，思的结果则进一步巩固了这个能力。思中包含建设性的演绎和创造性的想象。王夫之云："乃心唯有其思，则仁义于此而得，而所得亦必仁义。……盖思因仁义之心而有，则必亲其始而不与他为应，故思则已远乎非道而即仁义之门矣。是天之与我以思，即与我以仁义也。此从乎成性而言也。"⑦

---

① 《读四书大全说》卷3，《船山全书》第6册，岳麓书社，1991年，第580页。
② 《读四书大全说》卷1，《船山全书》第6册，岳麓书社，1991年，第439页。
③ 吴澄：《静虚精舍记》，《吴文正集》卷45，景印文渊阁四库全书第1197册，第478页。
④ 《礼记章句》卷42，《船山全书》第4册，岳麓书社，1991年，第1488页。
⑤ 《正蒙·有德篇》，《张载集》，中华书局，1978年，第44页。
⑥ 《学言上》，《语类》12，《刘宗周全集》第3册，浙江古籍出版社，2012年，第341页。
⑦ 《读四书大全说》卷8，《船山全书》第6册，岳麓书社，1991年，第1091—1092页。

除了仁义生思，王夫之认为好恶也生思。王夫之云："思亦受成于好恶者也。非其所好，不思得也；非其所恶，不思去也。好恶者，初几也；思者，引伸其好恶以求遂者也。好恶生思，而不待思以生。是好恶为万化之源，故曰极也。"① 好恶为何可以成为"万化之源"呢？因为它也是性体这个内在世界的体现，仁义体现了这个内在世界的一体化能力，好恶则体现了这个内在世界的意义场和价值体系。

　　思的作用是对道的贯通和引申，是对具体物或具体情境的超越。王夫之云："唯思，故诚通焉。……思乃心官之特用，当其未睹未闻，不假立色立声以致其思；而迨其发用，则思抑行乎所睹所闻而以尽耳目之用。唯本乎思以役耳目，则或有所交，自其所当交；即有所蔽，亦不害乎其通。"②

　　思超越了闻见之知，可以进入形而上的领域。王夫之云："盖形而上之道，无可见，无可闻，则唯思为独效。"亦云："物引不动，经纬自全，方谓之思。……无事而理固可思，此乃心官独致之功。今人但不能于形而上用思，所以不知思之本位，而必假乎耳目以成思，则愚先言尽天下人不识得心，亦尽天下人不会得思也。"③ 在国学中形而上的领域不是进入了抽象的彼岸世界或上帝的领域，而是指向了人的道体、性体。

　　思既包含对象化的思考，也包含直觉的领会，二者之间存在区别，也相互关联。一般来说，对象化的思考是主客对立状态下的思，具有主观性；而直觉的领会是主客未分状态下的思，是一种本体之念的运行过程，指向的不是人的对立之物而是与人一体之物。思考的本质在于找到事物间的关联，对象化思考找到的是可以由语言清晰表达的、固化的关联关系，直觉领会建立的是背景式、境域化的关联因缘。《河南程氏遗书》云："伯温问：'如何可以自得？'曰：'思。思曰睿，睿作圣，须是于思虑间得之，大抵只是一个明理。'"④ "思虑间"既有对象化之思，也有直觉的领悟，而"明理"就是明道，即使事物间的关联得到呈现或揭示。

① 《尚书引义·洪范四》，《船山全书》第 2 册，岳麓书社，1988 年，第 358—359 页。
② 《读四书大全说》卷 8，《船山全书》第 6 册，岳麓书社，1991 年，第 1094 页。
③ 《读四书大全说》卷 8，《船山全书》第 6 册，岳麓书社，1991 年，第 1092、1093 页。
④ 《河南程氏遗书》卷 22 上，《二程集》，中华书局，2004 年，第 296 页。

王夫之云:"孟子说此一'思'字,是千古未发之藏,与《周书》言'念',《论语》言'识',互明性体之大用。念与识则是圣之事,思则是智之事。"为何王夫之说"思则是智之事"呢?是因为思包含了对象化的思考,而思与念、识"互明性体之大用",则强调了思所包含的非对象化的领会,即对本然之道的领会,这可以发挥性体的作用。王夫之亦云:"故'思'之一字,是继善、成性、存存三者一条贯通梢底大用,括仁义而统性情,致知、格物、诚意、正心,都在者上面用工夫,与《洪范》之以'睿作圣'一语斩截该尽天道、圣功者同。"① 吴与弼云:"思到此心收敛处,聪明睿知自然生。"② 他们所言的思,兼包对象化思考和直觉的领会。

从已发、未发的角度看,如果直觉的领会以本体之念的形式存在,没有脱离人的性体,就属于未发;对象化的思考,附带了主观性的意,与之相关的虑念离开人的性体进入了畏体,指向了非一体世界的对立事物,则属于已发。古人认为,虑念进入对象化思考的已发阶段,往往就算不上做涵养工夫了,对于具有主观性的意识只能做省察工夫。朱熹云:"未发之前,万理备具。才涉思,即是已发动,而应事接物,虽万变不同,能省察得皆合于理处。盖是吾心本具此理,皆是合做底事,不容外面旋安排也。"这里说的思,就是专指对象化的思考。亦云:"只心有所主著,便是发。如著衣吃饭,亦有些事了。只有所思量,要怎地,便是已发。"③ 未发和已发的界限如果划在是否有直觉的一闪念,那就没有真正意义的未发。只有把心是否"有所主著"——意识是否指向外在对象物以及思量是否具有主观性——作为划分的标准,才具有合理性。

朱熹明确指出未发时人仍有知觉和意识活动。《朱子语类》云:"问:'未发之前,当戒慎恐惧,提撕警觉,则亦是知觉。而伊川谓既有知觉,却是动,何也?'曰:'未发之前,须常怎地醒,不是瞑然不省。若瞑然不省,则道理何在?成什么大本?'曰:'常醒,便是知觉否?'曰:'固是知觉。'曰:'知觉便是动否?'曰:'固是动。'曰:'何以谓之未发?'曰:'未发之前,不是瞑然不

① 《读四书大全说》卷8,《船山全书》第6册,岳麓书社,1991年,第1091、1092页。
② 吴与弼:《有悟》,《康斋集》卷1,景印文渊阁四库全书第1251册,第378页。
③ 《朱子语类》卷62,中华书局,1986年,第1509、1516页。

省，怎生说做静得？然知觉虽是动，不害其为未动。若喜怒哀乐，则又别也。'曰：'恐此处知觉虽是动，而喜怒哀乐却未发否？'先生首肯曰：'是。'"① 性体之所以可以涵养，在于这个"未发之中"当中有知觉，不是"瞑然不省"的状态。

古人有时把"知"和"觉"放在一起说，有时也把"知"和"觉"分开说，以此区分对象化的思考和直觉的领会。朱熹云："知者，因事因物皆可以知。觉，则是自心中有所觉悟。'先觉后觉'之'觉'，是自悟之觉……盖知是知此一事，觉是忽然自理会得。"② 亦云："知，谓识其事之所当然。觉，谓悟其理之所以然。"③ 朱熹眼中，知指向外在事物，和对象化的知识比较接近；悟指向心内之理，和直觉的领会比较接近，但这种区分并不严格。

知和觉、已发和未发、对象化的思考和直觉的领会，通常是一体的，不能截然两分。朱熹云："大抵未发已发，只是一项工夫，未发固要存养，已发亦要审察。遇事时时复提起，不可自怠，生放过底心。无时不存养，无事不省察。"④ 甚至朱熹有时也把思考道理直接纳入涵养工夫的范围。朱熹云："人也有静坐无思念底时节，也有思量道理底时节，岂可画为两涂……当静坐涵养时，正要体察思绎道理，只此便是涵养，不是说唤醒提撕，将道理去却那邪思妄念。只自家思量道理时，自然邪念不作。"⑤ 这里朱熹把"体察思绎道理"归入了涵养工夫。

实际上，对象化的思考和直觉的领会是粘连在一起并相互作用的。直觉的领会里不直接包含对象化的思考，但该领会是在此前长期对象化思考的基础上的领会，并非与对象化思考完全无关。当下的对象化思考，则必然与相关的直觉领会粘连在一起，或者说对象化思考的同时必然伴随着某种直觉的领会。在这个意义上，对象化的思考间接有助于滋长、巩固性体的本然之道。思在国学中的终极意义指向人自身的增益，在这方面对象化思考所粘连的直

---

① 《朱子语类》卷 96，中华书局，1986 年，第 2469—2470 页。
② 《朱子语类》卷 58，中华书局，1986 年，第 1363 页。
③ 朱熹：《孟子集注》卷 9，《四书章句集注》，中华书局，1983 年，第 310 页。
④ 《朱子语类》卷 62，中华书局，1986 年，第 1511 页。
⑤ 《朱子语类》卷 12，中华书局，1986 年，第 217 页。

觉领会，比对象化思考本身的意义更大；而在西方哲学中，思的终极意义指向抽象的事物本质，这是二者的重要区别。中国人并不认为任何抽象的现成物具有终极性。

古人之思侧重对道的领会，较少关注外物的抽象规律，思的宗旨指向人自身而不是客观之物。一般来说，中国人运思的目标通常不是外求客观规律，而是让自己心安理得。即便是对象化的思考，中国人的注意力也不聚焦于外在对象本身，而是聚焦于提升操持和把控这个对象的能力。在西方人看来，客观规律背后是上帝的意志、绝对的精神或抽象的"理型"，而在中国人看来，客观规律背后是人对天道的领会以及人与天的互参互动。

以涵养为取向的思，主要是直觉的领会，是排除主观性后的非刻意的思，而不是对象化的思考。朱熹云："养，非是如何椎凿用工，只是心虚静，久则自明。"又云："学者须敬守此心，不可急迫，当栽培深厚。栽，只如种得一物在此。但涵养持守之功继继不已，是谓栽培深厚。如此而优游涵泳于其间，则浃洽而有以自得矣。苟急迫求之，则此心已自躁迫纷乱，只是私己而已，终不能优游涵泳以达于道。"① 心的虚静，是要为构成性体的本然之道腾出空间，让人"达于道"。

通常，涵养并不是去思考孤立的、对象化的客观规律，而是领会来自性体、由人自身所生的理义。《朱子语类》云："正淳曰：'未发时当以理义涵养。'（朱子）曰：'未发时著理义不得，才知有理有义，便是已发。当此时有理义之原，未有理义条件。只一个主宰严肃，便有涵养功夫。'"② 这是说，构成本体的本然之道是"理义之原"，不是一条一件的文字化、对象化的理义。涵养不是填鸭式地向心体灌输外在道理，而是要由心体自然贯通而生成道理。

"以理义涵养"的说法尚不够准确，准确地说是要涵养心体以使理义呈现，再以内显内生之理义反哺心体、性体。涵养强调了道理的内生性、自生性或自显性。《论语·颜渊》云："为仁由己，而由人乎哉？"邹守益云："然孝弟忠信

① 《朱子语类》卷12，中华书局，1986年，第204、205页。
② 《朱子语类》卷62，中华书局，1986年，第1514—1515页。

之理，自吾心出者也，非求之父兄之身而后有也。……仁也者，心之德也，奚用求之于外也？"① 道理之所以是内生自显的，是因为性体本来就是由本然之道所构成，本然之道的内贯外推过程，也是新道理生成呈现的过程与性体滋长壮大的过程。

涵养是人与道理的一体化，让道理构成人自身，增益人自身。朱熹云："人道之门，是将自家身己入那道理中去。渐渐相亲，久之与己为一。"② 亦云："读书，须要将圣贤言语体之于身。如'克己复礼'与'出门如见大宾'，须就自家身上体看我实能克己复礼与主敬行恕否？件件如此，方始有益。"③ 道要"渐渐相亲，久之与己为一"，才能转化为本然之道，才能"就自家身上体看"。涵养的工夫做到位了，道理就变成本然之道，成为人本能的行为模式，纳入人的本体之内。

和思相比，涵养不但强调了非对象性的直觉领会，还强调了生成道理所需要的实践。涵养具有实践性，它贯穿了动静。朱熹云："道理自有动时，自有静时。学者只是'敬以直内，义以方外'。见得世间无处不是道理，虽至微至小处亦有道理，便以道理处之。不可专要去静处求。所以伊川谓'只用敬，不用静'，便说得平。"④

国学强调人既要能静得下去，也要能充分动起来，动静之间的张力可以提升人的境界。省察和反思需要人安静下来，屏蔽各种外在事物的干扰，克制人情境性的欲望冲动，独自面对人生的整体和命运，这是在诚意这个环节就要处理的问题。在正心的环节，本然之道需要在做事的实践中形成，这种实践既包括生产、生活实践，也包括学习、读书和思考的实践，但思考只是其中的一个环节，不是全部，甚至不是主要的部分。道理贯通内外，既体现于内在领会中，也体现于外在行动上。朱熹云："圣贤当怒自怒，但不迁耳。见得道理透，自不迁不贰。所以伊川谓颜子之学，'必先明诸心，知所往，然后力行以求至'，盖欲见得此道理透也。"⑤

---

① 《弘斋说》，《邹守益集》卷8，凤凰出版社，2007年，第456页。
② 《朱子语类》卷8，中华书局，1986年，第140页。
③ 《朱子语类》卷42，中华书局，1986年，第1073页。
④ 《朱子语类》卷102，中华书局，1986年，第2596—2597页。
⑤ 《朱子语类》卷30，中华书局，1986年，第772页。

实践是道理生成的关键，道理生成后又会直接作用于后续的实践过程，这是一个交互一体的过程，因而涵养含括了性体的扩充和发用两个环节，含括了思和实践这两个方面。一些人非常重视对象化之思，但对其背后的直觉领会以及为其奠基的实践重视不够。国学认为，思不但是智慧的阶梯，也是德性的阶梯。在涵养工夫中，把思和实践结合起来，把对象化思考和直觉领会结合起来，这样将有利于更切己、更深入地思。

正心工夫之三：良知之用 ～♋

正心的过程既包括促进生成性体中的本然之道，也包括让性体的功能发挥出来，使其中的本然之道呈现并贯彻到人的行动中。刘宗周云："为学之方，惟顺其心之本然，顺其心之自然，顺其心之当然而已。顺之所以为敬也。"[①]

良知之用，侧重点不是偶尔引发了具体的见在良知，而是对良知本体的整体性运用。正心强调发挥性体整体的作用，不能让心为物所累，保持人的机动性和主动性。朱熹云："心不可有一物，外面酬酢万变，都只是随其分限应去，都不关自家心事。才系于物，心便为其所动。……既为物所系缚，便是有这个物事，到别事来到面前，应之便差了，这如何会得其正！圣人之心，莹然虚明，无纤毫形迹。一看事物之来，若小若大，四方八面，莫不随物随应，此心元不曾有这个物事。"[②] 亦云："尽是'天命、天讨'，圣人未尝加一毫私意于其间，只是奉行天法而已。……凡其所谓冠昏丧祭之礼，与夫典章制度，文物礼乐，车舆衣服，无一件是圣人自做底。都是天做下了，圣人只是依傍他天理行将去。如推个车子，本自转将去，我这里只是略扶助之而已。"[③] 依循性体的本然之道行事，就会毫不费力，顺风顺水。

无论是理学家还是心学家，在保持心体之虚明以应万事万变的宗旨上都具

① 《与门人祝开美问答》，《语类》11，《刘宗周全集》第3册，浙江古籍出版社，2012年，第314页。
② 《朱子语类》卷16，中华书局，1986年，第348页。
③ 《朱子语类》卷78，中华书局，1986年，第2020页。

有一致性，但不同之处在于，理学家较为外向，追求天下之达道，要通过涵养上达天理；而心学家较为内向，追求心内之良知，要通过涵养致其良知。朱熹涵养工夫的指向主要是由心生道、体认理义，而在心学家那里，涵养工夫主要是强调无执，发挥直觉的作用。如果说朱熹对道理的理解还带有一点观念社会的影子，那么王阳明、王畿等人的心学就较为彻底地消解了道理的对象性和观念性，良知良能更多体现为人的直觉和能动性。国学并非绝对地反对所有观念性的道理，而是要为观念性的道理在人心中找到更坚实的内在依据，而且让人在践履中不被教条所束缚。国学所言的真悟实修，就是要超越观念社会的假象，回到事情本身，回到人的本真反应，在人与世界之间达到内外一体的和谐状态。

随着历史的发展，孔孟的仁义之道到了后世，在一定程度上在观念社会中被僵化和教条化了。心学对良知的倡导和对无执的强调，是对国学被教条化之后的一种纠偏和反正，起到了思想解放的作用。

在心学家看来，心存养的关键是放弃对教条的执守而专注于对心的操习。王畿云："操是操习之操，非把执也。心之良知原是活泼之物，人能操习此心，时时还他活泼之体，不为世情嗜欲所滞碍，便是操心之法，即谓之存。才有滞碍，便著世情，即谓之亡。"① 亦云："操是操练之操，非执定把持之操也。良知者，人心之灵体，平旦虚明之气也。操心即是致之之功，操则存者，随时随处练习此心，复其本来活泼之机而已；不操则便泥于时、滞于方，心便死了，故谓之亡。"②

保持在一种无执的状态，在工夫论中称为保任。古人说工夫，往往在开悟之后就要保任，要把开悟之所得保持住。开悟所得是本体之念，它不可执，保任的对象只能是无所执的性体本身。王畿云："吾人之学，患无所得，既得后，保任工夫自不容已。且道得是得个恁么？此非意解所及。择乎中庸，不能期月守，便是忘却保任工夫，亦便是得处欠稳在。"③ 保任工夫可以理解为让人持续

---

① 《天山答问》，《龙溪会语》卷6，《王畿集》附录二，凤凰出版社，2007年，第778页。
② 《册付养真收受后语》，《王畿集》卷15，凤凰出版社，2007年，第438页。
③ 《留都会纪》，《王畿集》卷4，凤凰出版社，2007年，第94页。

保持在一体世界之中，这在现实中是很不容易的，特别是对于一体世界覆盖范围有限的常人。良知广泛外用的基础是人性体强健，表现为其一体世界基本涵括了整个外部世界，人可以经常性地处于自由王国。常人没有这个境界，就难以充分发挥良知之用。

本体只能用直觉去感知和领会，而直觉是不能蓄意把执的。古代心学家修习工夫日渐深湛，趋于化境时，似乎能以直觉对其有所把控。王畿谈王阳明晚年境界是："逮居越以后，所操益熟，所得益化，信而从者益众。时时知是知非，时时无是无非，开口即得本心，更无假借凑泊，如赤日丽空而万象自照，如元气运于四时而万化自行，亦莫知其所以然也。"[1] 王畿自己的感觉是："思虑未起，不与已起相对，才有起时，便为鬼神觑破，便是修行无力，非退藏密机。不肖于此颇见有用力处，亦见得有得力处。日逐应感，只默默理会当下一念，凝然洒然，无起无不起，时时觌面相呈，时时全体放下，一切称讥逆顺不入于心，所以终日交承，虽冗而不觉劳，终日论说，虽费而不觉扰。直心以动，自见天则，迹虽混于世尘，心若超于太古。"[2]

构成性体的本然之道，既是实践的产物，又可以指导实践。指导实践的过程，也是本然之道巩固提升的过程。本然之道在性体中对内呈现为本体之念，再引发出来就是见在良知，可以用于开物成务，帮助人们求取外在事功。

在性体的外在发用方面，理学家和心学家有所不同。朱熹云："涵养须用敬，处事须是集义。敬、义只是一事。……敬者，守于此而不易之谓；义者，施于彼而合宜之谓。"[3] 朱熹等理学家强调集义或施义，而心学家则强调良知的灵明和神感神应。王阳明云："君子之酬酢万变，当行则行，当止则止，当生则生，当死则死，斟酌调停，无非是致其良知，以求自慊而已。故君子素其位而行，思不出其位，凡谋其力之所不及而强其知之所不能者，皆不得为致良知；而凡劳其筋骨，饿其体肤，空乏其身，行拂乱其所为，动心忍性以增益其所不能者，皆所以致其良知也。"[4] 良知之用，在于在做事的过程中依势顺天而

---

① 《滁阳会语》，《王畿集》卷 2，凤凰出版社，2007 年，第 34 页。
② 《万履庵漫语》，《王畿集》卷 16，凤凰出版社，2007 年，第 462 页。
③ 《朱子语类》卷 12，中华书局，1986 年，第 216 页。
④ 《答欧阳崇一》，《传习录中》，《王阳明全集》卷 2，上海古籍出版社，1992 年，第 73 页。

为，不能想当然，而要摒弃私心俗见，忘我无我。它不是私心自用，不是任性随意而为，而是要排除主观性，强调客观性，抓住稍纵即逝的时机，在现实基础上最大程度地发挥人的能动性。

良知之用，在王阳明身上的表现非常突出。王阳明云："我无秘术，但平生所自信者良知，凡应机对敌，只此一点灵明神感神应，一毫不为生死利害所动，所以发机慎密，敌不知其所从来。在我原是本分行持，世人误以为神耳。"① 亦云："人之性气刚者亦能履险不惧，但其心必待强持而后能。即强持便是本体之蔽，便不能宰割庶事。孟施舍之所谓守气者也。若人真肯在良知上用功，时时精明，不蔽于欲，自能临事不动。不动真体，自能应变无言。"② 平濠后又云："平时执持怠缓，无甚查考，及其军旅酬酢，呼吸存亡，宗社安危所系，全体精神只从一念入微处自照自察，一些著不得防检，一毫容不得放纵。勿助勿忘，触机神应，是乃良知妙用，以顺万物之自然，而我无与焉。夫人心本神，本自变动周流，本能开物成务，所以蔽累之者，只是利害毁誉两端。……自经此大利害、大毁誉过来，一切得丧荣辱，真如飘风之过耳，奚足以动吾一念？今日虽成此事功，亦不过一时良知之应迹。"③

受王阳明的影响，王学后辈也都有切身体会。欧阳德云："良知致，而天地之道立，人之能事毕矣。艺文宦业，莫匪良知之用，然必根诸心，得乎其实，而不徒习为其说，袭取其故，则未有积而不光者。"④ 罗洪先云："即如均赋一事，吾辈奉行当道德意，稍为乡里出力，只得耐烦细腻，故从六月至今半年，终日纷纷，未尝敢憎厌，未尝敢执着，未尝敢放纵，未尝敢张皇，未尝敢亵侮，未尝敢偏党。自朝至暮，惟恐一人不得其所，虽甚纷纷，不觉身倦，一切杂念不入，亦不见动静二境。自谓此即是静定工夫，非止纽定嘿（默）坐时是静，到动应时便无着静处也。"⑤ 邹守益云："世之学者，不自信其良知为足

---

① 《与俞虚江》，《王畿集》卷 11，凤凰出版社，2007 年，第 302 页。
② 钱德洪：《征宸濠反间遗事》，《王阳明全集》卷 39，上海古籍出版社，1992 年，第 1473 页。
③ 《读先师再报海日翁吉安起兵书序》，《王畿集》卷 13，凤凰出版社，2007 年，第 343 页。
④ 《英山县重修儒学记》，《欧阳德集》卷 8，凤凰出版社，2007 年，第 257 页。
⑤ 《松原志晤》，《罗洪先集》卷 16，凤凰出版社，2007 年，第 696 页。

以开物成务，而谓必假于外以增益之，果若而言，则修己以敬可以安百姓，戒慎恐惧可以位育，扩充四端可以保四海，将非圣门简易之学乎？"①

作为对本体功能的整体性运用，在某种意义上，良知之用反映的是一种提升战略领导力的思想。做领导，做事业，必须克制私欲、循理而行，必须胸怀广阔、有整体意识、大局意识，这是构成领导力和号召力的必要条件。《孟子·离娄上》云："是以惟仁者宜在高位。不仁而在高位，是播其恶于众也。"良知之用，是国学内圣外王之学的一个重要环节。良知不能直接为圣王带来外在的事功，它只是圣王开物成务、开拓进取所赖以成事的思想方法、内在立场和精神境界。国学虽然强调内圣的重要性，但国学并未说内圣就可以决定一切。内圣只是外王的主观条件，也需要客观条件——时势的配合，还需要事功所需要的外在之知。内圣之道只提供一种方法上的指引。

一般来说，内圣对外王的意义主要有三层：一是内圣为外王之道的礼义制度提供内在依据，无内圣则无王道的准绳；二是内圣为外王提供主体的保障，无内圣之人则无外王事业的开拓者、实施者和捍卫者；三是内圣为外王提供方法论的指引。内圣不仅仅具有个人品德、内在素质方面的含义，这不是它的主要含义，其主要含义是代表了人之所以为人的本然之道，它在人的内在世界构成了性体，并为现实社会的礼义制度奠基。这种道或理之圣，是贯通人的内、外世界的，这才是内圣外王的本义。

在一定意义上，国学是一种王者之学、强者之学、成功者之学，圣王的做事心态、思维模式和行为机制要以圣王的境界、能力和实力为基础。正心工夫在各种工夫中是最难的，达不到一定的境界，人们就难以领会良知外用的过程，容易误认为它仅仅是一种空虚之说。

良知外用的过程，是一个双向互动的过程。一方面，性体的功能得到了发挥，本然之道呈现后投向外在事物，人应用它获取了外在事功，达至了天人之和；另一方面，在这个实践过程中，本然之道得到了进一步的巩固和贯通，扩充了原有的性体。道穿梭于人的内、外世界，往返于人心和现实之间，这就是道的基本发育和运行方式。

① 《赠南海方子之商河序》，《邹守益集》卷4，凤凰出版社，2007年，第172页。

正心工夫之四：率性直行

正心工夫既可以用于做事，也可以用于做人。以正心工夫去做人，就是率性直行的工夫。在这个工夫中，性体发挥作用的过程，同时也是人在当下自我实现的过程。

孔子罕言性与天道，但孔子多次论及"直"。《论语·雍也》云："人之生也直。"《论语·季氏》云："友直，友谅，友多闻，益矣。""直"体现了真性情，值得肯定，但要做到直并不容易。《论语·卫灵公》云："吾之于人也，谁毁谁誉？如有所誉者，其有所试矣。斯民也，三代之所以直道而行也。"《论语·子路》云："叶公语孔子曰：吾党有直躬者，其父攘羊而子证之。孔子曰：吾党之直者异于是：父为子隐，子为父隐，直在其中矣。"直有"直道"，有"吾党之直"，可见直是有所依循的，它所依循者恰恰是性与天道。"直"是对性和天道的遵循，如果背离它们而任由欲望和情绪宣泄，便不是真正的"直"。

性体挥发、舒展的过程，就是率性、尽性的过程，也是仁的呈现过程。《孟子·离娄下》云："舜明于庶物，察于人伦，由仁义行，非行仁义也。""由仁义行"，即率性而为，任由性体自由发挥，而不要有"行仁义"的主观刻意行为。性体的运行具有自在、自由而不能人为干涉的特点，对此心学家有敏锐的认识。陆九渊云："此心之灵，此理之明，岂外铄哉？明其本末，知所先后，虽由于学。及其明也，乃理之固有，何加损于其间哉？"① 亦云："此理非可以私智揣度傅会。若能知私智之非，私智废灭，此理自明。若任其私智，虽高才者亦惑，若不任私智，虽无才者亦明。"② 王阳明云："此便是良知不假外求。若良知之发，更无私意障碍……然在常人不能无私意障碍，所以须用致知格物之功胜私复理。"③

---

① 《与詹子南二》，《陆九渊集》卷7，中华书局，1980年，第96页。
② 《与朱济道二》，《陆九渊集》卷11，中华书局，1980年，第143页。
③ 《传习录上》，《王阳明全集》卷1，上海古籍出版社，1992年，第6页。

国学鼓励人率性、尽性，自己发展自己，自己成就自己。国学教导人，强调尊重个性，因材施教。孔子、王阳明都是这样的好老师。《传习录》云："王汝中、省曾侍坐。先生握扇命曰：'你们用扇。'省曾起对曰：'不敢。'先生曰：'圣人之学，不是这等捆缚苦楚的，不是妆做道学的模样。'汝中曰：'观仲尼与曾点言志一章略见。'先生曰：'然。以此章观之，圣人何等宽洪包含气象！且为师者问志于群弟子，三子皆整顿以对。至于曾点，飘飘然不看那三字（子）在眼，自去鼓起瑟来，何等狂态。及至言志，又不对师之问目，都是狂言。设在伊川，或斥骂起来了。圣人乃复称许他，何等气象！圣人教人，不是个束缚他通做一般：只如狂者便从狂处成就他，狷者便从狷处成就他。人之才气如何同得？'"①

王阳明还有一个率性的例子。《天柱山房会语》云："子充曰：'阳明夫子居丧，有时客未至恸哭，有时客至不哭，阳和终以不哭为疑，敢请？'先生曰：'凶事无诏，哀哭贵于由衷，不以客至不至为加减也。昔人奔丧，见城郭而哭，见室庐而哭，自是哀心不容已。今人不论哀与不哀，见城郭室庐而哭，是乃循守格套，非由衷也。客至而哭，客不至而不哭，尤为作伪。世人作伪得惯，连父母之丧亦用此术，以为守礼，可叹也已。毁不灭性，哀亦是和，悟得时，即此是学。'"②

直行以直心为内在依据。王畿云："吾人为学只是一个直心，直心之谓德，无亿度处、无凑泊处、无转换处、无污染处。……寂然不动者，直之体，坤之内，直也；感而遂通者，直之用，乾之动，直也。内外动静，一也。故直清可以通神明，直养可以塞天地。"③亦云："所谓直心之说，非欲公简抗率易，以不顾人情、不量势事为直也。'人之生也直'，直是心之本体。人情世事，皆此心之应迹，才有毁誉利害夹带其间，始不能直，始有许多委曲计较。"④所谓直心与直行，都以性体的本然之道为依托和准绳。

需要强调的是，常人不能轻言率性直行。率性而为是可行可贵的，但要防

---

① 《传习录下》，《王阳明全集》卷3，上海古籍出版社，1992年，第104页。
② 《王畿集》卷5，凤凰出版社，2007年，第120页。
③ 《直说示周子顺之》，《王畿集》卷17，凤凰出版社，2007年，第497—498页。
④ 《与邵缨泉》，《王畿集》卷11，凤凰出版社，2007年，第296页。

范率习而行，警惕人的惯性和惰性。人从心所欲似乎不难，但不逾矩是很难的，从心所欲而不逾矩更是难上加难。率性直行要以觉悟为前提，没有诚意工夫为基础的率性就会变成任性，直行也会变成无所顾忌的恣意纵行。

尽性的直接表现往往就是尽情。孔子提倡的"仁"，既是最基本的道理，也是一种最基本的情感，从这个角度看孔子是重情的。《性自命出》云："凡人情为可悦也。苟以其情，虽过不恶；不以其情，虽难不贵。苟有其情，虽未之为，斯人信之矣。未言而信，有美情者也。"① 这里强调人顺其情，尽其情，才是可贵可信的。

如果说西方哲学是最重抽象真理的，那么国学就是最重真实情感的。中国人在文化上的特点就是重情，因情而重性，因情而重义，认为情义无价。中国人最推崇的就是自然无伪，真情真意，做真性情的人。在现代社会，商业逻辑和消费主义盛行，功利的算计让越来越多的人远离了真情真意。在这样的社会环境下，提倡尽情和尽性，是要从根本处高扬人的价值，让人建立饱满健全的人性，回归本真的人生。

尽情不是让情去主宰人。朱熹云："盖是（忿懥、恐惧、好乐、忧患）四者，皆心之用，而人所不能无者。然一有之而不能察，则欲动情胜，而其用之所行，或不能不失其正矣。"② 正心工夫的要义在于，要让情恰如其分地表露出来。朱熹亦云："性是未动，情是已动，心包得已动未动。盖心之未动则为性，已动则为情，所谓'心统性情'也。"③ 未动之心是道体，情的发动既可以发自道体中的仁体，也可以发自道体中的畏体。正心工夫中的尽情，是在诚意的基础上尽量使情发自仁体，这样的情就是人的本真之情，这才是可贵且应尽的。

正心工夫之五：持志——有执与长期之正心

从孔子不轻易以仁许人和对中庸之难的慨叹可以看到，正心工夫是很不容

---

① 荆门市博物馆：《郭店楚墓竹简》，文物出版社，1998年，第181页。
② 朱熹：《大学章句》，《四书章句集注》，中华书局，1983年，第8页。
③ 《朱子语类》卷5，中华书局，1986年，第93页。

易做的。难处在于要以完全无执的境界实现统筹兼顾的实效，在现实中不好把握。朱熹云："以敬为主，则内外肃然，不忘不助而心自存。不知以敬为主而欲存心，则不免将一个心把捉一个心，外面未有一事时，里面已是三头两绪，不胜其扰扰矣。就使实能把捉得住，只此已是大病，况未必真能把捉得住乎？"[①] 王畿云："心无形象、无方所，孰从而正之？才要正心便有正心之病。"[②] "才要正心"就是刻意地去正心，这已经进入有执的状态，远离了正心工夫的宗旨。完全无执而又能应万变是一种难以把握的状态，故而王畿的先天正心工夫并没有成为普及的工夫形式。

那么是否有更容易把握的正心工夫呢？也有，这就是持志工夫。

《河南程氏遗书》云："问：'有所忿懥、恐惧、忧患，心不得其正。是要无此数者，心乃正乎？'曰：'非是谓无，只是不以此动（一本作累）其心。学者未到不动处，须是执持其志。'"[③] 在程颐看来，国学的修习者在还没有达到不动心或正心状态的时候，就要以"执持其志"的方式做正心工夫。

朱熹云："许多言语，虽随处说得有浅深大小，然而下工夫只一般。如存其心与持其志，亦不甚争。存其心，语虽大，却宽；持其志，语虽小，却紧。"[④] 相对于心，志更为聚焦，它既是道体、性体的一种综合性和方向性的反映，可以跨越情境和周期，指导人的行为；又具有可以把捉的特点，是可执的。

王夫之比较直接地把正心解释为持志："执持其志者，正其心也"，"盖心之正者，志之持也"。相对于通常隐而不现的性体，"志"是显性的，能以"道（仁）义之心"来把捉和持守，因而把"持志"作为正心工夫具有一定的优越性。王夫之云："'心不在'者，孟子所谓'放其心'也。'放其心'者，岂放其虚明之心乎？放其仁义之心也。……正其心于仁义，而持之恒在，岂但如一镜之明哉？"[⑤] 王夫之强调要区分"虚明之心"和"仁义之心"，就是要把隐而不现的性体与可以具体化的仁义之心分隔开来。"虚明之心"和"仁义之心"其实

① 《答张敬夫》，《晦庵先生朱文公文集》卷31，《朱子全书》第21册，上海古籍出版社、安徽教育出版社，2010年，第1345—1346页。

② 《颖宾书院会纪》，《王畿集》卷5，凤凰出版社，2007年，第116页。

③ 《河南程氏遗书》卷19，《二程集》，中华书局，2004年，第247页。

④ 《朱子语类》卷12，中华书局，1986年，第203页。

⑤ 《读四书大全说》卷1，《船山全书》第6册，岳麓书社，1991年，第420、415、422—423页。

是性体的一体之两面，"虚明之心"强调了性体的功能，"仁义之心"则强调了性体的内容，二者并非完全对立。王夫之强调"仁义之心"而淡化"虚明之心"，是因为仁义较容易具体化、形式化，在观念社会中也可以找到对应物或参照物。秉持仁义之心，便于把难以把握的执中转化为较易把握的持志。

志的可执，一般不是对单一具体目标的执着，而是对某种方向和一系列动态目标的执着。志的目标，虽然总体上与性体相关，是较为抽象的、整体性的、动态性的，但也可以阶段性地体现为较为具体的对标物。从这个角度看，持志作为正心工夫，具有更好的可操作性。

志是人与外部世界不和谐的一种自发的反动，它是对心不正的一种自觉的纠偏和反正。对现实状况的不满和对广阔世界的期许都可以激发人的志，它既指示了正心的方向，也为正心提供了动力。现实世界与人的理想差距越大，人所面临的艰难困苦越多，就越能激发人的斗志，让人由内而外地全面动员起来。人在持志奋斗的过程中，要借助主观的能动性和动力。以持志来正心的优点在于不必起初就要超越观念社会，人在诚意工夫还不娴熟、还在性体的外围打转的时候就可以做持志工夫。从功利的角度看，努力实现阶段性的对象化目标也能促进人的进步，当然人不能仅仅满足于这样的目标，远大的志向终究要朝向人生的整体或人的性体。

志要超越眼前的欲望和短期目标，以对人产生长远的指导意义，就需要体现人生的整体性筹划，这样的志才会让人有本或有主。二程云："志立则有本。譬之艺木，由毫末拱把，至于合抱而干云者，有本故也。"① 亦云："人心作主不定，正如一个翻车，流转动摇，无须臾停，所感万端。……心若不做一个主，怎生奈何？……持其志，便气不能乱，此大可验。"② 有本且主心之志，必然是基于人的性体而立的。王夫之云："惟夫志，则有所感而意发，其志固在，无所感而意不发，其志亦未尝不在，而隐然有一欲为可为之体，于不睹不闻之中。"③

---

① 《河南程式粹言》卷1，《二程集》，中华书局，2004年，第1186页。
② 《河南程氏遗书》卷2下，《二程集》，中华书局，2004年，第52—53页。
③ 《读四书大全说》卷1，《船山全书》第6册，岳麓书社，1991年，第401页。

在王夫之看来，志体现了人本体的作用。王夫之云："志者，人心之主"①；"'心不在'……此'心'字，乃好善恶恶之本志，非知觉之灵明"②。大抱负、大志向是发自性体的。王夫之云："若吾心之虚灵不昧以有所发而善于所往者，志也，固性之所自含也。"③

志要发挥积极作用，保持正确的方向，就要合道合性。王夫之云："故道者，所以正吾志者也。志于道而以道正其志，则志有所持也。盖志，初终一揆者也，处乎静以待物。道有一成之则而统乎大，故志可与之相守。若以义持志，则事易而义徙。"④ 道来自人的性体，"正志"的标准和原则也来自人的性体。王夫之云："夫此心之原，固统乎性而为性之所凝，乃此心所取正之则……而恒存恒持，使好善恶恶之理，隐然立不可犯之壁垒，帅吾气以待物之方来……此则身意之交，心之本体也……主乎视听言动者也，则唯志而已矣。"⑤ 王夫之所说的"志"比"意"多了持续性，是可以"恒存恒持"的，而"性"是"此心所取正之则"。

性体作为"取正之则"主要是内正，且主要是正当下。性体在当下对人具有决定性，但在长周期内就不具有终极的决定性，这是因为性体日生日成，在长周期内就会出现迁移，只有以外在之天作为"取正之则"才具有终极的决定性。性体作为志的依据，决定了志具有动态性。志是一系列小目标的动态集合，是一种长期性的趋向。

人生历程中，个人的进步通常有两个关键性环节：觉醒和持志。诚意工夫有助于把人从常人之境和观念社会中唤醒，而持志的正心工夫有助于让人在变化中把握方向。王夫之云："吾立身之始，有为身之主者心也。当物之未感，身之未应，而执持吾志，使一守其正而不随情感以迷，则所以修身之理，立之有素矣。"⑥ 在经过诚意工夫，发现人生的窘迫和整体性问题而觉醒之后，人就要立志去解决问题。对当前状况进行整体性筹划、确定未来的前进方向就是立

① 《张子正蒙注·太和篇》，《船山全书》第12册，岳麓书社，1992年，第44页。
② 《四书笺解·大学》，《船山全书》第6册，岳麓书社，1991年，第117页。
③ 《读四书大全说》卷8，《船山全书》第6册，岳麓书社，1991年，第923页。
④ 《读四书大全说》卷8，《船山全书》第6册，岳麓书社，1991年，第929页。
⑤ 《读四书大全说》卷1，《船山全书》第6册，岳麓书社，1991年，第401页。
⑥ 《四书训义》卷1，《船山全书》第7册，岳麓书社，1990年，第48页。

志。立了志，坚持其方向并全面动态地把握平衡，就是持志的正心工夫。王夫之云："持志之慎而不失也，正心之事。"①

在做工夫和为学的过程中，立志能起到提纲挈领的作用，是持续推进人生奋斗进程的关键。王夫之云："六者（善、信、美、大、圣、神），以正志为入德之门，以存心立诚为所学之实，以中道贯万理为至善之止，圣与神则其熟而驯致者也。故学者以大心正志为本。"② 王阳明云："夫学，莫先于立志。志之不立，犹不种其根而徒事培拥灌溉，劳苦无成矣。世之所以因循苟且，随俗习非，而卒归于污下者，凡以志之弗立也。"③ 人要超越观念社会的"因循苟且，随俗习非"，必须返回自身，直面人生的整体态势，立志去谋划和改变。

陈淳云："志者，心之所之。之犹向也，谓心之正面全向那里去。如志于道，是心全向于道；志于学，是心全向于学。……人若不立志，只泛泛地同流合污，便做成甚人？须是立志，以圣贤自期，便能卓然挺出于流俗之中，不至随波逐浪，为碌碌庸庸之辈。"④ 陈淳强调"志"体现了心的"正面全向"，关涉人生整体的"做成甚人"的问题。只有基于人生整体的筹划和基于性体整体的发挥，志才能始终指示为人和为学的方向。

王阳明云："大抵吾人为学紧要大头脑，只是立志。所谓困忘之病，亦只是志欠真切。今好色之人未尝病于困忘，只是一真切耳。自家痛痒，自家须会知得，自家须会搔摩得。……佛家谓之方便法门，须是自家调停斟酌，他人总难与力，亦更无别法可设也。"⑤ 志的"真切"，在于超越了观念社会，领会了"自家痛痒"，通过"调停斟酌"进行了整体性的筹划。

志的主要作用是引领人跨越不同的情境和周期，面向历史充分展开自身。持志，对正心工夫的一个重要作用在于，它超越当下，把正心带入长周期的视角，把历史意义赋予正心。人立了志并能持志，就在历史意义上挺立了自身，这对人具有决定性的意义。王夫之云："人之所以异于禽者，唯志而已矣。不

① 《礼记章句·大学》，《船山全书》第4册，岳麓书社，1991年，第1479页。
② 《张子正蒙注·中正篇》，《船山全书》第12册，岳麓书社，1992年，第160页。
③ 《示弟立志说》，《王阳明全集》卷7，上海古籍出版社，1992年，第259页。
④ 陈淳：《北溪字义》卷上，中华书局，1983年，第15—16页。
⑤ 《传习录中》，《王阳明全集》卷2，上海古籍出版社，1992年，第57—58页。

守其志，不充其量，则人何以异于禽哉！"① 只有持志的人，才有信义可言，才能具有责任感和使命感，才能托付人生和历史的重任。《论语·里仁》云："苟志于仁矣，无恶也"；"士志于道，而耻恶衣恶食者，未足与议也！"《论语·卫灵公》云："志士仁人，无求生以害仁，有杀身以成仁。"志对于人生的荣辱沉浮和生死考验，起到了定海神针的作用。

在具体的实践中，古人工夫的侧重点各有不同。王阳明及其弟子注重在诚意的基础上去实现当下的正心，但王夫之的工夫论更具长期性，他强调心正之后才能意诚。正心、诚意工夫密切相关，互为因果，关键是要在对性体的本真领会上取得突破，并在正心和诚意的双向往复中使工夫的效果得到巩固和提升。虽然阳明心学在理论彻底性和工夫境界程度上非常高明，但王夫之的持志工夫更好把捉，也更具有长期视野。持志工夫，有助于纠正王门后学疏空不务实的流弊，是更适合常人和初学者的工夫。

正心工夫之六：以学利仁——基础性之正心 ～♋

性体的扩充，需要持续纳入新的本然之道，这种本然之道体现为对新鲜事物的领会，呈现为一种知。《论语·公冶长》云："未知，焉得仁。"《论语·里仁》云："仁者安仁，知者利仁。"知对性体——仁体的扩充具有基础性的影响。

同时，知不离学。在长周期内，学习对正心工夫具有基础性作用。《论语·阳货》云："好仁不好学，其蔽也愚；好知不好学，其蔽也荡；好信不好学，其蔽也贼；好直不好学，其蔽也绞；好勇不好学，其蔽也乱；好刚不好学，其蔽也狂。"思是正心工夫的重要环节，孔子重视思，但孔子认为单纯的思是无益的，强调要在学中思。《论语·为政》云："学而不思则罔，思而不学则殆。"《论语·卫灵公》云："吾尝终日不食，终夜不寝，以思，无益，不如学也。"《荀子·儒效》云："我欲贱而贵，愚而智，贫而富，可乎？曰：其唯学乎。彼

---

① 《思问录外篇》，《船山全书》第 12 册，岳麓书社，1992 年，第 451 页。

学者，行之，曰士也；敦慕焉，君子也；知之，圣人也。上为圣人，下为士君子，孰禁我哉！"① 荀子也肯定了学对于成圣的基础性意义。

性体在当下的自然发挥有利于性体扩充，但这种扩充是一种自然的、和缓的伸展，效率较低。积极主动地去求知或学习，可以加速人的进步，实现性体扩充，这就是以学利仁。学习或学习性的实践是更具有基础意义的正心，它表现为广泛地进行格物致知。从长期看，格物致知在时间上和范围上的扩展和积累，能起到正心的效果。王阳明云："吾教人致良知，在格物上用功，却是有根本的学问。日长进一日，愈久愈觉精明。世儒教人事事物物上去寻讨，却是无根本的学问。"② 阳明的"致良知"就是致本体之知而增益自身的工夫，它的"根本"就是自身的性体，途径就是不断领会事物的本然之道，而脱离自身性体的增益，仅仅流连于事物之间，就是"无根本的学问"。

致知的成果并不限于知识，而主要是人领会的本然之道。本然之道具有内贯外推的本能趋势，因而学是人性体发育的本质性、自主性需求。这种学，不仅是了解和掌握对象化的知识，而且要通过实践来融会贯通，促成人自身发生根本性的改变。《荀子·劝学》云："君子之学也，入乎耳，箸乎心，布乎四体，形乎动静，端而言，蠕而动，一可以为法则。"③ 朱熹云："这道理，须是见得是如此了，验之于物，又如此；验之吾身，又如此；以至见天下道理皆端的如此了，方得。"④ 理为何要验之再验呢？只有如此理才能还原为本然之道，融化在人的直觉反应中，才能为人彻底吸收并成为人自身的构成部分。

对部分人来说，受教育只是一个被动的、习以为常的机械过程，而不是一个主动学习的过程。事实上，有效的学习过程往往是人发生持续改变的过程。只要学习与人自身的变化相关，这其中就必然既有体现诚意工夫的一面，也有体现正心工夫的一面。学习中的诚意工夫，往往体现为专心和忘我地去学习，不断刬除心中的成见，打破想当然的思维定式，认识到自身与现成知识的局限

① 《荀子集解》，中华书局，1988 年，第 125 页。

② 《传习录下》，《王阳明全集》卷 3，上海古籍出版社，1992 年，第 99 页。

③ 《荀子集解》，中华书局，1988 年，第 12 页。

④ 《朱子语类》卷 104，中华书局，1986 年，第 2618 页。

和不足，不断提高学习的自主性和深入度。学习中的正心工夫，往往体现为持续广泛地学习，认识到学无止境，主动建立更为完整的学习体系和掌握更加丰富的学习方法，提高学习内容的广博度、贯通性和实用性。经由诚意、正心工夫意义上的学习，才会改变学习中的形式主义和机械主义，让学习成为人真切的生命体验。

养心、正心的基础和源泉不在心内，而在心外的广阔世界。多闻多行，是扩充性体、道体的根本方法。《论语·为政》云："多闻阙疑，慎言其余，则寡尤。多见阙殆，慎行其余，则寡悔。"王夫之云："至于学之必兼笃行，则以效先觉之为，乃学之本义；自非曰'博学'、曰'学文'，必以践履为主，不徒讲习讨论而可云学也。"① 亦云："以在人之知行言之：闻见之知不如心之所喻，心之所喻不如身之所亲；行焉而与不齐之化遇，则其诉拒之情、顺逆之势、盈虚之数，皆熟尝之而不惊其变，行之不息，知之已全也。"② 王夫之本人在这方面是个好榜样，其子述其行迹云："自少喜从人间问四方事，至于江山险要，士马食货，典制沿革，皆极意研究。读史读注疏，于书志年表，考驳同异，人之所忽，必详慎搜阅之，而更以闻见证之，以是参驳古今，共成若干卷。"③ 学不仅是在学校学，在图书馆、自习室学，而且要到社会的广阔舞台上去学。人胸襟的扩大和境界的提升，往往要以广厚的阅历为基础，除了读万卷书还要见千样人、行万里路。外在的见闻或知识本身并不能增益人，要实现人自身的增益，必须因识悟道，驭器成技，由艺达仁，把操持新事物的领会转化为本然之道，才能实现对性体的扩充。

程颐云："穷理亦多端：或读书，讲明义理；或论古今人物，别其是非；或应接事物而处其当，皆穷理也。"④ 亦云："经所以载道也，诵其言辞，解其训诂，而不及道，乃无用之糟粕耳。"⑤ 朱熹云："大凡为学，最切要处在吾身心，其次便是做事，此是的实紧切处。学者须是把圣人之言来穷究，见得身心

---

① 《读四书大全说》卷4，《船山全书》第6册，岳麓书社，1991年，第608页。
② 《周易内传》卷5上，《船山全书》第1册，岳麓书社，1988年，第510页。
③ 王敔：《大行府君行述》，《船山全书》第16册，岳麓书社，1996年，第73页。
④ 《河南程氏遗书》卷18，《二程集》，中华书局，2004年，第188页。
⑤ 《与方元寀手帖》，《河南程氏文集·遗文》，《二程集》，中华书局，2004年，第671页。

要如此，做事要如此。天下自有一个道理在，若大路然。圣人之言，便是一个引路底。"① 虽然读书是人扩充性体的一个重要途径，但仅仅靠读书也还不够。浮光掠影或死记硬背地读书，是几乎没有任何益处的。读书要玩味其中的言外之意，要入境体会其背后的真知。读书还要与践行结合起来，不与实践相结合的书本知识不能入道。

关于读书，朱熹有很多精辟之论。朱熹云："学问，就自家身己上切要处理会方是，那读书底已是第二义。"② 亦云："大抵既为圣贤之学，须读圣贤之书；既读圣贤之书，须看得他所说本文上下意义，字字融释，无窒碍处，方是会得圣贤立言指趣，识得如今为学功夫，固非可以悬空白撰而得之也。"③ 又云："盖未论看得义理如何，且是收得此心有归著处，不至走作。然亦须是专一精研，使一书通透烂熟，都无记不起处，方可别换一书，乃为有益。若但轮流通念，而核之不精，则亦未免枉费工夫也。须是都通透后，又却如此温习，乃为佳耳。"④

读书的重要内容是对各种理论知识的学习。近代以来，科学发展起来之后，仅仅多见多闻就显得不够了，还必须要系统学习理论知识。在一般性的闻见之知基础上，系统化的理论可以把零散的知识串联起来，提高人对外界事物的综合理解能力。理论的这种显性的统合作用，和本然之道隐性的统贯作用之间有内在的关联，虽然二者作用方式有所不同，但目标是一致的。在对闻见之知的把握、熟习和运用的过程中，系统化理论有助于人形成相应的本然之道，有助于人把驳杂的事物有效地纳入一体世界。在学习具体知识的过程中，需要通过对理论的学习领会来形成和加固对那些对象性知识的把握和驾驭，以实现对它们理解上的融会贯通和运用中的熟能生巧。

当那些理论已经形成体系和制度并在现实世界站稳脚跟时，就需要人去消解其对象性，并在心内建立它与人的境域化关联，构建理论自身的本然之道——

① 《朱子语类》卷 114，中华书局，1986 年，第 2756 页。

② 《学四·读书法上》，《朱子语类》卷 10，中华书局，1986 年，第 161 页。

③ 《答项平父》，《晦庵先生朱文公文集》卷 54，《朱子全书》第 23 册，上海古籍出版社、安徽教育出版社，2010 年，第 2544 页。

④ 《答张元德》，《晦庵先生朱文公文集》卷 62，《朱子全书》第 23 册，上海古籍出版社、安徽教育出版社，2010 年，第 2984 页。

"理论之道"。理论是物之道的专题化、体系化、观念化的表现形式，人所领会的理论以及对理论的确信或信仰也附带着某种本然之道，这就是"理论之道"。外在之理，通常是现成化之理，必须以内在境域化之道来统而贯之，方能为人所消化吸收。虽然理论具有现成性和僵化性，但对它的直觉领会在人的性体中扮演了船体龙骨的角色，对性体起到了固着和支撑的作用。学习理论的目的不仅是知理，更重要的是构建理背后之道，并使这种"理论之道"成为性体的核心构件。

正心的过程是对人进行整体性提升和改造的过程。国学认为人是历史性的活体，不能仅靠律令或教条进行限制，而应主要通过启发和教化来促进其自我发展，充分发挥其内在的积极潜能。以学利仁所要影响和改变的不仅是人的认识和想法，还要从根本上改变人本身，提升其境界，改变其反应模式，达至身体和灵魂的共同蜕变。正心最终要实现人与外在世界的统一，尽可能地扩充性体以覆盖所在世界，实现以人合天、以人通天的宗旨。

心统性情与心理健康

"有所忿懥""有所恐惧""有所好乐""有所忧患"等等，都是人与外在世界不和谐的体现。这种不和谐的根源是性体没有充分发挥统合贯通的作用，外在的事物进入道体后不能转化为本然之道进入性体，而是常驻在畏体中让人不能释怀，导致人的心内不协调。要化解"忿懥、恐惧、好乐、忧患"之情，就需要由心来统合，并由性发挥主导作用。朱熹云："'性、情'字皆从'心'，所以说'心统性情'。心兼体用而言。性是心之理，情是心之用。"[①]

人心理问题和精神问题的一个重要根源，是性体的统合贯通能力不足。性体不健壮而畏体被彰显出来，就表现为心体内部存在较为严重的对立。人的性体是由本然之道构成的，本然之道浑然一体就构成了人的自我。如果性体不能内贯心体，就不能有效融合心体内的"他者"，从而使自我活在他者的阴影之

---

① 《朱子语类》卷5，中华书局，1986年，第96页。

下。心体内长期栖留着难以释怀的他者，不能形成能够统摄融合对立双方的新的本然之道，就会影响人的精神状态和心理状态，并影响人的行为模式。本然之道的持续生成机制出现障碍，就会让人丧失统一性，既可能表现为言行上的混乱，也可能表现为心态上的失衡，还可能表现为性格上的偏激。愤世嫉俗、牢骚满腹、忧烦抑郁或暴躁易怒，都是性体不健壮、本然之道不贯通的体现。这样会使人长期处于亚健康状态，严重的会诱发心理疾病或精神疾病。

心具有统合内外的能力。《荀子·解蔽》云："心何以知？曰：虚壹而静。心未尝不臧也，然而有所谓虚；心未尝不满也，然而有所谓一；心未尝不动也，然而有所谓静。……心，卧则梦，偷则自行，使之则谋。故心未尝不动也，然而有所谓静，不以梦剧乱知谓之静。未得道而求道者，谓之虚壹而静。"[①] 心之虚，是强调心容纳新知的能力；心之壹，是强调心的统合兼有能力；心之静，是强调心的存量已有之知对动态增量之知的奠基能力。"虚壹而静"体现了心与道之间的作用机制。

道理具有统贯万事万物的功能，牟宗三说："法之大分言其义，类之纲纪言其统，皆言乎条理也。唯理可以统可以贯……"[②] 格物历事，新的事物必须以道理统之，才能把它消化，转变为人所需要的精神营养。若不能以理统物，则人必蔽于某物，只有尽统其物、尽得其理，人才能心安理得，超凡入圣。《荀子·儒效》云："志安公，行安修，知通统类，如是则可谓大儒矣。"[③]

从内容上看，心是道或理；从能力、能动性上看，心就是气。黄宗羲云："理不可见，见之于气；性不可见，见之于心；心即气也。"[④] 亦云："心即气之聚于人者，而性即理之聚于人者，理气是一，则心性不得是二；心性是一，性情又不得是二。"[⑤] "心即气"从义理上说有两重含义：一是心所系者是气，天地间都是气，理只是气之理，心所反映者都是气之流行；二是心的能动性是气，气代表着心的能力和能量。若仅说理，难免虚无空旷，理之流行

---

① 《荀子集解》，中华书局，1988年，第395—396页。
② 《名家与荀子》，《牟宗三先生全集》第2册，台北联经出版事业有限公司，2003年，第171页。
③ 《荀子集解》，中华书局，1988年，第145页。
④ 《孟子师说》卷2，《黄宗羲全集》第1册，浙江古籍出版社，1985年，第60页。
⑤ 《师说·罗整庵钦顺》，《黄宗羲全集》第7册，浙江古籍出版社，1985年，卷首第18页。

实为理随气而行。从气的角度谈正心，有提高脑力、提升思考速度、增强临机决断能力等方面的内容，这些都要在实践中不断练习，日积月累才能见效。

要提高心的统贯、外推能力，首先要提高思维能力，学习运用好归纳法和演绎法，善于联想和推理，能够举一反三。《论语·述而》云："不愤不启，不悱不发。举一隅不以三隅反，则不复也。"其次，要对新鲜事物保持好奇心，乐于接受新的改变，能够包纳和理解他人的不同想法，对未来持虚心开放的态度，此即孔子的四绝：毋意、毋必、毋固、毋我。再次，要坚持不断地学习和历练，能够不怕失败和挫折，此即《论语·宪问》所云"知其不可而为之者"。这些都要以好的能量状态为基础，需要人充满朝气和活力。

《论语·雍也》云："知（智）者乐，仁者寿。"《中庸》第十七章云："故大德……必得其寿。"大德的基础是性体（仁体）的健全和饱满，能贯通人的内外世界，实现内外的一体化，达到内外和谐统一状态，这是心理健康的基础，也是长寿的必要条件。历史上很多儒家圣贤都高寿。在当时的生活条件和医疗水平下人们的平均寿命很短，但孔子活了七十三岁，荀子、董仲舒、郑玄、孔颖达、程颐、朱熹、王廷相、邹守益、顾炎武、王夫之等人都活了七十多岁，不仅如此，罗钦顺活了八十三岁，孟子活了八十四岁，杨简、王畿、黄宗羲和阮元四人都活了八十六岁。程颐云："德盛者，物不能扰而形不能病。形不能病，以物不能扰也。故善学者，临死生而色不变，疾痛惨切而心不动，由养之有素也，非一朝一夕之力也。"[1] 王畿云："喜怒哀乐稍不中节，皆足以致疾。戒慎恐惧则神住，神住则气住精住。虽曰养德，而养生亦在其中。"[2] 国学一直倡导修养德性，坚持从人生的整体性和根源处出发，去营造、保持一个好的精神状态、心理状态和身体状态。

要促进心理健康、治理心理问题，一个根本的方法就是扩展性体，提高心统性情的能力。人生活在现实世界中，每天会接触到不同的人、不同的事物，这些都会刺激人的心体。新的刺激或是强化了原有的认知或价值认同，巩固了原来的

---

[1] 《河南程氏遗书》卷25，《二程集》，中华书局，2004年，第321页。
[2] 《留都会纪》，《王畿集》卷4，凤凰出版社，2007年，第95页。

本然之道；或是与本然的直觉、感觉或想法不一致，导致原来的本然之道出现动摇。在人与外界的互动中，本然之道每天都在滋长或者消泯，性体强健的人，会很快对新的事物做出适当的解释，整合出新的本然之道，以保持整个性体的贯通和谐。人是一种自我解释的动物，如果新的事物得不到及时和适当的解释，引发了心理问题，人就会启动自我保护机制，进入紧张或抑郁的状态。这种紧张或者抑郁，如果长期持续就会损害人的健康，导致心理疾病。

国学心性论成就人的要旨，是要发挥性体的作用，构建可以统合天人、协调内外的本然之道。国学告诉我们，性体的基本结构就是天人合一的结构，性体的组成内容就是呈现出仁、义、礼、智、信等德性的本然之道。朱熹云："大凡天之生物，各付一性。性非有物，只是一个道理之在我者耳。故性之所以为体，只是仁义礼智信五字，天下道理，不出于此。"[1] 这些老生常谈，似乎空洞无物，了无新意，但构成人之本体内核的就是这些东西。它们并非是道德说教，而是挺立人的内在价值、形成强大精神力量的基础。国学揭示了人的性体之道，揭示了人的内在构成，因而国学不仅仅有道德价值，还有其心理学、生理学和健康学价值。

诚意、正心的工夫有助于治疗心理疾病或精神疾病。诚意主要是消解心体内的对立物，实现人内在的统一性，达至情境意义的诚；正心主要是在诚意的基础上，以性体为出发点，去实现人与外部世界的统一性，并与修身工夫相结合最终挺立具有社会意义和历史意义的人。正心是一个综合性的工夫，需要看到世界和人生的整体态势，并掌握守正持中的中庸之道，这需要长期的学习和实践才能有所领会和把握。能够领会把握中庸的思想和方法，就能够统筹平衡人和世界的动态关系，就能应对人所面临的各种内外压力。

诚意、正心就是统心和阔心。统心就是要加强反思，融会贯通，提高领悟事物道理、解释矛盾现象的能力；同时还要加强营养、保证休息，给自己留下反思的时间和空间。阔心就是要加强学习，多看书，多历练，多体会人情冷暖、兴衰成败，在内心建立天道流行的基础构架，把个人荣辱得失纳入天人之道的框架

---

① 《玉山讲义》，《晦庵先生朱文公文集》卷 74，《朱子全书》第 24 册，上海古籍出版社、安徽教育出版社，2010 年，第 3588 页。

内，这就能为提高境界、实现宠辱不惊创造条件。通过诚意、正心工夫，建立健全的世界观、人生观，掌握解释世界的方法论，形成强大的内在力量和牢固的价值取向，人就自然会挺立不倒。这样的人，不但是心理健康的人，更是具有强大意志力的人。他们即便面临重大挫折和挑战，也能坚持人生的方向，无怨无悔，乐在其中。

在现代，科技越发达，社会越复杂，个人就越显得渺小，越容易迷失。诚意、正心工夫是国学实践的菁华，修习这样的工夫可以让人从迷茫中返回自身，唤醒自身的内生力量和自愈机制，在综合平衡中使各种压力获得缓释，在绝意去识中放下执念和负担，通过持志把握住人生的方向，通过涵养道理巩固自身的精神依托，以中道驾驭和协调人和世界的整体关系，最终达至心理健康和天人之和。

依照国学工夫论，一个人心正之后，性体发挥作用并得到扩充，人生就有了全新的局面。李颙云："大本立而达道行，以之经世宰物，犹水之有源，千流万派，自时出而无穷。然须化而又化，令胸中空空洞洞，无声无臭，夫是之谓尽性至命之实学。"①

人理想的身心和谐状态是什么样的呢？可以试看程颢的《秋日偶成》一诗："闲来无事不从容，睡觉东窗日已红。万物静观皆自得，四时佳兴与人同。道通天地有形外，思入风云变态中。富贵不淫贫贱乐，男儿到此是豪雄。"②

---

① 李颙：《二曲集》卷 15，中华书局，1996 年，第 135 页。
② 《河南程氏文集》卷 3，《二程集》，中华书局，2004 年，第 482 页。

第五章 修身

　　国学认为身心是合一的，身是内外之本，内圣和外王都要落实在"修身"上。贯通身内身外的就是道和气，国学讲内以贯道为主，讲外以益气为主，道和气相合相得就是德。国学传统中修身不是一种手段，修身以"身"的自身完满为目的。修身不是对人的压抑和强制，而是让自身有所提升、有所增益、有所发展，让人内在的德性在社会和历史中彰显出来，以成人甚至成圣。修身是人的自我实现过程，在这个过程中人面向世界充分展开，在发展自我的同时也成就事业，具有了社会意义并承担了历史责任。

身与心 ～

　　修身居于《大学》八条目的核心地位。高攀龙云："《大学》平分八目而归本修身"；"无身则无心、意、知、物，无身则无国、家、天下，而身其管括也。格、致、诚、正为身而设，齐、治、平自身而推，故八目只是一本。"[①]
　　人的身体是气与道的统一体。气是物质能量场，气把充满生命力和能量的身

---

　　① 高攀龙：《大学首章广义》，《高子遗书》卷3，景印文渊阁四库全书第1292册，第351页。

体赋予人，人以气为依托才在世界上具有了现实的主体性和能动性。道是以身体为载体的意识场的构成内容，道既反映了外部世界的境域性关联，也构成人的内在世界。道和人的身体一样都是活体，人死身灭，同时人死亦道消。王艮云："身与道原是一件，至尊者此道，至尊者此身。尊身不尊道不谓之尊身，尊道不尊身不谓之尊道。"①

道构成了人的心与神，而道体就隐藏和运行在人身形体之中，形与神是合一的。嵇康云："精神之于形骸，犹国之有君也。神躁于中，而形丧于外；犹君昏于上，国乱于下也。"②葛洪云："夫有因无而生焉，形须神而立焉。有者，无之宫也。形者，神之宅也。……身劳则神散，气竭则命终。"③

中国古人讲身体，一般必合心而言之，强调身心不二。高攀龙云："忽思程子谓'心要在腔子里'，不知腔子何所指，果在方寸间否耶？觅注释不得，忽于《小学》中见其解，曰：'腔子犹言身子耳。'大喜，以为心不专在方寸，浑身是心也，顿自轻松快活。……是时只作知本工夫，使身心相得，言动无谬。"④

国学是身心一体的学问，儒家圣贤常批评脱离身心的空谈。朱熹云："今人论道，只论理，不论事；只说心，不说身。其说至高，而荡然无守，流于空虚异端之说。"⑤亦云："今学者皆是就册子上钻，却不就本原处会，只成讲论文字，与自家身心都无干涉。须是将身心做根柢。"⑥

以人的身体为依托，气为道奠定了物质和能量基础，道为气的运行指示了路径和方向。物质与能量在身体内外运行，合道则可聚集生长，不合道则会消散泯灭，修身的要旨就是以身合道聚气。

身作为气的载体，可以让人在与万物联动的过程中实现自我。不管是人与物的联动还是人与人的联动，主体都是人之身，都以身为出发点和最终归宿。《吕氏春秋·执一》云："为国之本在于为身，身为而家为，家为而国为，国为

---

① 《答问补遗》，《明儒王心斋先生遗集》卷1，《王心斋全集》，江苏教育出版社，2001年，第37页。
② 嵇康：《养生论》，严可均辑：《全三国文》（下），商务印书馆，1999年，第501页。
③ 《抱朴子内篇·至理》，《抱朴子内篇校释》，中华书局，1985年，第110页。
④ 高攀龙：《困学记》，《高子遗书》卷3，景印文渊阁四库全书第1292册，第356页。
⑤ 《朱子语类》卷120，中华书局，1986年，第2904页。
⑥ 《朱子语类》卷113，中华书局，1986年，第2738页。

而天下为。故曰：以身为家，以家为国，以国为天下。此四者，异位同本，故圣人之事，广之则极宇宙，穷日月，约之则无出乎身者也。"[1]

修身之"修"有充养、扩展之意，修以养为主。修身是自我的展开，这种展开分三个层面：一是个人对内的展开，要充分尽性，扩展心内一体世界——性体；二是个人对外的展开，一方面体现在身体和气质上，另一方面体现在个人言行上，将天命之性所赋予人的各种可能性在外部世界充分实现；三是对社会和群体的展开，修身本身具有外部性、社会性和政治性，其影响会扩展到群体、社会和历史中去。人是自我成就的，是朝向未来而生的，可以向世界各个维度的极限去发展。修身的终极目标是做圣王，没有圣王可做还可以做圣人，至少可以做个君子，拥有健全的人格和饱满的人生。

修身旨在使仁义之性外在化，通过言行在社会中显现。阮元云："凡仁，必于身所行者验之而始见，亦必有二人而仁乃见，若一人闭户斋居，瞑目静坐，虽有德理在心，终不得指为圣门所谓之仁矣。"[2] 仁的外在化，是要把性体之道展现在人的社会性行为中。体现性体之道的行为就是德行，修德是修身最主要的内容，其宗旨是要以言行合道，以言行彰显性体。当人完全合道时，人的性体就与其道体接近重合，人就成为圣人。

中国人的修身，是自身的充养扩展，是一种内在超越或自我超越。人与外部世界原初性地联结在一起，个人的身体是修身的起点，从这个起点出发，人在走向整个世界的同时，也走回了自身。

气：物质能量统一场 ～◎

人的生命体及其所蕴含的能量，在国学中被称为气。

"气"字的本源是云气或水汽，气是有象而无固定形状的。气之象有如：水烧开后吞云吐雾的蒸汽，春回大地时在天空升腾的云气，人吐故纳新的气

---

① 《吕氏春秋集释》，中华书局，2009 年，第 469—470 页。
② 阮元：《揅经室集》，中华书局，1993 年，第 176 页。

息，等等。气是能量和物质的统一体。气作为物质，一方面脱离了具体形体的束缚，弥漫在一定的场域；另一方面必定附加了能量于其中，与其运动、变化、生成、循环的过程相关。

从饮食传统看，中国先民自古以来就以米、粟等粒状谷物为主食，烹饪方法以加热蒸煮为主，蕴含热量的水蒸气或熟米热气可能是"气"的原初之义。气还可以指人呼吸的气息，它是人生命力的表征，古人或许不知吸入氧气能给人体提供能量，但呼吸之气和生命的关联则是明显的。当然，蒸煮食物之气和人呼吸之气毕竟只是日常生活中的事物，引发先民对气进行哲学化思考的恐怕更可能是天地之气，即云气。

中国先民的原始信仰是"帝"或"天"，天地之气更具有神秘的力量，更能激发他们的想象和哲思。在太阳光辐射能量的推动下，大气层的水汽升为云，降为雨，不停地往复循环。在古人看来，云气在天地间的升降往复就像天地在呼吸，它与天上日月星辰的往复周行有某种相似性，它宣告着天地的律动和活力，是天道流行的重要表征。《吕氏春秋·圜道》云："精气一上一下，圜周复杂，无所稽留，故曰天道圜。"① 当气从日常事物上升为哲学观念后，气就不再仅仅是蒸汽、气息或云气，而是万物都具有的能量或生命力，金木水火土等天地万物都有其气了。

气既具有能量性和物质性，也具有场域性和个体性。气作为能量，超越具体的物质形式，分布于一定的场域，赋予不同个体，构成一个个能量场，具有能动性，可以表征个体禀赋的不同。张岱年说："所谓'气'有两个特点，一是具有广袤性，亦即具有质量，二是经常在运动中，亦即具有一定的能量。可以说'气'表现了质量与能量的统一。"② 蒙培元说："'气'具有时间、空间和运动的属性和形式，以其连续性、弥漫性、无限可分性为特点。有人把它和'场'或'能'联系起来研究，可能有一定道理。"③

气体现了中国人独有的世界观。中国人从互动整体的视角看世界，认为现

---

① 《吕氏春秋集释》，中华书局，2009 年，第 78—79 页。

② 《〈中国唯物主义思想简史〉德译本序》，《张岱年全集》第八卷，河北人民出版社，1996 年，第293 页。

③ 蒙培元：《理学范畴系统》，人民出版社，1989 年，第 2 页。

实世界由气构成；西方人从静态孤立的视角看世界，认为世界由"原子"构成。气具有物质性，但气的能量义比物质义在哲学上更为重要。当然古人的思维方式是整体性思维，能量义和物质义其实是不分的，只不过在不同语境中的侧重点不同而已。道在某种意义上依照动静之别而被二分成了理和气。道的动能被赋予了气，而理变成了一种静态化、普遍化的道，更强调规律或结构的不变性，因而能更好地被把握和言说，更容易被形式化和理论化。气则在保留了道的境域性和运动性的同时，剥离了道的规律性，同时，在能量禀赋大小及状态的差别意义上被赋予了个体性和现实性。

国学讲气，偏重于气的能量义和运行义，天理流行必然以气的流行为依托。王廷相云："是气也者乃太虚固有之物，无所有而来，无所从而去者。……元气之上无物，不可知其所自，故曰太极；不可以象名状，故曰太虚耳。"[①] 亦云："气至而滋息，伸乎合一之妙也；气返而游散，归乎太虚之体也。是故气有聚散，无灭息。"[②] 今天看来，气无灭息，犹言质量与能量守恒。

气有各种表现形式，可分为刚柔、阴阳和正邪等。气作为能量的发作方式，有刚、柔之分。能量相对于某一标准有寡、多之分，可谓气之阴、阳。能量以合道的方式运行，就是正气；以不合道的方式运行，就是邪气。能量的大小在不同个体中有差异，可以作为个体的区隔标志，这就被称为气禀、气质。气的阴阳、正邪、郁积与宣发，都主要指其能量义，而气的聚散、清浊，兼有能量义和物质义。气的聚散、清浊除了可以理解为物质质料的分布变化和密度大小，也可以理解为能量的高低变化或不同水平。

气的能量来源有不同层级，如物理能量、化学能量、生物能量等，这些不同层级的能量来源或能量运行方式，可以称为气之精粗。人认识世界、改造世界的能力唤醒了各种能量来源，这种以人为枢纽的能量运行方式可以看作意识场运行所聚合的能量。朱熹云："然而二气五行，交感万变，故人物之生，有精粗之不同。自一气而言之，则人物皆受是气而生；自精粗而言，则人得其气

---

① 《雅述》上篇，《王廷相集》第 3 册，中华书局，1989 年，第 849 页。
② 《慎言·道体篇》，《王廷相集》第 3 册，中华书局，1989 年，第 753 页。

之正且通者，物得其气之偏且塞者。"① 按照朱熹的说法，人物之不同主要是禀气之精粗不同，人"得其气之正且通者"意味着人的能量来源是整个世界，物"得其气之偏且塞者"意味着物的能量来源局限于其自身。

气既可指物质能量，也可指人的生命活力，还可指人对社会的影响力。《庄子·知北游》云："人之生，气之聚也；聚则为生，散则为死。"② 《管子·枢言》云"有气则生，无气则死"③。人躯体能量的一种自然外露形式就是情和欲，因此气也可以指已发之情，如喜怒哀乐之气。气也可指人带有某种能量的心理或精神状态。气必伴随某种能量，"怒气"带有负面的破坏力，"勇气"带有正面的影响力。钱锺书说："我们所谓的气，并非西洋文评里的 atmosphere。我们所指的是气息，西洋人所指是谓气压。气压是笼罩在事物外的背景，譬如说哈代的小说气压沉闷；气息是流动在人身内的节奏，譬如说六朝人文讲究'潜气内转'。气压是物理界的譬喻，气息是生命界的譬喻；一个是外察，一个是内省。孟子所说充塞天地的浩然之气，也是从内散外，并非由外聚内，所以他说'以直养而无害'。"④

气的进一步衍生就是文气。文气既有文章的风格义，也有文章的力量义。钱锺书说，中国文学批评的特点是"把文章通盘的人化和生命化"，"我们自己喜欢乱谈诗文的人，谈到文学批评，也会用什么'气''骨''力''魄''神''脉''髓''文心''句眼'等名词"。⑤

外修之工夫：养气与变化气质

养气是修身的基础，所养之气为合道的正气——正能量。

孟子把正能量称为浩然之气。《孟子·公孙丑上》云："'我善养吾浩然之

① 《朱子语类》卷4，中华书局，1986年，第65页。
② 《庄子集释》，中华书局，1961年，第733页。
③ 《管子校注》卷4，中华书局，2004年，第241页。
④ 钱锺书：《中国固有的文学批评的一个特点》，《人生边上的边上》，《钱锺书集》，三联书店，2002年，第130页。
⑤ 钱锺书：《中国固有的文学批评的一个特点》，《人生边上的边上》，《钱锺书集》，三联书店，2002年，第119页。

气。'敢问何谓浩然之气？'曰：'难言也。其为气也，至大至刚，以直养而无害，则塞于天地之间。其为气也，配义与道；无是，馁也。是集义所生者，非义袭而取之也。'"对此，《朱子语类》云："问：'浩然之气，即是人所受于天地之正气否？'曰：'然。'又问：'与血气如何？'曰：'只是一气。义理附于其中，则为浩然之气。若不由义而发，则只是血气。'"① 气能够"配义与道"，使"义理附于其中"，就成为正能量，就能够滋长聚集，否则就会消减弥散。

气是否"浩然"要看其与"道"或"义理"的结合情况。在修身过程中，养气是第一位的，具有终极性和基础性，合道是为了气的持续滋长。流布于身体内的气，有物质性和生理性。"欲"是气在人身上最重要的表现，可以为人的行动和思考提供推动力。但这个推动力并不稳定，需要道或理去引导，以保证人能持续处于正确的方向上。

气作为能量，自身没有固定的方向，所以需要由体现性体之道的志来主导。志具有长期性、稳定性和方向性。在主导性上，志是第一位的，气处于附属地位。《孟子·公孙丑上》云："夫志，气之帅也；气，体之充也。夫志至焉，气次焉；故曰：'持其志，无暴其气。'"程颐云："君子莫大于正其气，欲正其气，莫若正其志。其志既正，则虽热不烦，虽寒不栗，无所怒，无所喜，无所取，去就犹是，死生犹是，夫是之谓不动心。"②

志本身不是实际的能量，而是指明了气的运行方向。在"志"的引导下，方向明确且合道的气，就是充满正能量的，且可以不断继续滋长；若无志的引导，气方向不明确或不合道，就会有破坏力并逐步萎缩消散。

人要保持良好状态或对外开展行动，都需要能量的支持。《孟子·告子上》云："其日夜之所息，平旦之气，其好恶与人相近也者几希，则其旦昼之所为，有梏亡之矣。梏之反覆，则其夜气不足以存；夜气不足以存，则其违禽兽不远矣。"这里"平旦之气"就是清晨之气，"夜气"就是夜晚之气。孟子为什么青睐清晨和夜晚的气呢？因为夜晚与清晨是人休息或刚刚结束休息的时间，此时能保持宁静和清醒的状态，是身体能量滋生的时候，或是能

---

① 《朱子语类》卷 52，中华书局，1986 年，第 1244 页。
② 《河南程氏遗书》卷 25，《二程集》，中华书局，2004 年，第 321 页。

量饱满的时候。夜晚和清晨还是人平静下来进行反省的时候，此时也可以滋养精神力量。

人能量和生命力的提升，会改变人的"气场"，并在言行举止上显露出来，这就是变化气质。张载云："为学大益在自求变化气质，不尔皆为人之弊，卒无所发明，不得见圣人之奥。"① 吴澄云："所贵乎学者，以其能变化气质也。学而不足以变气质，何以学为哉？"② 变化气质不仅仅是人外在的变化，而且是气质之性的改变。气质的变化其实是人整体性、决定性的改变。

变化气质从根本上说是由于人整体能量状态的改善与生命力的增强所带来的自然变化，因而提升人的生命力和能量是养气的大道。但在外在形式上对身体和行为进行管理，自觉改变人的外貌形态，也有利于能量提升，这是养气的小术。《论语·泰伯》云："曾子言曰：'……君子所贵乎道者三：动容貌，斯远暴慢矣；正颜色，斯近信矣；出辞气，斯远鄙倍矣。'"这里曾子讲的就是以术养气。总体而言，养气的工夫要道术兼修，以道为主，以术为辅。

变化气质体现在很多方面，如容貌形态、精神状态、气质格调、个人品格、行事风格等等。外在的表现形式无论如何变化，都与人基本的身体能量和精神力量的总体状况息息相关。周汝登云："容貌词气，德之符。……故一切容仪皆能淑慎，使他人望而知其为我辈人，方见实学。"③ 吕希哲（原明）云："后生初学，且须理会气象。气象好时，百事自当。气象者，辞令容止轻重疾徐，足以见之矣。不惟君子小人于此焉分，亦贵贱、寿夭之所由定也。"④ 曾国藩云："邪正看眼鼻，真假看嘴唇；功名看气概，富贵看精神；主意看指爪，风波看脚筋；若要看条理，全在语言中。"⑤

人在不同年龄、不同状况下，要根据自己具体的能量状态——气质——的不同，采取有针对性的方式来养气修身。《论语·季氏》云："少之时，血气未定，戒之在色；及其壮也，血气方刚，戒之在斗；及其老也，血气既衰，戒之

① 《张子语录·语录中》，《张载集》，中华书局，1978年，第321页。
② 吴澄：《送方元质学正序》，《吴文正集》卷27，景印文渊阁四库全书第1197册，第286页。
③ 《共学心期录引》，《周海门先生文录》卷1，《周汝登集》，浙江古籍出版社，2015年，第36页。
④ 《人谱杂记·定命篇》，《刘宗周全集》第3册，浙江古籍出版社，2012年，第31页。
⑤ 《日记之三·同治四年十一月十三日》，《曾国藩全集》第18册，岳麓书社，2012年，第234页。

在得。"《荀子·修身》云:"治气养心之术:血气刚强,则柔之以调和;知虑渐深,则一之以易良;勇胆猛戾,则辅之以道顺;齐给便利,则节之以动止;狭隘褊小,则廓之以广大;卑湿、重迟、贪利,则抗之以高志;庸众驽散,则劫之以师友;怠慢僄弃,则照之以祸灾;愚款端悫,则合之以礼乐,通之以思索。凡治气养心之术,莫径由礼,莫要得师,莫神一好。"①

喜怒哀乐等情绪都是人能量外露的表现,因而管理好情绪,是人气质管理的重要内容。生命力旺盛、内在能量强大的人,往往宁静平和,不怒不哀。《老子》第四十五章云:"大巧若拙,大辩若讷,躁胜寒,静胜热,清静为天下正。"人在发怒时往往处于一种不协调状态,能不能制怒是衡量一个人情绪管控能力和修养程度的一个重要标准。人在发怒时又极易迁怒,将邪火发向不相干的对象,要做到不迁怒并不容易,所以孔子尤其看重这一点。《论语·雍也》云:"哀公问:'弟子孰为好学?'孔子对曰:'有颜回者好学,不迁怒,不贰过,不幸短命死矣。今也则亡,未闻好学者也。'"

气依托于人的身体,养气要进行身体管理。身体管理要优先管好口舌,饮食为口舌之"入",言语为口舌之"出"。《周易·颐·象》云:"君子以慎言语,节饮食。"②《近思录·论存养》云:"'慎言语'以养其德,'节饮食'以养其体。事之至近而所系至大者,莫过于言语饮食也。"③

语气是人的一种重要的气态,能直接反映人的气质。《近思录·论力行》云:"人语言紧急,莫是气不定否? 曰:此亦当习,习到言语自然缓时,便是气质变也。学至气质变,方是有功。"④《近思录·论存养》云:"心定者其言重以舒,不定者其言轻以疾。"⑤ 语气也能对外发挥影响力。《礼记·曲礼》云:"俨若思,安定辞。安民哉!"⑥ 人说话时从容不迫,态度安详,言辞确定,可以感染听者,安定民众,这是语气拥有的力量。语气能反映人的内在能量状况,要提升人的外在表现,需要从人的内在精神力量方面下功夫,涵养性体。

---

① 《荀子集解》,中华书局,1988 年,第 25—26 页。
② 《十三经注疏·周易正义》,北京大学出版社,1999 年,第 122 页。
③ 《近思录集解》卷 4,中华书局,2020 年,第 136—137 页。
④ 《近思录集解》卷 5,中华书局,2020 年,第 173 页。
⑤ 《近思录集解》卷 4,中华书局,2020 年,第 157 页。
⑥ 《十三经注疏·礼记正义》,北京大学出版社,1999 年,第 7 页。

《近思录·论存养》云："问：'出辞气'，莫是于言语上用工夫否？曰：须是养乎中，自然言语顺理。若是慎言语不妄发，此却可著力。"[1] 人的内在力量不仅是靠说话来体现，"慎言语不妄发"也是体现力量的方式。

眼神亦能见气质，能反映人的能量状态以及内心活动。《孟子·离娄上》云："存乎人者，莫良于眸子。眸子不能掩其恶。胸中正，则眸子瞭焉；胸中不正，则眸子眊焉。听其言也，观其眸子，人焉廋哉？"（瞭，明澈；眊，不明之貌；廋，隐匿。）语言和眼神能反映人内在的能量状态和正反方向，揭示人之善恶。《近思录·论力行》云："至于瞻视亦有节，视有上下，视高则气高，视下则心柔。……盖目者人之所常用，且心常托之，视之上下，且试之，己之敬傲，必见于视。所以欲下其视者，欲柔其心也。柔其心，则听言敬且信。"[2]这里提到的"视有上下"也是眼神的一种表现，谦和下视的眼神反映着内心的中正平和，傲慢上视的眼神则反映出内心的偏狭盲动。而眼界的"高""低"之别，既反映了人对所看之人的态度，也反映了自身的气质涵养。

古往今来，年轻人都很重视自己的外貌，有爱美的天性，现代人则有条件在美容、健身和整容等方面进行更多投入。这些固然重要，但在古人看来，比身体形态更重要、更可贵的是人的气质。外在的修身可以从美容或健身出发，但有格调、有内涵的人不会仅限于此，而是会着眼于全面提升自身的能量状态，并在谈吐、行为等方面综合体现出气质来。气质提升所体现出的效果远胜于美容或化妆的效果，这是因为气是贯通内外的，气质的改变对人有根本性和长远性的影响。

德：由天及心

修身具有内外两个方面，外修是养气，内修就是养德。国学认为，道和人的相合就是德，德是内在于人的，人原初地具有德性。德的这个含义并非一开

---

① 《近思录集解》卷4，中华书局，2020年，第156页。
② 《近思录集解》卷5，中华书局，2020年，第178—179页。

始就有，而是经过了漫长的历史演化过程。

　　"德"字的最初字形，左边是"彳"，表示行走的道路；右边是横向的"目"上面加指示符号"丨"。后来在金文的演变中，指示符号中间加粗后最终演变为"十"；横"目"下面又加了一个"心"字。"德"造字之本义为上视而行，就是行走时眼睛向上看，有所遵循而行。《庄子·大宗师》云，古之真人"以德为循"①。简单地理解上视而行，就是朝上方走，《说文解字》云："德，升也。"② 循行之所循，必是见于目并得于心者，《广雅·释诂》云："德者，得也"③；《释名·释言语》云："德，得也，得事宜也。"④ 古人最初循行所遵循的对象是什么呢？从目前的考证来看，主要的遵循就是祖先、祖神的垂范或指示，因此有同族同宗而同德之说。《国语·晋语》云："黄帝以姬水成，炎帝以姜水成。成而异德，故黄帝为姬，炎帝为姜。二帝用师以相济也，异德之故也。异姓则异德，异德则异类，异类虽近，男女相及，以生民也。同姓则同德，同德则同心，同心则同志……"⑤

　　在殷商以及西周初期，祖神或上天的指示，或吉或凶，因而有"凶德"之谓。西周中期以后，德的褒义渐彰，所遵循的德都是可以垂范的行为，因而常见"懿德"。褒义之德往往是祖先垂范子孙，子孙效仿祖先的行为，《尚书·微子之命》云："乃祖成汤……功加于时，德垂后裔。"⑥ 西周番生簋盖铭文云："丕显皇祖考，穆穆克哲厥德……番生不敢弗帅型皇祖考丕丕元德……"⑦ 立德就是做了可以垂范后代子孙的行为，这是一个了不起的事情。《左传·襄公二十四年》云："大上有立德，其次有立功，其次有立言。虽久不废，此之谓不朽。"⑧

　　对于人王而言，他所遵循的既有先王的所行、所示，也有上帝、上天的所

① 《庄子集释》，中华书局，1961年，第234页。
② 《说文解字注》，上海古籍出版社，1981年，第76页上。
③ 王念孙：《广雅疏证》，中华书局，1983年，第97页上。
④ 刘熙：《释言语》，《释名》卷4，景印文渊阁四库全书第221册，第399页。
⑤ 《晋语四》，《国语集解》，中华书局，2019年，第356页。
⑥ 《十三经注疏·尚书正义》，北京大学出版社，1999年，第353—354页。
⑦ 中国社会科学院考古研究所：《殷周金文集成》第4册04326，中华书局，2007年，第2709页。
⑧ 《十三经注疏·春秋左传正义》，北京大学出版社，1999年，第1003—1004页。

行、所示。由此可见，德具有敬天法祖的含义。西周史墙盘铭文云："曰古文王……上帝降懿德大屏，抚有上下……"①中国人在上古就树立了超越本氏族之神的至上神信仰，把以北斗或北极为象征的太一或上帝作为至上神。北极，雄踞于北天之中，整个天穹都围绕它而旋转，因而在中国先民眼中具有不可动摇的至上地位。这个至上神，经历了一次或多次世俗社会的改朝换代、易鼎革命后，其神格不断淡化，在西周灭商后终于改帝称天，并发展出了天道观念，最终以道替天。在天道观念下，人之所循者不再是上帝、上天，而是道，人领会了道，道进入了人的内心就会成为人所遵循者。自此，得道为德，德由人的外在行为演化成了内在德性。《大戴礼记·主言》云："道者所以明德也，德者所以尊道也，是故非德不尊，非道不明。"②

外在之德是天或者祖先之所示或所行，因而外在之德是天降之德，或祖先所行、所立之德，也是人所遵循之德。而内在之德，由人之所循转为人之所具，由天之所降转为天之所生。《论语·述而》云："天生德于予，桓魋其如予何？"德，最终转化为天道之舍于人者、天道之得于心者。

道观念在德的字义演变过程中起了关键性作用。气合道则生，失道则泯；人合道则受命有德，失道则失命失德。《大学》云："《康诰》曰：'惟命不于常！'道善则得之，不善则失之矣。"《春秋穀梁传·庄公元年》云："人之于天也，以道受命；于人也，以言授命。不若于道者，天绝之也。不若于言者，人绝之也。"③

"德"的含义从最初对祖神和上天所行、所示的遵循，到对天道的遵循，最后发展为对自己内心性体的遵循，德行也就发展为德性。德是道之循、道之得，所循、所得之道构成了人的性体，德也就从外在行为进入了人的内心。德行到德性之转变的关键就是中国人的信仰由天至道的转变。当中国人的信仰从天至道之后，天所命的外在行为转化为发自内心的主动自觉行为，人行为所依据和遵循的不再是外在的神秘力量，而是人自身。

内在之德，其意近性，小有不同之处在于，德稍近于天，性稍近于人；德之

---

①　中国社会科学院考古研究所：《殷周金文集成》第7册10175，中华书局，2007年，第5485页。
②　王聘珍：《大戴礼记解诂》，中华书局，1983年，第2页。
③　《十三经注疏·春秋穀梁传注疏》，北京大学出版社，1999年，第60—61页。

义近于天示乃外得，性之义近于天授乃内生。性体是由本然之道所构成，德即是指向人自身的本然之道。杨简云："所谓德者，特以言夫人之直心而行者，即道之在我者也，非道之外复有德也。所谓直心而行，亦非有实体之可执也。"①

在德的含义日渐内化之后，气循道而行，道气相得，即为德。德不是纯粹的抽象精神，而是气的运行状况，必须体现在人或物身上，体现在具体的行为中，这就是德为气之德的一面；德在气中，必循道、得道、合道才能显现为德，德是天道、天理在人身上的彰显，这就是德为道之德的一面。

德始终是与人的行为相关的，人虽都有内在的德性，但还要通过外在的行为才能把它彰显出来。董仲舒云："天之所为，有所至而止。止之内谓之天性，止之外谓之人事。事在性外，而性不得不成德。"② 以外在的行为扩展、彰显内在的德性，就是修德，这是国学修身学说的要义。修德是要把人的内在性体彰显到人的外在行为之中，使人内在与外在两方面都得到提升。修德的过程中，天生之德和外修之德并不对立，而是内外交互、相辅相成的。

国学历来重视修德、德操和成德。《论语·述而》云："德之不修，学之不讲，闻义不能徙，不善不能改，是吾忧也。"《荀子·劝学》云："君子知夫不全不粹之不足以为美也，故诵数以贯之，思索以通之，为其人以处之，除其害者以持养之，使目非是无欲见也，使耳非是无欲闻也，使口非是无欲言也，使心非是无欲虑也。……生乎由是，死乎由是，夫是之谓德操。"③ 朱熹云："君子，成德之名。……愚谓及人而乐者顺而易，不知而不愠者逆而难，故惟成德者能之。然德之所以成，亦曰学之正、习之熟、说之深，而不已焉耳。"④

德之世俗化

德的原初含义是遵从祖神或上天的旨意行事，周代人认为周文王受命于

① 《先圣大训》卷1，《杨简全集》第5册，浙江大学出版社，2015年，第1416页。
② 《春秋繁露·深察名号》，《春秋繁露义证》，中华书局，1992年，第297页。
③ 《荀子集解》，中华书局，1988年，第18—19页。
④ 朱熹：《论语集注》卷1，《四书章句集注》，中华书局，1983年，第47页。

天，德的含义就具体化为遵循文王的垂范——文王之德。在周人"以德配天""敬德永命"的思想中，德主要体现在政治行为上，其核心内容就是"保民"。国学中，人与天相对，天人互构互生，具体到政治领域，就体现为民和天相伴，二者如影随形，循天要落实到保民上。《尚书·泰誓》云："天矜于民，民之所欲，天必从之。""惟天惠民，惟辟奉天。""天视自我民视，天听自我民听。百姓有过，在予一人。"①《尚书·皋陶谟》中的"九德"，《尚书·洪范》中的"三德"，都具有政治含义，不完全是个人的德行。在那个时代，德行具有政治性，具备德行的人只能是圣王或者诸侯、贵族，有德者必有其位。

春秋战国时代，"德"逐步从君王之德、君子之德发展为一般性的为人之德。德行从政治行为发展为个人行为，德与位也逐步分离了。《孟子·万章下》云："缪公亟见于子思……子思之不悦也，岂不曰：'以位，则子，君也；我，臣也。何敢与君友也？以德，则子事我者也，奚可以与我友？'千乘之君求与之友，而不可得也，而况可召与？"在子思看来，君子无位亦可以有德，有德者可以为诸侯师、帝王师。

与此同时，"德者得也"的含义出现了，德之义从"循天命"发展到"得道即为德"。天道观念下，德具有神圣性，是天人之合德。天人可以合德，是因为人的道体、性体本就合天。《孟子·尽心下》云："万子曰：一乡皆称原人焉，无所往而不为原人，孔子以为德之贼，何哉？曰：非之无举也，刺之无刺也，同乎流俗，合乎污世，居之似忠信，行之似廉洁，众皆悦之，自以为是，而不可与入尧舜之道，故曰德之贼也。"乡愿之所以为德之贼，是因为他无原则地与人为善，他"同乎流俗"，而不能合道合天。

随着历史的变迁，德逐渐出现了世俗化倾向。在一部分人那里，"德"由一种天道观念逐步演化为世俗的个人道德观念。德的世俗化，实际意味着文化传统的某种沦丧，其背后的因素是德和道日渐分离了。德脱离了本然之道后，其内涵就从德性又回到了德行。近代以来，随着西学东渐，国学式微，德进一步在全社会范围内被世俗化了，德性之义日渐减弱，德行之义日渐个人化和外在化。德脱离了国学的根基，丧失了道的意蕴，就成为现成化、工具性的抽象物。

---

① 《十三经注疏·尚书正义》，北京大学出版社，1999年，第274、275、277页。

以"诚"为例。在国学传统中"诚"代表人的统一性以及人与世界的内在统一，强调的是一种内在的"真"，做事情要发自内心，率性循道，表里如一。二程云："无妄之谓诚，不欺其次矣。"① 而在当今社会中，从个人道德规范上讲，"诚"主要强调的是外在的"信"，以信守诺言为主要含义，尤其指代商业行为中的诚实不欺。国学传统认为，外在的"信"要体现内在的"真"，而且"真"以天道和人性为担保，以人与世界的统一性为基础。而当今商业社会中，对"诚"的理解与国学传统有了很大变化：内在之"真"的重要性逐渐减小，而外在之"信"尤其是商业信用的重要性被提升。诚的要求由"内诚于心"变成了"外信于人"，其内容的丰富性和立意高度都降低了，由看不见的、内在的层面转移到了可见的、外在的层面。

以"恕"为例。在国学传统中恕是孔子之"仁"的重要表现，恕的本义是"如心"，即以自己的心感同身受地推想别人的心，把他人一体化。二程云："以己及物，仁也。推己及物，恕也。忠恕一以贯之。忠者天理，恕者人道。忠者无妄，恕者所以行乎忠也。忠者体，恕者用，大本达道也。"② 恕道是一种由内及外的德性，特别强调内在的自觉自省，是性体之道的外推。"恕"的外在化就是"宽恕"和忍让。在当今社会中，恕往往被简化为原谅别人过失，恕所代表的"仁"的内涵被遮蔽了，内心的自觉自省被忽略，原谅成为孤立无凭的教条，只停留在人际关系的浅显层面。

遗失了国学传统，道德教育就显得日益外在化、教条化和贫乏化。国学注重德的内生性和自觉性，以人自身为目的，但当代的道德教育往往从维护社会秩序角度进行说教，把人看作社会中被管理的对象，以外在的实用效果作为检验德的标准。由此，"内在道德"变成了"外在秩序"，道德教育蜕变为强化社会秩序管理的手段。这种道德教育，缺乏内在基础，因而难以起到真正的作用，它容易被统治阶层或强势集团所利用，变成束缚人或压迫人的工具。

国学中，心有德性、身具德行是领导力的体现，是做领导的重要条件。《论语·子路》云："其身正，不令而行；其身不正，虽令不从。"《论语·颜渊》

---

① 《河南程氏遗书》卷6，《二程集》，中华书局，2004年，第92页。
② 《河南程氏遗书》卷11，《二程集》，中华书局，2004年，第124页。

云:"政者,正也。子帅以正,孰敢不正?"国学是从如何循天理、尽人性的角度,以及如何做领导的角度去谈德的。当代很多人谈德仅仅从培养个人品德和遵守公共秩序的角度去谈德,把德给庸俗化和工具化了。

在国学看来,修德是修身的根本,仁德是修德的核心。仁德树立了,修身的各个方面就都纲举目张了。董仲舒云:"何谓仁?仁者憯怛爱人,谨翕不争,好恶敦伦,无伤恶之心,无隐忌之志,无嫉妒之气,无感愁之欲,无险诐之事,无辟违之行。故其心舒,其志平,其气和,其欲节,其事易,其行道,故能平易和理而无争也。如此者谓之仁。"①

圣、圣人与超越性

修德的终极目标是成圣。圣是国学中又一个重要范畴,国学有时也被称为圣学。

"圣"字繁体为"聖",而甲骨文、金文的"圣"字为"耳+口""耳+人"或"耳+口+人"。人们一般认为"耳具敏锐之听闻之功效是为'聖'"②,"'聖'之初谊为听觉官能之敏锐"③。但笔者却认为,圣人的首要特征不是自己耳朵灵敏,而是能使别人听见他的声音。

圣代表的是声,圣人就是发声、作乐的人,而不是听声闻乐的人。帛书《五行》云"闻而知之,圣也"④,此处的"闻而知之"可以解释为使人闻而知之,闻而知之并没有什么稀奇之处,使人闻而知之才有神圣性。

这样讲有如下依据。

一是圣与发声相关。马王堆帛书《德圣》云:"圣者声也。……其谓之圣者,取诸声也。"⑤ 楚简《五行》云:"金圣(声),而玉振之,有德者也。金圣

---

① 《春秋繁露·必仁且智》,《春秋繁露义证》,中华书局,1992年,第258页。
② 徐中舒:《甲骨文字典》卷12,四川辞书出版社,1988年,第1287页。
③ 李圃、郑明:《古文字释要》,上海教育出版社,2010年,第1100页。
④ 国家文物局古文献研究室:《马王堆汉墓帛书》,文物出版社,1980年,第21页。
⑤ 国家文物局古文献研究室:《马王堆汉墓帛书》,文物出版社,1980年,第39页。

（声），善也；玉音，圣也。善，人道也；德，天〔道也〕。唯有德者，然后能金圣（声）而玉振之。"亦云："圣之思也轻，轻则形，形则不忘，不忘则聪，聪则闻君子道，闻君子道则玉音，玉音则形，形则圣。"① "玉振"发出"玉音"，恰如圣者发声使听者闻而知之；同时，圣之思的特征是"轻"，声音随风传播是轻盈飞扬的。有时，聖（圣）和聲（声）相通假。例如，《穀梁传》与《左传》云"葬我小君声（聲）姜"，而《公羊传》此处为"葬我小君圣（聖）姜"②；马王堆汉墓帛书《老子》甲本《道经》部分"聖人"写作"聲人"③，等等。

二是圣人所扮演的典型角色常常是发声者、立言者或施教者。《周易·系辞上》云："《易》有圣人之道四焉：以言者尚其辞，以动者尚其变，以制器者尚其象，以卜筮者尚其占。"④ 居圣人之道首位的是"以言者尚其辞"。《论语·季氏》云："君子有三畏：畏天命，畏大人，畏圣人之言。小人不知天命而不畏也，狎大人，侮圣人之言。"圣人与言密切相关。《诗经·大雅·桑柔》云："维此圣人，瞻言百里；维彼愚人，覆狂以喜。"郑玄笺云："圣人所视而言者百里，言见事远而王不用。"⑤ 郭店楚简《六德》云："既生畜之，或从而教诲之，谓之圣。圣也者，父德也。"⑥ 这里强调父德之圣最重要的体现是教诲子女。《周易·观·彖》云："圣人以神道设教，而天下服矣。"⑦ 郭店楚简《唐虞之道》云："夫圣人上事天，教民有尊也；下事地，教民有亲也；时事山川，教民有敬也；亲事祖庙，教民孝也……"⑧ 这几处，圣人的身份都是施教者。《孟子·公孙丑上》云："昔者子贡问于孔子曰：'夫子圣矣乎？'孔子曰：'圣则吾不能，我学不厌而教不倦也。'"孔子回答自己是否为圣人时，没有说别的事情，只是说"学"与"教"，可见圣与教的关系非同一般，涉及评判圣人的标准。

三是圣人之功往往体现声的化、通之能。《孟子·尽心下》云："大而化之

---

① 荆门市博物馆：《郭店楚墓竹简》，文物出版社，1998年，第150、149页。
② 《十三经注疏·春秋公羊传注疏》，北京大学出版社，1999年，第315页。
③ 国家文物局古文献研究室：《马王堆汉墓帛书》，文物出版社，1980年，第11、12页。
④ 《十三经注疏·周易正义》，北京大学出版社，1999年，第283页。
⑤ 《十三经注疏·毛诗正义》，北京大学出版社，1999年，第1187页。
⑥ 荆门市博物馆：《郭店楚墓竹简》，文物出版社，1998年，第187页。
⑦ 《十三经注疏·周易正义》，北京大学出版社，1999年，第97页。
⑧ 荆门市博物馆：《郭店楚墓竹简》，文物出版社，1998年，第157页。

之谓圣，圣而不可知之之谓神。"孟子强调了圣"化"的功能，可以理解为以声音大范围地进行沟通、教化。而圣更普遍的解释是"通"，《说文解字》云："圣，通也。"①《尚书·大禹谟》云："帝德广运，乃圣乃神，乃武乃文。"孔安国传云"圣无所不通"。②为何圣就能通，而且无所不通？这是因为声音通天、地、人，以声音使人闻而通之，才有无所不通的意蕴。

四是圣人有位，让大家都能听从的声音需要由特殊的主体发出。《周易·系辞下》云："天地之大德曰生，圣人之大宝曰位。"③聪明的人不一定有位，而有听众的人则必然有位，其位可以是王，可以是师，也可以是巫。最早的圣人很可能是巫。《史记·日者列传》记载："贾谊曰：'吾闻古之圣人，不居朝廷，必在卜医之中。'"④圣人在上古很可能是在祭天地之礼中持玉器作乐发声的巫师或祭司。扬雄《法言·五百》云："或问：'圣人占天乎？'曰：'占天地。''若此，则史也何异？'曰：'史以天占人，圣人以人占天。'"⑤圣人与其他祭司不同的是，圣人是人的代表，代人发声，是问天者而不是代天者。

《尚书·洪范》云："思曰睿。……睿作圣。"⑥圣和睿、知关系密切，但圣之知是圣的表现，而不是圣的来源。圣知是一种"知而作之者"，这种知不是关于对象物的僵化知识，不是听闻之知，而是由作声或与天沟通所体现出的知祸福、明善恶的智慧。一些人简单化地把圣知理解为"闻而知之"，是不恰当的。

总之，圣的本义是"声音，发声作乐使他人闻、使他人听"，圣人的本义是发声、作乐之人，或立言、立教之人。在这个本义的基础上可以衍生出很多含义。《白虎通·圣人》云："圣人者何？圣者，通也，道也，声也。道无所不通，明无所不照，闻声知情，与天地合德，日月合明，四时合序，鬼神合吉凶。"⑦"圣"的含义以声为起点，通过声的通、化功能，以其意义和韵律让人

① 《说文解字注》，上海古籍出版社，1981年，第592页上。
② 《十三经注疏·尚书正义》，北京大学出版社，1999年，第87页。
③ 《十三经注疏·周易正义》，北京大学出版社，1999年，第297页。
④ 《史记》卷127，中华书局，1959年，第3215页。
⑤ 《法言义疏》，中华书局，1987年，第264页。
⑥ 《十三经注疏·尚书正义》，北京大学出版社，1999年，第303页。
⑦ 《白虎通疏证》卷7，中华书局，1994年，第334页。

沟通天地，也就连接了天道，具备了神圣性。这是圣含义演变的基本脉络。

圣以声为基点，有如下几方面的衍生含义。

一是圣可以知天、知道、通道，圣人是天道的化身。

为何说圣人知天？因为语音或乐音可以沟通天人，声音通过空气向各个方向传播在古人看来就是通天。圣人发声、奏乐是与天地韵律相应和，要以天道为依据，发声者要知天道、合天道。《大戴礼记·哀公问五义》云："所谓圣人者，知通乎大道，应变而不穷，能测万物之情性者也。"[1] 圣人从祭天、知天，逐步变成了知道，最后成为道的化身。《荀子·正论》云："圣人备道全美者也，是县（悬）天下之权称也。"[2]《荀子·儒效》云："圣人也者，道之管也。天下之道管是矣，百王之道一是矣，故《诗》《书》《礼》《乐》之归是矣。"[3] 朱熹云："道便是无躯壳底圣人，圣人便是有躯壳底道。"[4]

二是圣有制作之义，圣人是发明者、创造者、造物者。

圣的制作义源自作声、作乐。《乐记》云："作者之谓圣，述者之谓明。明圣者，述作之谓也。"[5]《周礼》云："百工之事，皆圣人之作也。烁金以为刃，凝土以为器，作车以行陆，作舟以行水，此皆圣人之所作也。"[6]《白虎通·京师》云："圣人承天而制作。"[7]

三是圣为发言施教，圣人可以为师、为教主。

孔子被封圣，不仅是因为孔子德性好、学问高，还有一个重要的原因就是孔子具有师的身份，是儒家的立言、立教者。在神道设教、巫史流行的年代中，圣人是经常出现的，但在孔子之后，特别是儒学在汉代成为官学之后，圣人就难觅了。后人常常以为圣人是完人、超人，是高不可攀的人，虽然圣人具有神圣性，但它是由沟通天人、领悟天道而来的，是天道的神圣性所赋予并强化的，并不能说圣人本身就是完人、神人或超人。圣人首先是人，是领悟了天

---

① 王聘珍：《大戴礼记解诂》，中华书局，1983年，第11页。

② 《荀子集解》，中华书局，1988年，第325页。

③ 《荀子集解》，中华书局，1988年，第133页。

④ 《朱子语类》卷130，中华书局，1986年，第3117页。

⑤ 《十三经注疏·礼记正义》，北京大学出版社，1999年，第1089页。

⑥ 《十三经注疏·周礼注疏》，北京大学出版社，1999年，第1059—1060页。

⑦ 《白虎通疏证》卷4，中华书局，1994年，第158页。

道然后传播天道的人。圣人的身份往往是立言施教者，是为师者。

四是圣具有超越性，圣人是超越者及超凡、脱俗者。

圣的神圣意蕴从"声"而来，声不仅是人的话语声，也含音乐、礼乐声。人声或音乐声具有感染力，能够沟通人与人、人与神，故而具有神性。《史记·乐书》云："太史公曰：夫上古明王举乐者，非以娱心自乐，快意恣欲，将欲为治也。正教者皆始于音，音正而行正。故音乐者，所以动荡血脉，通流精神而和正心也。"[①] 声音打开了个人的封闭世界，既接受了外界的信息，也向外界宣告了自我，启动了人超越自身之路。声或圣，是对个体性的超越，对整体性的通达，使人通天。圣所具有的超越性以天道为指向和保障，因而也具有了某种权威性，发声者和听众划清了界限，圣就确立了超凡脱俗之义。

圣人对国学具有特殊意义。天和道在圣人身上集中体现出来，圣是天道的人格化。在天人之际，圣人是沟通天人的媒介。圣人知天，但圣人毕竟还是人。《孟子·告子上》云："故凡同类者，举相似也，何独至于人而疑之？圣人与我同类者。"扬雄《法言·五百》云："史以天占人，圣人以人占天。"[②] 国学通过圣人，把人的超越性充分揭示出来了。中国人用对圣人的肯定替代了对神或上帝的崇拜和信仰，圣人消解了各类外在的超越者。因为有了圣人，即便排除了上帝或其他至上神，中国人仍然可以追求超越性，可以很好地安顿自己的身心。钱穆说："神与圣只是一种超人的思想，而同时又是一种不离人生的想望。神与圣皆是超人生而不离人生者。但中间也有别。神是非人间的，圣则是人间的。神是超人间而投入于人间的，圣是人间的而又是超出于人间的。"[③]

在国学中，超越自我的极致就是要做圣人。《荀子·解蔽》云："故学者，以圣王为师，案以圣王之制为法，法其法，以求其统类，以务象效其人。向是而务，士也；类是而几，君子也；知之，圣人也。"[④] 二程云："言学便以道为志，言人便以圣为志。"[⑤] 朱熹云："为学，须思所以超凡入圣。"[⑥] 做圣人在王

---

① 《史记》卷24，中华书局，1959年，第1236页。

② 《法言义疏》，中华书局，1987年，第264页。

③ 钱穆：《神与圣》，《湖上闲思录》，三联书店，2000年，第62页。

④ 《荀子集解》，中华书局，1988年，第407页。

⑤ 《河南程氏遗书》卷18，《二程集》，中华书局，2004年，第189页。

⑥ 《朱子语类》卷8，中华书局，1986年，第135页。

阳明看来是人生第一等事。《王阳明年谱》云："登第恐未为第一等事，或读书学圣贤耳。"亦云："学者溺于词章记诵，不复知有身心之学。先生首倡言之，使人先立必为圣人之志。"①

圣之普遍化与心学革命

圣的字义演化，从声到发声之人，再到发声之人的内在德性，也存在一个不断内化的过程。内圣之学使国学从天学发展为人学。

从西周以后，巫史文化日益淡出了社会主流，立教通天的各类带有神秘性的圣人也就不见了，圣成为人的一种内在德性。"圣"曾是六德之一。《周礼·地官·大司徒》云"六德，知、仁、圣、义、忠、和"②。郭店楚简《六德》云："何谓六德？圣、智也，仁、义也，忠、信也。圣与智戚矣……作礼乐，制刑法，教此民尔使之有向也，非圣智者莫之能也。"③《史记·乐书》云："故宫动脾而和正圣，商动肺而和正义，角动肝而和正仁，徵动心而和正礼，羽动肾而和正智。"④ 司马迁把宫商角徵羽、脾肺肝心肾和圣义仁礼智相互对应，把圣与仁义礼智等并列，同为人之德。圣内化为人的德性，体现了人对自身的超越。以圣为德，表明国学认为人本身就具有神圣性和超越性。

虽然圣是一种德性，但长期以来大家都不认为成圣具有普遍性。孔子、荀子主要教导弟子们去做君子。《论语·述而》云："子曰：'圣人，吾不得而见之矣；得见君子者，斯可矣。'"《荀子·礼论》云："苟非圣人，莫之能知也。圣人明知之，士君子安行之，官人以为守，百姓以成俗。"⑤ 郭店楚简《成之闻之》云"民皆有性而圣人不可莫（慕）也"⑥，强调人之性虽然生而类似，但发

① 《年谱一》，《王阳明全集》卷33，上海古籍出版社，1992年，第1221、1226页。
② 《十三经注疏·周礼注疏》，北京大学出版社，1999年，第266页。
③ 荆门市博物馆：《郭店楚墓竹简》，文物出版社，1998年，第187页。
④ 《史记》卷24，中华书局，1959年，第1236页。
⑤ 《荀子集解》，中华书局，1988年，第376页。
⑥ 荆门市博物馆：《郭店楚墓竹简》，文物出版社，1998年，第168页。

育大小不同，对常人来说圣人是可望而不可即的。

随着国学的发展，进入宋明理学阶段之后，为圣找到了更为切实的依据——天理。程颐云："随事观理，而天下之理得矣。天下之理得，然后可以至于圣人。"① 朱熹云："圣人之德，浑然天理，真实无妄，不待思勉而从容中道，则亦天之道也。未至于圣，则不能无人欲之私，而其为德不能皆实。"② 虽然圣人是学习的榜样，但由于人有气质之性的差别，理学家也不认为成圣具有普遍性。程颐云："观三代之时，生多少圣人，后世至今，何故寂寥未闻，盖气自是有盛则必有衰，衰则终必复盛。"③ 程颐对圣人多寡的解释未必妥当，但确实承认圣人不多见。朱熹云："学者是学圣人而未至者，圣人是为学而极至者。"④ 成圣虽然对人都具有可能性，但圣人还是难以达到的，是"极至者"。

在心学理论中，圣的根据由天理进一步内化为人的精神或良知。杨简云："孔子语子思曰：'心之精神是谓圣。'人人皆与尧、舜、禹、汤、文、武、周公、孔子同。人心非血气，非形体，精神广大无际畔，范围天地，发育万物，何独圣人有之？人皆有之。"⑤ 亦云："圣亦无所不通之名。人皆有此心，此心未尝不圣，未尝不精神，无体质，无际畔，无所不在，无所不通。"⑥ 杨简借孔子的话把圣的依据引申到了内在之心，这个"无所不通"之心其实就是指人的性体。圣内化的最终结果就是以人的性体为圣，而良知是性体之道的呈现，故而王阳明云："心之良知是谓圣。"⑦ 圣的特征是无所不通，而恰恰构成性体的本然之道就是贯通和构成内在世界的东西，它是人具有超越性和神圣性的根源。

国学诸多范畴的内化是国学理论发展的一个重要特色，它把外界的矛盾和

---

① 《河南程氏遗书》卷 25，《二程集》，中华书局，2004 年，第 316 页。
② 朱熹：《中庸章句》，《四书章句集注》，中华书局，1983 年，第 31 页。
③ 《河南程氏遗书》卷 15，《二程集》，中华书局，2004 年，第 146 页。
④ 《朱子语类》卷 21，中华书局，1986 年，第 487 页。
⑤ 《吴学讲义》，《慈湖先生遗书》卷 5，《杨简全集》第 7 册，浙江大学出版社，2015 年，第 1925 页。
⑥ 《临安府学记》，《慈湖先生遗书》卷 2，《杨简全集》第 7 册，浙江大学出版社，2015 年，第 1861 页。
⑦ 《书魏师孟卷》，《王阳明全集》卷 8，上海古籍出版社，1992 年，第 280 页。

斗争引入心内世界，转化为人自己与自己的斗争，促成了人自身的内在超越。心学在这个道路上走得最远，在人的内心深处找到了圣的依据，体现了国学的精深之处。国学早期描述的圣人大多是有政治地位或社会声誉的人，这些圣人难以让人贴近去理解和学习。国学进入成熟期后，发现了内在的圣人，这就把圣带回了人的切近处，人们学习圣人、超越自我有了坚实的基础和简易的途径。王阳明云："人胸中各有个圣人，只自信不及，都自埋倒了。"① 亦云："圣人之学，惟是致此良知而已。自然而致之者，圣人也；勉然而致之者，贤人也；自蔽自昧而不肯致之者，愚不肖者也。"② 又云："圣人气象自是圣人的，我从何处识认。若不就自己良知上真切体认，如以无星之称而权轻重，未开之镜而照妍媸，真所谓以小人之腹而度君子之心矣。圣人气象何由认得？自己良知原与圣人一般，若体认得自己良知明白，即圣人气象不在圣人而在我矣。"③ 在个人自我超越的道路上，自己的良知是根据，而政治化、偶像化的圣人是不足以依凭的，王阳明诗云："乾坤由我在，安用他求为？千圣皆过影，良知乃吾师。"④

当人人心中的性体具有了圣的含义，圣人就不再遥不可及了，常人可以通过对自身性体的接近、发挥和增益来达至圣人。心学家并不认为圣人全知全能，他们承认圣人所拥有的知识是有局限的，才力也有大有小，不必求全。王阳明云："圣人之所以为圣，只是其心纯乎天理，而无人欲之杂。犹精金之所以为精，但以其成色足而无铜铅之杂也。人到纯乎天理方是圣，金到足色方是精。……盖所以为精金者，在足色而不在分两；所以为圣者，在纯乎天理而不在才力也。故虽凡人而肯为学，使此心纯乎天理，则亦可为圣人。"⑤ 亦云："夫礼乐名物之类，果有关于作圣之功也，而圣人亦必待学而后能知焉，则是圣人亦不可以谓之生知矣！谓圣人为生知者，专指义理而言，而不以礼乐名物之类，则是礼乐名物之类无关于作圣之功矣。圣人之所以谓之生知者，专指义

① 《传习录下》，《王阳明全集》卷3，上海古籍出版社，1992年，第93页。
② 《书魏师孟卷》，《王阳明全集》卷8，上海古籍出版社，1992年，第280页。
③ 《传习录中》，《王阳明全集》卷2，上海古籍出版社，1992年，第59页。
④ 《长生》，《王阳明全集》卷20，上海古籍出版社，1992年，第796页。
⑤ 《传习录上》，《王阳明全集》卷1，上海古籍出版社，1992年，第27—28页。

理而不以礼乐名物之类，则是学而知之者亦惟当学知此义理而已，困而知之者亦惟当困知此义理而已。"① 这里所讲的圣人生知之义理，其实就是人所领会的、构成并贯通人性体的本然之道。领会本然之道并以之构成性体是人与生俱来的一种本能，因而可以称为"生知"，当然这种生知要以人与世界的共在和互动为基础。

在心学家那里，成圣的工夫简易了，成圣的范围也普及化了。《传习录》云："一日，王汝止出游归，先生问曰：'游何见？'对曰：'见满街人都是圣人。'先生曰：'你看满街人都是圣人，满街人到看你是圣人在。'又一日，董萝石出游而归，见先生曰：'今日见一异事。'先生曰：'何异？'对曰：'见满街人都是圣人。'先生曰：'此亦常事耳，何足为异？'"② 这里满街都是圣人的讲法是前代所未有的。此后，认为人人可成圣的观点就日益增多了。毛泽东诗云"六亿神州尽舜尧"，也是此意。

从圣人这个范畴诞生之日起，圣人就被界定为人，因而国学始终认为人人都有做圣人的潜质和可能，认为圣人可学。程颐云："人皆可以至圣人，而君子之学必至于圣人而后已。不至于圣人而后已者，皆自弃也。"③ 国学被称为圣学，既有是孔子之学的含义，也有以圣人为榜样的含义，还有以圣人所代表的天道为领悟内容和学习宗旨的含义。在心学把圣人可学的依据揭示为人自己的性体之后，如何接近、发挥和增益自身性体的学问，就成为圣学的核心内容。

国学在古代的终极目标是教人做圣王，进入现代社会，不再有王，国学实现平民化、普及化和现代化之后，其目标是教人做君子、做圣人。做圣人不是要做完人、超人，而是要实现自我超越，发挥人本身所具有的神圣性。国学认为人性的光辉是能体现神性的，圣既体现了人性也体现了神性。

国学的突出特点就是充分挖掘和发挥人的能动性和自主性，教人做自己的主人、做世界的主人。世界上很多宗教都是教人做神的子民，用死的恐怖和神

---

① 《传习录中》，《王阳明全集》卷 2，上海古籍出版社，1992 年，第 53 页。
② 《传习录下》，《王阳明全集》卷 3，上海古籍出版社，1992 年，第 116 页。
③ 《河南程氏遗书》卷 25，《二程集》，中华书局，2004 年，第 318 页。

的威严去吓倒人，用彼岸世界的虚幻去诱惑和麻醉人，让人无条件地臣服在神的脚下。唯有国学教人挺立自身，去效法圣王，做世界的先行者、创造者和领导者。在这个意义上，国学确实是先王往圣留给子孙后代的绝学。环顾世界，也只有中国的先人留下了这样的精神遗产。

承认成圣的普遍性，背后有多方面的深刻原因。书籍的普及和读书人大量增加是其社会背景；心学直指人心，强调性体人人皆有的普遍性以及尽性的直接性与简易性是其理论原因。在国学内部，心学实现了对传统理论的革命，极大解放了人们的思想。黄宗羲云："自姚江（王阳明）指点出'良知人人现在，一反观而自得'，便人人有个作圣之路。故无姚江，则古来之学脉绝矣。"[1] 王阳明不仅继承了自古以来的国学血脉，而且推倒了外在的圣人，树立了内在的圣人，为所有人奠定了成圣的理论基础，也为国学开辟了现代性之路。王艮是王门后学，开创了泰州学派，其弟子王栋云："自古士农工商，业虽不同，然人人皆共此学。……天生我先师……直指人心，然后愚夫俗子不识一字之人皆知自性、自灵、自完、自足，不假闻见，不烦口耳，而二千年不传之消息一朝复明。"[2] 人人都可以修身成圣的理论，让国学可以从贵族之学、士人之学发展为平民之学，使国学获得普遍性和现代性。这说明中国文化本身具有新陈代谢的能力，国学具有内在的革命性和持久的生命力。

成圣的普遍性带来了深远的后果和影响，在理论上也可以演绎出全新的结论。既然人人都可以由性体承继天理良知，可能成为圣人，那么一方面"平民"群体就可以比照明理之士，有参与公共事务和共享公权力的权利；另一方面，圣王也就不再是唯一的或必需的了。大量的明理之士可以实现自治和共治，王或皇帝作为公权力唯一代表的身份就动摇了。经过心学革命之后，国学理论发展的必然结果，就是明末的思想家开始怀疑君主制的必要性，为现代性的政治民主制度开启了道路。中国的思想启蒙就发端于王阳明的心学，中国社会的现代性实际上在明代已经开始孕育了。但是清朝大兴文字狱，钳制了新思想的发展，直到清末其统治陷入内外交困后，这种带有现

---

[1] 《姚江学案》，《明儒学案》卷10，《黄宗羲全集》第7册，浙江古籍出版社，1985年，第197页。
[2] 《会语正集》，《明儒王一庵先生遗集》卷1，《王心斋全集》，江苏教育出版社，2001年，第161页。

代性的思想才再次得到发展和传播，并一举通过辛亥革命废除帝制，使中国成为亚洲第一个非君主制大国。自清朝在 1912 年覆灭到中华人民共和国在 1949 年成立只有不到四十年时间。中国能够在较短的时间内重新实现统一并迅速开启现代化之路，一个重要的内因就是心学的思想革命为后来的民主变革埋下了种子。

成圣的普遍性不仅具有政治上的重要意义，同时在经济学领域也削弱了"经济人"假设的普适性和绝对性，为实行计划经济和宏观调控奠定了理性基础。在国学看来，人人可以成圣，也就意味着不仅个体的人可以自主掌握自身的命运，群体的人也可以把握社会和国家的整体命运。在个体理性的基础上，还可以形成群体理性，通过凝聚社会、国家和民族的集体意志来实现社会、国家和民族的整体利益。

人人可以成圣的理论，也为现代人普遍修习国学开辟了道路。内圣之道成为普适的修身方法，所有现代人都可以借助它更充分地面向世界展开自己，发挥出个人最大的能量，在成就自己的同时推动社会进步。

孔颜之乐与生死之事

内圣之道，对人自身而言是要达至内在的和谐、自洽状态，这个状态体现在情绪或情感上就是乐。国学中，乐的极致是孔颜之乐，它是人与世界一体之乐，也是超越生死之乐。

每个人都希望自己有愉悦的情绪并能长期处于理想的存在状态。对于人生的理想状态，现代人通常的说法是幸福的状态。有些人是从某个具体的情境看幸福的，认为欲求得到满足和实现即是幸福。但如果从人生和世界的整体出发，人的欲望是无限的，而满足的程度是有限的，个人暂时的欲望可能和长远的利益或群体的利益发生冲突并在未来引发新的问题，因而欲求的暂时满足和人生的长远幸福之间并不能画等号。

古人不用幸福一词，而是用"乐"来表示满意的人生状态。国学认为人的行为如果合乎大道，就会呈现和谐的人生状态，并在情绪上表现出来，这就是人之乐。合道的外在状态就是和，合道的内在情绪体验或情感状态就是乐，都表现为一种整体性与统一性的和谐。《荀子·乐论》云："君子乐得其道，小人乐得其欲。以道制欲，则乐而不乱；以欲忘道，则惑而不乐。故乐者，所以道乐也。"①

欲求的满足不能无限扩大，适度有节是合道的一种体现。乐的基础是内在的平衡，平衡的准绳是道。《荀子·解蔽》云："圣人知心术之患，见蔽塞之祸，故……兼陈万物而中县衡焉。……何谓衡？曰：道。故心不可以不知道。"② 合道就意味着要依循道的外在表现——礼义。《荀子·礼论》云："孰知夫礼义文理之所以养情也！故人……苟情说（悦）之为乐，若者必灭。故人一之于礼义，则两得之矣；一之于情性，则两丧之矣。"③《荀子·强国》云："故人莫贵乎生，莫乐乎安，所以养生安乐者莫大乎礼义。"④ 在人类社会中，不依循礼义，就丧失了安乐的现实基础。

对人而言，外物不能构成人自身，构成自身的只是本然之道。外物只有在人的内在世界得到妥善的安置，才会对人有积极意义，给人带来持久的快乐。性体的本然之道主导心体，心内平衡、平和，就不为外物所累。《荀子·正名》云："心平愉，则色不及佣而可以养目，声不及佣而可以养耳，蔬食菜羹而可以养口……故无万物之美而可以养乐，无埶（势）列之位而可以养名。如是而加天下焉，其为天下多，其和乐少矣，夫是之谓重己役物。"⑤

国学认为，外在的因素与人的内在体验相比，是不足道的。《韩诗外传》云："颜渊问于孔子曰：'渊愿贫如富，贱如贵，无勇而威，与士交通，终身无患难，亦且可乎？'孔子曰：'善哉回也！夫贫而如富，其知足而无欲也。贱而如贵，其让而有礼也。无勇而威，其恭敬而不失于人也。终身无患难，其择言而出之也。'"⑥《荀子·子道》云："子路问于孔子曰：'君子亦有忧乎？'孔子曰：'君子，其未得也，则乐其意，既已得之，又乐其治，是以有终生之乐，

---

① 《荀子集解》，中华书局，1988 年，第 382 页。
② 《荀子集解》，中华书局，1988 年，第 394 页。
③ 《荀子集解》，中华书局，1988 年，第 349 页。
④ 《荀子集解》，中华书局，1988 年，第 299 页。
⑤ 《荀子集解》，中华书局，1988 年，第 432 页。
⑥ 《韩诗外传集释》卷 10 第 19 章，中华书局，2020 年，第 345 页。

无一日之忧。小人者，其未得也，则忧不得，既已得之，又恐失之，是以有终身之忧，无一日之乐也。'"① 《吕氏春秋·慎人》云："古之得道者，穷亦乐，达亦乐，所乐非穷达也，道得于此，则穷达一也……"②

国学不是苦修的学问，而是追求现实人生的至乐。修身和为学，都以人为目的，而不是以人为手段。《论语·雍也》云："知之者不如好之者，好之者不如乐之者。"这就是说知并不是人的最终目的，乐是更终极的目的。

人内在的和谐快乐要以人的内在统一性为前提。人内在世界的矛盾或者不贯通会让人自己和自己闹别扭，长期下来还会导致人的心理问题和精神疾病，这样如何有快乐可言？诚意的工夫可以达至人的内在统一，让人身心一致，喜乐都发自内心。当人的行为都依循本体之念，时时听从良知的召唤，人就实现了内外的高度统一，就会呈现乐的状态。王阳明云："良知是造化的精灵。这些精灵，生天生地，成鬼成帝，皆从此出，真是与物无对。人若复得他完完全全，无少亏欠，自不觉手舞足蹈，不知天地间更有何乐可代。"③

但仅仅是人内在的统一还是不够的，要实现人与外部世界的和谐统一才是更高的境界。这就要让人的性体——仁体不断生发壮大，能不断外推直至覆盖整个世界，这就是正心的工夫。诚意、正心的工夫结合起来并长期坚持下去，改变人的能量状态和行为模式，体现在人社会性的言行上，就是修身的工夫。修身是要实现人在历史意义上与世界的统一，达至历史意义的诚。实现了这个诚，就实现了内外和谐一致状态，进而达到人生的至乐。

若性体不能主导心体，心内不平衡、不平和，就会导致忧恐、愤怒、抑郁、悲痛等情绪，而远离乐的状态。《荀子·正名》云："心忧恐则口衔刍豢而不知其味，耳听钟鼓而不知其声，目视黼黻而不知其状，轻暖平簟而体不知其安。"④ 当性体能主导心体，意念循道而行，人的情绪会处于乐的和谐状态。如果人的行为能够持续地合道，这种和谐状态也会持续，超越具体的情境而成为人生的常态。国学所称许和追求的乐，不完全是短暂的情绪反应，它既可以表

---

① 《荀子集解》，中华书局，1988年，第533页。
② 《吕氏春秋集释》，中华书局，2009年，第340页。
③ 《传习录下》，《王阳明全集》卷3，上海古籍出版社，1992年，第104页。
④ 《荀子集解》，中华书局，1988年，第431页。

现为当下情境状态下的情绪，也可以表现为较长时期内持续的心态或情感。

　　构成人自身的本然之道具有内贯外推的天性，这就表现为人的内在世界有向外拓展的本能趋势，追求自身向外部世界的展开。人精神世界的拓展方式之一是学习，学习让人的性体舒展贯通，因而会有愉悦的情绪体验。《论语》开篇就说："学而时习之，不亦说乎？""说"是悦，也就是乐。《孟子·告子上》云："学问之道无他，求其放心而已矣。"放心就是心的和谐状态，也是乐的状态。人对外的拓展还体现为主动性的弘道行为，即对事业的追求。《论语·述而》云："女奚不曰，其为人也，发愤忘食，乐以忘忧，不知老之将至云尔。"

　　性体的外推指向了他人和社会，故而个人的幸福和家国天下也密切相关。《孟子·尽心上》云："君子有三乐，而王天下不与存焉。父母俱存，兄弟无故，一乐也；仰不愧于天，俯不怍于人，二乐也；得天下英才而教育之，三乐也。"《荀子·王霸》云："国危则无乐君，国安则无忧民。……故百乐者生于治国者也，忧患者生于乱国者也，急逐乐而缓治国者，非知乐者也。故明君者必将先治其国，然后百乐得其中……"①

　　国学的最高旨趣是追求孔颜之乐。《论语·先进》云："（曾点）鼓瑟希，铿尔，舍瑟而作，对曰：'异乎三子者之撰。'子曰：'何伤乎？亦各言其志也！'曰：'莫春者，春服既成，冠者五六人，童子六七人，浴乎沂，风乎舞雩，咏而归。'夫子喟然叹曰：'吾与点也。'"《论语·雍也》云："贤哉，回也！一箪食，一瓢饮，在陋巷。人不堪其忧，回也不改其乐！贤哉，回也！"《孟子·尽心上》云："万物皆备于我矣。反身而诚，乐莫大焉。"上面三段话中，孔子所"与"以及颜回和孟子之"乐"，到底是什么？这关涉了国学的核心问题，二程就是在周敦颐（茂叔）的引导下由此而窥得国学门径的。二程云："昔受学于周茂叔，每令寻颜子、仲尼乐处，所乐何事。"② 又云："某自再见茂叔后，吟风弄月以归，有'吾与点也'之意。"③

　　周敦颐云："夫富贵，人所爱也。颜子不爱不求，而乐乎贫者，独何心哉？

---

① 《荀子集解》，中华书局，1988 年，第 210—211 页。
② 《河南程氏遗书》卷 2 上，《二程集》，中华书局，2004 年，第 16 页。
③ 《河南程氏遗书》卷 3，《二程集》，中华书局，2004 年，第 59 页。

天地间有至贵至爱可求，而异乎彼者，见其大、而忘其小焉尔。见其大则心泰，心泰则无不足。无不足则富贵贫贱处之一也。处之一则能化而齐。"① 这个天地间的"至贵至爱"是什么呢？朱熹云："程子谓：'将这身来放在万物中一例看，大小大快活！'又谓：'人于天地间并无窒碍，大小大快活！'此便是颜子乐处。这道理在天地间，须是直穷到底，至纤至悉，十分透彻，无有不尽，则于万物为一无所窒碍，胸中泰然，岂有不乐！"②

对于孔子所与的曾点之志，朱熹云："曾点之学，盖有以见夫人欲尽处，天理流行，随处充满，无少欠阙。故其动静之际，从容如此。而其言志，则又不过即其所居之位，乐其日用之常，初无舍己为人之意。而其胸次悠然，直与天地万物上下同流，各得其所之妙，隐然自见于言外。视三子之规规于事为之末者，其气象不侔矣，故夫子叹息而深许之。"③

对于孟子之乐，黄宗羲云："此所谓'反身而诚'，才见得万物非万物，我非我，浑然一体，此身在天地间，无少欠缺，何乐如之？"④

可见，孔颜之乐、孟子之乐，是人与世界和谐一致之乐，是天道流行、万物一体、内外皆仁之乐。这才是国学所认可的人间之至乐。在这个境界和状态中，人自由地栖息于世界，与世界一体。对人来说，世界是通透的，人不是被抛的无家状态，人以此世界为家；人不是无根的人，人以此世界之万物为根。如此，则乐莫大焉！

乐与人的终极意义相关，这就涉及了生死之事。人间至乐贯通了世界，也就贯通了人的生死。

生与死是人间大事，但国学认为，人向天而生，死只是天命的一部分。国学不轻言死，也不以死之事去吓唬人。《论语·先进》云："季路问事鬼神，子曰：'未能事人，焉能事鬼？'敢问死。曰：'未知生，焉知死？'"孔子慎言生死，一方面是对死之事心存敬畏，不能随便言说；另一方面是秉持了国学立足现实世界、力戒虚妄的一贯风格。

---

① 《通书·颜子》，《周敦颐集》卷2，中华书局，1990年，第33页。
② 《朱子语类》卷31，中华书局，1986年，第795—796页。
③ 朱熹：《论语集注》卷6，《四书章句集注》，中华书局，1983年，第130页。
④ 《孟子师说》卷7，《黄宗羲全集》第1册，浙江古籍出版社，1985年，第150页。

生死之间，有执与不执。一方面，死生对人具有终极意义，对此要严肃对待。孔子理论的核心是仁，而仁有爱生恶死之义，尊重人的生命。《论语·乡党》云："厩焚。子退朝，曰：'伤人乎？'不问马。"《传习录》云："又问：'天地鬼神万物，千古见在，何没了我的灵明，便俱无了？'曰：'今看死的人，他这些精灵游散了，他的天地万物尚在何处？'"① 王阳明讲这个，是说人死道消，人体躯壳的崩坏导致了人内在世界的消散。

另一方面，从世界的整体来看，个人的生死又是小事。生死亦有生死之道，无须为生死而有过多执念。二程云："所以谓万物一体者，皆有此理，只为从那里来。……人只为自私，将自家躯壳上头起意，故看得道理小了他底。放这身来，都在万物中一例看，大小大快活。"②

死生之事不是孤立事件，而是世界生生不息、天道流行过程中的自然现象。张载云："富贵福泽，将厚吾之生也；贫贱忧戚，庸玉女于成也。存，吾顺事，没，吾宁也。"③ 万物一体的观念，一方面是对人主体性的褒扬，另一方面是对人个体性的消解。个体性的消解，意味着对个人生死的看淡。

刘宗周云："吾儒之学，宜从天地万物一体处看出大身子，天地万物之始即吾之始，天地万物之终即吾之终，终终始始，无有穷尽，只此是死生之说。……子曰'朝闻道，夕死可矣'是也。如何是闻道？其要只在破除生死心。此正不必远求百年，即一念之间一起一灭，无非生死心造孽。既无起灭，自无生死。"④ 刘宗周认为"从天地万物一体处看出大身子"，就可以超越个体的形器，"破除生死心"。

《传习录》云："萧惠问死生之道。先生曰：'知昼夜即知死生。'……'汝能知昼！憒憒而兴，蠢蠢而食，行不著，习不察，终日昏昏，只是梦昼。惟息有养，瞬有存，此心惺惺明明，天理无一息间断，才是能知昼。这便是天德，便是通乎昼夜之道，而知更有什么死生？'"⑤ 在王阳明看来，人生活在观念社

---

① 《传习录下》，《王阳明全集》卷3，上海古籍出版社，1992年，第124页。
② 《河南程氏遗书》卷2上，《二程集》，中华书局，2004年，第33—34页。
③ 《正蒙·乾称篇》，《张载集》，中华书局，1978年，第63页。
④ 《证人社语录·附说》，《刘宗周全集》第3册，浙江古籍出版社，2012年，第522页。
⑤ 《传习录上》，《王阳明全集》卷1，上海古籍出版社，1992年，第38页。

会，往往远离本真的人生，这种状态下人"只是梦觉"而非"知觉"，只有处于本真状态，面对人生的整体，领会了人之天命，才算是知死生之道。对于悟道之人来说，天地间都是大道流行之所，死生也是道的一种表现，以对道的态度去应对生死即可。

在天地万物一体的观念下，抱着不滞无执的心态，人可以洒脱面对生死。王畿云："生死如昼夜，人所不免。四时之序，成功者退，人生天地间，此身同于太虚，一切身外功名得丧，何足以动吾一念？一日亦可，百年亦可，做个活泼无依闲道人，方不虚生浪死耳。"①

国学教导人平静面对生老病死的自然规律，在面临生死抉择的关键时刻也可以慷慨赴死。《论语·卫灵公》云："志士仁人，无求生以害仁，有杀身以成仁。"王阳明以此为题所作八股文云："是其以吾心为重，而以吾身为轻，其慷慨激烈以为成仁之计者，固志士之勇为，而亦仁人之优为也。视诸逡巡畏缩，而苟全于一时者，诚何如哉？以存心为生，而以存身为累，其从容就义以明分义之公者，固仁人之所安，而亦志士之所决也……"② 王阳明为何可以说"以吾心为重，而以吾身为轻"呢？这是因为"吾心"反映的是世界的整体，"吾身"仅仅是个体的躯壳，在整个世界面前个体躯壳是可以舍弃的。

超越眼前的情境，甚至于超越生死，意味着人自身的超越性和神圣性。内圣之道所要达至的境界是人内心和谐统一的状态，它突出表现在人内在的情绪体验和对生死的态度这两个方面。孔颜之乐和对生死的超脱态度都是圣人才有的境界，都是内修要达至的目标。

内修之工夫：体系与标准

国学诸多理论范畴的不断内化，把外在的天人关系转化为内在的性体与道体的关系，导致国学工夫也从行为的修习延伸到了虑念的操运，并最终落实到

① 《与吴中淮》，《王畿集》卷 12，凤凰出版社，2007 年，第 310 页。
② 《志士仁人》，《钦定四书文·化治四书文》卷 3，景印文渊阁四库全书第 1451 册，第 30 页。

人内在境界的提升上。这既是国学义理展开的一种理论发展的必然，也是国学工夫深化的一种实践发展的必然。

外修以改善人的外在气质为主要目标，是比较容易理解和直接把握的，效果也容易看到，但内修工夫以修养德性为核心，聚焦于人性体的呈现、滋养和壮大，强调人自身独知的内在体验，外在的效果往往看不见、摸不着，这就会给人带来困扰。现代人习惯借助于数学工具阐释理论，通过建立模型和量化指标体系来说明和把握某个过程。在这里，笔者尝试构建一个初步的指标体系，来简明地说明内修的目标和过程。

先回顾和梳理一下与内修相关的范畴体系，为本书前面几章的内圣之道做一个小结。

一、所看世界与所见世界、一体世界与非一体世界

人所能够接触到并生活于其中的世界是他的所看世界。每个人的阅历、接触的生活面、朋友圈、活动半径、去过的地方、接受的教育程度、工作的平台、人生荣辱境况的落差等等都有大小高低的区别，这就是人所看世界的不同。所看世界是个人所接触到的现实世界的全体，包含其各种社会关系的总和。

所看世界历史性的累积，就构成了人的现实际遇。人生际遇的过往是一种现实性，是一种天命；人生际遇的未来是一种可能性，人的主动性行为可以影响或改变人的可能性，塑造未来的际遇。每个人都有其所看世界，它是此人的个人现实之天；人们的所看世界是相互渗透交融的一个整体，即这些人所处时代的现实世界整体，它是这个时代之天。

人通过意识场构境的方式，持续地、交互地、累积式地、历史性地反映所看世界。人所领会的世界只能是自己构境的世界，这就是人的所见世界。人构境所生成的所见世界和外在所看世界的关系是境与境之间的、持续的、动态的反映和模拟关系。在某个时刻，人们所看世界可能相同或相近，但对这个世界的领会往往很不一样，即所见世界会很不一样。

所看世界中的一部分不但为人所见还与人反复互动形成了亲熟一体的关系——这就是被人一体化的世界：一体世界。一体化范围之外的所见世界就是

非一体世界。仁作为一种德性，就是人把外部世界进行一体化的本能。人只有对一部分世界完成了一体化之后，才能以之为基础去进一步领会新事物，进一步与世界继续交接。一体世界的范围及其一体化的程度反映了人境界的高低。

二、道与本然之道、道体与性体、仁体与畏体

道是人领会的事物之间的境域化关联，它构成事物在心内得以呈现的背景。道作为人对事物的领会可以分为本然的领会和非本然的领会，本然的领会就是本然之道，它是人对其一体世界的领会，构成人意识上的自我；非本然的领会是非本然之道，它是人对其非一体世界的领会，是带有怀疑和审视的、尚不完全贯通的领会，构成了人心内世界中与自我对立的他者。本然之道对人是通透的，具有把内在世界和外部世界都进行一体化的倾向。

人所构境的内在世界——所见世界，是人的心体。心体中既有临时构境呈现的事物具象，也有充当事物呈现背景的世界整体，这个整体性的背景世界是由物与物之间各种场域化关联勾连而成的，可以称为人的内在道体。内在道体中没有事物的具象，只有事物的境域化关联本身。而人的外在道体是与其关联的外在现实世界，即其所看世界的整体。人的构境过程是在意识场中不断建立和维持物与物之间的场域化关联——道，心体内临时呈现的事物及其具象都是以道体为背景才得以揭示的。道体把事物在其中适当的相对位置上揭示出来，也就意味着同时把意义和价值赋予了这个事物。道体中既有未能一体化而与人自身对立的部分，也有充分贯通后转化为本然之道而与人一体的部分。本然之道与人融为一体，完全隐身于心内的背景世界之中，这就构成了道体的本体或人的本体——性体。

人所见世界——心体——中的一体世界是性体，也可以称为仁体，它由本然之道构成；非一体世界是性体之外的道体，也可以称为畏体，由非本然之道构成。性体对于不同的人，具有个体差异性，即其一体世界的范围和贯通程度不一样，它可以表现为人在思想境界、心胸气度、脾气秉性、理想抱负等方面的差异。

在性体或仁体的一体世界中，人处于自由王国，不学而知、不勉而中，可以应万变。这里是无我之境，是无善无恶的，或者说是至善的。在其中，世界

之物对人是通透的，处于背景之中而不觉，一切都处于本然和应然的状态，人不需要刻意谋划，也无须主观意欲之心来主导。

当受到干扰时，人对物产生了怀疑，这个物就从本然和应然的世界背景中脱离并显现出来，进入与人对立的领域——畏体（非一体世界）。这里是有我之境，是他者或对立物笼罩的世界，人不得不处于与世界的对立之中。在其中，人是具有主观性的人，他对物具有主观意欲之心，要小心翼翼地观察、审视周围的事物。

三、诚、圣与天人合一

性体也可以称为诚体。诚体之名侧重从其内在的统一性或同一性上看性体，统一或同一的基础就是与人原初共在的同一个现实世界——外在之天。诚有两种形式：情境意义的诚与历史意义的诚。

人在当下处于人器合一、物我两忘的状态时，其意识保持在性体之内，这是一种情境意义的诚。当受到干扰，人聚焦于对立物，就从非自觉状态进入自觉状态，脱离了情境意义的诚。主观意识聚焦于对象，对之作专题化探究，为之命名或命题，就构造出各种现成化的观念，并由此形成了观念社会。在观念社会中，人被各种世俗成见所包围，陷于各种蝇营狗苟的具体情境中，远离了对世界和人生整体的本真领会，对物的主观意欲背离了其本然之道，人就进入不诚状态。人在不诚状态下，内部与外部、局部当下与人生整体、个体与社会整体（或世界整体）之间会出现矛盾或紧张状态，性体激发出良知的呼唤或罪责的声讨，让人感受到心理或情绪上的压力。

观念社会是生活世界对人呈现出的一种僵化变异形式，是人对生活世界的一种阶段性的、对象化的意识构建，可以比作反映生活世界的电影胶片。人只有摆脱各种现成化观念的侵扰，回归生活世界，才能看到人生的本来面目和全局性趋势，才能进行整体性的规划和持续性的努力，以逐步实现人与外部世界的统一。人通过努力实践，既改变了人自身，也改变了外部世界，这种双向改变能够实现人与外部世界的持久统一，让人达至历史意义的诚。历史意义的诚，或历史意义的天人合一，又可以称为圣。

国学就是要引导人去达至诚和圣，实现人内在和外在的统一，实现天人合一，这是国学指导人生实践的根本宗旨。在具体的实践环节中，人在操持事物过程中逐渐与事物相通相融，实现了与事物的一体化，就是格物；在格物的过程中，人对事物的觉知和领会逐步深入，达到了本然的领会后，能够以其本然之道来增益自我，就是致知；将人自身从观念社会的世俗成见中唤醒，回归人生和世界的整体，同时接近并进入被主观意识所遮蔽的性体，实现内在的统一性，就是诚意；在此基础上，人发挥性体的统合平衡作用，站在全局的高度上应对外界的各种变化，实现内部世界和外部世界的和谐统一，就是正心。正心强调人的情感和行为内要由性、外要合天，而且要把当下的率性直行和长期的性体扩充这两方面结合起来。性体的发挥和扩充要体现在人与外部世界的互动关系中，体现在人的社会事业中，因而正心工夫的延伸就是修身、齐家、治国和平天下。

为了更直观地分辨人意识维度的个体性，并为内修提供量化标准，有必要建立一个指标体系。但困难之处在于，所看世界是一个外在的物质能量场，所见世界（心体）以及道体、性体等各种"体"都是意识场，它们都不是某种静态的、固化的结构。"世界"之间或"体"之间的作用关系是场与场的渗透、叠加和互动关系，不能进行直接的剪裁、拼接和比较，用数学工具直接描述是十分困难的。因此下面的若干量化指标，只能大致反映场之间的相对关系。

一、命值

命值是个人所看世界的丰富度，或者是其在时代赋予的可能性边界之内所实现的份额，它反映了某个人所看世界的实际范围与所处时代所有的可能范围之间的关系。命值，做简单化的理解，就是个人过往在时代允许的所有可能性中已然经历的部分或份额：命值＝（个人所看世界/同时代所有人所看世界的集合）＝（个人现实之天/时代之天）。每个人的现实际遇既是人们过往努力的结果，又不能单方面由人的主观意愿和个人努力所决定，它是人们当前必须接受的现实，因而是一种天命。

命值往往受制于一个人的社会地位、受教育程度和所占社会资源等的高低多寡。有的人占有更多社会资源，拥有更多的人生机会，因而有更多自由选择的权利，其所看世界的范围较大。而有的人终日奔忙于生计，没有自由支配的时间和自主选择的机会，其所看世界的范围很小。人们向往去远方看看、争取更多的学习机会、去更大的平台上工作等等，都意在提高命值。

二、诚意值（诚值、内圣值）

诚意值是心体或道体的贯通度，相当于诚体（性体）在多大程度上贯通了心体或道体，可简称诚值。由于心体中道体之外的部分是一个随时呈现又随时泯灭的世界，因而在与性体的比较中，心体和道体在存量上是大致等价的。诚值反映了诚体与心体（道体）的相对关系，做简单化的理解，诚值等于诚体与心体的比值：诚值＝（性体/心体）≈（性体/道体）＝（一体世界/所见世界）＝［一体世界/（一体世界＋非一体世界）］。诚意值主要体现人内在的统一性，看人的心体是更多地由性体主导，还是更多地受困于他者。性体是人的内在之天，性体较大程度地覆盖了心体中的事物，就是一种人对天的通达。诚值是一个完全内在化的指标，与所看世界是否广阔不直接相关，只反映人的内圣程度，也可以称为内圣值。例如，一个乡野村夫的阅历和视野可能并不广阔，但他的诚值也可能会很高，他可以是一个淳朴纯粹而本真的人。

三、仁率

仁率是人的内在和谐度，相当于仁体与畏体的相对关系。做简单化的理解，仁率等于仁体与畏体的比值：仁率＝（仁体/畏体）＝（一体世界/非一体世界）＝［一体世界/（所见世界－一体世界）］＝［诚意值/（1－诚意值）］。仁率和诚意值的实际意义是一致的，但测算角度和表现出的数值有所不同。

四、正心值（性值、外圣值）

正心值是性体的健壮度或饱满度，相当于性体实现一体化的世界在多大程度上覆盖了时代所看世界的极限，也可以称为性值，或外圣值。做简单化的理解，它是人的一体世界相对覆盖时代所看世界的比值：性值＝（个人一体世界/时代所看世界）＝（个人内在之天/时代之天）。判断一个人，从根本上要看他性体的相对大小强弱。正心值能反映一个人一体世界的范围大小，既能直接体现人的格局、胸襟和境界，也能在一定程度上间接体现人的事业大小和能力高低。

上述四个指标可以让人比较直观地理解内修的过程和目标。内修的过程以人基于所看世界构境所见世界为前提，核心是将所见世界一体化，使之纳入人的一体世界，这同时就是人的本体——性体（仁体或诚体）发挥作用并不断壮大的过程。人要把物之道转化为本然之道，构建在性体之内以增益人自身，就要从观念社会中觉醒，涵养内在的德性，达至人内外的统一性。命值、诚意值、仁率、正心值（性值）等指标反映了这个过程的进度，人们可以把其数值提升的幅度确定为内修的目标。

命值直接与外部世界相关，往往是人自身不能完全控制的，是人的天命；正心值（性值）间接与外部世界相关，既取决于客观因素，也受到人的主观努力的影响，是可以体现人能力大小或外王水平的指标；而诚意值、仁率直接体现人内在世界的结构，是体现内圣水平的指标。当诚意值或正心值接近于 1 或者仁率接近于无穷大时，人就是圣人。圣王是天命值和正心值、诚意值、仁率都很高的人，但是常人的修身不以圣王为目标，而以内圣为目标，主要追求高诚意值和高仁率。王阳明云："人到纯乎天理方是圣，金到足色方是精。……盖所以为精金者，在足色而不在分两；所以为圣者，在纯乎天理而不在才力也。"[①] 这是强调人不必刻意去追求命值、正心值的大小，成圣要以提高诚意值、仁率为主要指标。

国学对于已然的天命，是坦然接受的。《中庸》第十四章云："素富贵，行乎富贵；素贫贱，行乎贫贱；素夷狄，行乎夷狄；素患难，行乎患难；君子无入而不自得焉。在上位不陵下，在下位不援上，正己而不求于人则无怨。上不怨天，下不尤人。故君子居易以俟命，小人行险以徼幸。"程颐云："口目耳鼻四支之欲，性也，然有分焉，不可谓我须要得，是有命也。仁义礼智，天道在人，赋于命有厚薄，是命也，然有性焉，可以学，故君子不谓命。"[②] 人们虽然接受已然的天命，但对未来的人生际遇还是要努力去掌握主动权，尽量去迎接更多的挑战，营造更丰富的生活空间和投身更大的舞台。

---

① 《传习录上》，《王阳明全集》卷 1，上海古籍出版社，1992 年，第 27—28 页。
② 《河南程氏遗书》卷 19，《二程集》，中华书局，2004 年，第 257 页。

修身的目标是贯道养气，道、气相合就形成了人的德性。气因道而聚，同时道因气聚而更具内贯外推的动力，会促进人的全面成长。外修要在气质上表现出来，内修则要在道体、性体上起作用。内修以增益人的性体为主旨，以人内在的统一为承前启后的阶段性目标，以外在的人与天的统一为终极目标，使人达至历史意义的诚，实现历史性的天人合一。修身是对人性的张扬，国学就是要唤起人所有的潜能，让人更充分、更全面地在世界面前得到揭示、展开和彰显。

成人、君子与社会责任 ～⌇

通过修身，强化了人的内在统一性，人就可以更加自如地跨越局部情境和时间周期，成为社会意义和历史意义上完整、独立的人，这就是成人。

《论语·宪问》云："子路问成人。子曰：'若臧武仲之知，公绰之不欲，卞庄子之勇，冉求之艺，文之以礼乐，亦可以为成人矣。'曰：'今之成人者何必然？见利思义，见危授命，久要不忘平生之言，亦可以为成人矣。'"孔子认为，有知有勇有艺还不足以成人，还要有内在的准则——"不欲"，以及与外在世界的和谐关系——"文之以礼乐"，才能算成人。成人最根本的特征是人具有了内在的统一性，可以跨越情境——"见利思义，见危授命"，也可以跨越周期——"久要不忘平生之言"，不被外界的各种干扰所左右。

《荀子·劝学》云："德操然后能定，能定然后能应，能定能应，夫是之谓成人。"[1] 荀子的说法和孔子一脉相承，成人依靠的是内在的力量——"德操"，具有了这种内生的力量，人就"能定能应"，"定"反映了人内在的统一性，"应"反映了人和世界的外在统一性。

人的外部性和世界性是与生俱来的特征，人向来就是社会性的人或政治性的人。人之道是贯通内外的，修身虽然是以自身为宗旨，但并不局限于自身躯壳之内。人不是孤立的，是家族的一分子，国家的一分子，也是天地之一员。

———————————

① 《荀子集解》，中华书局，1988年，第20页。

修身并不是让人仅做自了汉，而是充满了社会意义。《论语·宪问》云："子曰：'修己以敬。'曰：'如斯而已乎？'曰：'修己以安人。'曰：'如斯而已乎？'曰：'修己以安百姓。修己以安百姓，尧、舜其犹病诸！'"

修身既是人自正性命的表现，也连接了社会和政治。《论语·子路》云："苟正其身矣，于从政乎何有？不能正其身，如正人何？"在国学中，政治不能被狭隘地理解为对垄断性公权力的运用，而是含括了整个社会场的运行，是与每个人的行为相通的。《论语·为政》云："或谓孔子曰：'子奚不为政？'子曰：'《书》云：孝乎惟孝、友于兄弟，施于有政。是亦为政，奚其为为政？'"孔子以日常人伦生活为政治的一部分，而公共事务的管理服务于人的日常生活。中国先哲的眼光始终盯在天人合一的大道上，始终着眼于整个世界的生发和运转，因而修身、齐家都有其政治意义。王夫之云："一人之志气，即以成天下之风俗；天下之心理，皆在吾一人之调燮。在天有自然之秩序，见端于吾喜怒哀乐之中；在我有不逾之准绳，推广而为化民成俗之则；乃以合天下之善，以昭吾之至善。"① 狭义的政治仅仅是社会场的一个局部，在此之外每个人都是社会场运行的节点，所有人都既是政治的参与者也是政治的服务对象。

在这样的视野下，修身成为一种高扬着主体性和责任感的自觉行为。《孟子·公孙丑下》云："夫天未欲平治天下也；如欲平治天下，当今之世，舍我其谁也！"修身最终要使自身面对宇宙和历史，要留下历史性的能量和生命轨迹：立德、立功、立言之三不朽。

在成为圣人之前，国学修身成人的目标首先是成为君子。《说文解字》云："君，尊也。从尹，发号，故从口。"② 段玉裁注："尹，治也。"③《仪礼·丧服》云："传曰：君至尊也。"郑玄注："天子诸侯及卿大夫有地者，皆曰君。"④ 同时，"子"是古代对人的尊称，称老师或称有道德、有学问的人。可见，"君子"的本义是有权责、有地位的贵族男子，后来逐步衍生出为担负权责而兼具德才之人的含义。

---

① 《四书训义》卷19，《船山全书》第7册，岳麓书社，1990年，第862页。
② 《说文解字》，中华书局，1963年，第32页上。
③ 《说文解字注》，上海古籍出版社，1981年，第57页上。
④ 《十三经注疏·仪礼注疏》，北京大学出版社，1999年，第553页。

今天可以把君子理解为肩负责任且有责任感、有担当的人。《中庸》第十三章云："君子之道四，丘未能一焉：所求乎子以事父，未能也；所求乎臣以事君，未能也；所求乎弟以事兄，未能也；所求乎朋友，先施之，未能也。"这里孔子强调了君子对父、君、兄、朋的责任。君子是社会的中坚力量，既是政治、经济、军事体系实际运行过程中的担责者，也是礼仪规范、文化传统的承载者。君子是历史意义上的、具有内在统一性和外在能动性的、高扬其主体性的人。

历史上，君子是国学的中心议题，是中国古老文化传承的化身。在夏商周时代，君子既在礼乐、祭祀活动中扮演重要角色，也在政治、军事上扮演重要角色，因此君子与中国礼乐文化和上古贵族政治传统存在密切联系。为何在历史发展中，君子含义的重心从有职责、有地位的人发展为有德性、有才能的人呢？这和上古"论德使能"的政治传统、教育制度和用人举察制度相关。《尚书·周官》云："凡我有官君子，钦乃攸司，慎乃出令，令出惟行，弗惟反。……举能其官，惟尔之能。"[①]《荀子·王霸》云："论德使能而官施之者，圣王之道也，儒之所谨守也。"[②]

春秋时期翔实的史料揭示了君子与贵族政治传统之间的关系。张毅说："《左传》中大贵族屡屡现身说法，谈论自己所认同的君子原则和规范。这不但说明西周以来悠久的贵族政治在春秋时代仍在延续，而且说明，这个'君子'群体并非权势人物的简单相加，而是分享共同教养、原则和信念的一类人。"她还说："在'君子'观念的转变过程中，西周以降的贵族政治传统是一份重要遗产。孔子通过整理、保存《诗》《书》等典籍，并收集、总结臧文仲、子产、季札、晏婴等前辈的点滴经验，得以继承这份遗产，并集大成为孔门系统的'君子之学'。"[③]

君子之学的基本特征就是"进德修业"[④]，既重视君子的德性，也重视君子的才能和事业。在孔子眼中，君子修身养德主要是用之于政治、经济、军事活

① 《十三经注疏·尚书正义》，北京大学出版社，1999年，第486、488页。
② 《荀子集解》，中华书局，1988年，第214页。
③ 张毅：《论〈左传〉史料系统与先秦君子问题起源——〈左传〉"君子"用法详析》，《北京社会科学》，2016年第12期。
④ 《十三经注疏·周易正义》，北京大学出版社，1999年，第15页。

动的。《论语·公冶长》云:"子谓子产:'有君子之道四焉:其行己也恭,其事上也敬,其养民也惠,其使民也义。'"像子产这样的君子要"养民""使民",担负社会责任。《论语·卫灵公》云:"君子义以为质,礼以行之,孙(逊)以出之,信以成之。"君子最终要在社会上立信,成就事业。在后世,有的人偏重于讨论君子之德,而有忽视君子之责、君子之任的倾向,这是不妥的。《大学》云:"故君子不出家而成教于国:孝者,所以事君也;弟者,所以事长也;慈者,所以使众也。"国学的整体性思维并不把君子困于个人世界的小圈子,而是把君子放在整个家、国、天下的体系之中。

国学从探讨君子的外在言行表现出发,逐步去追问君子之行的内在依据,君子之学也形成了逐步内化的历史趋势。《论语》中多处以"义"来论说"君子"。《论语·里仁》云:"子曰:'君子之于天下也,无适也,无莫也,义之与比。'"亦云:"子曰:'君子喻于义,小人喻于利。'"《论语·阳货》云:"子曰:'君子义以为上。君子有勇而无义为乱,小人有勇而无义为盗。'"在孔子看来,义是君子最重要的内涵。楚简《五行》云"五行皆型(形)于内而时行之,谓之君〔子〕"①,这已经开始强调更为内在的方面了。《孟子·尽心上》云:"君子所性,虽大行不加焉,虽穷居不损焉,分定故也。君子所性,仁、义、礼、智根于心。"孟子把君子的内在依据归结于仁义礼智之"性"。到宋明心学家那里,君子之学进一步内化到人的性体之中。王阳明云:"君子之学,心学也。心,性也;性,天也。圣人之心纯乎天理,故无事于学。下是,则心有不存而汩其性,丧其天矣,故必学以存其心。"②

君子是兼具才能和德行的人,是自身主动去学道、对外积极去弘道的人。君子最重要的特点是性体健全、饱满,具有充分的主体性和能动性,对自我和世界有责任感。《周易·系辞下》云:"是故君子安而不忘危,存而不忘亡,治而不忘乱,是以身安而国家可保也。"③《荀子·王制》云:"故天地生君子,君子理天地。君子者,天地之参也,万物之摠(总)也,民之父母也。"④

---

① 荆门市博物馆:《郭店楚墓竹简》,文物出版社,1998年,第149页。
② 《谨斋说》,《王阳明全集》卷7,上海古籍出版社,1992年,第263页。
③ 《十三经注疏·周易正义》,北京大学出版社,1999年,第307页。
④ 《荀子集解》,中华书局,1988年,第163页。

构成性体的本然之道才是君子之行的根本依据。君子的责任感不是社会强加给他的，而是其自身发展的必然要求，体现了性体及其构成内容——本然之道——内贯外推的自然天性。外部世界的文化传统惯例可以内化并融入人的道体、性体，这就是生道、养性的过程；弘道则是生道、养性的反向、逆向过程，是以己之性体（义体）为尺度去含摄、影响外部世界的过程。弘道是人以自身的本然之道作用于外部世界的主动性行为，君子的责任感表现为弘道的自觉性。《论语·为政》云："子曰：'君子不器。'"这是说，在道、器之间，君子循道、弘道而不逐物、不累于物，他超越了任何具体的、现成性的事物，把眼光和抱负投向了整个世界。

君子之学是中国文化的精华。上至西周，下至今日，中国人都生活在君子文化的传统之中。今天重温君子之学，要追本溯源，恢复君子的初心、初义，倡导人去做有责任感的社会中坚人士，成为历史事业的承担者。

实学与成才

在社会中担负责任的一个重要条件是要具有操持事物的实际能力，有真才实学，因此增益才智也是修身的题中之义。

《论语·子路》云："诵《诗》三百，授之以政，不达；使于四方，不能专对。虽多，亦奚以为？"《孟子·告子下》云："天将降大任于是人也，必先苦其心志，劳其筋骨，饿其体肤，空乏其身，行拂乱其所为，所以动心忍性，曾益其所不能。"王廷相云："夫《六经》之论述，非文之经，则武之纬，而孔子夹谷之会，立谈之际，足以折齐侯之强，遏莱人之兵。由是观之，文事武备，兼而有之，斯儒者之实学也。"[1]

孔子教授门人六经、六艺。《荀子·劝学》论六经云："故《书》者，政事之纪也；《诗》者，中声之所止也；《礼》者，法之大分，类之纲纪也，故学至

---

① 《王氏家藏集》卷 30，《王廷相集》第 2 册，中华书局，1989 年，第 558 页。

乎《礼》而止矣。夫是之谓道德之极。《礼》之敬文也，《乐》之中和也，《诗》《书》之博也，《春秋》之微也，在天地之间者毕矣。"① 颜元云："程、朱当远宗孔子，近师安定，以六德、六行、六艺及兵农、钱谷、水火、工虞之类教其门人，成就数十百通儒。朝廷大政，天下所不能办，吾门人皆办之；险重繁难，天下所不敢任，吾门人皆任之。吾道自遵显，释老自消亡矣。"②

古代社会，实学虽然涉及的面也很广，但由于可以世代传递的知识比较有限，因此涌现了很多通才型的人物。到了近现代，人类从农业社会进入工业社会后，分工日益细化，实学转变为科学，专门知识成百上千倍地积累并扩散开来。专门化的知识如何内化到人的本体中去，为人所驾驭，是现代人所面临的迫切问题。在这方面，国学并不提倡单纯为知而知。《荀子·解蔽》云："以可以知人之性，求可以知物之理而无所疑止之，则没世穷年不能遍也。其所以贯理焉虽亿万，已不足浃万物之变，与愚者若一。"③《荀子·儒效》云："不知无害为君子，知之无损为小人。工匠不知无害为巧，君子不知无害为治。王公好之则乱法，百姓好之则乱事。"④

国学认为，一方面明道明理之学不离各门具体实学，另一方面具体实学也需要由性体之道统率。从内在的角度看，实学和道学统一于人的性体；从外在的角度看，实学和道学统一于君子之学。从学的过程看，求仁和求知是可以互相促进的。朱熹云："学者工夫，唯在居敬、穷理二事。此二事互相发。能穷理，则居敬工夫日益进；能居敬，则穷理工夫日益密。"⑤

一些古人总结了历史经验，强调了实学与实践的重要意义。顾炎武云："刘、石乱华，本于清谈之流祸，人人知之。……不习六艺之文，不考百王之典，不综当代之务，举夫子论学论政之大端，一切不问，而曰一贯，曰无言，以明心见性之空言，代修己治人之实学。"⑥ 颜元云："晋、宋之苟安，佛之空，老之无，周、程、朱、邵之静坐，徒事口笔，总之皆不动也。而人才尽矣，圣

① 《荀子集解》，中华书局，1988年，第11—12页。
② 《存学编》卷1，《颜元集》，中华书局，1987年，第40页。
③ 《荀子集解》，中华书局，1988年，第406页。
④ 《荀子集解》，中华书局，1988年，第124页。
⑤ 《朱子语类》卷9，中华书局，1986年，第150页。
⑥ 《日知录》卷7，《顾炎武全集》第18册，上海古籍出版社，2011年，第307—308页。

道亡矣，乾坤降矣。吾尝言一身动则一身强，一家动则一家强，一国动则一国强，天下动则天下强，益自信其考前圣而不谬矣，后圣而不惑矣。"① 高攀龙云："始也，扫闻见以明心耳，究且任心而废学，于是乎诗书礼乐轻，而士鲜实悟。始也，扫善恶以空念耳，究且任空而废行，于是乎名节忠义轻，而士鲜实修。"②

君子是才智和德性的结合体，君子之学是兼跨实学和道学的。由于历史上的实学不如当今的科学那样门类齐全，繁荣发达，因而人们容易把君子之学局限于个人道德修养方面，实际上历代先贤非常重视君子的才能。《荀子·非十二子》云："君子能为可贵，不能使人必贵己；能为可信，不能使人必信己；能为可用，不能使人必用己。故君子耻不修，不耻见污；耻不信，不耻不见信；耻不能，不耻不见用。是以不诱于誉，不恐于诽，率道而行，端然正己，不为物倾侧，夫是之谓诚君子。"③ 徐幹云："先王之欲人之为君子也，故立保氏掌教六艺……故君子非仁不立，非义不行，非艺不治，非容不庄，四者无怠，而圣贤之器就矣。"④

君子之才首先是管理才能，体现在领导力上面。《荀子·儒效》云："若夫谪德而定次，量能而授官，使贤不肖皆得其位，能不能皆得其官，万物得其宜，事变得其应……言必当理，事必当务，是然后君子之所长也。"⑤《荀子·非相》云："接人用抴，故能宽容，因求以成天下之大事矣。故君子贤而能容罢，知而能容愚，博而能容浅，粹而能容杂，夫是之谓兼术。"⑥

实学增进了人的才智，才智使人在现实社会更具有能动性和影响力，拥有了更大的能量和更多的可能性。这种能量或能力，既可以体现在人征服自然、改造自然的活动中，也可以体现在促进人自身发展和推动社会文明进步的过程中。修身，是使人更充分地向现实世界的各种可能性展开，因而掌握实学、能够"善假于物"是不可缺少的一个重要方面。

---

① 《颜习斋先生言行录》，《颜元集》，中华书局，1987年，第669页。
② 高攀龙：《崇文会语序》，《高子遗书》卷9上，景印文渊阁四库全书第1292册，第551页。
③ 《荀子集解》，中华书局，1988年，第102页。
④ 《中论·艺纪》，《中论解诂》，中华书局，2014年，第114—115页。
⑤ 《荀子集解》，中华书局，1988年，第123—124页。
⑥ 《荀子集解》，中华书局，1988年，第86页。

当今人们一般都要接受义务教育，还有相当比例的人要接受高等教育，许多人的职业也都与知识的生产、复制、传播和消费相关，学习成为现代人的一种普遍的生活方式。但学习什么，如何学习，仍是今天需要深入探讨的问题。现代人接受的教育一般有两类：一类是通识教育，学习它可以让人从人生和世界的整体出发，驾驭和统贯外在世界，建立健全的人生观和世界观，不被一时一隅的诱惑或打击所干扰，始终把握人生的方向；另一类是职业教育，是为人进入职业生涯提供基本知识、工作方法和应用工具。

今人往往比较重视职业教育，而忽视通识教育；在通识教育中，也往往只强调基础性知识的学习，而忽视由此去建构人的性体、完成对世界的完整拼图、形成强大的精神力量。历史上国学在教育体系中长期占据了核心地位，国学的主干——经学在古代类似于今天的通识教育，但它又不仅仅是今人理解的通识教育。学习儒家经典，主旨是要培养人的精神力量和行为理性，让人在存在论意义上实现内在统一并与外部世界积极互动。国学的要义是要让人脱离一时一隅的干扰，成就有历史意义的人生。古代的实学有些类似于今天的职业教育，历史上一些人表现得似乎对实学不够重视，其实是在强调经学的基础性和主导性作用。今天，实学已经发展为科学，成为一个庞然大物，在人们的生活中无处不在，成为世界的重要组成部分。对科学的学习性实践和贯通性领会，不再是小术而是构成天人之道的主干，这是今天与古代不太一样的地方。

在古代，人们面对的是相对单调和稳定的人伦关系和社会环境，需要统御外界事物的天人之道也相对比较简单，能够以内求为主的方法去领会。但是在现代，社会环境和社会面貌成百上千倍地复杂化了，人们迷失的风险也成百上千倍地扩大了。在现代社会要构建能够统贯天人的本然之道，变得更难了。没有掌握基本的自然科学、社会学、经济学、政治学理论，人们就很难理解和解释纷纭复杂的社会现象，更不用说从整体上去把握了。

今天需要弘扬国学的基本义理，但并不能死守古代经典文本本身，而是要领会贯通人类各个时期的文明成果，尤其是当代最新的理论成果。这些知识性的文明成果，一方面作为实学可以对社会生产和科学研究起到推进作用，另一方面也可以为增益人自身的本然之道提供养料。当然，构成人内在增益的不是外在性的知识本身，而是对这些知识的运用和具身化的领会。通过对科学的活学活用，可以化识为知，使人能够把握人生和世界的动态整体，并时时保持能动性和机动性。在现代要实现性体的充分贯通，树立健全的人生观和世界观，必须要对现代社会的基本制度有较为完整和清晰的把握，建立起贯通科技、社会、经济、文化等各方面知识的解释框架。今天，没有对现代自然科学和社会科学的综合性领会，人们就无法跟上时代的步伐，无法成为现代社会的主人。

职业与事业

在现实社会中，德性的践行需要以职业和事业为依托。人从事某种职业或投身某项事业，既是其性体扩充、自我发展的过程，也是其弘道的过程。人在改变世界的同时也改变着自身，职业上的成功或事业的开拓，会推动其一体世界的不断扩张，还意味着其性体之道统贯现实世界的进程在不断推进。在修身过程中，内在德性的培养和外在事业的发展不但不矛盾，而且相互促进，相辅相成。周汝登云："出仕者以官常为职业，在学者以文课为职业，布衣之士亦随常有当尽之事，俱是职业。各从本等，朴实修举，尽分安心，不生妄想，便是实学。若图高而厌近，掠虚而寡实，皆学之弃也。"① 不管从事哪种职业，都可以践行君子之学的宗旨。

一、做管理者

君子之学的职业选择，在古代往往首先是当官掌握公权力，也可以在私营单位或社会组织中执行管理权。

君子掌握公权力的目的不是权力本身，而是为了弘道，把贯通自身性体之道贯彻到社会中去。中国历史上长期通过科举制度从国学的修习者中选拔官员。《荀子·王霸》云："羿、蠭（蜂）门者，善服射者也；王良、造父者，善服驭者也；聪明君子者，善服人者也。"② 国学的应用领域除了政府部门，也包

---

① 《共学心期录引》，《周海门先生文录》卷1，《周汝登集》，浙江古籍出版社，2015年，第36页。
② 《荀子集解》，中华书局，1988年，第215页。

括其他各种类型的组织。无论身处什么样的组织之中，君子都能够以其德才把团队尽量一体化，凝聚所有成员的力量，投入到共同的事业中。

二、做教师

与国学实践紧密相关的一个职业是教师，无论是帝王师还是百姓师都是古代君子或儒士的理想职业。

国学重视师，有时君师并称。《尚书·泰誓》云"天佑下民，作之君，作之师"①。《荀子·礼论》云："天地者，生之本也；先祖者，类之本也；君师者，治之本也。"②孔子是一个好老师，《论语·子罕》云："颜渊喟然叹曰：'仰之弥高，钻之弥坚，瞻之在前，忽焉在后。夫子循循然善诱人，博我以文，约我以礼，欲罢不能。既竭吾才，如有所立卓尔。虽欲从之，末由也已。'"历代圣贤都对师有很高的期许、很深的情怀。《孟子·尽心上》云："君子之所以教者五：有如时雨化之者，有成德者，有达财者，有答问者，有私淑艾者。"王夫之云："师弟子者以道相交，而为人伦之一，故言必正言，行必正行，教必正教，相扶以正，义定而情自合。"亦云："故欲正天下之人心，须慎天下之师受。立教有本，躬行为起化之原；谨教有术，正道为渐摩之益。"③

韩愈对师的讲法非常流行："古之学者必有师。师者，所以传道受（授）业解惑也。……道之所存，师之所存也。"④师在国学中具有重要的地位，带有一定的神圣性。师所传之道，并非上帝的福音或宗教的教义，而是其自身所体验并践行之道。道既要贯通人的内在世界，也要施行于外部世界，得道之人从根本上也应是传道之人。师是道运行过程中一个必不可少的环节，是行道之路上的加油站，所以在国学中师不仅仅是一个职业，还是道的实践者、捍卫者和传播者。

在现代，随着社会分工的深化，教师日益成为对象化知识的传授者。师的传统地位发生了变化，淡化了传道的作用，突出了授业的职能。在商业氛围浓

① 《十三经注疏·尚书正义》，北京大学出版社，1999年，第272页。
② 《荀子集解》，中华书局，1988年，第349页。
③ 《四书训义》卷32，《船山全书》第8册，岳麓书社，1990年，第524、527页。
④ 《师说》，《韩愈全集校注》，四川大学出版社，1996年，第1508页。

厚的环境中，部分教师蜕变为二手知识的贩卖者或经营者，这会带来很大的负面影响。对于现代教师，从修身的角度看，应明确其行为底线。王夫之云："夫人之不可为师者有二：智辨有余者，偶然有所见及，即立为一说，而不顾其所学之本业，议论一新，人乐听之，而使学者迷于所守；诵习有功者，熟于其所传习，乃守其一说，而不能达于义理之无穷，持之有故，自恃为得，而使学者无所复通。"① 笔者认为，对象化知识的传授者，其"传道"的底线是要申明对象化知识的局限性，不能将之普世化和绝对化；其"授业"的底线是要传授该知识所关联的职业技能、技巧，使其确有所用；其"解惑"的底线是要把知识的内在逻辑讲得透彻明白，让学生知其然而知其所以然。如果能做到这些，虽然达不到古人为圣贤师的标准，也算是符合师道了。这样做既有益于学生和社会，也有助于教师自身的进德修业。

孔子云："三人行必有我师焉。"（《论语·述而》）在现代社会，人与人之间仍然需要广泛建立亦师亦友的良性关系。现代性的师，应持开明、开放的态度，以启发和引导的方式，为大家相互劝勉、共同进步创造好的氛围。

三、做医生

医生这个职业历来也是国学实践的一个重要领域。

医生的宗旨是治病救人，需要具备实学知识并践行仁义之道。杨泉云："夫医者，非仁爱不可托也，非聪明理达不可任也，非廉洁淳良不可信也。是以古之用医，必选名姓之后，其德能仁恕博爱，其智能宣畅曲解，能知天地神祇（祇）之次，能明性命吉凶之数，处虚实之分，定逆顺之节，原疾疹之轻重而量药剂之多少，贯微达幽，不失细微，如是乃谓良医。"② 肖京云："夫医之为道也，总君父师相之权，而其学也，究天人性命之微，故君子取其精以治身，推其余以济世，斯仁术也。乃后世以方技目之，缙绅名士多所弗讲。司马公不云乎，达则为良相，不达则为良医，医其可以贱简为哉。"③ 如果仅仅把医

① 《四书训义》卷 6，《船山全书》第 7 册，岳麓书社，1990 年，第 297 页。

② 杨泉：《物理论》，《女诫·忠经集校·物理论·素履子校注》，山东人民出版社，2018 年，第116 页。

③ 肖京：《轩岐救正论》，中医古籍出版社，2015 年，第 15 页。

作为一种营生，不勤研医术，穷究天人之道，就做不好医生。戴良云："世之习此（医）者，不过靳靳焉知守一定之方书，以幸其病之偶中，不复深探远索，上求圣贤之意，以明夫阴阳造化之会归。……是岂圣贤惠慈生民之本意哉？"[1] 医生如果不以救人或治未病为宗旨，而是以最大化地勒索病人的钱财和消耗社会资源为目的，就会导致极大的社会成本，并损害社会的公平正义。医生善待病人，既明医术又有仁心，这不仅有助于社会，也有助于自身的发展。当然这是很高的要求，它对医生个人和社会医疗制度都提出了挑战。如何设计一套有利于选择和激励好医生的合理机制成为现代社会面临的一个迫切课题。

四、做学问家

做学问或当一名科研工作者，也是可以弘道的一个重要职业。

古人做学问，提倡"究天人之际，通古今之变，成一家之言"[2]，自觉做一名求道者和证道者。求道、证道也是弘道的一种方式，所求、所证之道既包括个人修养之道也包括齐家治国之道，既涵盖性理也涵盖物理，不排斥自然科学。在古代，学术体系尚不发达，但很多圣贤都具有广泛的学术兴趣，他们往往以教育家或官员的身份兼职去做学问家。顾炎武云："而臣祖乃更诲之，以为士当求实学，凡天文、地理、兵农、水土，及一代典章之故不可不熟究。"[3] 王徵云："学原不问精粗，总期有济于世。人亦不问中西，总期不违于天。兹所录者，虽属技艺末务，而实有益于民生日用，国家兴作甚急也。"[4] 徐光启云："道之精微，拯人之神；事理粗迹，拯人之形，并说之，并传之，以俟知者，不亦可乎？先圣有言：'备物致用，立成器以为天下利，莫大乎圣人。'器虽形下，而切世用，兹事体不细已。"[5] 在现代，科研工作成为分工复杂的职业行为，但求道、证道的科学精神仍然需要继续弘扬。

---

① 《脾胃后论序》，《戴良集》，吉林文史出版社，2009年，第242—243页。
② 《汉书》卷62《司马迁传》，中华书局，1962年，第2735页。
③ 《三朝纪事阙文序》，《亭林文集》卷9，《顾炎武全集》第21册，上海古籍出版社，2011年，第216页。
④ 王徵：《远西奇器图说录最·序》，《远西奇器图说录最》，来鹿堂藏版，1830年，第9页。
⑤ 徐光启：《泰西水法序》，《徐光启集》卷2，中华书局，1963年，第67页。

五、做商人

现代社会从事工商业成为大多数人的职业，在工商业领域进行修德弘道就是要做儒商。

何为儒商？知儒学、践儒行而从商之人即是儒商，或者说，以大道天理驾驭工商事业的人就是儒商。儒商大则有经世济民之心，小则有行仁施义之举。《礼记·儒行》云："儒有委之以货财，淹之以乐好，见利，不亏其义……"① 吴伟业《卓海幢墓表》云："白圭之治生也，以为知不足与权变，勇不足以决断，仁不能以取予，强不能有所守，虽学吾术，终不告之。夫知仁勇强，此儒者之事，而货殖用之，则以择人任时，强本力用，非深于学者不能办也。"② 中国的先贤们往往都是抱有经世济民理想的务实主义者，对正常的商业活动和商人这个职业一般都持开明态度。《论语·述而》云："子曰：'富而可求也，虽执鞭之士，吾亦为之。'"孔子有一个门生名赐，字子贡，是成功的商人。《论语·先进》云："回也其庶乎，屡空。赐不受命，而货殖焉，亿（臆）则屡中。"《论语·雍也》云："子贡曰：'如有博施于民而能济众，何如？可谓仁乎？'子曰：'何事于仁，必也圣乎？尧舜其犹病诸！夫仁者，己欲立而立人，己欲达而达人。'"事实上，"博施于民而能济众"既是政治的要旨，也是商业的根本要旨，而现代社会分工合作的根本精神就在于"己欲立而立人，己欲达而达人"。子贡之问，可以理解为是代现代商业向国学之问；孔子之答，就是代国学向现代商业之答。

自古以来，国学的修习者无论是耕读传家，还是不为良相即为良医，不管做什么职业，都要依道而为、循德而行。这样做，既是为了社会，也是为了自身。王畿云："人人各安其分，即业以成学，不迁业以废学，而道在其中。……是故处则有学业，出则有职业，农则有农业，工商则有工商之业，卿相则有卿相之业。业者，随吾日用之常以尽其当为之事，所谓素位而行，不愿乎外者也。"③ 在世界中发展自己、面向历史展开自身，是人内在的根本需求，这是外

---

① 《十三经注疏·礼记正义》，北京大学出版社，1999年，第1578页。
② 吴伟业：《卓海幢墓表》，《吴梅村全集》卷50，上海古籍出版社，1990年，第1027页。
③ 《书太平九龙会籍》，《王畿集》卷7，凤凰出版社，2007年，第172—173页。

在的物质刺激或市场化激励机制所不能完全替代的。国学的修习与实践，有助于管理者、教师、医生、科研人员和商人们培养出强大的精神力量，保持坚定的信念，能够站在相对公正和全面的立场上去执业和展业，以其业安身立命。这种执业和展业行为，同时也会在社会中弘扬道义原则，传播正能量，从而有益于整个社会的和谐与进步。

第六章 齐家

家是人的由来之处，也是人走出自我迈向世界的第一个落脚处。无论是过去还是未来，齐家之道都是天人之道中的一个重要环节。历史上，中国人长期生活在大家族之中，齐家之道以孝悌为首。进入工业社会后，大家庭逐步消解，家庭关系简单化了，虽然齐家之道的一些重要原则没有改变，但很多具体内容需要进行调整。当代的齐家之道，从家庭内部来说，主要内容是夫妇之道、对待老人之孝道和对子女的教育之道；从家庭外部来说，主要是立业治生之道。

家族制度与孝悌

家是人生的起点，不但赋予人以血肉之躯，还赋予人以文化传统，前者构成了生物、生理之人，后者构成了精神、文化之人。家既是人生命的源头，也是人精神的归依。

作为哺乳动物的人，生来十分脆弱，要在父母之怀中逐渐长大成人。《诗经·小雅·蓼莪》云："父兮生我，母兮鞠我。拊我畜我，长我育我。顾我复我，出入腹我。欲报之德，昊天罔极！"① 古代农业社会生产力水平低下，先民们必须聚族而居，依靠集体的力量进行生产活动，共同养育孩子，赡养老人，一起抵御洪水猛兽。由于农业的特点，先民们长期定居一乡，不轻易迁徙，以氏族、宗族、门阀士族、庶族家族等形式，在中华大地发展了数千年。

中国的政治组织也是以家族为起点发展起来的，早期在氏族的基础上形成邦国，后来又在邦国的基础上建立了王朝。在漫长的历史中，家族制度和国家制度之间一直紧密相连，中国人长期生活在家国体系内，形成了融入民族血脉的家国情怀。《孟子·离娄上》云："人有恒言，皆曰'天下国家'，天下之本在国，国之本在家。"《周易·家人·象》曰："家人，女正位乎内，男正位乎外。男女正，天地之大义也。家人有严君焉，父母之谓也。父父、子子、兄兄、弟弟、夫夫、妇妇而家道正，正家而天下定矣。"②

在古代，尤其强调稳固家族是稳固国家的基础。《大学》云："一家仁，一国兴仁；一家让，一国兴让。"张载云："管摄天下人心，收宗族，厚风俗，使人不忘本，须是明谱系世族与立宗子法。宗法不立，则人不知统系来处。……宗法若立，则人人各知来处，朝廷大有所益。……公卿各保其家，忠义岂有不立？忠义既立，朝廷之本岂有不固？"③ 王夫之云："夫君子之齐家，以化及天下也。"④

最典型的家国体系就是西周的宗法制度。在包括天子、诸侯、卿大夫、士、庶民的多层体系内，天子与诸侯层面强调君统的政治关系；卿大夫以下层面强调宗统的血缘关系。从政治边界看，诸侯、天子要以国论，国先于家；卿大夫以下则按家论，家先于国。《左传·昭公二十五年》云："我（叔孙氏司马），家臣也，不敢知国。"⑤ 从血缘边界看，血缘关系多隔一代就疏远一层，因此以五服之内为一家族小宗。天子、诸侯为大宗，其嫡系可以百世不迁，但非嫡系要另立小宗，且五世则迁。《礼记·大传》云："六世，亲属竭矣。"⑥ 在周代宗法制度下，卿大夫、士等五世以内血亲组成一个宗族，齐家的范围即在

---

① 《十三经注疏·毛诗正义》，北京大学出版社，1999年，第778页。
② 《十三经注疏·周易正义》，北京大学出版社，1999年，第158页。
③ 《经学理窟·宗法》，《张载集》，中华书局，1978年，第258—259页。
④ 《宋论》，《船山全书》第11册，岳麓书社，1992年，第63页。
⑤ 《十三经注疏·春秋左传正义》，北京大学出版社，1999年，第1460页。
⑥ 《十三经注疏·礼记正义》，北京大学出版社，1999年，第1004—1005页。

宗族之内。

春秋以后，西周典型的宗法制度开始瓦解，作为天下大宗的周天子式微，诸侯争霸。到战国时期，在战争的催化下，各诸侯国告别了原来家国同构的体系，郡县制、军功爵位制、官僚俸禄制等国家制度日益发展完备起来。自秦汉进入统一王朝体制后，家族开始以新的形式在政治生活中发挥作用。汉代到南北朝时期，门阀士族在相当程度上垄断了政府官位，长期占据着政治经济领域的统治地位。隋唐以后，科举制度为庶族士人的发展打开了通道。唐宋以后，贵族式的士族制度逐渐消失了，平民性的家族制度开始发挥主导作用。

宋代以来的大家族具有族长、族谱、族规、祠堂、族田等一整套制度体系。族长是家族的领导者，家谱是家族历史档案，族规是族人的行为守则，祠堂是家庙，是祭祀祖先、处理公共族务的场所，族田是家族共有田产，承担家族公共开支，有时可以用于救济族人、设义学教育子弟。这种家族制度下，遍布全国的是众多共产共居的大家庭以及共祖大家庭的联合体。以南宋陆九韶家族为例，《宋史》云："其家累世义居，一人最长者为家长，一家之事听命焉。岁迁子弟分任家事，凡田畴、租税、出内、庖爨、宾客之事，各有主者。九韶以训戒之辞为韵语，晨兴，家长率众子弟谒先祠毕，击鼓诵其辞，使列听之。子弟有过，家长会众子弟责而训之；不改，则挞之；终不改，度不可容，则言之官府，屏之远方焉。"① 宋代对大家庭的分产分家有明确的限制性规定。《宋史》云："（开宝元年六月）癸亥，诏：荆蜀民祖父母、父母在者，子孙不得别财异居。"② 明清时期大量同姓血缘家庭在一个赋役的"户头"下代代繁衍，形成了包含众多大家庭的同姓血缘宗族——户族。

家是天道流行的所在之一，齐家与修身是贯通一体的。《近思录·论治道》云："夫'有物必有则'，父止于慈，子止于孝，君止于仁，臣止于敬，万物庶事，莫不各有其所。得其所则安，失其所则悖。圣人所以能使天下顺治，非能为物作则也，惟止之各于其所而已。"③ 齐家要以修身为基础，同时修身以齐家

① 《宋史》卷 434《儒林列传四·陆九韶传》，中华书局，1977 年，第 12879 页。
② 《宋史》卷 2《太祖本纪二》，中华书局，1977 年，第 27 页。
③ 《近思录集解》卷 8，中华书局，2020 年，第 222—223 页。

为向外延伸的开端。二程云："正家之本，在正其身。正身之道，一言一动，不可易也。"① 《近思录·论齐家》云："性命、孝弟，只是一统底事，就孝弟中便可尽性至命。如洒扫应对与尽性至命，亦是一统底事，无有本末，无有精粗，却被后来人言性命者别作一般高远说。故举孝弟，是于人切近者言之。"②

齐家之道，推而广之，就是外王之道，可以治国平天下。《孝经·广扬名》云："君子之事亲孝，故忠可移于君；事兄悌，故顺可移于长；居家理，故治可移于官。"③ 《礼记·大传》云："亲亲故尊祖，尊祖故敬宗，敬宗故收族，收族故宗庙严，宗庙严故重社稷，重社稷故爱百姓……"④

在古代的大家族中，孝悌是首要之德。孝悌之道在中国被推崇备至，而且长盛不衰，这既有人伦性理方面的内在原因，也有大家族作为经济组织需要一体化管理方面的外在原因。没有对孝悌之道的倡导和弘扬，大家族难以长期维系和传承。古代农业社会中，家既是一个生活群体，也是一个生产单位。齐家之道，既有处理家庭成员之间的亲情关系和安排生活消费的方面，也有搞好生产、振兴家业的方面，孝悌之道在家族内部管理功能上的作用显得尤为重要。进入工业社会后，大家庭作为生产单位逐步消解，个人的经济独立性增强了，普通家庭大多仅由夫妇和未成年子女组成，孝悌在管理功能上的重要性削弱了。

国学讲孝悌的重点不是其外在功能，而是其与人内在本体的关系。《论语·学而》云："君子务本，本立而道生。孝弟也者，其为仁之本与！"程颐云："先生（程颢）为学……知尽性至命，必本于孝悌……"⑤ 叶采云："孝弟者，人道之本，百行之原，仁民爱物皆由是推之。人能尽孝弟之道，广而充之至于极致，则可以尽性至命矣。"⑥ 孝悌反映了构成人本体的本然之道有内贯外推、不断伸展的根本趋势，它是本然之道外推第一步的表现，是行仁和良知外用的起始处。王阳明云："孟氏'尧舜之道，孝弟而已'者，是就人之良知发见得最真切笃厚、不容蔽昧处提省人，使人于事君处友仁民爱物，与凡动静语默

---

① 《周易程氏传》卷3，《二程集》，中华书局，2004年，第885页。
② 《近思录集解》卷6，中华书局，2020年，第186页。
③ 《十三经注疏·孝经注疏》，北京大学出版社，1999年，第46页。
④ 《十三经注疏·礼记正义》，北京大学出版社，1999年，第1011页。
⑤ 《明道先生行状》，《河南程氏文集》卷11，《二程集》，中华书局，2004年，第638页。
⑥ 《近思录集解》卷6，中华书局，2020年，第186页。

间，皆只是致他那一念事亲从兄真诚恻怛的良知，即自然无不是道。……明道云：'行仁自孝弟始，孝弟是仁之一事，谓之行仁之本则可，谓是仁之本则不可。'其说是矣。"①

孝是针对长辈的，尤其是父母。《孝经·开宗明义》云："夫孝，德之本也，教之所由生也。……身体发肤，受之父母，不敢毁伤，孝之始也。立身行道，扬名于后世，以显父母，孝之终也。夫孝始于事亲，中于事君，终于立身。"②《论语·为政》云："今之孝者，是谓能养。至于犬马，皆能有养；不敬，何以别乎？"

悌是对同辈的，主要指家庭内有亲缘关系的兄弟。"悌"又作"弟"。《荀子·君道》云："请问为人兄？曰：慈爱而见友。请问为人弟？曰：敬诎而不苟。"③颜之推云："兄弟者，分形连气之人也，方其幼也，父母左提右挈，前襟后裾，食则同案，衣则传服，学则连业，游则共方，虽有悖乱之人，不能不相爱也。"④

国学倡导的内圣外王之道，是要把人性体的本然之道贯彻运用到外部世界，使整个外部世界贯通、转化为一个人化的世界。孝悌就是道外推所首先呈现的形式，家就是这个外推的第一站，齐家就是人与家的一体化。

实现了人与家的一体化，就造就了家之"和"。一方面，国学讲家之和并不是没有原则的和，必须以道德人伦为基础。在家里要提倡讲大道理，倡导仁义礼智信，孝悌是其中的重要内容，家庭的和睦要以此为基础。由于存在"人之处家，在骨肉父子之间，大率以情胜礼，以恩夺义"⑤的问题，所以朱熹强调"须是于正伦理处笃恩义，笃恩义而不失伦理，方可"⑥。另一方面，在日常生活中，家里要强调和气，即和睦、和顺、亲和的家庭氛围。一些教条式的小道理、僵化的原则或繁文缛节的规矩不适用于处理家庭内部关系。《说苑·敬慎》云："父子不和，其世破亡；兄弟不和，不能久同；夫妻不和，室家大凶。"⑦左

① 《传习录中》，《王阳明全集》卷2，上海古籍出版社，1992年，第85页。
② 《十三经注疏·孝经注疏》，北京大学出版社，1999年，第3—4页。
③ 《荀子集解》，中华书局，1988年，第232页。
④ 《颜氏家训·兄弟》，《颜氏家训集解（增补本）》，中华书局，1993年，第23页。
⑤ 《周易程氏传》卷3，《二程集》，中华书局，2004年，第886页。
⑥ 《朱子语类》卷72，中华书局，1986年，第1829页。
⑦ 《说苑校证》卷10，中华书局，1987年，第245页。

宗棠云："家庭之间，以和顺为贵。严急烦细者，肃杀之气，非长养气也。和而有节，顺而不失其贞，其庶乎？"①

夫妇、男女之道

在社会人伦关系中，夫妻关系处于基础地位。《中庸》第十二章云："君子之道，造端乎夫妇；及其至也，察乎天地。"进入工业社会后大家庭瓦解了，齐家的中心议题不再是孝悌之道，而是夫妇之道、男女之道。夫妇之道的核心是要使男女两人从陌生人到一家人，实现亲而一体。夫妻的一体，不只是身体的合体，更包括两人在心理、感情、利益等多个方面的一体化。

《周易·咸》孔颖达正义云："乾坤乃造化之本，夫妇实人伦之原……此卦明人伦之始，夫妇之义，必须男女共相感应，方成夫妇。既相感应，乃得亨通。"② 程颐云："男志笃实以下交，女心说（悦）而上应，男感之先也。男先以诚感，则女说（悦）而应也。"亦云："物之相感，莫如男女，而少复甚焉。凡君臣上下，以至万物，皆有相感之道。物之相感，则有亨通之理。君臣能相感，则君臣之道通；上下能相感，则上下之志通；以至父子、夫妇、亲戚、朋友，皆情意相感，则和顺而亨通。"③ 国学之所以反复讨论男女间的感通，是强调夫妇间要有情感交流，要在精神上实现一体化。

国学认为，夫妇之道在于刚柔相与，以诚相悦，互动一体。夫妻的互动一体，其实就是两人在意识上共同构境的过程，是双方的一体世界相合相融的过程。在现代社会，这个构境过程是通过"谈恋爱"而逐步实现的。很多人都有这样的体会，"谈恋爱"的主旨，不在于"谈"的具体内容，而在于营造一种氛围，强化一体式的内在体会。"谈恋爱"是男女相知的过程，这种相知不是一种主客间的认知，而是互动、互构式的感知和体知。正如程颐云："感，动

---

① 《与癸叟侄》，《左宗棠全集·家书·诗文》，岳麓书社，1987年，第7页。
② 《十三经注疏·周易正义》，北京大学出版社，1999年，第139页。
③ 《周易程氏传》卷2，《二程集》，中华书局，2004年，第854—855页。

也，有感必有应。凡有动皆为感，感则必有应，所应复为感，感复有应，所以不已也。……穷极至神之妙，知化育之道，德之至盛也，无加于此矣。"① 如果能够良性互动，实现道体、性体间的某种一体化，就会出现"心有灵犀一点通"的效应或"此时无声胜有声"的默契。人与世界万物的感通互动在男女之间引发了最强烈的共鸣，弹奏出了最美妙的和弦。《诗经·小雅·常棣》云："妻子好合，如鼓瑟琴。"② 琴瑟合奏之妙常用来比喻夫妻间和谐美好的关系。

夫妇男女之道，在人生实践中有着重要意义。夫妇结合是人类繁衍的基础，具有生理上的决定性意义，不仅如此，它还是促成人走向成熟并自主与整个外部世界一体化的关键一步。人刚出生就是与世界一体的，只不过在幼年时期，人处于被动且非自觉的状态。人的求偶活动，通常是一种竞争性的社交活动，在人的一生中具有非凡的意义，它常常导致人的觉醒，使人从非自觉的被动状态进入自觉的主动状态。人能否主动和外在世界进入一体化状态，成功求得配偶并建立和谐的夫妇关系是一个重要节点。

夫妇关系的好坏，既影响着家庭的和睦和社会的安定，也影响人自身与世界的整体性关系。《周易·序卦》云："夫妇之道，不可以不久也，故受之以《恒》。恒者，久也。"③《汉书·礼乐志》云："人性有男女之情，妒忌之别，为制婚姻之礼。"④ 夫妇的一体表现在价值取向、思想志向、情感情趣、生活习惯、利益关系等等方面，外貌的性感并不是最重要和能持久的影响因素，故而古人云"以色事人者，色衰而爱弛"⑤，"以色事他人，能得几时好?"⑥

夫妇之道，以情感的交互一体为其生发的起点，亦以合道之正为其得以持续的保障。程颐云："利贞，相感之道利在于正也。不以正，则入于恶矣，如夫妇之以淫姣，君臣之以媚说，上下之以邪僻，皆相感之不以正也。"⑦ 夫妻关系的牢固程度，要看夫妻二人一体化的程度，既要看外在的利益关切是否一

---

① 《周易程氏传》卷3，《二程集》，中华书局，2004年，第858—859页。
② 《十三经注疏·毛诗正义》，北京大学出版社，1999年，第574页。
③ 《十三经注疏·周易正义》，北京大学出版社，1999年，第337页。
④ 《汉书》卷22《礼乐志》，中华书局，1962年，第1027页。
⑤ 《史记》卷85《吕不韦列传》，中华书局，1959年，第2507页。
⑥ 《妾薄命》，《李太白全集》，中华书局，1977年，第267页。
⑦ 《周易程氏传》卷3，《二程集》，中华书局，2004年，第855页。

致，能否形成利益共同体甚至命运共同体，也要看内在的价值观和情趣是否契合，能否在思想上形成共鸣并在情感上相互依赖。在现实世界的各种干扰和挑战下，夫妻的道体、性体融合度高，并且行为都合道、合礼，夫妻关系才会持久稳固。

夫妇之道对夫妻的要求是双向的。《白虎通·三纲六纪》云："夫妇者，何谓也？夫者，扶也，以道扶接也。妇者，服也，以礼屈服也。"① 丈夫要以道义接扶妻子，而妻子则要以礼仪服从丈夫。国学在夫妻关系中强调"夫义妇顺"，首先对丈夫的要求是"义"，如对外处世立身要遵循礼义；在家庭内要尊重妻子，忠实于婚姻，不抛弃糟糠之妻，等等。其次对妻子的要求是"顺"，即要柔性处理家庭关系，顾全大局，积极消解家人间的矛盾对立。《孟子·滕文公下》云："女子之嫁也，母命之。往送之门，戒之曰：'往之女家，必敬必戒，无违夫子！'以顺为正者，妾妇之道也。"《白虎通·嫁娶》云："妻者，齐也，与夫齐体。自天子下至庶人，其义一也。"② 朱熹云："夫之所贵者，和也；妇之所贵者，柔也。"③ 这里需要注意的是，妻子的柔顺不是无条件的，而是在道义原则下的一种处事方式。

现代人特别强调"男女平等"，而国学强调得比较多的是"男女有别"。《礼记·昏义》云："男女有别，而后夫妇有义。"④ 男女有别有其生理依据和社会依据。在历史上，国学的主流并非歧视妇女，而是赞美和肯定女性和母性的美德，褒扬有德行或有文才武略的女子，倡导尊重母亲和妻子，关爱姐妹和子女。《孔子家语·大婚解》云："昔三代明王，必敬妻子也，盖有道焉。妻也者，亲之主也；子也者，亲之后也，敢不敬与？"⑤ 《孟子·梁惠王上》曰："诗云：'刑（型）于寡妻，至于兄弟，以御于家邦。'言举斯心加诸彼而已。"这是说丈夫要将心比心，给妻子做好榜样，由此推及兄弟及众人，则家国可治。

由于在家庭中扮演的角色和社会分工的不同，历史上女子的受教育程度普

① 《白虎通疏证》卷 8，中华书局，1994 年，第 376 页。

② 《白虎通疏证》卷 10，中华书局，1994 年，第 490 页。

③ 《家训》，《朱子遗集》卷 4，《朱子全书》第 26 册，上海古籍出版社、安徽教育出版社，2010年，第 703 页。

④ 《十三经注疏·礼记正义》，北京大学出版社，1999 年，第 1620 页。

⑤ 杨朝明、宋立林主编：《孔子家语通解》，齐鲁书社，2009 年，第 29 页。

遍不如男子，生活环境的狭窄往往也导致其眼界胸襟和个人素质方面不如男子，故而孔子说过"唯女子与小人为难养也"（《论语·阳货》）这样的话，它在当时的历史条件下有一定的事实依据。当今社会大力倡导女性在政治、经济、教育、就业等各方面具有平等权利，全面提升了女性素质，这样的讲法就不合时宜了。

国学的现代化，需要在男女关系方面作出相应的调整。古代社会曾经对女子的行为规范提出了一些特别的要求，这就是女德。女德中有一些过于形式化和极端化的内容，在今天并不值得提倡。现代工业社会中男女在各种基本权利方面取得了平等地位，但在生理特点、生活角色和家庭角色方面，男女的区别和不同特点并没有完全消失。今天，要在坚持男女基本权利平等的前提下，大方承认男女有别，并加强男女间的分工、合作与互补。应当旗帜鲜明、理直气壮地褒扬男性的阳刚和女性的柔美，防范性别错位。

今天在倡导男女平等的同时，不宜过于强调男女在所有方面的一致对等，特别是在夫妻间的完全一致对等。家庭内，过于强调夫妻的对等就会强化夫妻间的对立，制造新的矛盾，导致家庭与社会的不和谐。国学是从整体性和世界性的角度看男女问题的，强调男女之间的分工与合作，这个分工合作的基础和原则都是要合道合义，不能悖情悖理。国学的本质是要讲道理，在讲道理方面国学从来是男女平等的。男女双方学会从家庭整体利益着眼，懂得"家和万事兴"的道理，掌握"以柔克刚"的方法，在有利于家庭的同时也有利于双方的个人幸福。国学认为，天地万物最伟大的德就是生，齐家之德不仅在于生儿育女，而且在于处处营造生的气息、和的氛围，在化育外界的同时也成就自己、成就自己的亲人与家人。

三纲五常与时代变迁

过去国学在社会人伦关系方面有"三纲五常"的说法。

五常是指仁、义、礼、智、信，是道在人身上的五种表现形式，也可以说是人所具有的五种德性。《白虎通·性情》云："五性者何谓？仁义礼智信也。

仁者，不忍也，施生爱人也。义者，宜也，断决得中也。礼者，履也，履道成文也。智者，知也。独见前闻，不惑于事，见微知著也。信者，诚也，专一不移也。"①

具体来看，仁彰显了道的贯通一体性，仁体就是人的本体，构成了人自身。人有仁，就可以建立与他人的和谐共在关系，与万物亲而一体，自由地栖息在世界上。

义是人内在之道的外推，是指向外部世界的应然之道。人有义，就具有了行为的准则和人生的方向，知道在世界中应如何行事。

礼是在社会中固化的外在之道，它一方面外在于人，对人形成外在制约；另一方面它也可以内化于人，成为人内在之道的外部来源。人有礼，就具有了社会性，可以娴熟地与他人打交道，建立与他人的建设性合作关系。

智是对道的内在把握和外在应用。人有智，就可以学习各种知识并处理复杂的事务，认识和改造外部世界。

信是道内外贯通后所达至的人的统一性和一致性。人有信，就会立身于社会和历史中，对自己和社会负起责任。

在五常中，仁处于最首要和最基础的地位，是五德之长。许衡云："仁者，性之至而爱之理也。……仁者，人心之所固有……未至于仁，则爱不可以充体。若夫知觉，则仁之用，而仁者之所兼也。……仁者，五常之长，故兼义、礼、智、信。"② 仁展现为心内世界的贯通和一体化，因而是"人心之所固有"；仁不是单纯的、无根的爱，而是爱的"充体"。这个作为世界整体和人之本体的"体"，还可以"兼义、礼、智、信"。

仁、义、礼、智、信被称为五常，是性在人身上的五种表现形式，也可以说是人所具有的五种当然和应然。仁义礼智信体现了人的内在统一性或整体性，是人最根本的规定性。朱熹云："性只是有个仁义礼智，都无许多般样，见于事，自有许多般样。"③ 没有仁义礼智信之道，就不能实现性体对内、外世

---

① 《白虎通疏证》卷8，中华书局，1994年，第381—382页。
② 《语录下》，《许文正公遗书》卷2，《许衡集》，中华书局，2019年，第96—97页。
③ 《朱子语类》卷20，中华书局，1986年，第475页。

界的统贯，人就丧失了统一性和主体性，不能称之为人了。从这个角度看，无论时代如何变迁，五常对人来说都是应然的要求，都不过时。

三纲是指君臣、父子、夫妻这三组人伦关系。《白虎通·三纲六纪》云："三纲者，何谓也？谓君臣、父子、夫妇也。"①

《论语·颜渊》云"君君，臣臣，父父，子子"，这不过是说君、臣、父、子皆要各如其是，各守其分罢了。钱穆说："君要像君样子，尽君的责任，臣才能像臣样子，尽臣的责任。臣不臣，还是由于君不君。……这是一种君职论，绝不是一种君权论。"②《孟子·滕文公上》云："父子有亲，君臣有义，夫妇有别，长幼有序，朋友有信。"孟子这里，对君臣、父子、夫妇等双方的要求也都是对等的。《孟子·离娄下》说得更分明："君之视臣如手足，则臣视君如腹心；君之视臣如犬马，则臣视君如国人；君之视臣如土芥，则臣视君如寇仇。"

从秦汉开始，情况发生了变化。汉代《礼纬·含文嘉》云："君为臣纲，父为子纲，夫为妻纲。"班固《白虎通》承认并引用是说。③ 这就有些偏颇了。在之后漫长的历史中，由于君、父、夫更有话语权，更能主导舆论，故而确实有不少人讲"三纲"时，只强调臣忠、子孝、妻顺，而较少对等地去讲君仁、父慈、夫贤，这是有问题的。

朱熹云："宇宙之间，一理而已，天得之而为天，地得之而为地，而凡生于天地之间者，又各得之以为性。其张之为三纲，其纪之为五常，盖皆此理之流行，无所适而不在。"④ 这种三纲五常并列的讲法，有其内在的道理。如果把三纲和五常作为一个整体理解，"三纲"即便强调君、父、夫对于臣、子、妻的主导地位，也必须在"五常"——仁义礼智信的基础上。这样的话，其实并无君、父、夫对于臣、子、妻的那种完全单向的、强制性的、要求绝对服从的关系。

---

① 《白虎通疏证》卷8，中华书局，1994年，第373页。
② 钱穆：《国史新论》，生活·读书·新知三联书店，2001年，第82页。
③ 《白虎通疏证》卷8，中华书局，1994年，第373—374页。
④ 《读大纪》，《晦庵先生朱文公文集》卷70，《朱子全书》第23册，上海古籍出版社、安徽教育出版社，2010年，第3376页。

有一个流传颇广的说法是："君要臣死，臣不得不死；父要子亡，子不得不亡。"这种极端说法完全歪曲了国学的精神，当然它只是小说家言，历史上没有任何一个儒家圣贤说过这个话。按照孔子的讲法，父并没有要子亡的权力。《孔子家语·六本》中孔子教导曾参云："今参事父，委身以待暴怒，殪而不避。既身死而陷父于不义，其不孝孰大焉？汝非天子之民也？杀天子之民，其罪奚若？"① 孔子认为曾参任由父亲打他而不躲避是不对的，不但自己不对，也"陷父于不义"。而对于君臣关系，《论语·八佾》云："君使臣以礼，臣事君以忠。"在孔子看来，君臣、父子的权利义务都是双向的，要以礼义为前提。

与五常不同，"三纲"具有历史局限性，并非一成不变的原则。学国学首要在于学其义理，而义理并非僵化的教条，应随着历史的发展而有所损益。

从君臣关系的角度看，在春秋战国时期，诸侯争霸，臣有择君的自由，君臣关系相对平等；秦汉以后大一统的背景下，君权日重，君臣关系不对等，就导致过于强调君为臣纲；进入现代社会后，已经不再有君主，君为臣纲事实上转变为上级要求下级尊重和维护领导权威了。

"父为子纲，夫为妻纲"的历史背景是古代以大家族为生产单位和社会组织单元，家族内部管理秩序的稳定需要强化以族长为代表的父和夫的领导权，这在现代社会的小家庭形态下，必然无法继续照旧维持。现代家庭中要倡导和而不同的精神，家庭成员之间要相互尊重，互相协助，尽量避免不必要的相互干涉。

过去很多人打着"反封建"的旗号去反对国学，这既有一定的合理性，也有需要分析和鉴别的地方。应当承认，国学从历史中走来，必然带有历史的印记，身上难免沾染了历史的污垢，因此今天有必要反对国学中与大家族制度或皇权体制相配套的那一部分理论或教条。以儒学为主体的国学曾经被历代王朝的统治者和大家长所借重和利用，但国学本身在义理上并不是统治的工具或愚民的学说。国学倡导的仁义礼智信以及忠孝等德性，首先是对人自身而言的，是以自身为出发点和归宿的，而不是单方面顺从上级或统治者。仁义礼智信都是内在于人的，并不是外部强加的。忠首先是对自身的忠，要保持自身的一致性，做到内外一致、表里如一。孝强调的是对父辈和家庭的归属感，是对自身

---

① 杨朝明、宋立林主编：《孔子家语通解》，齐鲁书社，2009年，第182页。

的由来以及所属群体的认同，是对自身历史的尊重。国学对仁义礼智信的倡导，有维护社会秩序从而有利于统治者或大家长的一面，但这既不是国学的出发点，也不是国学的最终目的。

在中国实现工业化并完全进入现代社会之后，所谓的"封建"制度已经完全失去存在的土壤，再以"反封建"的旗号去反对国学就显得不合时宜了。在西方主流意识形态日益向中国渗透的今天，要倡导回归民族文化的传统之中，去找回国学的灵魂，唤起民族文化自信。这种对国学回归的呼唤，不是要抱残守缺地坚守国学的原文原典和固有教条，而是要在坚持其核心理念与人文精神的基础上改革创新，以适应新形势和新时代。

在国学现代化的进程中，要以五常统贯三纲，或者要彻底改变三纲的传统含义。如今，在上下级、父子、夫妇关系上，一方面要依循国学的义理，拨乱反正，回归孔孟时代较为平等、自然的人伦关系传统；另一方面要立足今天的现实环境，移风易俗，破除各种形式化、教条化的繁文缛节，构建新型的、更加自由的社会人伦关系。无论社会如何变化，仁义礼智信等五常是根植于人的性体的，它的外在具体形式可能随社会发展有所变化，但其基本内核和贯通的道理是内在于人的，任何时候都不能丢弃。

此外，讲齐家要讲清楚家和社会的关系、家和国的关系。过去常有人批评中国是一个人情社会，人情关系胜过法理公义，并把这种情况归罪于国学。事实上中国是一个原住民国家，中国社会是一个熟人社会，这必然导致中国人更注重传统和人情。中国人更注重人情，是历史事实，而不是国学带来的弊端。国学齐家之道既立足于家，又超越了家，齐家的主旨指向了家国天下，而不是仅仅图谋门户私计。家是组成天下国家的基础单元，天下的大道和公义要落实在家这个环节，因此齐家之道是内圣外王之道不可或缺的重要环节。按照国学的义理，个人或家族之私，必然要让位于天下之公，家庭关系也要符合天下的道义原则。《荀子·子道》云："入孝出弟，人之小行也；上顺下笃，人之中行也；从道不从君，从义不从父，人之大行也。"[1] 这句话充分体现了国学的精神，今天仍然值得大力提倡。

---

① 《荀子集解》，中华书局，1988年，第529页。

子女与家道传承 ～◦

国学认为，子女是圆满人生、完整世界的重要组成部分。在古人万物一体的思想观念中，既有空间的一体性，也有时间的一体性。万物一体首先是家人和亲人的一体，它不仅是当下的一体，还是延续千秋万代的、历史意义上的一体。子女是人生命的延续，他们延续的不仅仅是人的遗传基因，还有情感、传统、文化和精神，可以说他们传承和延续了人所在的整个世界。没有子女的传承，人的世界就是一个不完整、不延续、容易幻灭的世界。

齐家的一个重要内容就是养育子女。养育子女是自身之道的一种延续和发扬，子女成人立业可以使家族实现生命和文化的双重延续，使家道得到传承。对家庭文化传统的忽视，会导致家族历史的虚无化和个人的无根化，不利于家庭和后代的长远发展，也不利于个人当下的修养。古人非常重视家庭文化的建设，家规、家训文化发达。曾国藩云："凡家道所以可久者，不恃一时之官爵，而恃长远之家规；不恃一二人之骤发，而恃大众之维持。"[1]

古人长期奉行多子多福的生育理念，但当今的社会面貌和人们的生育观念发生极大变化，中国已经出现了严重的少子化问题。从长期来看，每对夫妻应平均生两个孩子，人口才能保持世代交替的相对平衡状态，否则会导致经济活力丧失和家道传承的中断，这是事关民族未来的大事。从世界历史上看，再优秀的文明和文化，如果没有下一代传承和发展，终究会在民族竞争中被淘汰。家道传承需要重视婚姻，并在结婚时做好生育规划。《礼记·昏义》云："昏礼者，将合二姓之好，上以事宗庙，而下以继后世也，故君子重之。"[2]

子女出生之后就要进行教养。国学以大道的推广弘扬为宗旨，历代先贤都非常重视子女的教育，其宗旨在于使子女承道、明道。孔子的儿子叫孔鲤，《论语·季氏》云："陈亢问于伯鱼曰：'子亦有异闻乎？'对曰：'未也。尝独

---

① 《家书之二·同治五年六月初五》，《曾国藩全集》第 21 册，岳麓书社，2012 年，第 430 页。
② 《十三经注疏·礼记正义》，北京大学出版社，1999 年，第 1618 页。

立，鲤趋而过庭。曰：学《诗》乎？对曰：未也。不学《诗》，无以言。鲤退而学《诗》。他日，又独立，鲤趋而过庭。曰：学礼乎？对曰：未也。不学礼，无以立。鲤退而学礼，闻斯二者。'陈亢退而喜曰：'问一得三。闻诗，闻礼，又闻君子之远其子也。'"孔子虽然没有给孔鲤什么特别的宠溺，但非常关心并直接过问他的教育。

对于子女教育，古人有很多精辟的说法。诸葛亮云："夫君子之行，静以修身，俭以养德，非澹泊无以明志，非宁静无以致远。夫学须静也，才须学也，非学无以广才，非志无以成学。慆慢则不能励精，险躁则不能治性。年与时驰，意与岁去，遂成枯落，多不接世，悲守穷庐，将复何及！"① 家颐云："人生至乐无如读书，至要无如教子。父子之间不可溺于小慈，自小律之以威，绳之以礼，则长无不肖之悔。教子有五：导其性，广其志，养其才，鼓其气，攻其病。废一不可。"② 焦循云："家之不幸，莫如不肯教子弟。教子弟读书，不可不专，不可不严。……生一子必曰资质蠢，不能读书，一可恨也；既入学，便以为已成，不复穷究经史，二可恨也；生质稍可，读书便以虚名夸饰于人，不使实有进益，三可恨也；府县试稍能前列，岁科间列高等，便自诩名士，四可恨也；夤缘奔走以求仕路，不顾生计，不实力读书，五可恨也。"③

子女教育首先是身教和家教。在身教方面，父母以自身的行为做表率是最有效的教育，对子女具有潜移默化的影响，往往促成了他们人生之初的本然之道，是他们拥有饱满人性、健全人格的关键因素。在家教方面，父母首先要对子女公平对待。袁采《袁氏世范》云："幼而示之以均一，则长无争财之患；幼而教之以严谨，则长无悖慢之患；幼而有所区别，则长无为恶之患。"④ 颜之推云："人之爱子，罕亦能均；自古及今，此弊多矣。贤俊者自可赏爱，顽鲁者亦当矜怜，有偏宠者，虽欲厚之，更所以祸之。"⑤ 其次，对子女不能溺爱，要立规矩、讲原则。二程的母亲说："子之所以不肖者，由母蔽其过而父不知

① 《戒子书》，《诸葛亮集笺论》，陕西人民出版社，1997年，第286页。
② 家颐：《教子语》，《戒子通录》卷6，景印文渊阁四库全书第703册，第74页。
③ 《里堂家训》卷上，《焦循全集》第10册，广陵书社，2016年，第4362—4363页。
④ 《颜氏家训袁氏世范通鉴》，华夏出版社，2009年，第236页。
⑤ 《颜氏家训集解·教子》，中华书局，1993年，第19页。

也。"① 再次，要由父母在家进行早教。颜之推云："人生小幼，精神专利，长成已后，思虑散逸，固须早教，勿失机也。"② 早教阶段父母的作用是不可取代的，由父母亲自引导子女，培养其学习兴趣，使其掌握一些学习方法，可以为其成才之路打好基础。即便在现代社会，教育已经高度专业化和职业化了，仍不能取代父母在最初阶段对子女的言传身教。

中国历来重视对青少年的诗教。这是由于直觉的领悟，不能通过抽象化、命题化的语言来传授，而要依靠诗化的语言来引导、兴发。国学的传承，主脉是儒家经典及其注疏，但诗和史是更基础的载体。诗是景、情、境的重构和再现，传递甚至再造了诗人在特定历史境遇中的境知，远胜僵化的言语和空洞的说教。《论语·阳货》云："小子何莫学夫诗？诗，可以兴，可以观，可以群，可以怨。"朱熹云："《诗》本性情，有邪有正，其为言既易知，而吟咏之间，抑扬反覆，其感人又易入。故学者之初，所以兴起其好善恶恶之心，而不能自已者，必于此而得之。"③ 陈祥道云："礼乐者，成人之事；诗者，养蒙之具。"④王夫之云："唯此宵宵摇摇之中，有一切真情在内，可兴，可观，可群，可怨，是以有取于诗。然因此而诗，则又往往缘景，缘事，缘已往，缘未来，终年苦吟而不能自道。以追光蹑景之笔，写通天尽人之怀，是诗家正法眼藏。"⑤

子女年龄稍长，就要接受学校教育。学校教育在古代分为小学和大学。朱熹云："人生八岁，则自王公以下，至于庶人之子弟，皆入小学，而教之以洒扫、应对、进退之节，礼乐、射御、书数之文。及其十有五年，则自天子之元子、众子，以至公、卿、大夫、元士之适子，与凡民之俊秀，皆入大学，而教之以穷理、正心、修己、治人之道。此又学校之教、大小之节所以分也。"⑥ 亦云："小学是事，如事君，事父，事兄，处友等事，只是教他依此规矩做去。大学是发明此事之理。"⑦

---

① 《上谷郡君家传》，《河南程氏文集》卷12，《二程集》，中华书局，2004年，第654页。

② 《颜氏家训集解·勉学》，中华书局，1993年，第172页。

③ 朱熹：《论语集注》卷4，《四书章句集注》，中华书局，1983年，第104—105页。

④ 陈祥道：《论语全解》，景印文渊阁四库全书第196册，第127页。

⑤ 《古诗评选》，《船山全书》第14册，岳麓社社，1996年，第681页。

⑥ 朱熹：《大学章句序》，《四书章句集注》，中华书局，1983年，第1页。

⑦ 《朱子语类》卷7，中华书局，1986年，第125页。

教育的一个目的是使子女能立足社会，成就事业。父母往往苦恼于子女沉湎于安乐，不思进取，以致家道难以保持。即便是最稳定的资产——土地，也很难世代永续传承。苏洵云："要之数世，富者之子孙，或不能保其地以至于贫，而彼尝已过吾限者，散而入于他人矣。或者子孙出而分之以无几矣。"[①] 故而古人重视培养子女立业的能力。

在中国古代，由于科举制的推行，读书和出仕做官紧密结合在一起，使得国学教育成为整个社会一起推动的公共事业。宋代《神童诗》云："天子重英豪，文章教尔曹。万般皆下品，唯有读书高。……朝为田舍郎，暮登天子堂。……君看为宰相，必用读书人。莫道儒冠误，诗书不负人。达而相天下，穷则善其身。"[②]《劝学诗》云："富家不用买良田，书中自有千钟粟。安居不用架高堂，书中自有黄金屋。出门莫恨无人随，书中车马多如簇。娶妻莫恨无良媒，书中有女颜如玉。男儿欲遂平生志，六经勤向窗前读。"[③]

当今，广大青少年大都不再系统学习儒学经典，国学脱离了国民教育体系，各行各业的专门知识成为学习的主要内容。但这些外在的实证知识，如何能够和作为主体的人保持和谐一致的关系？如何让子女在学到知识的同时还可以安身立命？历史上，对国学经典的学习，即朱熹所说的"大学"，在整个教育体系中占据枢纽地位，各种职业技艺和实证知识都可以由国学义理进行统贯。现代人可以借鉴古人的经验，引导子女学习一些国学，掌握修身养性的方法。如果能由此树立坚定的信念和道义观，形成强大的内在力量，就可以使子女在脱离了父母的庇护之后，能够从容应对各种现实挑战，走稳自己的人生之路。

家业、治生与经商

家也是一个经济组织，有家必有业，开展生产以及商业投资活动在国学中

---

① 苏洵：《田制》，《嘉祐集笺注》卷5，上海古籍出版社，1993年，第137页。
② 张玮译注：《神童诗·续神童诗》，中华书局，2013年，第137—138页。
③ 黄坚选编：《详说古文真宝大全》，湖南人民出版社，2007年，第14页。

也大致属于齐家的范围。在古代家业主要分士、农、工、商四类。《汉书·食货志》云："士农工商，四民有业。学以居位曰士，辟土殖谷曰农，作巧成器曰工，通财鬻货曰商。"①

士作为掌握知识的人，通常以进政府做官为出路，他们掌握公权力，具有很大的社会影响力，在士农工商四业中占据优势地位。在古代读书并不普及，需要很大的经济成本，无地或少地的农民，以及普通工商业者，往往并没有能力让子弟读书，以进入士的行列。普通中小地主，稍有功名，能出仕则出仕，不能出仕则在乡间耕读传家。家里世代都有人读书做官的，就形成了士族，他们往往经济上也会不断积累土地成为大地主。古代的商人，一方面社会地位不高，另一方面由于市场变化快难以连续数代持久经营，因此商人成功后往往就广置田产转型为地主，眼光长远一些的还会鼓励子弟读书去博取功名，再转换成为士人。宋代以后印刷术和出版业日益发达，书籍大量印刷出版后读书的成本下降，读书的士人越来越多。明代中期之后大量的读书人没有做官的出路，经商就成了很多人的选择，商人和士人开始合流，出现了"贾儒""儒贾"等词，到后来转化为"儒商"一词。

中国实现工业化后，务农人口逐步减少，知识普及程度极大提高，从事工商业成为社会的主流，这就是当前国学现代化所面临的社会背景。国学是否适应工商业社会？国学对于工商业者有何意义？这都是今天需要深入回答的问题。从义理上看，商业领域也在大道运转、天理流行的范围之内，国学中的治生、厚生之学可以包纳和指导商业领域，义利关系、道术关系同样适用于商业、商人。国学作为成仁成圣之学，可以理解为领导力之学，在这个意义上，国学也可以培养商业领袖。商人要做大事业也要有长远眼光和整体思维，也需要具备商业领袖气质。

对士人和商人能否合一、为学与治生是否矛盾的问题，历史上存在很多讨论。《朱子语类》云："问：'吾辈之贫者，令不学子弟经营，莫不妨否？'曰：'止经营衣食，亦无甚害。陆家（注：指陆九渊家）亦作铺买卖。'因指其门阈云：'但此等事，如在门限里，一动著脚，便在此门限外矣。缘先以利存心，

---

① 《汉书》卷 24《食货志》，中华书局，1962 年，第 1117—1118 页。

做时虽本为衣食不足，后见利入稍优，便多方求余，遂生万般计较，做出碍理事来。须思量止为衣食，为仰事俯育耳。此计稍足，便须收敛，莫令出元所思处，则粗可救过。……顺利此道，以安此身，则德亦从而进矣。'"① 朱熹对子弟从事经营一事并不反对，当然他也有所顾虑。

有些学者态度比朱熹积极，充分肯定从事经营活动的治生行为。许衡云："为学者，治生最为先务。苟生理不足，则于为学之道有所妨。彼旁求妄进及作官嗜利者，殆亦窘于生理之所致也。……治生者农、工、商贾而已，士子多以务农为生，商贾虽为逐末，亦有可为者。果处之不失义理，或以姑济一时，亦无不可。若以教学与作官规图生计，恐非古人之意也。"② 陈确云："学问之道，无他奇异，有国者守其国，有家者守其家，士守其身，如是而已。所谓身，非一身也。凡父母兄弟妻子之事，皆身以内事，仰事俯育，决不可责之他人，则勤俭治生洵是学人本事。"③ 黄宗羲云："世儒不察，以工商为末，妄议抑之。夫工固圣王之所欲来，商又使其愿出于途者，盖皆本也。"④

商人逐利的倾向毕竟和读书人讲求道义的宗旨存在差别，也有不少人对读书人经商持批评态度。王夫之云："人主移于贾而国本凋，士大夫移于贾而廉耻丧。"⑤ 杨以贞云："且以义理为商贾，其为商贾也，必无利。盖牟利之道，贵巧贵捷，而以义理处乎其间，则不见巧而见拙，不成捷而成迂，以迂且拙者与天下之捷者巧者争，则常不胜之势矣。故商贾者，商此利贾此利也。天下有偶合于义理之利，断无不营营于利之商贾。为商贾而言义理，犹为盗贼而言廉耻也。"⑥

那么经商治生和读书为学能否统一呢？小商小贩的短期行为确实"贵巧贵捷"，以锱铢必较、重利轻义为常态，但要使商业长久经营并发展壮大，就必须要究天人之际，晓道义之学。治生和为学的统一之处在于"道"。

王阳明云："古者四民异业而同道，其尽心焉，一也。士以修治，农以具

---

① 《朱子语类》卷 113，中华书局，1986 年，第 2752 页。

② 《国学事迹》，《许文正公遗书》卷末，《许衡集》，中华书局，2019 年，第 483 页。

③ 《学者以治生为本论》，《文集》卷 5，《陈确集》上册，中华书局，1979 年，第 158 页。

④ 《明夷待访录·财计三》，《黄宗羲全集》第 1 册，浙江古籍出版社，1985 年，第 41 页。

⑤ 《读通鉴论》卷 3，《船山全书》第 10 册，岳麓书社，1988 年，第 123 页。

⑥ 杨以贞：《志远斋史话》卷 5，续修四库全书第 451 册，上海古籍出版社，2002 年，第 586 页。

养，工以利器，商以通货，各就其资之所近，力之所及者而业焉，以求尽其心。其归要在于有益于生人之道，则一而已。士农以其尽心于修治具养者，而利器通货，犹其士与农也；工商以其尽心于利器通货者，而修治具养，犹其工与商也。"① 邹守益云："自公卿至于农工商贾，异业而同学。闻义而徙，不善而改，孳孳讲学以修德，何尝有界限？古之人版筑渔盐，与耕莘齿胄，皆作圣境界。世恒訾商为利，将公卿尽义耶？苟志于义，何往而非舜？如以利也，何往而非蹠？故善学者易志不易业。"②

很多成功的商人也深谙从商和学道相通的道理。《史记·货殖列传》记载了先秦几个大商人的事迹，都印证了遵循大道、运用时势才能取得商业成就的道理。范蠡为春秋越国大夫，和计然一起辅佐越王卧薪尝胆灭了吴国，功成之后喟然叹曰："计然之策七，越用其五而得意。既已施于国，吾欲用之家。"随后他"以为陶天下之中，诸侯四通，货物所交易也。乃治产积居，与时逐而不责于人。故善治生者，能择人而任时……遂至巨万。故言富者皆称陶朱公。"还有一个商人的代表是白圭，他"乐观时变，故人弃我取，人取我与。……能薄饮食，忍嗜欲，节衣服，与用事僮仆同苦乐，趋时若猛兽挚鸟之发。故曰：'吾治生产，犹伊尹、吕尚之谋，孙吴用兵，商鞅行法是也。是故其智不足与权变，勇不足以决断，仁不能以取予，强不能有所守，虽欲学吾术，终告之矣。'"③

王文显云："夫商与士，异术而同心。故善商者，处财货之场，而修高明之行，是故虽利而不污；善士者，引先王之经，而绝货利之径，是故必名而有成。故利以义制，名以清修，各守其业，天之鉴也。如此，则子孙必昌，身安而家肥矣。"④ 舒遵刚云："钱，泉也，如流泉然。有源斯有流，今之以狡诈求生财者，自塞其源也。今之吝惜而不肯用财者，与夫奢侈而滥于用财者，皆自竭其流也。……圣人言以义为利，又言见义不为无勇，则因义而用财，岂徒不竭其流而已，抑且有以裕其源，即所谓大道也。"⑤

---

① 《节庵方公墓表》，《王阳明全集》卷25，上海古籍出版社，1992年，第941页。

② 《示诸生九条》，《邹守益集》卷15，凤凰出版社，2007年，第728页。

③ 《史记》卷129《货殖列传》，中华书局，1959年，第3257—3259页。

④ 李梦阳：《明故王文显墓志铭》，《李梦阳集校笺》卷46，中华书局，2020年，第1562页。

⑤ 《舒君遵刚传》，同治《黟县三志》卷15，《中国地方志集成·安徽府县志辑（57）》，江苏古籍出版社，1998年，第545页。

合道则经商和为学可以相辅相成，互相促进。一方面，以道经商，商与学就可以互不妨碍。王阳明云："虽治生亦是讲学中事。但不可以之为首务，徒启营利之心。果能于此处调停得心体无累，虽终日做买卖，不害其为圣为贤。何妨于学？学何贰于治生？"[1] 另一方面，经商有道，获得了经济上的独立地位，有利于培养自立精神和独立人格，能为进学求道提供助力。钱大昕云："与其不治生产而乞不义之财，毋宁求田问舍而却非礼之馈。"[2] 唐甄云："苟非仕而得禄，及公卿敬礼而周之，其下耕贾而得之，则财无可求之道。求之，必为小人之为矣。我之以贾为生者，人以为辱其身，而不知所以不辱其身也。"[3]

商业之道、治生之道亦是道之一种。以国学经商，须以大道驭小术。《荀子·解蔽》云："精于物者以物物，精于道者兼物物。故君子壹于道而以赞稽物。壹于道则正，以赞稽物则察，以正志行察论，则万物官矣。"[4] 国学能帮助商人做到计小利而不忘大利，驭物而不受制于物。在具体的经商之术上，古人积累了很多经验。司马迁云："皆非有爵邑奉禄弄法犯奸而富，尽椎埋（推理）去就，与时俯仰，获其赢利，以末致财，用本守之，以武一切，用文持之，变化有概，故足术也。"这些经商之术都与天人之道相合相通。司马迁亦云："是以无财作力，少有斗智，既饶争时，此其大经也。"[5] 这是说，没有本钱初入商道时，只能凭个人劳动花力气去获取财富；小有资产后就应该靠智慧增加财富；做大规模后主要靠看大势和时机判断。两千多年前的这段话，对于今天的创业者仍然适用。

当今社会商业繁荣，金融市场发达，经商投资成为一门大学问。人们要在商业社会中安身立命，看到世界的整体而不迷失，抓住确定的机会而能充分利用，就需要掌握基本的经济学理论，通晓商业和投资的逻辑和边界。不如此，人就无法构建贯通世界的本然之道，无法守住做人的道义底线，无法在商业环境下实现天人合一。吴澄云："通天地人曰儒。一物不知，一事不能，耻也。"[6]

---

① 《传习录拾遗》，《王阳明全集》卷32，上海古籍出版社，1992年，第1171页。

② 钱大昕：《治生》，《十驾斋养新录》卷18，上海书店出版社，2011年，第365页。

③ 唐甄：《养重》，《潜书》上篇下，中华书局，1963年，第91页。

④ 《荀子集解》，中华书局，1988年，第399—400页。

⑤ 《史记》卷129《货殖列传》，中华书局，1959年，第3281、3272页。

⑥ 吴澄：《题杨氏忠雅堂记后》，《吴文正集》卷57，景印文渊阁四库全书第1197册，第569页。

第六章　齐家

323

现代意义的通儒，应该是对现代社会的政治、经济运行机制有全面了解和深刻领会的人，他不需要在知识和技能上做到全知全能，而需要具备健全的性体，具有对世界整体的把握能力。儒家认为人自身是目的而非手段，为此专门知识或职业技能也只是谋生的工具，要以追求自身的发展与完满为终极目标，而不能以金钱和财富为人生的主要追求。在工商业社会中，不乏各种随机出现的市场机会，要赚钱也许不难。但要能持久地驾驭财富，则不仅要知其然还要知其所以然，不仅要有知还要有德，要能协调各方面的关系，领会天人之道，达至天人之和，这才是和气生财的本义。

第七章

治

国

中国的治国之道，继承了上古的德治传统，积累了数千年治理广土众民的经验，具有完整体系和内在准则。中国的政治制度是建立在道义原则之上的，政治行为的宗旨是弘道，让天道天理贯彻于人间社会。中国有自己独特的民主、自由理念和实现形式，有自身的政治文明标准，不能以近代以来西方的政治标准来直接衡量中国的治国之道。在当代思考中国未来的政治制度时，应当充分借鉴和吸收前人的思想遗产，在尊重中国的历史文化传统的基础上推陈出新，与时俱进。

天道、弘道与政治秩序

在中国古人看来，整个物质世界和人类社会都处于天或外在道体的覆盖范围之内，其中万事万物的关联都含摄在人所领会的天道之中。天道反映了宇宙时空场和社会场运行方式的本然和应然。国学所关注的政治秩序或社会秩序，不仅是权力秩序或治安秩序，而且是天地秩序、义理秩序的有机组成部分。《周易·乾·文言》云："夫大人者，与天地合其德，与日月合其明，与四时合其序，与鬼神合其吉凶。先天而天弗违，后天而奉天时。"① 这就是说人身在天地之场中，受场的影响，应当与场的作用力相合；但同时人与场的相互作用又是以一种主动的方式进行的。人是天道的体现者，合道往往通过弘道的主动方式去体现。

社会中的每个人都是天道运行的推动者，也是义理秩序的体现者和维护者。人的身躯所承载的物质和能量是人具有能动性的基础。每个人都处于整个社会的能量场中，无时无刻不在这个场中运用着他的能量，发挥着他的作用。国学看到了每个人在整个社会场中的意义，因而在中国政治中每个人都拥有对外施加主动影响的地位，不论这个主动影响有多小，也不论这个人的地位有多低。顾炎武云："保天下者，匹夫之贱与有责焉耳矣！"② 在人的领会中，天道包纳了整个世界，内及人心，外及言行，上及朝政，卜及民俗。无论是居家还是在外，无论是在野还是在朝，中国人都是政治的参与者，都是可以弘道的人。《孟子·滕文公下》云："我亦欲正人心，息邪说，距诐行，放淫辞，以承三圣者。"《荀子·儒效》云："儒者在本朝则美政，在下位则美俗。"③

道是活的，就存在于人心之中，弘道的主体只能是人。没有人，就既没有道，也更无所谓弘道。虽然人人都可以弘道，但能够主动地以弘道为己任，自觉承担弘道责任的却只能是士人或君子。道既然内贯于士人或君子，那么士人和君子就有其必然性把其道外推到社会中，这是由道的贯通性所决定的。国学倡导经世致用的学风，主张有知识、明道义的士人都应是政治的积极参与者。《论语·泰伯》云："士不可以不弘毅，任重而道远。仁以为己任，不亦重乎？死而后已，不亦远乎？"《孟子·公孙丑下》云："如欲平治天下，当今之世，舍我其谁也。"叶适云："笃行而不合于大义，虽高无益也；立志不存于忧世，虽仁无益也。"④ 顾炎武云："君子之为学，以明道也，以救世也……"⑤

在一定意义上，作为君子之学的国学就是道学，其要旨是推动大道的运

① 《十三经注疏·周易正义》，北京大学出版社，1999 年，第 23 页。
② 《日知录》卷 13，《顾炎武全集》第 18 册，上海古籍出版社，2011 年，第 527 页。
③ 《荀子集解》，中华书局，1988 年，第 120 页。
④ 《赠薛子长》，《水心文集》卷 29，《叶适集》，中华书局，1961 年，第 607—608 页。
⑤ 《与人书二十五》，《亭林文集》卷 4，《顾炎武全集》第 21 册，上海古籍出版社，2011 年，第 148 页。

行。道在世界和人之间穿梭往复，从世界投向人的过程是人承道的过程，从人投向世界的过程就是人弘道的过程。道不依托人的能量和实践活动就无法在人与世界之间运行，弘道是人以其自身的能量主动地把构成性体的本然之道作用于外部世界的行为，是大道运行机制中最重要的一环。道通过格物、致知、修身而在人身上凝聚，道通过齐家、治国、平天下而向世界弘扬。诚意和正心的工夫，其作用就在于提高道的运行效率，让道在心内、心外的穿梭往复中，减少消耗和扭曲，促进吸收和扩充，更充分、更高效地发挥道的作用。

国学尊重人的主体性和能动性，因而中国政治不以严刑峻法为首要手段，而是强调德治和教化。移风易俗，改变人周围的文化环境和默会的行为习惯，才能从根本上改变人。程颐云："夫有物必有则，父止于慈，子止于孝，君止于仁，臣止于敬。万物庶事莫不各有其所，得其所则安，失其所则悖。圣人所以能使天下顺治，非能为物作则也，唯止之各于其所而已。"① 内在的仁德道义体现了本真之知、本真之情，它只能靠启发、教化而自悟，不能填鸭式地强加于人；外在的礼法、律令、刑罚不能使人达至本真之知，不能从根本上制止纷争。礼法只是义理秩序的一种外在体现，不是最终的目的。程颐亦云："推本而言，礼只是一个序，乐只是一个和。……才不正便是无序，无序便乖，乖便不和。"② 国学关心的"和"不仅是政治秩序或礼仪秩序的和谐，而且强调人与整个世界的和谐秩序。

《论语·子路》云："子路曰：'卫君待子而为政，子将奚先？'子曰：'必也正名乎！'……'名不正，则言不顺；言不顺，则事不成；事不成，则礼乐不兴；礼乐不兴，则刑罚不中；刑罚不中，则民无所措手足。故君子名之必可言也，言之必可行也。君子于其言，无所苟而已矣。'"孔子为何如此强调"正名"呢？因为"正名"是对天道的贯彻施行，是整个社会场得以正常运行的保障，是礼义、法律顺利实施的基础。天道流行于社会，要靠每个人的弘道行为，名不正则影响所有社会成员弘道的主动性。

---

① 《周易程氏传》卷4，《二程集》，中华书局，2004年，第968页。
② 《河南程氏遗书》卷18，《二程集》，中华书局，2004年，第225页。

人类社会是人与人相互影响并共同构成的社会场，国家在其中扮演了枢纽的角色，尤其是围绕国家公权力运作的政治体系，更是处于关键地位。国家的政治体系可以命名为"治体"，其重要表现形式是国家制度和礼仪规范。短周期内，人在与世界的互动中不断形成新的领会，其道体、性体在不断变化，而国家的治体却以某种固定的社会制度形式保持相对稳定。长周期内，人在外界形势发生巨大变化之后，可以依照内在道体、性体的指引，去主动调整法律和制度，改革治体。王廷相云："立法者，圣人也。法久必敝，势也。使圣人在，亦必救而更张之。非救法也，所以救社稷也。"① 性体是人心中的圣人，性体对治体的这种作用，是通过人主动性的弘道行为体现的。

顾炎武云："而人之有私，固情之所不能免矣……合天下之私以成天下之公，此所以为王政也。"② 人虽有私欲，但其性体中有内在之天道、天理，这就为社会领域的天下之公提供了内在依据；同时，对于社会中的人，有国家制度和礼义教化进行外在的约束，为天下之公提供外在保障。内外因素共同作用，才能"合天下之私以成天下之公"。国学强调并阐明了"合理制度"的内在依据，同时并不否认外在约束的必要性和重要性。中国古代的所谓"内儒外法""王霸杂用"等讲法，在某种意义上可以理解为：内、外这两个机制要相互配合，共同发挥作用。

西方社会科学中的"制度主义"常常单方面强调外在契约或制度的保障作用，但若无人内在之道的依托，仅靠外在制约，并不能提供完全的保障。儒家虽然强调的重点是人的内在约束，但这主要是从个人角度说的，如果从治国的角度来说，儒家不但不排斥反而很重视外在礼法的作用。王廷相云："但人生禀不齐，性有善否，道有是非，各任其性行之，不足以平治天下，故圣人忧之，修道以立教，而为生民准。使善者有所持循而入，不善者有所惩戒而变，此裁成辅相之大猷也。若曰人性皆善而无恶，圣人岂不能如老、庄守清净任自然乎？何苦于谆谆修道以垂训？"③

① 《雅述》上篇，《王廷相集》第3册，中华书局，1989年，第843页。
② 《日知录》卷3，《顾炎武全集》第18册，上海古籍出版社，2011年，第141—142页。
③ 《雅述》上篇，《王廷相集》第3册，中华书局，1989年，第850页。

在古代，社会结构比较简单，国家制度也不复杂，因而个人的作用在治体中表现得更显著，这是由历史条件所决定的，并不能由此直接得出古人只强调"人治"而不重视"法治"的结论。当今时代社会分工更为复杂，制度体系也更加繁杂庞大，个人成为社会这个大机器中的一个小螺丝钉，被埋藏在复杂的治体之中难以彰显其作用，这是现代社会更强调法治的一个原因。

从历史上看，国是社会运行的枢纽，是人类最重要的制度发明。《荀子·王霸》云："国者，天下之大器也，重任也，不可不善为择所而后错之，错险则危；不可不善为择道然后道之，涂薉则塞，危塞则亡。"① 治国理政行为具有严肃性和神圣性，政治家必须以弘道的历史自觉去坚守政治原则和道义标准。一般来说，弘道的宗旨是提升社会的正能量，促进世界的繁荣；弘道和合道的方法就是中庸，要执中。"中"有两方面的含义：一个是讲平衡，即"中和"，要维持社会的和谐与稳定；另一个就是讲原则，即"中正"，要弄清楚事物的是非正误。道与理在社会中的体现就是"义"，其外在化表现形式就是"礼"和"法"，即国家的文化传统和法律制度。简言之，国学治国之道的主要内容是：治国的目的是厚生，治国的原则是公义，治国的手段是礼法，治国的总方针是以德治国。

厚生与经济管理

人弘道的目的是为了促进人的发展和社会的繁荣，这就是厚生。治国平天下的宗旨，既是为了道之行，也是为了气之生。道的运行，需要气的承载和发动。道的运行过程，也是气的循环和聚散的过程。人的弘道行为把应然之道作用于现实世界，在改造自然的同时，也推动人类社会不断发展壮大。在这个过程中，气不断地从原初的自然界，向社会场集聚。厚生是要为社会场补气、益气，而人类的物质生产活动是益气之本。

---

① 《荀子集解》，中华书局，1988 年，第 207 页。

天之德首推"生"，《周易·系辞下》云"天地之大德曰生"①。厚生是古代政治的重要主题，是为政的三事之一，亦是其基础内容。《尚书·大禹谟》云："德惟善政，政在养民。水火金木土谷惟修，正德、利用、厚生惟和……"②《左传·文公七年》云："正德、利用、厚生，谓之三事。"③杨简云："所谓'厚生'，即水、火、谷足以养生之类。凡皆生民之所日用，圣人因其日用而致正德之教，使五十者衣帛，七十者食肉之类，皆因'厚生'而教以'正德'。"④

在政治上，厚生首先表现为政府要重民生，促进社会生产力水平的提高和社会财富的增加。孔子曰："政之急者，莫大乎使民富且寿也。"⑤《论语·子路》云："子适卫，冉有仆。子曰：'庶矣哉！'冉有曰：'既庶矣，又何加焉？'曰：'富之。'曰：'既富矣，又何加焉？'曰：'教之。'"《管子·治国》云："凡治国之道，必先富民，民富则易治也，民贫则难治也。……是以善为国者，必先富民，然后治之。"⑥《管子·形势解》又称"民生"为"民养"，云："明主配天地者也，教民以时，劝之以耕织，以厚民养，而不伐其功，不私其利。故曰：能予而无取者，天地之配也。"⑦

中国古代长期处于农业社会，促进农业发展始终是厚生的基础，古人为此在劝农、授时、水利等方面积累了丰富的经验。此外，发展工商业也是古人需要面对的一个课题。一方面，中国自古以来就有发达的商业和优良的经商传统，社会对商人持开放的态度；另一方面，中国又长期存在抑商以及节制资本的政治传统。王夫之云："以治民之制言之，民之生也，莫重于粟；故劝相其民以务本而遂其生者，莫重于农。商贾者，王者之所必抑；游惰者，王者之所必禁也。"⑧中国古代抑商虽然也有经济上的考虑，但更多是从政治角度考虑

---

① 《十三经注疏·周易正义》，北京大学出版社，1999年，第297页。
② 《十三经注疏·尚书正义》，北京大学出版社，1999年，第89页。
③ 《十三经注疏·春秋左传正义》，北京大学出版社，1999年，第522页。
④ 《杨氏易传》卷2，《杨简全集》第1册，浙江大学出版社，2015年，第36—37页。
⑤ 《孔子家语·贤君》，杨朝明、宋立林主编：《孔子家语通解》，齐鲁书社，2009年，第157页。
⑥ 《管子校注》卷15，中华书局，2004年，第924页。
⑦ 《管子校注》卷20，中华书局，2004年，第1179页。
⑧ 《读通鉴论》卷14，《船山全书》第10册，岳麓书社，1988年，第512页。

的，抑商重点针对的是巨商豪强，而不是普通商人。巨商豪强往往对社会秩序具有破坏性：一方面他们会囤积居奇，垄断、操纵市场，妨害民生；另一方面，他们还会金钱开路，通过行贿渗透到行政、司法等领域，危害社会公平正义。因此政府要督促商人守法合规经营，打击商人的不法行为。

社会和市场需要政府提供公共产品和公共服务，需要政府作为枢纽推动整个经济体系的健康运转。按照中国的历史传统，政府在经济活动中一直占有重要地位，在组织建设公共工程、抗灾赈灾、调剂市场、管理自然垄断行业等方面都发挥了积极作用。为此国学强调政府在运用公共资源时要珍惜民财民力。《论语·学而》云："道千乘之国，敬事而信，节用而爱人，使民以时。"王安石云："盖因天下之力，以生天下之财，取天下之财，以供天下之费。自古治世，未尝以不足为天下之公患也。患在治财无其道耳。"[1]

促进民生要保护民产，通过产权制度保障民生，这也是一种制度供给和公共服务。《孟子·滕文公上》云："民之为道也，有恒产者有恒心，无恒产者无恒心。苟无恒心，放辟邪侈，无不为已。"《孟子·梁惠王上》云："是故明君制民之产，必使仰足以事父母，俯足以畜妻子；乐岁终身饱，凶年免于死亡。然后驱而之善，故民之从之也轻。"中国自古就有"权有无，均贫富"[2] 的思想，这是为了协调不同人群的矛盾，以促进社会整体和谐。《论语·季氏》云："丘也闻有国有家者不患寡而患不均，不患贫而患不安。盖均无贫，和无寡，安无倾。"《孟子·滕文公上》云："夫仁政，必自经界始。经界不正，井地不钧（均），谷禄不平。是故暴君污吏必慢其经界。经界既正，分田制禄可坐而定也。……方里而井，井九百亩，其中为公田，八家皆私百亩，同养公田，公事毕，然后敢治私事，所以别野人也。"董仲舒云："古井田法虽难卒行，宜少近古，限民名田，以澹不足，塞并兼之路。"[3] 虽然井田制、均田制难以长期施行，但历代都有人持此主张。

对于政府可以在多大程度上干预经济，不同学派的观点并不一致。中国很

---

① 《上皇帝万言书》，《王文公文集》卷1，上海人民出版社，1974年，第9页。
② 《晏子春秋集释》，中华书局，1982年，第203页。
③ 《汉书》卷24《食货志》，中华书局，1962年，1137页。

早就认识到了市场机制的作用，懂得利用好市场机制来促进民生。《管子·乘马》云："市者，货之准也。……市者可以知治乱，可以知多寡，而不能为多寡。为之有道。"① 《管子·问》云："市者天地之财具也，而万人之所和而利也，正是道也。"② 司马迁认为市场机制的作用合乎大道，云："皆中国人民所喜好，谣俗被服饮食奉生送死之具也。故待农而食之，虞而出之，工而成之，商而通之。此宁有政教发征期会哉？人各任其能，竭其力，以得所欲。故物贱之征贵，贵之征贱，各劝其业，乐其事，若水之趋下，日夜无休时，不召而自来，不求而民出之。岂非道之所符，而自然之验耶？"③

黄老思想主张经济放任主义。《周易·系辞下》云："黄帝、尧、舜垂衣裳而天下治……"④《老子》第五十七章云："我无为而民自化，我好静而民自正，我无事而民自富，我无欲而民自朴。"《老子》第七十五章云："民之饥，以其上食税之多，是以饥。民之难治，以其上之有为，是以难治。"《庄子·天地》云："故曰，古之畜天下者，无欲而天下足，无为而万物化，渊静而百姓定。"⑤ 司马迁强调要善于引导和调节人的利益和需求："俗之渐民久矣，虽户说以眇（妙）论，终不能化。故善者因之，其次利道（导）之，其次教诲之，其次整齐之，最下者与之争。"⑥

但自秦汉以来中央政府在长期实践中，逐步建立了一整套对经济进行宏观调控的机制，以保障政府的运转和民生的底线。桑弘羊云："交币通施，民事不及，物有所并也。计本量委，民有饥者，谷有所藏也。……非散聚均利者不齐。故人主积其食，守其用，制其有余，调其不足，禁溢羡，厄利涂（途），然后百姓可家给人足也。"⑦ 中央政府实行"均输"和"平准"政策，可以跨地区、跨周期进行物资调配，平抑物价，打击富商大贾囤积居奇、垄断市场的行为。对经济进行宏观调控的思想在中国有很深厚的历史文化传统，国学支持中

① 《管子校注》卷1，中华书局，2004年，第88页。
② 《管子校注》卷9，中华书局，2004年，第498—499页。
③ 《史记》卷129《货殖列传》，中华书局，1959年，第3254页。
④ 《十三经注疏·周易正义》，北京大学出版社，1999年，第300页。
⑤ 《庄子集释》，中华书局，1961年，第404页。
⑥ 《史记》卷129《货殖列传》，中华书局，1959年，第3253页。
⑦ 《错币第四》，《盐铁论校注》，中华书局，1992年，第56页。

央政府从社会全局和国家整体利益的角度出发进行战略决策和宏观管理，这和国学的整体思维模式相关，也和国学充分肯定以个人德性为基础的群体理性相关。按照国学的义理，天人合一，人都和同一个世界深度融合，人同此心，心同此理，人人都内在地具有道心之公，都能认同合理的统一决策。英美主导的西方经济学长期信奉自由主义，并较为强调市场这个"看不见的手"的作用，其历史现实背景是欧洲国家长期处于小国寡民状态且缺乏政府干预经济的实际经验，其思想理论背景则是与一神教文化相关联的"经济人"假设。西方经济理论的主流长期以来认为人都是自私的，只能基于个人利益做微观的、分散的、利己的决策，这和国学认为人都有天命之性并具有内在之公的观点存在重大分歧。

在政府的经济管理措施中，维护货币主权并利用货币手段调节经济是较为核心的举措。中国很早就有以货币调节物资和物价的经验。《管子·山国轨》云："国币之九在上，一在下。币重而万物轻，敛万物，应之以币。币在下，万物皆在上，万物重十倍。"[1]（注：上指国库，下指流通中，币重指价贵，物轻指价贱。）贾谊云："铜毕归于上，上挟铜积以御轻重，钱轻则以术敛之，重则以术散之，货物必平……"[2] 白居易云："夫钱刀重则谷帛轻，谷帛轻则农桑困。故散钱以敛之，则下无弃谷遗帛矣。谷帛贵则财物贱，财物贱则工商劳。故散谷以收之，则下无废财弃物也。敛散得其节，轻重便于时，则百货之价自平，四人之利咸遂；虽有圣智，未有易此而能理者也。"[3] 直到今天，货币政策仍是主权国家维护经济独立和进行宏观调控的重要手段。

总体上看，厚生是在微观和宏观两个层面共同追求居民和社会的经济产出和福利水平的最大化，实现人民富裕和社会繁荣。中国在农业文明时代，就建立了广阔的国内市场，在此基础上历朝中央政府长期采取鼓励生产、打击垄断、适度管理、统筹协调的经济政策，并积累了不少经济管理的经验，这些都是了不起的历史成就。

---

① 《管子校注》卷 22，中华书局，2004 年，第 1284 页。

② 《汉书》卷 24《食货志》，中华书局，1962 年，第 1156 页。

③ 《策林二》，《白居易集》卷 63，中华书局，1979 年，第 1313 页。

公义与公民

仁义之"义"与"宜"相通。朱熹云："义者，宜也。君子见得这事合当如此，却那事合当如彼，但裁处其宜而为之，则何不利之有。"① 在国学中，义是道的外贯或仁的外推，是指向外部世界的应然之道，是人在社会中所应遵循之道。义体是性体的一种形态，体现为人直觉下的一个应然世界，即一个理应如此、本该如此的世界。《荀子·不苟》云："君子养心莫善于诚，致诚则无它事矣，唯仁之为守，唯义之为行。"②《淮南子·齐俗训》云："义者，循理而行宜也；礼者，体情制文者也。"③

义作为应然之道，当它指向人在外部世界的行为时，就表现为对自我行为的约束。董仲舒云："所以治人与我者，仁与义也。以仁安人，以义正我，故仁之为言人也，义之为言我也，言名以别矣。"④

义指向社会，就表现为社会公义。人类的特点在于群体性，而群体中有横向的分工和纵向的分权、分层，分工和分权都要有所遵循，这就是义。国家就是建立在义的基础上。《荀子·王制》云："人何以能群？曰：分。分何以能行？曰：义。"⑤ 在社会领域，中国古人非常强调大公的价值观。王阳明云："夫道，天下之公道也；学，天下之公学也，非朱子可得而私也，非孔子可得而私也。"⑥

社会公义从何而来？依照国学理论，社会之公的基础在于人的性体对世界进行了一体化，形成了内在的一体世界。公的根源是人和世界的共在关系，人与人的共在组成了社会，每个人的性体都是对这个共在整体的一体化反映，而一体化的基础就是贯通性体的本然之道。义是本然之道的外在应用，而本然之

① 《朱子语类》卷 27，中华书局，1986 年，第 702 页。
② 《荀子集解》，中华书局，1988 年，第 46 页。
③ 《淮南子集释》，中华书局，1998 年，第 788 页。
④ 《春秋繁露·仁义法》，《春秋繁露义证》卷 8，中华书局，1992 年，第 249 页。
⑤ 《荀子集解》，中华书局，1988 年，第 164 页。
⑥ 《答罗整庵少宰书》，《传习录中》，《王阳明全集》卷 2，上海古籍出版社，1992 年，第 78 页。

道本身就体现了世界的整体性，是"廓然大公"的，所以它投向社会时自然也就体现为社会公义。

国学认为原初的天道之公生成于人的本体，因此社会公义来自人自身，是人内在德性在社会中的一种体现。张载云："性者万物之一源，非有我之得私也。惟大人为能尽其道，是故立必俱立，知必周知，爱必兼爱，成不独成。"[①] 社会公义既内贯于人的性体，也外摄整个社会。有些人认为社会公义、公德只适用于公共领域，这样一来就割裂了人与社会的整体性和共在性，让社会公义、公德成了外在于人的东西。社会公义不来自任何现成的契约、权威或组织。社会公义不是由社会契约所造就的，恰恰相反，有社会公义的存在才可能产生社会契约。以社会契约为名否认内在的公义，既在理论上站不住脚，还会带来现实风险，这样容易让人以抽象的社会公义之名，把法律制度和国家机器变成对个人和社会进行暴力统治和精神控制的工具。

社会公义不是抽象的绝对精神或上帝的法则。国学之公以人为基础，以仁为目标。公是仁的前提条件，私不能仁。朱熹云："公是仁之方法，人是仁之材料。有此人，方有此仁。"亦云："仁是人心所固有之理，公则仁，私则不仁。未可便以公为仁，须是体之以人方是仁。公、恕、爱，皆所以言仁者也。公在仁之前，恕与爱在仁之后。公则能仁，仁则能爱能恕故也。"[②] 国学追求的终极目标不是普世的、抽象的、绝对的公，而是以公为基础的仁，其宗旨是要实现人与人之间的亲和一体、共生共荣。朱熹云："无私，是仁之前事；与天地万物为一体，是仁之后事。惟无私，然后仁；惟仁，然后与天地万物为一体。"[③]

国学强调的是以人"性"为基础的道义观和社会正义论。个人之性体本身就具有世界性和整体性，因而不必依赖外在的担保，性体健全之人就自然是"公民"，孟子以之命名为"天民"，其德性之善被称为"天爵"。关于天民，《孟子·万章上》云："天之生此民也，使先知觉后知，使先觉觉后觉也。予，

① 《正蒙·诚明篇》，《张载集》，中华书局，1978年，第21页。
② 《朱子语类》卷95，中华书局，1986年，第2454、2455页。
③ 《朱子语类》卷6，中华书局，1986年，第117页。

天民之先觉者也，予将以斯道觉斯民也。"《孟子·尽心上》云："有天民者，达可行于天下而后行之者也；有大人者，正己而物正者也。"关于天爵，《孟子·告子上》云："仁义忠信，乐善不倦，此天爵也；公卿大夫，此人爵也。古之人修其天爵，而人爵从之。"《孟子·公孙丑上》云："夫仁，天之尊爵也，人之安宅也。"在孟子看来，天民是民之"先觉"者，修天爵、行仁道的天民，就是对天下万物万民负责的人。这在某种程度上超出了世俗国家公民的含义，还有全球公民、宇宙公民的含义。

过去中国没有公民的概念，与之相当的是君子。《论语·公冶长》云："有君子之道四焉。其行己也恭，其事上也敬，其养民也惠，其使民也义。"《论语·卫灵公》云："君子谋道不谋食。耕也，馁在其中矣；学也，禄在其中矣。君子忧道不忧贫。"君子的言行合道，是公义的体现者。君子之公，是由内到外的、彻底的公。

西方社会的"公民"概念与国学之君子不同，西方社会的"公民"强调了君子之位，而忽视了君子之德。"公民"最初是从财产的角度来区分的，纳税数额多少是重要指标，并不论其德性德行，因此虽然号称"公民"，起初实则是"豪民"或"豪强"。所谓的"公民"社会其实是"市民"社会，其社会契约的基础主要是商业契约。西方的普选制，在初期，具有选举权和被选举权的人都有财产和纳税方面的标准。西方议会和行政领导人选举的投票规则，虽然是一人一票，但其选举过程包含募捐和宣传营销推广的环节，是一个比拼财力的过程，并未完全贯彻大公原则。

以天道之公为基础，中国古代的君子或士人可以发展演变为现代社会的"公民"。君子或士人的标准是兼具内在的天理良知和经邦济世的实学，按照国学的逻辑，君子或士人具有人格的独立性和道德的自觉性，可以掌握公权力，参与国家治理。这个意义的公民，是以天道、天理和礼义之公为基础的。《论语·微子》云："君子之仕也，行其义也。"程颢云："故君子之学，莫若廓然而大公，物来而顺应。"①

由于肯定人具有内在之公，所以古人在思考社会问题时，不会按照西方经

---

① 《河南程氏文集》卷2，《二程集》，中华书局，2004年，第460页。

济学中的"经济人"假设去推理，而是努力以个人理性为基础去寻找群体理性，主动地在治国的过程中去贯彻道义原则。国学认为，要相信人的内在力量，基于个人的内在性体，可以把国家视为一个命运共同体。通过建立强大的国家，可以在天下施行公平正义的大道。由此可见，国学政治理论的基础是个体主义的，但目标和指向却是群体主义的；国学政治理论的基石是自由主义的，但却也能为权威主义提供舞台。这虽然看起来有点奇怪，但从义理上分析，又确实如此。由于受历史条件制约，在生产力不发达、教育不普及的古代，国学的个体主义、自由主义的一面表现不充分，而群体主义、权威主义的一面比较彰显。

进入现代社会后，教育普及了，性体健全并具有责任意识的个人成为社会的主体人群，亦即人民或公民成为社会的主体。在这个背景下，天下为公的大道有了进一步发展的现实基础，国学也有了进一步发挥的空间。

义与利、礼、法 ～

义是外王之学的中心议题，外王之学往往围绕义、利关系，义、礼关系或义、法关系展开。孔子曰："礼以行义，义以生利，利以平民，政之大节也。"[①]朱熹云"义利之说乃儒者第一义"[②]。

先看义、利关系。

国学并非不言利，厚生实际上就是从长远和根本处言利。《论语·尧曰》云"因民之所利而利之"。要长远地利民，就必须依循礼义。利往往具有现实性和物质性，不好对其本身孤立地进行价值判断，而要看它和道的结合情况。在社会中，合道义的利，就可以长远持久；不合道义的小利、私利，就容易陷入纷争，得不到持续的保障。

---

① 《十三经注疏·春秋左传正义》，北京大学出版社，1999年，第691页。
② 《与延平李先生书》，《晦庵先生朱文公文集》卷24，《朱子全书》第21册，上海古籍出版社、安徽教育出版社，2010年，第1082页。

从整体或长远看，义和利是一致的、统一的。《国语·晋语》云："夫义者，利之足也……废义则利不立……"①《荀子·正名》云："正利而为谓之事。正义而为谓之行。"② 王安石云："利者义之和，义固所为利也。"③

由于利有大利、小利之分，眼前利、长远利之别，所以当义利出现对立和矛盾的时候，要舍利而取义。取义的结果其实是谋大利，谋整体之利、长远之利。《荀子·大略》云："义与利者，人之所两有也。虽尧、舜不能去民之欲利，然而能使其欲利不克其好义也。虽桀、纣亦不能去民之好义，然而能使其好义不胜其欲利也。故义胜利者为治世，利克义者为乱世。上重义则义克利，上重利则利克义。"④《荀子·荣辱》云："先义而后利者荣，先利而后义者辱；荣者常通，辱者常穷；通者常制人，穷者常制于人：是荣辱之大分也。"⑤

义利的统一，从个人角度看，需要由人内在的性体来统合平衡眼前利益和长远利益、个人利益和群体利益，这是一个以道心制人心、以天理克人欲的过程；从社会、国家的角度看，需要外在的礼法制度，去制衡个人或小团体的私利，保障整个社会的整体利益和长远利益，这是一个社会场和治体的治理整合过程。社会场的整合，有赖于每个人的参与，有赖于内在性体提供依据和准绳；而人的内在性体又是外在社会场的综合反映，承继了社会文化传统惯例的基本精神。社会秩序的内在依据和外在保障相互作用，构成了一个循环，每个人都是循环过程的中转站和交汇点。社会的发展，就是性体之道在内、外的循环往复中不断巩固并提升的过程。

王畿云："夫道谊（义）、功利，非为绝然二物。为道谊（义）者，未尝无功，未尝无利，但由良知而发，则无所为而为；由知识而发，则不能忘计谋之心，未免有所为而为。"⑥ 在王畿看来，义利之辨在于是由"良知而发"还是由"知识而发"：从良知而发，是从性体的整体出发，性体可以统合把握义利关系，虽不言利，未尝无利；而从知识而发，是从现成的角度去谋取特定的利，

---

① 《晋语二》，《国语集解》，中华书局，2019 年，第 308 页。
② 《荀子集解》，中华书局，1988 年，第 412—413 页。
③ 《神宗熙宁四年》，《续资治通鉴长编》卷 219，中华书局，2004 年，第 5321 页。
④ 《荀子集解》，中华书局，1988 年，第 502 页。
⑤ 《荀子集解》，中华书局，1988 年，第 58 页。
⑥ 《水西同志会籍》，《王畿集》卷 2，凤凰出版社，2007 年，第 36—37 页。

这样为利而言利未必能得到最终的大利。

义对利有超越性。利往往是具体的、现实的，义则超越了特定的时空，具有历史性和神圣性。《荀子·荣辱》云："义之所在，不倾于权，不顾其利，举国而与之不为改视，重死持义而不桡，是士君子之勇也。"①

宋儒把义、利纳入天理、人欲的框架内讨论，把义对利的超越比作天理对人欲的超越。朱熹云："仁义根于人心之固有，天理之公也。利心生于物我之相形，人欲之私也。循天理，则不求利而自无不利；殉人欲，则求利未得而害已随之。"②

基于义对利的超越性，董仲舒云"夫仁人者，正其谊不谋其利，明其道不计其功"③，这个话有其道理，但有点绝对，对它不能作僵化理解。"正谊（义）""明道"其实是谋大利，计大功。颜元云："世有耕种，而不谋收获者乎？……盖'正谊'便谋利，'明道'便计功，是欲速，是助长；全不谋利计功，是空寂，是腐儒。"④

很多人认为国学思想的主流是贵义贱利或重义而不言利，这其实是一种误解。"利"也是国学中的一个重要内容，而且义、利不仅是一对伦理范畴，还是一对社会经济范畴。孔子并非不言利，他赞许高辛氏"博施厚利，不于其身。……取地之财而节用焉，抚教万民而诲利之"⑤。孔子只是强调获取福利要符合道义，《论语·宪问》云："义然后取，人不厌其取。"《论语·泰伯》云："邦有道，贫且贱焉，耻也。"

再看义与礼、法的关系。

虽然礼、义都源于道，但礼、义有别，礼是义的外在表现形式，义是礼的基本原则。礼的外在性导致人们往往从作用效果方面来谈论它。《荀子·议兵》云："礼者，治辨之极也，强国之本也，威行之道也，功名之总也。王公由之，所以得天下也；不由，所以陨社稷也。"⑥ 礼法具有特定的形式，具有相对稳定

---

① 《荀子集解》，中华书局，1988年，第56页。
② 《孟子集注》卷1，《四书章句集注》，中华书局，1983年，第202页。
③ 《汉书》卷56《董仲舒传》，中华书局，1962年，第2524页。
④ 《颜习斋先生言行录》卷下，《颜元集》，中华书局，1987年，第671页。
⑤ 《孔子家语·五帝德》，《孔子家语通解》，齐鲁书社，2009年，第278—279页。
⑥ 《荀子集解》，中华书局，1988年，第281页。

性，而义则是随时可以灵活应变的。《荀子·不苟》云："以义变应，知当曲直故也。"王先谦注云："以义变应者，以义变通应事也。义本无定，随所应为通变，故曰'变应'。"①

从相对关系来看，仁、义和礼三者之间，仁最为内在，义居间，礼是最外在的。人们以对义的遵循来体现仁，以对礼的遵循来体现义，但在制定礼的过程中，要返本溯源，以仁义的原则来制礼。《荀子·大略》云："仁、义、礼、乐，其致一也。君子处仁以义，然后仁也；行义以礼，然后义也；制礼反本成末，然后礼也。三者皆通，然后道也。"②杨简云："仁虽融一无间，而义有可否，礼有变常，参错似相反而实不相害。此妙用，惟明觉通达者自知自信。"③

礼被形式化后，就有可能会和它原本的仁义精神发生背离；如果礼进一步被僵化和固化，就会走向仁义的反面。礼用于维护社会秩序，但如果过于强调上级的权威，以僵化的礼法制度去强化上下之别，就会造成极权主义，反而会影响国家的治理能力和施政效率。王弼云："夫仁义发于内，为之犹伪，况务外饰而可久乎！故夫礼者，忠信之薄而乱之首也。"④《礼记·礼器》云："礼，时为大，顺次之，体次之，宜次之，称次之。"⑤为何强调对于礼来说"时为大"呢？其中的一层意思就是礼可能过时，过时之礼就不能称之为善礼了，甚至可能成为"乱之首"。

在夏商周时期，家国同构，国家制度比较原始，法律制度不发达，调节人神之间、上下之间秩序的主要是礼乐或礼仪。这个时期的礼具有仪式化的特征，有一套系统的礼乐制度，它不仅规制人间的秩序，还有彰明人神关系和天地之序的意味。在当时，礼除了有建构政治关系的内涵，还有体现精神信仰的内涵。随着以孔子为代表的儒家学说的兴起，礼所体现的人神关系和信仰关系日益淡化，所体现的人伦关系和政治关系则日益强化，礼逐渐从靠近宗教仪式的"礼乐""礼仪"转变为日益靠近国家和社会制度的"礼义"

---

① 《荀子集解》，中华书局，1988年，第42页。
② 《荀子集解》，中华书局，1988年，第492页。
③ 《先圣大训》卷1，《杨简全集》第5册，浙江大学出版社，2015年，第1394页。
④ 《老子道德经注》，《王弼集校释》，中华书局，1980年，第94页。
⑤ 《十三经注疏·礼记正义》，北京大学出版社，1999年，第719页。

"礼法"。

孔子之后，孟子和荀子是先秦儒家的代表人物。和孟子更侧重内在的仁义相比，荀子更侧重外在的礼法。荀子把圣王作为礼法的最后保障，《荀子·性恶》云："故圣人化性而起伪，伪起而生礼义，礼义生而制法度。然则礼义法度者，是圣人之所生也。"[①] 但外在的圣王如何成立？还要到人的内在性体上去找依据。

当然，荀子的理论还在儒家的思想框架之内，荀子坚持以义帅法。法家则不太讲仁义，而把法、术、势等强调到了极致。儒家在言礼法制度时，仍然承认要以人内在的德性和仁义之道为依托，因而内外相辅、表里相依，其制度具有历史的厚重感和结构的稳定性。历史上，儒家提倡的政制在存亡系于一线时，还有起死回生的可能。法家过于强调严刑峻法的威慑作用，忽视了每个历史性个人的自主性，不能看到礼法的理性根基其实是每个人活的内在性体，因而其制度在把当前效率提升到极限的同时容易僵化而缺乏弹性，一旦形势发生变化或平衡被打破之后就可能出现全面崩坏的局面。法家之法虽然起初很有功效，但从长周期看具有脆弱性，以之治国往往是"兴也勃焉，亡也忽焉"。回顾中国历史，秦速亡而汉祚长，历史淘汰了法家而选择儒家做了国学的主流，这里既有历史现实性的原因，也有儒家理论更具有内在优越性的原因。

在国学看来，法和政、教是一体的，都要以人为本，以义为先。法的内在依据只能是人心中的天理良知，无论是立法还是执法都要合乎道义，顺乎人情，明辨是非，惩恶扬善。古人在具体的司法活动中，倡导以儒家经典所阐发的道义原则去断案决狱。董仲舒云："《春秋》之听狱也，必本其事而原其志。志邪者不待成，首恶者罪特重，本直者其论轻。""故折狱而是也，理益明，教益行。折狱而非也，暗理迷众，与教相妨。教，政之本也。狱，政之末也。其事异域，其用一也，不可不以相顺，故君子重之也。"[②]

历史已经远去，现代中国的法律制度已经远离了古代传统，而深受西方法

---

① 《荀子集解》，中华书局，1988年，第438页。
② 《春秋繁露·精华》，《春秋繁露义证》，中华书局，1992年，第92、94页。

治思想的影响。国学的礼法，比较强调是非观念，追求事实正义，这和西方的法理思想有差异，西方更注重形式上和程序上的公平。马克斯·韦伯说："我们西方近代的法律的理性化，是由两股力量并肩运作而造成的。一方面，资本主义关心严格的形式法与司法程序。它倾向使法律在一种可以预计的方式下运作，最好就像一具机器一样。另一方面，集权国家的公务系统之理性化，导致法典系统与同构型法律必须交由一个力图争取公平、地方均等之升迁机会的、受过合理训练的官僚体系来掌理。只要这两股力量缺乏其一，便无法产生近代的法律体系。近代资本主义，正如盎格鲁－撒克逊的习惯法所显示的，确实可以在一个用以保障经济强势阶层的、无系统的法律园地中苗壮起来。"①

西方的法制是建立在利益集团势均力敌的斗争格局基础上的，是各个利益集团在斗争中妥协的产物，并不那么注重义理上的"公道"和实际结果上的正义，而是强调程序正义和力量制衡。为何资本主义制度在发展中国家大都不够成功呢？主要原因在于这些国家虽然引进了资本主义的制度和法律思想，但并没有在经济领域和政治领域形成有效的制衡机制，因此既失去了原生制度的治理优势，又不能让生硬嫁接过来的新制度正常发挥作用；既丧失了传统文化的公道，又不能维持资本主义文化的程序正义，导致国家长期陷入政治和社会的混乱状态。

当前西方法制在单方面强调程序正义方面正越来越多地显示出其负面影响：法律体系日益烦琐复杂，对专业律师的依赖越来越大，诉讼成本越来越高而浪费了过多的社会资源，利益集团对司法的影响和渗透无处不在，个人和公众的道义呼吁、情理诉求和情感需要在司法机器面前越来越微不足道。这提醒我们，在今后的司法改革中要充分考虑我国的文化传统和社会现实，走一条适合国情的法治道路。要借鉴国学的思想资源去构建未来的法律体系，法条应尽量简明易懂，司法程序应尽量简单有效、公开透明，要引入更多的舆论监督，发挥社会公众的制衡力量，避免资本和利益集团对司法的介入和干涉，真正让公义在司法领域得到贯彻。

---

① ［德］马克斯·韦伯：《中国的宗教：儒教与道教》，上海三联书店，2020年，第215页。

以德治国 ～ゝ

国学总的治国方针是以德治国。以德治国主要是对国家的领导者而言的，在中国具有悠久的历史传统。《论语·为政》云："为政以德，譬如北辰，居其所而众星共之。"《吕氏春秋·上德》云："为天下及国，莫如以德，莫如行义。以德以义，不赏而民劝，不罚而邪止，此神农、黄帝之政也。"① 以德治国的宗旨是领导阶层在政治活动中要有所遵循、有所敬畏，主动进行自我约束，坚持以民为本的政治原则，反对权力至上和权力滥用，防范政商勾结。

中国历代都提倡以德治国，德的内涵则有一个不断变化的过程。"德"的本义是有所遵循，商代以天帝之意为主要遵循而治国，周代以先王行范为主要遵循而治国，汉代以后以天道之仁义礼智信以及忠孝原则为主要遵循而治国，都是让国君和人民有所遵循。"明德"在先秦的本义是"天之明命"，一般特指天所示于人王的根本遵循，可视为一种最高的政治典范。"明德"一词到了宋代理学家那里常被解释为天理，在明代心学家那里"明德"一词又被解释为良知。

以德治国最初有两层意思，一是以对天道的遵循来治国；二是以圣贤行为的垂范来治国。虽然说是以天道为遵循，但中国人眼中天又和民密切相关。《尚书·皋陶谟》云："天聪明，自我民聪明。天明畏，自我民明威。达于上下，敬哉有土！"②《尚书·泰誓上》云："天矜于民，民之所欲，天必从之。"③《尚书·五子之歌》云："民惟邦本，本固邦宁。"④ 通过以民代天，以德治国既有顺从民意的意思，也有为民表率的意思。以刑治国是以禁止人民做什么为重心的治国方针，对不服从的人加以刑罚和威慑；以德治国是以引导人民去做什么为重心的治国方针，让人民发自内心地有所遵循。《论语·为政》云："道之以

---

① 《吕氏春秋集释》，中华书局，2009 年，第 517 页。
② 《十三经注疏·尚书正义》，北京大学出版社，1999 年，第 109—110 页。
③ 《十三经注疏·尚书正义》，北京大学出版社，1999 年，第 274 页。
④ 《十三经注疏·尚书正义》，北京大学出版社，1999 年，第 177 页。

政，齐之以刑，民免而无耻；道之以德，齐之以礼，有耻且格。"《礼记·礼运》云："圣人耐以天下为一家，以中国为一人者，非意之也，必知其情，辟于其义，明于其利，达于其患，然后能为之。"①

当德的含义变为天理良知之后，以德治国的主旨就变为要遵循道义标准来治国。治国要施行仁政，高举公与善的大旗，坚持以道义为根本的政治原则。吴鹏云："闻之仁者以天地万物为一体，故必有天地万物一体之心，而后有是政，而后能仁覆天下。……以是心而致之政，古今圣哲所以求治者不外乎此。"② 只有施政者和人民站在一起，才能真正实现以德治国。

以德治国对领导者的要求，既有大的政治原则要求，也有小的个人德性要求。中国人通常认为，领导者如果不具有为民做表率的品格和能力，就不配当领导者。西方政治学中有一个说法：政治应该与道德分离，要倡导"无道德的政治"，这和以德治国思想存在微妙差别。一方面以德治国并非主要以个人的道德治国；另一方面以德治国中又确实隐含了对政治家的个人道德要求以及对民众的道德教化。以德治国的实质是以道治国，它不是无道德的政治，但又不仅仅是有道德的政治，它实际上是一种遵循天理和人性的政治方针。

当代有一个流行的观点，就是要把公德和私德严格区分开。公德和私德的区分主要是应用领域的不同，在公共事务领域要讲公德，在个人私生活领域要讲私德。这个区分看上去有合理之处，但潜台词是强调在个人自由的领域无需任何遵循。在国学看来，德是道与气的结合，德遍布环宇，无处不有德。公德和私德若按照领域来分，它们之间也应是互动一体的关系。那么什么情况下私德和公德又是可分的呢？在外在的礼、法层面，私德和公德是可以分开的，这是为了便于礼法的制定和实施，使其具有文本上的明确标准和执行上的可操作性。

今天有人说对政治家或领导不能过多苛责其私德，只要在公共事务上讲原则就可以了。这种说法把私德矮化了，把私德局限在了非常狭小的、无关他人的领域里。在大是大非的政治原则问题上不能以私废公、以私论公，公与私的

---

① 《十三经注疏·礼记正义》，北京大学出版社，1999年，第688页。
② 吴鹏：《体仁汇编序》，《飞鸿亭集》卷7，四库全书存目丛书集部第83册，第625页。

确应有所区分，但私德并非完全和公德无关，私德和公德所体现的道义精神和遵循原则是相通的。国学工夫讲究慎独，越是在隐秘的个人领域，就越要注意对性体的醒觉和对天道、天理的敬畏。《中庸》第一章云："道也者，不可须臾离也，可离非道也。是故君子戒慎乎其所不睹，恐惧乎其所不闻。"北齐刘昼云："故身恒居善，则内无忧虑，外无畏惧。独立不惭于影，独寝不愧于衾，上可以接神明，下可以固人伦。"① 杨简弟子袁蒙斋（袁甫）云："慈湖先生（杨简）平生履践无一瑕玷，处闺门如对大宾，在暗室如临上帝，年登耄耋，兢兢敬谨，未尝须臾放逸。学先生者，学此而已。"② 私德不受约束的想法，中国古代先哲们估计不会认同。

以德治国的思想强调掌权者要自我克制，同时反对包括资本特权在内的任何特权。掌权者不受制约的后果，对外的表现往往是施政行为不公正、不严肃，甚至粗暴对待人民；而对内就是与商人或资本相勾结，背弃公义，谋取私利。坚持以德治国的一个重要方面就是要节制资本，防范金钱政治。中国虽然商业发达，但商人在政治上从来没有占据主导地位，在国家层面上商业逻辑从来没有取代道义原则成为政治共识，商业文化也从未取代儒家文化占据统治地位。在政治上国学对商人常常持一种防范的态度，这既有学理方面的原因，也有非常现实的原因。国学以培养士人去做官弘道为主要目标，而做官和经商之间有潜在利益冲突关系。如果士人以官员的身份经商，就容易损公肥私，利用公权力赚取不当利益，从而损害政治公平和政府的公信力。同时，喜欢进行短线套利或追逐长期垄断利润的商人，在现实中往往把各级官员作为讨好甚至围猎的对象，官员们如果对此丧失警惕性，就会成为商人的俘虏和工具。

在古代以德治国的主要目标是让统治者或领导阶层的人有所遵循，在现代应扩展到要让资本或各种利益集团有所遵循。当今世界，资本主义统治着全球绝大多数国家，资本的利益主导着社会的许多方面，让人民常常在经济压力和现实利益面前低头，在生活中很难以内心的德性为遵循。国家代表了公权力，

---

① 《慎独》，《刘子校释》卷2，中华书局，1998年，第106页。

② 《慈湖学案·附录》，《宋元学案》卷74，《黄宗羲全集》第5册，浙江古籍出版社，1985年，第965页。

代表了人民的根本利益，国家必须在利用市场机制、发挥资本在组织社会生产和资源配置方面的积极作用的同时，充分利用各种法律机制、行政机制和社会机制去引导和节制资本，让资本有所遵循。过去一段时间，一些人片面强调市场化，在医疗、教育以及其他公共服务行业也放弃了公立机构的主导地位和对私人资本的监督管理，造成了很多不良影响。必须对资本加以必要的引导和制约，这是中国几千年治国理政实践得出的历史经验。

民主、自由与政治文明

从政治角度讲，中国自古以来就是世界范围内领先的文明国家。中国数千年历史中，虽不乏黑暗、战乱、无序的年代，但大多数时期中国人都生活在一个中央政府管理下的相对有自由、有法制、有秩序的社会中。近代以来，一些人给古代中国戴上了愚昧和专制的帽子，从根本上否认中华文明，这并不符合历史事实。

中国古代的政治文明具有独特的形式，是在当时的经济、技术条件下和广土众民大国的基础上，以倡导公平正义并保障最大多数人利益为宗旨的一套综合制度体系。从历史上看，中国的政治文明表现为以下方式：首先是以天道抑皇权，要求君主和统治阶层敬天保民、以德治国，保护民众和社会的整体利益；其次是以中央集权抑地方诸侯和豪强，保持强大的文官政府，维护国家的统一和稳定；三是以科举抑门阀，鼓励各阶层的士人参政，并以之作为维护整个社会公正和义理秩序的中坚力量；四是以公营经济抑私商，进行宏观经济调控，平衡政治经济关系，防范资本势力干涉政治；五是将以仁义道德为核心的国学作为整个社会的指导思想，以学政和教化凝聚社会共识，维持世道人心。中国从来都不是富人和豪强能够为所欲为的国家，科举制为全国各地的读书人参与政治提供了通道，也为职业化的文官政府提供了稳定支撑。

在这样的制度下社会日益扁平化了，在强大的中央政府之下是亿万政治地位相对平等的百姓。钱穆说："中国历史上的传统政治，已造成了社会各阶层一天天地趋向于平等。中国传统政治上节制资本的政策，从汉到清，都沿袭着。其他关于废除一切特权的措施，除却如元清两代的部族政权是例外，也可说是始终一贯看重的。因此封建社会很早就推翻了。东汉以下的大门第，也在晚唐时期没落了。中国社会自宋以下，就造成了一个平铺的社会。封建贵族公爵伯爵之类早就废去，官吏不能世袭，政权普遍公开，考试合条件的谁也可以入仕途。"[①]

中国的这套制度，很难发展出以工商业、金融业豪强为主体的代议制民主政治。西方民主制度是以对内奉行豪强民主、对外奉行丛林政治为起点发展起来的，中国则没有这样的社会基础、文化环境和政治土壤。资本主义产生于工商业、金融业豪强的政治独立、对内压榨和对外扩张进程中，这是西方人自己也承认的。塞缪尔·亨廷顿说："西方人在 1500—1750 年期间成功地创造出第一批全球帝国的要诀，恰恰在于改善了发动战争的能力，它一直被称为'军事革命'。……西方赢得世界不是通过其思想、价值观或宗教的优越（其他文明中几乎没有多少人皈依它们），而是通过它运用有组织的暴力方面的优势。西方人常常忘记这一事实；非西方人却从未忘记。"[②]

杨庆堃解读马克斯·韦伯的观点说："帝国（中国）的统一与和平有其利于资本主义发展的一般特性，亦有其不利的一面。人口与物资能够在像欧洲一般辽阔的领土上自由地迁徙、流通，而没有任何政治上的阻碍，这显然即是其所蕴含的有利条件。就其不利的一面来说，包括：城市缺乏其政治的自主性———一种能为资本主义企业提供既适切且富刺激性的环境之自主性。以统一与和平来取代封建国家间的敌对与争斗，也意味着不再有竞争的压力，迫使各国相竞（竞）以理性化的手段来改进国家利益与生存所必须（需）的官僚与经济组织。此外，由于国内的和平，使得促成西方政治资本主义发展的战债与作战佣金也就无由产生了。"[③]

和西方资本主义国家发展早期相比，在中国陷入无家可归而只能受资本家残酷剥削境地的人相对较少。在讲求公义的社会环境下，中国人受到所在家族

① 钱穆：《中国历代政治得失》，三联书店，2001 年，第 171 页。

② ［美］塞缪尔·亨廷顿：《文明的冲突与世界秩序的重建》（修订版），新华出版社，2010 年，第 30 页。

③ ［德］马克斯·韦伯：《中国的宗教：儒教与道教》，上海三联书店，2020 年，第 350—351 页。

和政府的更多保护。马克斯·韦伯承认中国的"宗族共同体"和"公共作坊"等"这些较大的经济单位之创设形态，在其社会的层面上，具有一种独特的'民主的'性格。它们保护个人免于无产阶级化与受资本主义压迫的危险"。马克斯·韦伯还说："当任何一个氏族成员感觉自己蒙受不平待遇时，氏族就会全体一致地起而支持他，氏族团结一致的抵抗，自然要比西方自发形成的工会所发动的罢工，还要来得有威力。因此之故，现代大型企业特色独具的'劳动纪律'与自由市场的劳工淘汰，在中国便受到阻碍。同样的，所有西方式的理性管理也遭到阻碍。"① 杨庆堃解读说："中国的血缘体系正如帝制国家一般，在许多方面阻碍着合理经营的发展。……血缘关系也保护个人不受外界的歧视与屈辱，这也有碍于现代大型企业所要求的工作纪律与开放市场上的劳工选择。准此，'大型的私人资本主义工厂便无从于历史中觅其根源'。"② 资本主义早期所谓"合理经营"的"现代大型企业"其实大多都是血汗工厂，它们在中国受到了多方面的制约，站在人民的立场从道义的角度看，这并不算是坏事。资本主义国家在对内残酷剥削和对外殖民掠夺的基础上发达起来了，建立了世界霸权，垄断了国际话语权，反而给中国扣上了愚昧野蛮的帽子，这是一种历史的讽刺。

统一国家对资本主义具有抑制作用，中国的士人阶层是志在天下并为国家公权力服务的阶层，早在战国时代它就是促成统一中央政权战胜传统分封贵族的重要力量，在资本主义时代也是制约资本家、维持社会公义的重要力量。站在资产阶级的立场上看，为国家服务的"领受国家俸禄者阶层"和"一个和平化统一帝国"都是他们攫取公权力并把剥削和掠夺合法化的"阻碍"。③

一些人把中国的皇权君主制度等同于封建专制制度，这显得有些武断。从历史上看，君主制度是人类进入文明时代以后直至工业革命之前，唯一可以长期、普遍施行的政治制度。简单地说，君王就是国家行政领导人的古代形式，世袭君主制是在信息传递效率低下、生产力不发达的条件下保证行政效率和权

---

① ［德］马克斯·韦伯：《中国的宗教：儒教与道教》，上海三联书店，2020年，第151、149页。

② ［德］马克斯·韦伯：《中国的宗教：儒教与道教》，上海三联书店，2020年，第355—356页。

③ ［德］马克斯·韦伯：《中国的宗教：儒教与道教》，上海三联书店，2020年，第106页。

力世代交替的一种有效制度形式。在君权代际继承方面，中国长期推崇嫡长子继承制。王国维云："然所谓'立子以贵不以长，立适（嫡）以长不以贤'者，乃传子法之精髓。……盖天下之大利莫如定，其大害莫如争。任天者定，任人者争；定之以天，争乃不生。"① 虽然在面临外部严峻挑战、需要与之展开残酷斗争时，众子相互竞争的选贤制有其优点，但嫡长子继承制对内而言具有更好的稳定性。中国的政治制度并不把君主的个人能力放在第一位，而是首先强调君主的仁德，这是因为君权是公权力的符号而君主个人往往并不一定是真正的掌权者。《左传·襄公十四年》云："夫君，神之主而民之望也。"②《荀子·富国》云："人君者，所以管分之枢要也。故美之者，是美天下之本也；安之者，是安天下之本也；贵之者，是贵天下之本也。"③

看政治的文明程度，不仅要看有无君主，还要看君主如何定位、如何行事。欧洲的君主制不发达，一方面是因为历史上欧洲的国家普遍国小民少文化落后，另一方面是因为基督教神权对欧洲君主有一定的限制作用。在人类的漫长历史中，只有中国率先发展出一套可以在广大区域内长期稳定运行的政治制度，并对君主采取了较为理性的态度。《孟子·尽心下》云："民为贵，社稷次之，君为轻。"《荀子·大略》云："天之生民，非为君也。天之立君，以为民也。"④

从政府内部看，中国的君权和政府并未混淆，家天下和公权力之间亦有间隔。钱穆说："中国秦以后的传统政治，显然常保留一个君职与臣职的划分，换言之，即是君权与臣权之划分。亦可说是王室与政府之划分。在汉代，内朝指王室言，外朝指政府言。全国财政收入，属于大司农者归政府，属于少府者归王室，这一划分，历代大体保持。"他还说："中国传统政治，皇帝不能独裁，宰相同样地不能独裁。而近代的中国学者，偏要说中国的传统政治是专制是独裁。……他们必要替中国传统政治装上'专制'二字，正如必要为中国社

① 《殷周制度论》，《观堂集林》卷 10，《王国维全集》第八卷，浙江教育出版社、广东教育出版社，2009 年，第 306 页。

② 《十三经注疏·春秋左传正义》，北京大学出版社，1999 年，第 927 页。

③ 《荀子集解》，中华书局，1988 年，第 179 页。

④ 《荀子集解》，中华书局，1988 年，第 504 页。

会安上'封建'二字一般，这只是近代中国人的偏见和固执，决不能说这是中国以往历史之真相。"①

儒家心目中，三代以前采用禅让制的公天下远胜于嫡长子继承制的家天下，即便在家天下的体制中，血统也不能保证君权的绝对合法性，一家不能垄断君权。君权的得失更替，要根据天命和德行，要根据民心所向。《孟子·梁惠王下》云："贼仁者谓之贼，贼义者谓之残。残贼之人谓之一夫，闻诛一夫纣矣，未闻弑君也。"《史记·陈涉世家》云："王侯将相宁有种乎！"②

到了明代，心学理论进一步解放了人的思想，一些中国先哲全面反思了君主制度。顾炎武强调分天子之权："以天下之权，寄之天下之人，而权乃归之天子。自公卿大夫，至于百里之宰，一命之官，莫不分天子之权，以各治其事，而天子之权乃益尊。"③ 王夫之强调天下非皇家所私有："天下者，非一姓之私也，兴亡之修短有恒数，苟易姓而无原野流血之惨，则轻授他人而民不病。魏之授晋，上虽逆而下固安，无乃不可乎！"④ 黄宗羲则对君主的作用进行了较为彻底的否定："古者以天下为主，君为客，凡君之所毕世而经营者，为天下也。今也以君为主，天下为客，凡天下之无地而得安宁者，为君也"；"天下之大害者，君而已矣"。⑤

国学的政治主张，其核心不是忠君，而是忠于道义；不是崇君，而是崇民。程颐云："民可明也，不可愚也；民可教也，不可威也；民可顺也，不可强也；民可使也，不可欺也。"⑥ 皇权君主制度，对于国学而言只是一种政治手段，而非政治目的。中国在近代能顺利地废除帝制，固然受到西方政治思想的影响，但也符合国学内在义理，是内外因素共同作用的结果。

中国在近代陷入了被西方列强武力干涉和文化侵略的境地，并被贴上了落后野蛮的标签。龚自珍云"灭人之国，必先去其史"⑦。"去其史"是与"去其

① 钱穆：《国史新论》，三联书店，2001年，第83、87页。
② 《史记》卷48《陈涉世家》，中华书局，1959年，第1952页。
③ 《日知录》卷9，《顾炎武全集》第18册，上海古籍出版社，2011年，第398页。
④ 《读通鉴论》卷11，《船山全书》第10册，岳麓书社，1988年，第416页。
⑤ 《明夷待访录》，《黄宗羲全集》第1册，浙江古籍出版社，1985年，第2、3页。
⑥ 《河南程氏遗书》卷25，《二程集》，中华书局，2004年，第319页。
⑦ 《古史钩沉论二》，《龚自珍全集》，上海古籍出版社，1975年，第22页。

学"相随相伴的,今天重读国学时不能不重新彰明历史。

按照国学理论自身的发展进路,在国学普及化和平民化之后,更具有现代性的民主思想就在明代中后期应运而生了。虽然它再次沉寂于清朝的少数民族统治,但终于在清末再次发展起来,并一举在辛亥革命中结束了帝制。

国学理论中,民主和自由的载体是士人或君子。中国的士人在政治中的角色,不是西方所谓公共知识分子所秉持的批评者角色,而是政治的主动参与者。士人亦官亦民,亦学亦商,以弘道者的身份推动天道在人间社会运转不息。士人挟天子以令诸侯,借助中央政府向各种权贵势力、地方势力、资本势力发起斗争,竭力维护天下的和平和秩序,竭力倡导公平和正义。杜甫诗云"致君尧舜上,再使风俗淳"①,抒发了广大士人的政治理想。当然士人们的这种理想以及为之奋斗的努力,在当时的历史条件制约下,往往面临艰难的局面和骑墙的结果,甚至很多人以惨淡的结局收场,但后继者的努力还会不断往复进行。这就是中国历代政治的基本图景之一。

中国民主自由的实现,是以士人的思想独立性和行动自主性为依托的。《论语·先进》云:"子曰:'……所谓大臣者,以道事君,不可则止。今由与求也,可谓具臣矣。'曰:'然则从之者与?'子曰:'弑父与君,亦不从也。'"《中庸》第二十七章云:"是故居上不骄,为下不倍。国有道,其言足以兴;国无道,其默足以容。"荀子也强调人的精神自由,《荀子·解蔽》云:"心者,形之君也,而神明之主也,出令而无所受令。自禁也,自使也,自夺也,自取也,自行也,自止也。"②

士人不仅有思想自由,还有推动天道流行的志气和能量。《论语·子罕》云:"三军可夺帅也,匹夫不可夺志也。"《孟子·滕文公下》云:"居天下之广居,立天下之正位,行天下之大道。得志与民由之,不得志独行其道。富贵不能淫,贫贱不能移,威武不能屈。此之谓大丈夫。"

中国的士人、君子以弘道为己任,士人的多寡以教育、教化的普及程度为限,整个社会的民主程度与士人整体占国民人口的相对比例密切相关。以

---

① 《奉赠韦左丞丈二十二韵》,仇兆鳌:《杜诗详注》,中华书局,1979年,第74页。
② 《荀子集解》,中华书局,1988年,第397—398页。

中国今天的教育普及程度，具有更好的条件去建立中国化的现代民主制度。依照国学的基本理念，中国应该建立具有自身特点和原则的民主制度：对于选举人和被选举人，都应有德、才与责任相匹配的制度安排，建立专业技能、资历履历和德性德行的最低门槛，并在选举中严格避免金钱关系的渗透和介入。以国学的立场，不能把选举搞成大型娱乐活动，变成媒体的选秀活动，不能在制度上鼓励政治人物的巧言令色，要始终坚持政治的是非原则和诚信原则。

中国的民主和自由，是以天道为基础的，是一种讲原则、讲道理的民主与自由。《论语·季氏》云："天下有道，则庶人不议。"《论语·子路》云："居处恭，执事敬，与人忠。虽之夷狄，不可弃也。"《孟子·公孙丑下》述曾子之言曰："晋、楚之富，不可及也。彼以其富，我以吾仁；彼以其爵，我以吾义。吾何慊乎哉！"

国学认为，大道的流行运转以社会上每个有生命的、具体的个人为真正的依托。在每个人的内心，由性体作为其一致性和统一性的保障；在社会群体中，由全体人的性体组成的整体，为大道在天下人间的贯通奠定基础。大道在人的内心体现为良知，大道在社会中就体现为大公的政治制度和礼法形式。这种"大道之行天下为公"的制度，是和自由、民主、文明的基本精神相一致的。国学的政治理想在历史上并没有完全实现，但随着社会的进步和科技的发展，构建大公、大同社会的物质条件和社会基础日益具备，实现古人政治理想的现实可能性越来越大。

国学的自由、民主建立在人性之上，即人活的性体之上。在国学看来，当自由、民主成为僵化的信条或名号时，它们就不那么神圣和有吸引力了。和国学理论不同，西方民主的内在保障是隐含着上帝精神的抽象的、纯粹的民主原则，它被赋予了普遍主义的强制性，不能容许"异教徒"的存在。因而，西方民主进入现代之后，对内过于强调政治正确而逐步僵化，对外与霸权主义和文化偏见如影随形，已经难以继续在全世界范围起到号召人心的作用。自由、民主的旗帜，不唯欧美国家所独有，国学从义理上讲可以更民主、更自由。

现代中国的民主制度一方面需要借鉴西方的成功经验，但另一方面也要考虑我国的文化传统和特有优势，要坚持道义原则和大公精神，让公民真正为公，让民主真正为民。建设中国特色的民主制度，并不是一句空话，它有着深厚的历史文化基础。未来的中国，要建立有道义原则、有是非标准的社会，而不是一切向钱看的社会；要依靠德才兼备的专家治国；为维护社会的公平正义，政府应为人民提供必要的公共服务，不能盲目搞医疗、教育等公共行业的彻底市场化；要鼓励公平竞争，在全国范围统一规则和标准，不能人为制造不同人群的差别政治待遇；要大力强化政务的公开透明，加强官员的跨区域流动和异地交流任职，建立公务员原籍地任职回避制度。简而言之，要在全体国人中间树立大公原则，建立统一透明的制度，消除少数人、个别群体的特殊权利，维护全社会的公平正义。

时、势与中庸 ～♒

气的滋生，道的流行，事物的发展，都处于时势之中。权衡和处理时与势的方法就是中庸，治国理政要秉持中庸之道。

《论语·尧曰》云："咨！尔舜。天之历数在尔躬，允执其中。""允执其中"既是个人修身的原则，也是国家施政的主要原则，它的要旨是要全面把握国家和人民的整体态势，在政治活动中既坚持原则，又保持灵活性、机动性，掌握动态平衡。《中庸》第六章云："舜其大知也与！舜好问而好察迩言，隐恶而扬善，执其两端，用其中于民，其斯以为舜乎！"杜维明说："'中庸'的意思，是要在一个复杂的社会、一个复杂的时空网络中，取得最好的、最合情合理的选择。就好像射箭要中的，也是在一个非常动荡、非常不容易掌握的环境中，取得最好的击中目标的时机。这就需要自强，需要自力，需要有自知之明，需要照察各种不同层面的矛盾。"[1]

以中庸之道治国，其当下的目标就是统筹兼顾，建设一个和谐社会。《中庸》第三十章云"万物并育而不相害，道并行而不相悖"。《论语·季氏》云：

---

① ［美］杜维明：《儒家传统的现代转化》，中国广播电视出版社，1992年，第117页。

"丘也闻有国有家者，不患寡而患不均，不患贫而患不安。盖均无贫，和无寡，安无倾。"圣王在政治上的协调兼顾被总结为九经，《中庸》第二十章云："凡为天下国家有九经，曰：修身也，尊贤也，亲亲也，敬大臣也，体群臣也，子庶民也，来百工也，柔远人也，怀诸侯也。……凡为天下国家有九经，所以行之者一也。"和谐社会中每个社会成员都要各守其分、各安其位，以礼为依循。《荀子·大略》云："礼之于正国家也，如权衡之于轻重也，如绳墨之于曲直也。故人无礼不生，事无礼不成，国家无礼不宁。"①

中庸之道在西方人看来过于保守和消极，马克斯·韦伯说："儒教徒，根本上是个和平主义的、以内部的政治安宁为其取向的士人，当其面对军事的强权时，自然会出之以厌恶或缺乏理解的态度。"②基督教先天地为人判定了原罪，从而能够以上帝之名毫无顾忌地去征服、掠夺甚至灭绝异教的弱小民族，这和中华民族的理念格格不入。石介云："夫中国者，君臣所自立也，礼乐所自作也，衣冠所自出也，冠婚祭祀所自用也，缞麻丧泣所自制也，果蓏菜茹所自殖也，稻麻黍稷所自有也。"③中华文明以自立自强的农业文化为基础，国学提倡兴灭国、继绝世、举逸民，和世界上各种游牧文化、海盗文化、高利贷文化等具有根本性的区别。

孔子有时把"时中"称为"中庸"，时中在政治中主要强调要顺应事物发展的规律性和周期性，把握好时机。《论语·学而》云："道千乘之国，敬事而信，节用而爱人，使民以时。"孔子赞美懂得根据时势变化而采取行动的人。《论语·卫灵公》云："邦有道，则仕；邦无道，则可卷而怀之。"为人处世要看形势变化，用政、用刑也要因地制宜。《左传·昭公二十年》云："善哉！政宽则民慢，慢则纠之以猛。猛则民残，残则施之以宽。宽以济猛，猛以济宽，政是以和。"④《周礼·大司寇》云："一曰刑新国用轻典，二曰刑平国用中典，三曰刑乱国用重典。"⑤

① 《荀子集解》，中华书局，1988年，第495页。
② ［德］马克斯·韦伯：《中国的宗教：儒教与道教》，上海三联书店，2020年，第203页。
③ 石介：《中国论》，《徂徕石先生文集》卷10，中华书局，1984年，第116页。
④ 《十三经注疏·春秋左传正义》，北京大学出版社，1999年，第1407页。
⑤ 《十三经注疏·周礼注疏》，北京大学出版社，1999年，第903页。

在历史长周期中，以中庸之道治国，就要因时而变，顺应历史大势。中国人尊重历史，始终对历史保持敬畏之心，同时对政治制度的变迁有非常开明和理智的看法。《论语·学而》云："慎终追远，民德归厚矣。"《论语·卫灵公》云："行夏之时，乘殷之辂，服周之冕，乐则韶舞。"《论语·为政》云："子张问：'十世可知也？'子曰：'殷因于夏礼，所损益可知也；周因于殷礼，所损益可知也。其或继周者，虽百世，可知也。'"国学认同时代变化所带来的制度变迁，中庸的思想认为不会有所谓历史的终结，社会、国家的制度因时而变，因势而变，但变亦有常，变亦有道。中庸的要义不是调和主义或折中主义，而是博采众长、与时俱进。

中国的国家制度在历史上有着漫长的持续演变过程，大体上分为三个大阶段：先秦的家国同构制度，秦汉至清末的广域统一王朝制度，以及近代以来经过艰难探索而逐步成型的现代国家制度。从西周封建制到秦汉郡县制，较为彻底地实现了化家为国，是中国历史上一次伟大的制度飞跃，是在国家制度上从私天下走向公天下的重要一步。柳宗元云："秦之所以革之者，其为制，公之大者也，其情私也，私其一己之威也，私其尽臣畜于我也。然而公天下之端自秦始。"[1]

秦汉以后，中国建立了日益完备的国家公权力制度，在两千多年的时间周期和数百万平方公里的地域范围内实现了较为有效的国家治理。各朝代的中央政府都是以专业官僚取代世袭贵族进行施政，以郡县制实现了公权力的全面覆盖，为亿万民众提供了相对稳定的社会秩序与安全保障，在赈灾、治河、选官、财政、管理货币、普及教育等公共领域也都有很多建树。在漫长的统一王朝时代，大多数中国人在大多数时期都生活在一个相对文明而有秩序的社会环境中。可以说，在西方工业革命之前，中国一直是世界上最发达、最文明的国家。虽然历经多次国家分裂和外族入侵，但都能很快得到恢复和重建。即便是周边少数民族主导建立的政权，也都要以华夏政制来进行国家治理。不仅如此，中国一直处于持续的制度演进之中，在秦、汉、唐、宋、元、明、清等不同时期，各方面的政制经历了多次调整和变革，国家制度的完备性一直在逐步

---

① 《封建论》，《柳宗元集校注》卷3，中华书局，2013年，第188页。

第七章　治国

提升。

　　西欧在地理大发现和海外殖民的刺激下，率先启动了工业革命，自此其国家制度演进的速度一下加快了。在西班牙、荷兰、英、法、德、俄、美等国家的激烈霸权竞争中，西方国家逐步建立了一套更适应工业社会的政治制度。它们利用其经济优势、科技优势和制度优势先后取得了世界霸权地位，并把其他民族和国家强行纳入其殖民体系中。这构成了近代以来中国面临的最大时势变化，它让中华民族陷入了空前的危机。中国原有的发展节奏跟不上突如其来的新形势，只能被迫在应对外来挑战和实现民族复兴的旗帜下探索建立新的国家制度。

　　在西方国家的世界霸权体系中，文化霸权是一个重要方面，西方学术界的主流学者大都具有欧洲中心主义的思想倾向。以马克斯·韦伯为例，他认为中国之所以没有发展出理性的资本主义，主要原因在于缺乏西方新教（清教）伦理精神。马克斯·韦伯说："只有超越俗世取向的清教的理性伦理，将现世内的经济的理性主义发挥到最彻底的境地。之所以如此，只不过是因为从自觉的清教徒的意图来看，再没有比这更彻底的了，同时也因为入世的工作只不过是追求一个超越目标之努力的展现。世界，如所应允的，落入清教徒之手，因为只有清教徒'为了上帝及其公道而奋力不懈'。……儒教的理性主义意指理性地适应世界；清教的理性主义意指理性地支配世界。清教徒与儒教徒都是'清醒的'。但是清教徒理性的'清醒'乃建立在一种强力的激情上，这是儒教所完全没有的……在一个超俗世之神的名下，禁欲的律令被颁布给修道士，并且以变化和缓和的形式颁布给俗世。……真正的基督徒，出世而又入世的禁欲者，希望自己什么也不是，而只是上帝的一件工具；在其中，他寻得了他的尊严。既然这是他所期望的，那么他就成为理性地转化与支配这个世界的有用工具。"他还说："（中国人的）'心态'——在这里意指面对世界的实际态度——的各种基本特征……这是强烈阻碍资本主义之发展的一个有利因素了。"[①] 他肯定"超越俗世取向的清教的理性伦理"，褒扬"只是上帝的一件工具"的基督徒，而贬斥中国人的"面对世界的实际态度"，认为这种文化因素"强烈阻碍资本

---

　　① ［德］马克斯·韦伯：《中国的宗教：儒教与道教》，上海三联书店，2020 年，第 335—336、337 页。

主义之发展"。西方学者对中华文明的僵化理解，既有认识上的问题，也有立场上的问题，总体上是与西方的文化霸权统治相适应的。

站在中国人的立场上，中国历史上未能发展出西方早期的野蛮资本主义，固然有其政治文化方面的原因，这恰恰体现了中国政治文化在保证社会公义方面的优越性，而绝不是中国文化的缺点或耻辱。中国宋代、明代的工商业和海外贸易都很发达，中国商人不乏在追求财富方面的"强力的激情"，但再伟大的商人或资本家也不能在中国政治舞台上占据主导地位。中国的政治文化既限制了商人在国内的强取豪夺，也限制了他们去海外进行武装抢掠、奴隶贸易和殖民统治。在欧洲海盗开启了大航海时代的同时，倭寇也在中国沿海横行，但迥异的是，欧洲海盗和西班牙、英国等国的王室或政府相勾结，开拓了一个又一个海外殖民地，为美洲、非洲、亚洲、澳洲的原住民带来了亡国灭种的灾难；而中国沿海的海盗却被明朝政府接连打击，未能发展成为强大的殖民者。其后，清朝的少数民族高压统治压抑了思想文化的进步，远离大国竞争且长期处于和平状态也不利于新式武器的改进和国家管理制度的改革，这些是 17 世纪之后中国在文化和科技上逐步落后的重要原因。而一旦中国面对外部压迫重新动员起来，实现了内部的团结和基层组织的重构，就会再次唤回其生机和活力，实现伟大复兴。

中国在近代的落后和挨打，既有历史的必然也有历史的偶然，是中国在特定时期所面临的危局。一时的挑战和考验并不能完全打垮中国，挫折之后会再次迎来复兴。中华民族和中华文化之所以具有强大的韧性，是因为每个人的生命都是天人之道的承载者，历史之变就依托于每个人的道体、性体。一个个活生生的个人聚合起来，就会形成波澜壮阔的历史洪流，去传承民族的文化传统，并开启国家的未来命运。近代以来，无数革命先驱胸怀家国天下，以弘道的自觉主动承担历史使命，积极探索民族救亡道路，历尽艰难困苦终于建立了新中国并迅速实现了工业化。当今的社会制度和礼仪规范已经和古代有了巨大的不同，经济的发展、科技的进步使整个社会的面貌发生了极大的改变，但国学的中庸方法和时中精神，仍能让人们积极面对各种变化和挑战，与时俱进。

第八章

平天下

国学的理想是以圣王之道平天下，即把道义原则普施于天下。当今的天下是一个分裂的、各民族和各国家激烈竞争的世界，要维护全人类的整体利益和长远利益，首先要推动各文明之间的交流融汇，把道义原则彰明天下。在古人那里，明明德于天下往往体现为一种政治理想，但在经济全球化背景下世界成了"地球村"，天下变得更为切近和现实了。今天的明明德于天下，意味着要利用国学的思想资源去解决全球性的迫切问题，它兼具理想和现实的双重意义。

天下体系与夷夏之辨

何为天下？人们生活在互动一体的世界中，世界和人类的整体就是天下。国学整体性思维的终极指向必然是天下，王廷相云："志不存乎天下者，不可以言用；学不本之经术者，不可以言治；政不要之安民者，不可以言仁。"[1]

天下是一个可兼容各种文明的广阔空间，是一个具有世界性的世界，是

---

① 《雅述》上篇，《王廷相集》第 3 册，中华书局，1989 年，第 841 页。

"道"所贯通的天地万物之关联整体。天下包含了万民与万物，但万民万物之间相互依赖，且处于互动的流转变化之中。

整个天下都处于天道流行之中，为天代言的就是天子——王。王所代表的公权力以天道为遵循去建立遍布天下的政治、人伦秩序，这就是王道。《尚书·洪范》云："曰天子作民父母，以为天下王。"①《诗经·小雅·北山》云："溥天之下，莫非王土。率土之滨，莫非王臣。大夫不均，我从事独贤。四牡彭彭，王事傍傍。嘉我未老，鲜我方将。旅力方刚，经营四方。"②

在古人的设想中，天下以王都为中心，与四方、万邦共同形成了分级一体的地理结构和政治结构。《尚书·尧典》云："昔在帝尧，聪明文思，光宅天下。……克明俊德，以亲九族。九族既睦，平章百姓。百姓昭明，协和万邦。"③ 王畿云："'明峻德'即是致良知，不离伦物感应，原是万物一体之实学。亲九族是明明德于一家，平章百姓是明明德于一国，协和万邦是明明德于天下，亲民正所以明其德也。是为大人之学。"④ 在古代圣贤看来，家、国、天下都在"致良知"和"伦物感应"的范围之内。

天下的整体性首先体现为圣王"以天下为一家，以中国为一人"的境界和胸怀。《公羊传·隐公元年》云："王者无外，言奔，则有外之辞也。"⑤ 王阳明《大学问》云："大人者，以天地万物为一体者也，其视天下犹一家，中国犹一人焉。"⑥ 所谓大人，就是圣人或圣王。

天下的整体性还体现为对跨国利益共同体的认可。天下体系内，国家间能形成"同休戚、共进退"的命运与共关系。《国语·周语下》云："晋国有忧，未尝不戚；有庆，未尝不怡。……为晋休戚，不背本也。"⑦

天下的整体性还体现为对全天下人的开放性和包容性。天下不仅是一个地理概念，还可代指全人类。《孟子·离娄上》云："得天下有道：得其民，斯得

① 《十三经注疏·尚书正义》，北京大学出版社，1999年，第312页。
② 《十三经注疏·毛诗正义》，北京大学出版社，1999年，第797页。
③ 《十三经注疏·尚书正义》，北京大学出版社，1999年，第22—27页。
④ 《南游会纪》，《王畿集》卷7，凤凰出版社，2007年，第151页。
⑤ 《十三经注疏·春秋公羊传注疏》，北京大学出版社，1999年，第24页。
⑥ 《大学问》，《王阳明全集》卷26，上海古籍出版社，1992年，第968页。
⑦ 《国语集解》，中华书局，2019年，第94—96页。

天下矣；得其民有道：得其心，斯得民矣。"《吕氏春秋·贵公》云："天下非一人之天下也，天下之天下也。阴阳之和，不长一类。甘露时雨，不私一物。万民之主，不阿一人。"① 天下一体、协和万邦，包含着对多样性和差异性的尊重，也意味着兼容性和开放性。《论语·颜渊》云："君子敬而无失，与人恭而有礼，四海之内，皆兄弟也。"按照世界主义的天下观，古代中国与周边部族之间是一种建立在地缘关系基础之上的一体、相容、向心关系。

天下之空间是一个由中心区到边缘区的有序结构，空间的有序性和人的有序性相结合，形成"五方之民"的族群划分，即居于中原地区的华夏与四周的夷、狄、蛮、戎。《礼记·王制》云："广谷大川异制，民生其间者异俗，刚柔、轻重、迟速异齐。五味异和，器械异制，衣服异宜。修其教，不易其俗。齐其政，不易其宜。中国戎夷，五方之民，皆有性也，不可推移。……中国、夷、蛮、戎、狄，皆有安居、和味、宜服、利用、备器。"② 这种中心到边缘的有序结构，既是一种地理结构，也意味着一种文明程度的划分，体现了中心文明向外围的辐射效应。

何为中国？在西周，中国指天子所居之王都，以及周边之王畿。《史记》集解云："帝王所都为中，故曰中国。"③《太平御览》云："《五经要义》曰：王者受命创始，建国立都，必居中土。所以总天地之和，据阴阳之正，均统四方，以制万国者也。"④ 中国之"中"兼有地理含义和文化内涵。王都所在之地，未必是真正的地理中心，却是政治文化中心。随着王都所代表的华夏文明不断向四周辐射，"中国"逐渐成为与"四夷"或"夷狄"相对应的文化代名词，地理范围扩大到中原行华夏之礼仪的各诸侯国。春秋战国时代，蛮夷戎狄与诸夏之国逐渐融合，文化上的中国开始与地理上的中国逐渐重合。

自古以来，中华文明在东亚乃至世界都长期领先。《战国策·赵策二》云："中国者，聪明睿知之所居也，万物财用之所聚也，贤圣之所教也，仁义之所

---

① 《吕氏春秋集释》，中华书局，2009年，第25页。
② 《十三经注疏·礼记正义》，北京大学出版社，1999年，第398—399页。
③ 《史记》卷1《五帝本纪》集解，中华书局，1959年，第31页。
④ 《州郡部二·叙京都下》，《太平御览》第2册卷156，河北教育出版社，1994年，第484页。

施也，《诗》《书》礼乐之所用也，异敏技艺之所试也，远方之所观赴也，蛮夷之所义行也。"① 石介云："夫天处乎上，地处乎下，居天地之中者曰中国，居天地之偏者曰四夷。四夷外也，中国内也。天地为之乎内外，所以限也。"②

何为华夏？《左传·定公十年》孔颖达疏云："夏，大也。中国有礼仪之大，故称夏；有服章之美，谓之华。华、夏一也。"③ "夷夏之辨"或称"夷夏之别"，是文明程度不同的族群在礼仪服饰、风俗文化、生活方式、政治制度等方面的差异。

夷夏之辨的第一要义是夷夏有别，夷在文明程度上不如夏，要倡导化夷为夏，推动落后民族地区的文明进步。《孟子·滕文公上》云："吾闻用夏变夷者，未闻变于夷者也。陈良，楚产也，悦周公、仲尼之道，北学于中国。"唐太宗云："中国百姓，天下之根本；四夷之人，乃同枝叶。扰其根本以厚枝附，用求义安，未之有也。"④ 明宣宗《驭夷篇》云："四夷非可以中国概论，天地为之区别，夷狄固自为类矣。夷狄非有诗书之教，礼义之习，好则人，怒则兽，其气习素然。故圣人亦不以中国治之，若中国义安，声教畅达，彼知慕义而来王，斯为善矣。"⑤ 夷夏之别，是文明程度之别，夏胜于夷之处，主要的体现是道义之公、文化之美、礼仪之盛。中国古人虽然在技术水平、军事能力等方面长期在世界处于领先地位，但国学并未把技术之高、军力之威作为夷夏的主要区别。

夷夏之辨的第二要义在于，国学承认并尊重四夷的存在，尊重他们自己的政治权力和风俗习惯，强调和而不同，奉行开放主义、包容主义以及和平主义。《论语·尧曰》云："兴灭国，继绝世，举逸民，天下之民归心焉。"《中庸》第二十章云："柔远人则四方归之，怀诸侯则天下畏之。……送往迎来，嘉善而矜不能，所以柔远人也；继绝世，举废国，治乱持危，朝聘以时，厚往而薄来，所以怀诸侯也。"天下体系内，虽然夷夏有别，但夷夏之间的关系具有"共生性""合作性"等内涵。

---

① 《赵策二》，《战国策笺证》卷19，上海古籍出版社，2018年，第1047页。
② 石介：《中国论》，《徂徕石先生文集》卷10，中华书局，1984年，第116页。
③ 《十三经注疏·春秋左传正义》，北京大学出版社，1999年，第1587页。
④ 《议安边第三十六》，《贞观政要》卷9，中华书局，2021年，第326页。
⑤ 《明宣宗实录》卷38，台北"中央研究院"史语所1962年校印本，第951页。

"夷夏之辨"，分辨的是文明文化所体现的礼仪教化，而不是地域、民族、肤色或血缘。《论语·子罕》云："子欲居九夷。或曰：'陋，如之何？'子曰：'君子居之，何陋之有？'"董仲舒云："《春秋》无通辞，从变而移。今晋变而为夷狄，楚变而为君子，故移其辞以从其事。"[①] 韩愈云："孔子之作《春秋》也，诸侯用夷礼则夷之，进于中国则中国之。"[②] 夷夏不是绝对的，二者之间不存在不可跨越的鸿沟，区别彼此的是文化、制度等可建构、可重塑的因素，可以相互转化。《论语·季氏》云："远人不服，则修文德以来之，既来之，则安之。"孔子相信夷狄可以教化的思想显然与西方"异族为异类"的种族观大相径庭。

　　历史上中国曾建立了以华夏文明为主导、辐射周边国家的天下体系，呈现过"九天阊阖开宫殿，万国衣冠拜冕旒"[③] 的盛况。在政治上，天下体系表现为一种天朝礼制体系，通过册封、朝贡及礼仪等制度形式，将处于中心位置的中国与四周的藩属国紧密联系起来。中原王朝是天下的中心，四周是归顺蛮夷生活的边疆地区，再往外一层是接受中原王朝册封的朝贡国，最外一层是化外之地，形成了由内而外向四周辐射的政治秩序和文化秩序。这与西方的殖民体系截然不同。中国在处理国家间的关系上讲求和而不同；而藩属国的服从，是对天下秩序的认同和遵守。在经济上，朝贡体系体现为一种合作性的、有管理的自由贸易体系。中国政府在经济往来方面经常秉持"厚往薄来"的政策，民间贸易则坚持有管理的互利互惠原则。之所以要有政府的管理，主要是防范商人见利忘义，垄断市场或破坏夷夏间的合作互信关系。

　　在漫长的历史时期中，中国与周边国家，如朝鲜、越南、缅甸等，一直保持着朝贡册封关系。在中国的朝贡体系下，周边国家获得了国家安全和贸易利益。明成祖朱棣派郑和下西洋，宣其诏谕云："凡覆载之内日月所照，霜露所濡之处；其人民老少，皆欲使之遂其生业，不致失所。今遣郑和赍敕普谕朕意。尔等祗顺天道，恪守朕言，循理安分，勿得违越；不可欺寡，不可凌弱；庶几共享太平之福。"[④]

---

①　《春秋繁露·竹林》，《春秋繁露义证》，中华书局，1992年，第46页。
②　《原道》，《韩愈全集校注》，四川大学出版社，1996年，第2664页。
③　《和贾舍人早朝大明宫之作》，《王维集校注》，中华书局，1997年，第488页。
④　郑鹤声、郑一钧：《郑和下西洋资料汇编》上册，齐鲁书社，1980年，第99页。

现实中，朝贡体系的国家范围根据中国国力强弱，时多时少。《大清会典》乾隆二十九年云："凡四夷朝贡之国，东曰朝鲜，东南曰琉球、苏禄，南曰安南、暹罗，西南曰西洋、缅甸、南掌（西北番夷见理藩院），皆遣陪臣为使，奉表纳贡来朝。凡敕封国王，朝贡诸国遇有嗣位者，先遣使请命于朝廷。朝鲜、安南、琉球，钦命正、副使奉敕往封；其他诸国，以敕授来使赍回，乃遣使纳贡谢恩。"①

15 世纪以后，西欧国家通过大范围的殖民扩张，建立了遍及全球的西方殖民体系。这个体系下帝国主义国家同其殖民地、半殖民地以及附属国之间形成了一方压迫另一方的极不平等的国际秩序。

西方列强往往通过武装占领的方式对待不发达国家，夺其国、灭其教、占其地、掳其民。在经济上，宣称采用"自由贸易"，实则以不平等手段将不发达国家、民族和地区变成自己的商品市场、原料产地、投资场所，以及廉价劳动力和雇佣兵的来源地。殖民地国家在政治、经济、军事和外交方面丧失了独立性，受到宗主国的严密控制。西方殖民体系是建立在扩张、掠夺基础上的，和中国的朝贡体系具有本质的不同。

西欧在近代向全世界扩张，西班牙、荷兰、英国先后成为霸主，世界上所有的农业文明无一例外地败给了以西欧为代表的工业文明。中国的藩属国在西方殖民者的暴力和讹诈下陆续沦为殖民地，被迫脱离中国的朝贡体系。中国自身在西方帝国主义的侵略下，在 1840 年之后陷入了深重的民族危机之中。1858 年清朝政府与英国签订的《天津条约》第五十一款云："嗣后各式公文，无论京外，内叙大英国官民，自不得提书夷字。"② 随之开始用"洋务"代替"夷务"，并开始推重"西学"。1901 年，清朝被迫放弃了传统的朝贡礼仪而接纳了西方的外交礼仪，传统天下体系终结了。

华夏文明长期主张以道德礼仪教化四周的夷狄，体现了高度的文化自信。这种自信来源于对国学的自信，具有坚实的理性基础。在过去一百多年里，随着中国被资本主义国家打败，很多人失去了对民族文化的自信，怀疑国学的理

---

① 《礼部·主客清吏司》，《钦定大清会典》卷 56，景印文渊阁四库全书第 619 册，第 499 页。
② 王铁崖：《中外旧约章汇编》第 1 册，三联书店，1957 年，第 102 页。

性基础，但未来随着中华民族的复兴，这种情况将会逐步得到改变。

王霸之道

何为王道？王为天子，为天代言，以天下为一体，是公权力的化身，其所施所行即是王道。《说文解字》云："王，天下所归往也。董仲舒曰：古之造文者，三画而连其中谓之王。三者，天地人也。而参通之者，王也。孔子曰：一贯三为王。"[1] 世界是天道流行的世界，天道在人间政治领域就体现为王道，王道应当施及全体天下人。《尚书·洪范》云："无偏无陂，遵王之义。无有作好，遵王之道。无有作恶，遵王之路。无偏无党，王道荡荡。无党无偏，王道平平。无反无侧，王道正直。"[2]

王是全天下的代表。《荀子·王制》云："四海之内若一家，故近者不隐其能，远者不疾其劳，无幽闲隐僻之国莫不趋使而安乐之。夫是之谓人师，是王者之法也。"[3] 明太祖朱元璋诏曰："朕既为天下主，华夷无间，姓氏虽异，抚字如一。"[4]

王道对王的个人领导力有特别的要求，要求王以圣人的标准去做君师合一型的伟人。在远古时代，王在掌握王权的同时往往还掌握着神权、祭权或教权，因此圣王在远古时代较为常见。而随着文明的进步，神权或祭权日益淡化，王的神圣性就日益降低了，圣王在西周以后就难得一见了。但圣王一直存在于中国人的历史记忆和文化基因中，人民一直呼唤圣王的到来，尤其是在民族危亡的时刻。

在国学中，王的根本遵循就是圣王之德，成就王自身修养的途径和方法就是内圣之道。圣王之德是要以万物一体的境界与胸怀，照顾天下人的整体利益，在施政行为中要以道心制人心，以天理克私欲，秉公权，行公义。内圣之

---

① 《说文解字注》，上海古籍出版社，1981年，第9页下。
② 《十三经注疏·尚书正义》，北京大学出版社，1999年，第311页。
③ 《荀子集解》，中华书局，1988年，第161页。
④ 《明太祖实录》卷53，台北"中央研究院"史语所1962年校印本，第1048页。

道，就是要做格物、致知、诚意、正心的工夫，克服主观性和个体性，以性体之道最大化地贯通整个心体或道体。

古人以天道制约帝王，对王的言行举止都有特殊的要求。董仲舒云："故为人主者，法天之行，是故内深藏，所以为神；外博观，所以为明也；任群贤，所以为受成；乃不自劳于事，所以为尊也；泛爱群生，不以喜怒赏罚，所以为仁也。"① 亦云："故为人君者，谨本详始，敬小慎微，志如死灰，形如委衣，安精养神，寂莫（寞）无为。"② 人们对圣王高标准的期许构成了中国政治制度的一个重要方面，在现实中它对王个人形成了一种无形的制约。

圣王在世袭皇权制度下很难培养出来，这是因为在权力机制下，王或储君常常处于讨好行为的包围之下，各种软性的或潜在的操控机制影响着作为个人的王或储君，使其远离本真的状态，难以进入天人之境，难以达到圣王的境界。除了开国帝王之外，从小长在深宫的帝王往往不了解民间的疾苦，也不谙熟底层权力的运行机制，因此难以真正领导国家并主导权力机制的运行。这是皇权制度难以克服的制度性困难。君主世袭和嫡长子继承制主要解决权力世代交替的稳定性问题，并不能解决好君主的治国能力和领导力问题。国学很强调君王的仁德，而把其个人能力放在第二位，就是基于这个背景所做的现实考虑。中国历史上主要通过相对完备的官僚体系和一整套对储君的教育制度来试图克服这个困难，但效果并不能令人满意。国学的教育虽然有助于对储君的培养，但不能完全保证把储君培养成圣王。国学更推崇三代之前的禅让制，是因为选择圣贤做王要比把储君培养成圣贤更为现实。中国近代废除了世袭君主制度，在国学看来并不奇怪，通过推举制或选举制产生领导人更符合国学的义理。

今天的政治制度虽然发生了很大的改变，但中国人对政治家的要求仍然潜在地靠近圣王的标准。沿着人人可以成圣的理论推演下去，人民不再需要君主来掌握国家和民族的命运，而是可以选举代表人民利益的政治家来执政。人民选择的政治家更具有成为圣王的可能性和必要性。无论是从公权力运行机制的

---

① 《春秋繁露·离合根》，《春秋繁露义证》，中华书局，1992 年，第 165 页。
② 《春秋繁露·立元神》，《春秋繁露义证》，中华书局，1992 年，第 166—167 页。

角度还是从个人领导力的角度看，都需要政治家秉持内圣之道。一方面，政治家执掌公权力，必须要有公心，秉公办事；另一方面，政治家要具有领导力，能服人，也需要有内在的德性。

王道虽然和王的角色密切相关，但其根本不在王自身，王道的根本在如何对待人民，以人民的利益为根本遵循才是王道。《孟子·公孙丑上》云："尊贤使能，俊杰在位，则天下之士皆悦而愿立于其朝矣。市廛而不征，法而不廛，则天下之商皆悦而愿藏于其市矣。关讥而不征，则天下之旅皆悦而愿出于其路矣。耕者助而不税，则天下之农皆悦而愿耕于其野矣。廛无夫里之布，则天下之民皆悦而愿为之氓矣。信能行此五者，则邻国之民仰之若父母矣。率其子弟，攻其父母，自有生民以来，未有能济者也。如此，则无敌于天下。"

国学内求仁道在人心中实现贯通一体，外求王道在全天下实现贯彻普施。仁道的外推，其最终结果必然是王道的一统天下，必定是世界的一体化。未能实现一体化的世界充斥着无序和纷争，因而王道追求的是"大一统"，即天下要"定乎一"。董仲舒云："《春秋》大一统者，天地之常经，古今之通谊也。"[1]"大一统"意味着中央王朝正朔的唯一性和合法性，也意味着公权、公义能够在全体人民那里普遍实现。行王道，天下未统则要以统一天下为大任；天下已统，则要以一体视之，政法齐一，公平公正，不搞区别对待。

当今世界处于国际垄断资本主导的帝国主义霸权时代。世界各国在政治上分裂，军事上对峙，文化上竞争。这样的形势，恰如古代战国时期列国争霸的局面。刘向云："仲尼既没之后，田氏取齐，六卿分晋，道德大废，上下失序。至秦孝公捐礼让而贵战争，弃仁义而用诈谲，苟以取强而已矣。夫篡盗之人，列为侯王，诈谲之国，兴立为强，是以传相放（仿）效，后生师之，遂相吞灭，并大兼小，暴师经岁，流血满野，父子不相亲，兄弟不相安，夫妇离散，莫保其命，泯然道德绝矣！晚世益甚，万乘之国七，千乘之国五，敌侔争权，盖为战国。贪饕无耻，竞进无厌，国异政教，各自制断，上无天子，下无方伯，力功争强，胜者为右，兵革不休，诈伪并起。"[2]《孟子·公孙丑上》云：

---

① 《汉书》卷 56《董仲舒传》，中华书局，1962 年，第 2523 页。
② 《刘向书录》，《战国策笺证》，上海古籍出版社，2018 年，第 2 页。

"民之憔悴于虐政，未有甚于此时者也。"

诸侯争霸是一段野蛮血腥的历史，但争霸的结果是，各诸侯国在竞争中国家能力得到提升，旧有的宗法制度瓦解了，郡县制诞生了，中国的政治形态和社会形态发生了根本性的改变，开启了延续两千年的统一王朝时代。欧洲在近代的情况和中国春秋战国时期很像，西班牙、荷兰、英、法、德、俄等国展开了激烈竞争，在霸权的争夺中，各国完善了内政，强化了武装，加速了海外扩张，海外贸易和殖民又促进了工业的发展，推动了工业革命。工业革命后，资产阶级登上了历史舞台，在政治形态和国家制度方面进行了更深刻的革命。这就从根本上拉开了与中国清朝在国力上的差距。

天下未能一统时，只能以霸道代行王道，霸道是王道的必要阶段或保障手段。在周天子式微，不能行王道时，诸侯、诸伯可以"尊王攘夷"，以霸道宣王道。何为霸？《白虎通·号》云："霸者，伯也。行方伯之职，会诸侯朝天子，不失人臣之义。"①《春秋公羊传·僖公四年》云："夷狄也，而亟病中国。南夷与北夷交，中国不绝若线。桓公救中国，而攘夷狄，卒怗荆，以此为王者之事也。"②

孔子对管仲匡扶天下的霸业十分欣赏，《论语·宪问》云："管仲相桓公，霸诸侯，一匡天下，民到于今受其赐。"亦云："桓公九合诸侯，不以兵车，管仲之力也。如其仁！如其仁！"崔寔云："昔孔子作《春秋》，褒齐桓，懿晋文，叹管仲之功。夫岂不美文、武之道哉，诚达权救弊之理也。故圣人能与世推移，而俗士苦不知变……"③

王道和霸道的关系比较微妙。霸道不是现代意义的"霸权主义"，霸道和王道具有一定的统一性，霸道是一种非王道，它或者可以是王道的一种替代品，或者可以是实现王道的一种手段，但绝不是王道的反义词。王道的反面是国内的"无政府主义"，以及国际政治中的"霸权主义"或"丛林法则"。

王道崇德，并非不重力，王道有"以力辅仁"的一面。从气的角度论德，

① 《白虎通疏证》卷2，中华书局，1994年，第62页。
② 《十三经注疏·春秋公羊传注疏》，北京大学出版社，1999年，第213—214页。
③ 《政论》，《全后汉文》上册卷46，商务印书馆，1999年，第463页。

合道的实力就是德，文德主要指软实力，武德主要指硬实力，特别是军事实力。孔子云："臣闻有文事者，必有武备；有武事者，必有文备。古者诸侯并出疆，必具官以从，请具左右司马。"① 强权相争，必须以暴制暴，以力降力。王道并非只有仁义，王道亦有其威。《荀子·王制》云："彼王者不然，仁眇天下，义眇天下，威眇天下。仁眇天下，故天下莫不亲也；义眇天下，故天下莫不贵也；威眇天下，故天下莫敢敌也。以不敌之威，辅服人之道，故不战而胜，不攻而得，甲兵不劳而天下服。是知王道者也。知此三具者，欲王而王，欲霸而霸，欲强而强矣。"②

"霸"虽然对外靠实力说话，但在政治上也讲仁德、守信义。就外在表现来说，霸道与王道不仅不存在鲜明的对立，而且有极大的相似之处。董仲舒云："《春秋》之道，大得之则以王，小得之则以霸。故曾子、子石盛美齐侯安诸侯，尊天子。霸王之道，皆本于仁。"③ 桓谭云："王道纯粹，其德如彼；伯道驳杂，其功如此。俱有天下，而君万民，垂统子孙，其实一也。"④ 司马光云："王霸无异道。……其所以行之也，皆本仁祖义，任贤使能，赏善罚恶，禁暴诛乱；顾名位有尊卑，德泽有深浅，功业有巨细，政令有广狭耳，非若白黑、甘苦之相反也。"⑤

当然，霸道毕竟不同于王道，霸道最终要让位于王道。讨论王霸之别，古人有时从目标的角度，或者从用心的角度去说。王安石云："仁义礼信，天下之达道，而王、霸之所同也。夫王之与霸，其所以用者则同，而其所以名者则异，何也？盖其心异而已矣。"⑥ 黄宗羲云："王者未必不行霸者之事，而霸者不能有王者之心……王者吾不得而见之，得见霸者斯可矣。"⑦

仅从心术或用心上区分王道和霸道，有点失之简单化和空虚化。但也从侧面说明，从现实的角度看，王道和霸道并非截然两分。在当今天下分裂，各个

---

① 《孔子家语·相鲁》，《孔子家语通解》，齐鲁书社，2009年，第4页。
② 《荀子集解》，中华书局，1988年，第158页。
③ 《春秋繁露·俞序》，《春秋繁露义证》，中华书局，1992年，第161页。
④ 《王霸篇》，《新辑本桓谭新论》卷2，朱谦之校辑，中华书局，2009年，第3—4页。
⑤ 《汉纪十九·宣帝甘露元年》，《资治通鉴》卷27，中华书局，1956年，第881页。
⑥ 《王霸》，《王文公文集》卷28，上海人民出版社，1974年，第326页。
⑦ 《孟子师说》，《黄宗羲全集》第1册，浙江古籍出版社，1985年，第152页。

文明、各个国家互相激烈竞争的局势下，既不能迂阔地空谈王道，而忘记霸道的工具和方法；也不能仅仅强调霸道的实施手段，而贬弃王道的理想和原则。

明明德于天下

国学的追求是"明明德于天下"，就是要在全世界彰明道义。朱熹云："人受天地之中以生，故人之明德非他也，即天之所以命我，而至善之所存也。是其全体大用，盖无时而不发见于日用之间。"① 人的性体具有一体化外部世界的本能趋势，是天之所命；构成性体的本然之道贯通了人的一体世界，是"至善之所存"。这种贯通的大道，不但贯通了人的内在世界，还要通过人的努力贯通流行于整个外在世界。顾炎武云："易姓改号，谓之亡国；仁义充塞，而至于率兽食人，人将相食，谓之亡天下。……保国者，其君其臣肉食者谋之；保天下者，匹夫之贱与有责焉耳矣。"② 道义是天下应坚守的文明底线，失去了道义就失去了人的根本遵循，可谓"亡天下"。在国学看来，亡国家，人民未必灭绝；而亡道义，则会有损全人类的尊严和价值。

天下是超越民族国家的人类整体，天下人共同生活在同一个世界，具有共同的道义原则。在中国哲人看来，天下绝不应是一个弱肉强食、强权至上的丛林法则社会，这和西方传统主流思想有很大的不同。西方传统思想长期以来受到基督教文化的熏陶，忽视人的世界性和内在良知，漠视基于人性的社会公义和群体理性。牟钟鉴说："西方文化在价值层面上有几种思想传统值得深刻反思。其一，是在政治层面上的马基雅维利的强权政治论。……把政治作为集团利益的体现和协调，无视道德和正义，奉行'强权就是公理'、'弱者无外交'、'政治斗争无诚实可言'的原则。……其二，是在思想层面上的社会达尔文主义。……视社会如动物界，充满了争夺与拼杀，认为以强凌弱、以富欺贫是正

---

① 《大学或问》，《四书或问》，《朱子全书》第6册，上海古籍出版社、安徽教育出版社，2010年，第516页。

② 《日知录》卷13，《顾炎武全集》第18册，上海古籍出版社，2011年，第527页。

当的，为了生存的需要也可以发动战争。以此出发，可以发展出种族主义、帝国主义乃至法西斯主义。……其三，是在信仰层面上的基督教的排异性。……基督教一个根深蒂固的理念便是爱上帝高于爱人类，如果崇拜其他神或者主张爱人与爱神合一便不可以得救，所谓的'基督之外无拯救'……要把基督福音传布到全世界，并以此作为一项神圣的使命，从而有到各国传教的周密计划，并不遗余力地加以推动。由于缺乏对其他民族信仰的尊重，这种只顾扩大本教不顾其他的传教意识和做法，再加上与霸权主义政治相配合，便容易与其他文明发生冲突……"①

西方传统思想的缺陷和问题不仅体现在其政治倾向上，而且体现在其思维方式上。西方传统思想的文化基础是犹太教、基督教等一神教，其哲学基础则是建立在抽象概念上的形而上学，二者都缺乏生活世界的现实基础，难以适应当今时代。抽象僵化的自由、民主原则以及绝对化的人权理念，已经日益沦为空洞乏味的政治口号，并成为帝国主义愚弄国内人民、操纵国际舆论的工具。西方传统思想所统治的观念社会，离现代人的生活世界越来越远，离本真之知越来越远。

王夫之云："有即事以穷理，无立理以限事。故所恶于异端者，非恶其无能为理也，恶然仅有得于理，因立之以概天下也。"② 亦云："天之理固一贯也，然岂滞形滞数而无参差互成之妙哉！区区得一隅之法象，举凡天下之理数悉以此而范之，天且从其私意而不得以伸其固然，而况于人事之与物理？故曰：所恶于执一者，为其贼道也。"③ 欧美国家自近代以来，以西方中心主义思想垄断了国际话语权，它们的行径正如王夫之所说的"因立之以概天下"，"举凡天下之理数悉以此而范之"。这种以抽象概念去固化人心的方式会导致"天且从其私意而不得以伸其固然"，最终必然会被历史所淘汰。

当代中国，经过几代人艰苦卓绝的努力，在没有对外武装侵略和对内野蛮剥夺的情况下，迅速实现了工业化和现代化，迎来了经济繁荣和文化复兴的伟

① 牟钟鉴：《是天下一家还是弱肉强食——儒学天下观的当代意义》，《探索与争鸣》，2007 年第 1 期。

② 《续春秋左氏传博议·士文伯论日食》，《船山全书》第 5 册，岳麓书社，1991 年，第 586 页。

③ 《春秋家说·桓公》，《船山全书》第 5 册，岳麓书社，1991 年，第 127 页。

大时代。这为改变帝国主义国家一家独大的局面，在国际政治中真正树立以民为本、以人为本的价值取向，提供了机遇。而国学扎根于天人共在的整体和人的原初意识，超越了僵化概念基础上的形而上学，为未来世界提供了不可替代的思想资源。

国学经历了数千年的风雨考验，仍具有内在的强大生命力，可以为全人类的和平发展提供助力。在文化交融中，国学的突出优势在于：首先，国学本来就是天下之学，不是一国一家之学，国学本身强调人与人、人与世界的整体性与和谐性，天然就是世界一体化的倡导者和推动者；其次，国学具有现世性、务实性和包容性，国学不僵化，不会固守任何现成的制度或教条，可以与时俱进；第三，国学倡导天下大公，维护最广大民众的利益，可以争取最广泛的政治同盟。

明明德，亦即明王道，这是自孔子以来国学的天命。司马迁云："周室既衰，诸侯恣行。仲尼悼礼废乐崩，追修经术，以达王道，匡乱世反之于正，见其文辞，为天下制仪法，垂六艺之统纪于后世。"[①] 亦云："是以孔子明王道，干七十余君，莫能用，故西观周室，论史记旧闻，兴于鲁而次《春秋》，上记隐，下至哀之获麟，约其辞文，去其烦重，以制义法，王道备，人事浃。"[②] 孔子之后，"明明德于天下"一直是历代圣贤的神圣追求。《孟子·离娄上》云："尧、舜之道，不以仁政，不能平治天下。"张载云："为天地立志，为生民立道，为去圣继绝学，为万世开太平。"[③]

明明德于天下的目的是止于至善，至善就是要追求全人类福祉的最大化。当今世界，各国间人员往来与交流合作日益密切，资本驱动下的经济全球化已经把所有人卷入了同一个分工体系之中，人类的生活面貌发生了广泛而深刻的巨大变化。现代人在享受了分工合作所带来的经济福利的同时，也面临着全球范围的市场和就业竞争，受到更为严峻的能源、环境、核安全等全球性问题的困扰。交通、通信、互联网等领域新技术的发展拉近了各地人群间的距

---

① 《史记》卷 130《太史公自序》，中华书局，1959 年，第 3310 页。
② 《史记》卷 14《十二诸侯年表》，中华书局，1959 年，第 509 页。
③ 《张子语录·语录中》，《张载集》，中华书局，1978 年，第 320 页。

离，世界变成了"地球村"，"天下"从一个遥远的理想世界具体化为一系列切近的现实问题。各国在思想文化领域的竞争和冲突日趋激烈，不但影响了各国的政治舞台，也日益迫近了普通民众的日常生活。世界呼唤和平与合作，更呼唤共识与公义。未来的人类世界终究要建立"天下归仁"的国际新秩序，摆脱国家间、民族间、文明间的丛林法则，维护全人类的共同利益和长远利益。

明明德于天下，就是要秉正理、行正路，清醒认识和分辨现代世界各种文化思想理论，相互比较、借鉴和融会。近一百多年来，随着人类的发展进步，各种新思想和新理论不断涌现，西方社会曾经的主流思想受到广泛冲击，西方中心主义论调受到越来越多的质疑，这为国学的重新发展提供了越来越广阔的空间。国学的基本精神和核心理念与现代很多理性思想与革命学说并不矛盾，可以与之取长补短，相互促进，共同发展。

首先，国学和科学是相通相融的，科学所秉持的理性主义和实证主义理念是和国学精神相一致的，它们都一致反对极端主义和宗教狂热主义。需要警惕的是科学主义、科技决定论这些看似科学实则与科学精神相悖的思潮，它们往往似是而非地隐藏在科学背后，把科学引向神学及其现代变种的阴影之中，必须加以分辨和剔除。

其次，国学和马克思主义看似风马牛不相及，其内容和形式有着巨大的差异，但其实二者有很多志同道合之处。马克思主义作为实践的、革命的学说，其理论品格和国学相似，马克思主义的共产主义理想和国学天下大公的思想有异曲同工之妙。但受西方传统思想的影响，对马克思主义僵化的、教条的理解，容易导致形式主义倾向。过去中国人利用马克思主义的思想武器打败了帝国主义、封建主义和官僚资本主义，为中华民族的复兴扫清了政治、经济和军事障碍。马克思主义之所以能和中国的革命实践相结合并取得了成功，它和国学的精神契合是一个重要的内因。未来，马克思主义的中国化还有广阔的空间。

第三，西方各种后现代思想与国学存在众多交流对话的领域。西方后现代思想，大多秉持去中心主义和解构主义的理念，在一定程度上体现了人类最新的思想成果，极大地动摇和削弱了西方传统主流思想的统治地位。虽然一些后现代思想批判性有余而建设性不足，容易陷入虚无主义和个人主义的泥淖，但它们仍然是国学在未来可以借鉴的重要思想资源。张世英说："西方现当代的哲学家们所提倡的在'哲学终结'之后的思想观点究竟是一种什么样的思想观点呢？他们中间一些人所谓'后哲学'的哲学，究竟是一种什么样的哲学呢？他们各有各自独特的哲学和观点，但大体说来，他们大多反对和批评那种独立于人之外的概念王国，主张哲学应从抽象的天国回到具体的人世和现实生活；反对主体与客体二分，强调人与世界合一、物我交融的生活世界。西方现当代的这种哲学思想似乎又回到了苏格拉底、柏拉图以前古希腊早期思想家们的观点，但这不是一种简单的回复，他们所讲的人与世界合一、物我交融的思想是经过了西方几千年传统的主客关系式的洗礼之后的一种超越主客关系的合一或物我交融。"他还说："所以从总体上来看，如果说中国传统哲学对哲学是什么的问题有某种回答与界定的话，那么，这种回答与界定似乎可以说与古希腊早期的'爱智'之学和现当代的'后哲学'有更多相似相通之处。"[①]

明明德于天下之"明德"不是抽象孤悬的死物，它动态地生发、存活和发挥于所有人的头脑中和行动中，是一种非现成的存在。国学依托于人心中之道，它不是僵化的教条，始终是"活泼泼的"。它永远与生命为伍，也永远具有现世、现实的生命力。国学站在了主客的分与未分之间，站在了个体和整体的分与未分之间，站在了历史和未来的分与未分之间，站在了现实和可能的分与未分之间，顺天应人，从容中道。它一方面超越了个体和当前，另一方面又并未坠入虚无，仍然不离现实世界。

几千年来，国学经历了漫长的发展历程，其间难免沾染了不少历史的污垢，但当人们跨越历史，扫荡了那些不合时宜的繁文缛节和僵化教条之后，就会发现其精神内核始终具有生命力和超越性。国学的当代价值在于，以逻辑和抽象概念为基础的西方社会科学有未尽之意、未全之功，而国学的道说、道言可以贯通宇宙物质能量场和人类社会场，可以把人的存在之领会体现于人生实践和政治行为中，有益于全人类人性的彰显和福祉的提高。

---

① 张世英：《哲学导论》，北京师范大学出版社，2014年，第6、7页。

程颢云："得天理之正，极人伦之至者，尧、舜之道也……王道如砥，本乎人情，出乎礼义，若履大路而行，无复回曲。……故治天下者，必先立其志，正志先立，则邪说不能移，异端不能惑，故力进于道而莫之御也。"[①] 国学之道指向了世界的整体，因而可以"得天理之正"，能够指导人们建立健全的世界观；国学之道贯通了世界和人自身，因而又可以"本乎人情"，指导人们进行人生实践。国学既可读又可做，在读与做的过程中，性展开了——人们进一步向世界和历史展开了自身；天道也展开了——世界也会随之以更美好的面貌向人们展现出来。

---

① 《论王霸劄子》，《河南程氏文集》卷 1，《二程集》，中华书局，2004 年，第 450—451 页。

参 考 文 献

一、古代文献

李学勤主编：《十三经注疏》（标点本），北京：北京大学出版社，1999 年。

荆门市博物馆编：《郭店楚墓竹简》，北京：文物出版社，1998 年。

韦昭注，徐元诰集解，王树民等点校：《国语集解》，北京：中华书局，2019 年。

王聘珍撰：《大戴礼记解诂》，北京：中华书局，1983 年。

黎翔凤撰：《管子校注》，北京：中华书局，2004 年。

吴则虞撰：《晏子春秋集释》，北京：中华书局，1982 年。

杨朝明、宋立林主编：《孔子家语通解》，济南：齐鲁书社，2009 年。

郭庆藩撰：《庄子集释》，北京：中华书局，1961 年。

王先谦撰，沈啸寰、王星贤点校：《荀子集解》，北京：中华书局，1988 年。

许维遹撰：《吕氏春秋集释》，北京：中华书局，2009 年。

国家文物局古文献研究室编：《马王堆汉墓帛书〔壹〕》，北京：文物出版社，1980 年。

何宁撰：《淮南子集释》，北京：中华书局，1998 年。

苏舆撰：《春秋繁露义证》，北京：中华书局，1992 年。

司马迁撰：《史记》，北京：中华书局，1959 年。

王利器校注：《盐铁论校注》，北京：中华书局，1992 年。

刘向集录，范祥雍笺证：《战国策笺证》，上海：上海古籍出版社，2018 年。

汪荣宝撰：《法言义疏》，北京：中华书局，1987 年。

班固撰：《汉书》，北京：中华书局，1962 年。

陈立撰，吴则虞点校：《白虎通疏证》，北京：中华书局，1994 年。

许慎撰，段玉裁注：《说文解字注》，上海：上海古籍出版社，1981 年。

李伯勋撰：《诸葛亮集笺论》，西安：陕西人民出版社，1997 年。

王弼著，楼宇烈校释：《王弼集校释》，北京：中华书局，1980 年。

陈寿撰，裴松之注：《三国志》，北京：中华书局，1959 年。

王明著：《抱朴子内篇校释》，北京：中华书局，1985 年。

王利器撰：《颜氏家训集解（增补本）》，北京：中华书局，1993 年。

陈秋平、尚荣译注：《金刚经·心经·坛经》，北京：中华书局，2007 年。

惠能著，邓文宽校注：《六祖坛经：敦煌〈坛经〉读本》，沈阳：辽宁教育出版社，2005 年。

屈守元、常思春主编：《韩愈全集校注》，成都：四川大学出版社，1996 年。

李翱撰：《李文公集》，上海：上海古籍出版社，1993 年。

柳宗元撰，尹占华、韩文奇校注：《柳宗元集校注》，北京：中华书局，2013 年。

石介著，陈植锷点校：《徂徕石先生文集》，北京：中华书局，1984 年。

邵雍著：《邵雍集》，北京：中华书局，2010 年。

周敦颐著，陈克明点校：《周敦颐集》，北京：中华书局，2009 年。

司马光编著：《资治通鉴》，北京：中华书局，1956 年。

张载著，章锡琛点校：《张载集》，北京：中华书局，1978 年。

王安石著，唐武标校：《王文公文集》，上海：上海人民出版社，1974 年。

程颢、程颐著，王孝鱼点校：《二程集》，北京：中华书局，2004 年。

吕大临著，陈俊民辑校：《蓝田吕氏遗著辑校》，北京：中华书局，1993 年。

叶采集解，程水龙校注：《近思录集解》，北京：中华书局，2020 年。

朱熹撰，朱杰人、严佐之、刘永翔主编：《朱子全书》（修订本），上海：上海古籍出版社，合肥：安徽教育出版社，2010 年。

朱熹撰：《四书章句集注》，北京：中华书局，1983 年。

黎靖德编，王星贤点校：《朱子语类》，北京：中华书局，1986 年。

张栻撰，邓洪波校点：《张栻集》，长沙：岳麓书社，2017 年。

陆九渊著，钟哲点校：《陆九渊集》，北京：中华书局，1980 年。

杨简著，董平校点：《杨简全集》，杭州：浙江大学出版社，2015 年。

陈淳撰：《北溪大全集》，景印文渊阁四库全书第 1168 册。

普济著，苏渊雷点校：《五灯会元》，北京：中华书局，1984 年。

许衡撰，许红霞点校：《许衡集》，北京：中华书局，2019 年。

吴澄撰：《吴文正集》，景印文渊阁四库全书第 1197 册。

脱脱等撰：《宋史》，北京：中华书局，1977 年。

陈献章撰，孙通海点校：《陈献章集》，北京：中华书局，1987 年。

程敏政撰：《篁墩文集》，上海：上海古籍出版社，1991 年。

罗钦顺著，阎韬点校：《困知记》，北京：中华书局，1990 年。

王守仁撰，吴光等编校：《王阳明全集》，上海：上海古籍出版社，1992 年。

王廷相著，王孝鱼点校：《王廷相集》，北京：中华书局，1989 年。

王艮撰，陈祝生等校点：《王心斋全集》，南京：江苏教育出版社，2001 年。

吴廷翰著，容肇祖点校：《吴廷翰集》，北京：中华书局，1984 年。

邹守益撰，董平编校整理：《邹守益集》，南京：凤凰出版社，2007 年。

欧阳德撰，陈永革编校整理：《欧阳德集》，南京：凤凰出版社，2007 年。

王畿撰，吴震编校整理：《王畿集》，南京：凤凰出版社，2007 年。

罗洪先撰，徐儒宗编校整理：《罗洪先集》，南京：凤凰出版社，2007 年。

高拱著，岳金西、岳天雷编校：《高拱全集》，郑州：中州古籍出版社，2006 年。

胡直撰，张昭炜编校：《胡直集》，上海：上海古籍出版社，2020 年。

张建业主编：《李贽全集注》，北京：社会科学文献出版社，2010 年。

周汝登著，张梦新等点校：《周汝登集》，杭州：浙江古籍出版社，2015 年。

杨起元撰，谢群洋点校：《证学编》，上海：上海古籍出版社，2016 年。

高攀龙撰：《高子遗书》，景印文渊阁四库全书第 1292 册。

刘宗周著，吴光主编：《刘宗周全集》，杭州：浙江古籍出版社，2012 年。

陈确撰：《陈确集》，北京：中华书局，1979 年。

潘平格撰：《潘子求仁录辑要》，北京：中华书局，2009 年。

黄宗羲撰：《黄宗羲全集》，杭州：浙江古籍出版社，1985 年。

顾炎武撰：《顾炎武全集》，上海：上海古籍出版社，2011 年。

王夫之著：《船山全书》，长沙：岳麓书社，1988—1996 年。

李颙撰，陈俊民点校：《二曲集》，北京：中华书局，1996 年。

颜元著，王星贤等点校：《颜元集》，北京：中华书局，1987 年。

陈山榜编：《李塨全集》，石家庄：河北人民出版社，2017年。

戴震研究会等编纂：《戴震全集》，北京：清华大学出版社，1991年。

焦循著，刘建臻整理：《焦循全集》，扬州：广陵书社，2016年。

阮元撰，邓经元点校：《揅经室集》，北京：中华书局，1993年。

俞正燮撰，于石等校点：《俞正燮全集》，合肥：黄山书社，2005年。

曾国藩撰：《曾国藩全集》，长沙：岳麓书社，2012年。

二、现代著作

［美］鲁道夫·阿恩海姆著，滕守尧译：《视觉思维——审美直觉心理学》，北京：光明日报出版社，1986年。

蒙培元著：《理学范畴系统》，北京：人民出版社，1989年。

［英］李约瑟著：《中国科学技术史》第二卷《科学思想史》，北京：科学出版社，上海：上海古籍出版社，1990年。

［美］杜维明著，岳华编：《儒家传统的现代转化——杜维明新儒学论著辑要》，北京：中国广播电视出版社，1992年。

张岱年著：《张岱年全集》，石家庄：河北人民出版社，1996年。

张汝伦著：《思考与批判》，上海：上海三联书店，1999年。

［德］马丁·海德格尔著，孙周兴译：《路标》，北京：商务印书馆，2000年。

钱穆著：《湖上闲思录》，北京：生活·读书·新知三联书店，2000年。

钱穆著：《国史新论》，北京：生活·读书·新知三联书店，2001年。

钱穆著：《中国历代政治得失》，北京：生活·读书·新知三联书店，2001年。

杜维明著，郭齐勇、郑文龙编：《杜维明文集》，武汉：武汉出版社，2002年。

钱锺书著：《钱锺书集》，北京：生活·读书·新知三联书店，2002年。

牟宗三著：《牟宗三先生全集》，台北：联经出版事业有限公司，2003年。

［美］大卫·库尔珀著，臧佩洪译：《纯粹现代性批判——黑格尔、海德格尔及其以后》，北京：商务印书馆，2004年。

唐君毅著：《中国人文精神之发展》，桂林：广西师范大学出版社，2005年。

［德］马丁·海德格尔著，孙周兴译：《演讲与论文集》，北京：生活·读书·新知三联书店，2005年。

温伟耀著：《成圣之道——北宋二程修养功夫论之研究》，河南大学出版社，2006 年。

唐君毅著：《中国哲学原论·原道篇》，北京：中国社会科学出版社，2006 年。

张祥龙著：《孔子的现象学阐释九讲——礼乐人生与哲理》，上海：华东师范大学出版社，2009 年。

蒙培元著：《情感与理性》，北京：中国人民大学出版社，2009 年。

王国维著：《王国维全集》，杭州：浙江教育出版社，广州：广东教育出版社，2009 年。

［美］塞缪尔·亨廷顿著，周琪等译：《文明的冲突与世界秩序的重建》（修订版），北京：新华出版社，2010 年。

张祥龙著：《海德格尔思想与中国天道——终极视域的开启与交融》（修订新版），北京：中国人民大学出版社，2010 年。

张祥龙著：《先秦儒家哲学九讲——从〈春秋〉到荀子》，桂林：广西师范大学出版社，2010 年。

冯时著：《中国天文考古学》，北京：中国社会科学出版社，2010 年。

张祥龙著：《拒秦兴汉和应对佛教的儒家哲学——从董仲舒到陆象山》，桂林：广西师范大学出版社，2012 年。

［美］威廉·詹姆斯著，唐钺译：《心理学原理》，北京：北京大学出版社，2013 年。

徐复观著：《中国人性论史·先秦篇》，北京：九州出版社，2014 年。

张世英著：《哲学导论》，北京：北京师范大学出版社，2014 年。

张一兵著：《回到海德格尔——本有与构境（第一卷：走向存在之途）》，北京：商务印书馆，2014 年。

杨朝明主编：《孔子文化奖学术精粹丛书·安乐哲卷》，北京：华夏出版社，2015 年。

谢文郁著：《形而上学与西方思维》，南宁：广西人民出版社，2016 年。

［德］马丁·海德格尔著，孙周兴编译：《形式显示的现象学——海德格尔早期弗莱堡著作选》，西安：陕西人民教育出版社，2016 年。

张异宾著：《江苏社科名家文库·张异宾卷》，南京：江苏人民出版社，

2017 年。

张岱年著：《中国古典哲学概念范畴要论》，北京：中华书局，2017 年。

张祥龙著：《海德格尔传》，北京：商务印书馆，2017 年。

［德］马丁·海德格尔著，陈嘉映、王庆节译：《存在与时间（中文修订第二版）》，北京：商务印书馆，2018 年。

［美］休伯特·L. 德雷福斯著，朱松峰译：《在世：评海德格尔的〈存在与时间〉第一篇》，杭州：浙江大学出版社，2018 年。

冯时著：《文明以止：上古的天文、思想与制度》，北京：中国社会科学出版社，2018 年。

李晓春著：《儒家思想及其现代化》，北京：中国社会科学出版社，2018 年。

张祥龙著：《儒家心学及其意识依据》，《儒家哲学史讲演录》第四卷，北京：商务印书馆，2019 年。

田丰著：《王船山体用思想研究》，北京：中国人民大学出版社，2020 年。

杨国荣：《心学之思：王阳明哲学的阐释》，上海：华东师范大学出版社，2020 年。

［德］马克斯·韦伯著，康乐、简惠美译：《中国的宗教：儒教与道教》，上海：上海三联书店，2020 年。

三、期刊论文

任继愈：《春秋时代天文学和老子的唯物主义思想》，《北京大学学报（哲学社会科学版）》，1959 年第 4 期。

张立文：《论朱熹的"体"与"用"范畴》，《学术月刊》，1984 年第 7 期。

牟钟鉴：《是天下一家还是弱肉强食——儒学天下观的当代意义》，《探索与争鸣》，2007 年第 1 期。

杨立华：《卦序与时义：程颐对王弼释〈易〉体例的超越》，《中国哲学史》，2007 年第 4 期。

陈榴：《"道"字初义与老子哲学思想的渊源》，《社会科学辑刊》，2008 年第 6 期。

郭沂：《中国哲学的当代建构》（上），《河北学刊》，2009 年第 4 期。

郭沂：《中国哲学的当代建构》（下），《河北学刊》，2009 年第 5 期。

叶舒宪：《神圣言说（续篇）——从汉语文学发生看"神话历史"》，《百色学院学报》，2009 年第 4 期。

李晓春：《试论"即"在中国古代思想中的意义》，《华东师范大学学报（哲学社会科学版）》，2012 年第 3 期。

贾晋华：《道和德之宗教起源》，《中国文化研究》，2012 年夏之卷。

张锦枝：《简帛〈五行〉"慎独"涵义探析——兼论与〈大学〉、〈中庸〉、〈礼器〉、〈不苟〉篇"慎独"涵义之统一》，《哲学分析》，2012 年第 4 期。

陈来：《中国哲学中的"实体"与"道体"》，《北京大学学报（哲学社会科学版)》，2015 年第 3 期。

张一兵、张琳：《自我与他者——南京大学博士生导师张一兵教授访谈》，《社会科学家》，2016 年第 8 期。

张毅：《论〈左传〉史料系统与先秦君子问题起源——〈左传〉"君子"用法详析》，《北京社会科学》，2016 年第 12 期。

曹定云：《殷墟卜辞"宐"为"窒"字考——兼论"宐""各""㓟"三字之区分》，《出土文献》第十辑，2017 年第 1 期。

张昊臣：《关联思维与文学体知——以西方汉学的相关阐发为视角》，《南京师范大学文学院学报》，2018 年第 1 期。

张世超：《从大保簋"懋"字说到"道""造"二字的起源》，《中国文字研究》第二十九辑，2019 年第 1 期。

于述胜：《通情以达理——〈大学〉"格物致知"本义及其理论价值》，《教育研究》，2020 年第 3 期。